GRANDES JULGAMENTOS
DA HISTÓRIA

GRANDES JULGAMENTOS DA HISTÓRIA

Henri Robert

Tradução
MONICA STAHEL

Esta obra foi publicada originalmente em francês com o título
LES GRANDS PROCÈS DE L'HISTOIRE.
Copyright © 2002, Livraria Martins Fontes Editora Ltda.,
São Paulo, para a presente edição.

1ª edição 2002
3ª edição 2021

Tradução
MONICA STAHEL

Revisões
Célia Regina Camargo
Sandra Garcia Cortes
Produção gráfica
Geraldo Alves
Paginação
Studio 3 Desenvolvimento Editorial
Capa
Katia Harumi Terasaka Aniya

Dados Internacionais de Catalogação na Publicação (CIP)
(Câmara Brasileira do Livro, SP, Brasil)

Robert, Henri, 1863-1936.
  Grandes julgamentos da história / Henri Robert ; tradução Monica Stahel. – 3ª. ed. – São Paulo : Editora WMF Martins Fontes, 2021. – (Biblioteca jurídica WMF)

  Título original: Les grands procès de l'histoire.
  ISBN 978-65-86016-65-9

  1. Julgamentos – História I. Título. II. Série.

21-62356   CDU-340.96(09)

Índices para catálogo sistemático:
  1. Julgamentos célebres : Direito : História   340.96(09)
  2. Processos célebres : Direito : História   340.96(09)

Cibele Maria Dias -Bibliotecaria -CRB-8/9427

Todos os direitos desta edição reservados à
Editora WMF Martins Fontes Ltda.
Rua Prof. Laerte Ramos de Carvalho, 133 01325.030 São Paulo SP Brasil
Tel. (11) 3293.8150 e-mail: info@wmfmartinsfontes.com.br
http://www.wmfmartinsfontes.com.br

ÍNDICE

Apresentação VII
Carta-Prefácio IX

O julgamento de Maria Stuart 1
O caso Cinq-Mars 49
O julgamento de Camille Desmoulins 87
A marquesa de Brinvilliers 135
O Caso do Colar 171
O julgamento de Charlotte Corday 223
O caso Lafarge 265
Maria Antonieta – O calvário de uma rainha 281
O Máscara de Ferro 347
A defesa de lady Macbeth 377

Anexo: Os sinos do Palácio 403

APRESENTAÇÃO

Numa breve nota, sem título, precedendo a carta-prefácio de Louis Barthou, à edição de *Les grands procés de l'histoire*, escreve Henri Robert: "Inspirei-me nos trabalhos dos meus mais autorizados antecessores, no desejo de só apresentar a verdade histórica bem esclarecida." E acrescenta: "Que eles queiram aceitar meus agradecimentos pelo que lhes pedi emprestado." É preciso que confesse a minha dificuldade em apresentar obras de Henri Robert, se o próprio Louis Barthou, na carta-prefácio, escreve: "Ninguém necessita menos do que tu ser apresentado."

Nos grandes julgamentos de que trata Henri Robert, nesta obra, tem-se no célebre *avocat* francês um retrato dos advogados que praticam a profissão com dignidade, pondo acima dos interesses pessoais os interesses imperiosos da justiça. E, dessa forma, concorrem para esclarecer os magistrados no sentido da verdade, no propósito da justiça. Procedem, *verbi gratia*, como Enrico Ferri, que na defesa *ex-officio* de A. d'Alba, um regicida frustrado, não nega o crime do constituinte, nem lhe pede a absolvição. No entanto, estudando com verdade e ciência os elementos internos e os fatores externos que o arrastaram ao delito, pede, para ele, a declaração de circunstâncias atenuantes.

Pode-se comprovar essa tese no estudo de Henri Robert sobre Lachaud, incluído em apêndice, na edição de sua obra clássica, *O advogado**. Lachaud, o defensor de

---

* Trad. bras. Martins Fontes, São Paulo, 1997.

Troppmann, o matador de crianças, o *indefensável*. Escreve Henri Robert, justificando Lachaud: "Talvez seja necessário crer que os advogados têm uma ótica particular para ver e julgar os seus constituintes, pois quando alguém dizia a Lachaud: 'Como é que você pode defender semelhante miserável?' '– Miserável', respondia ele, 'você exagera: asseguro-lhe que no fundo Troppmann não era mau rapaz!'"

Todos que sabem quem foram esses famosos criminosos, Troppmann, Lapommerais, Lemoine, Bocarré, Thiébault, Chambiges, Goomey, etc. e não ignoram quem foram seus advogados, bem podem compreender o que de nobre, de superior existe na advocacia. Nesse caso, aceita a causa por solicitação do acusado, ou *ex-officio*, "deve sempre o advogado pedir a absolvição? Não haverá caso em que o imperativo da verdade dite outra norma de proceder?" Hoje ainda é tese controvertida, de extrema delicadeza, mas na leitura desses grandes *procès* de Henri Robert, a lição de que deve o advogado dar à questão a orientação mais condizente com a dignidade da profissão.

Rui, em *O dever do advogado*, diz que "a justiça está acima de qualquer legislação". Tanto se pode dizer da verdade, que está acima de todos os planos da acusação, ou da defesa. Neste sentido, no exemplo citado acima, a famosa defesa de Ferri pede para seu constituinte a declaração de circunstâncias atenuantes, convencido de que, em face da verdade, da justiça, da sociedade não era justo um pedido de absolvição. Foi assim Henri Robert. É o sentimento manifesto: acima de tudo os interesses imperiosos da justiça, nestes *Grandes julgamentos da história*.

A.T.

CARTA-PREFÁCIO

13 de novembro de 1921

Caro amigo,
Sou grato a teu editor por me ter enviado as belas páginas de teu próximo livro, mas, apesar de seu vivo desejo, não logrei me decidir a juntar um prefácio às provas que a ele devolvi. Embora minhas ocupações me tenham dificultado sua redação, a verdadeira razão de minha recusa é de outra ordem, e devo a ti confessá-la. Um prefácio é uma apresentação. Ora, ninguém necessita menos do que tu ser apresentado. Teu nome tem o raro privilégio de ser conhecido tanto pelo homem comum quanto pelos apurados: suas quatro sílabas, firmes e ágeis, evocam processos célebres, defesas retumbantes, um bastonato* glorioso, o esplendor de um rico talento e a generosidade de um grande coração. De que poderia servir então um prefácio? Prefiro-lhe uma carta: ela só te chegará, além do mais, num momento em que não poderás declinar de seus elogios, uma vez que a lentidão regular do correio terá como cúmplice a pressa excepcional da impressão.
Esses Grandes julgamentos da História *encontraram em ti um advogado digno de sua celebridade. Apreciei-lhes a variedade. Como não são nem da mesma época, nem do mesmo país, havia uma espécie de desafio em traduzi-los diante da mesma barra, mas esse desafio tu venceste, com língua e mão*

---

* Mandato do bastonário, ou seja, advogado eleito pelos colegas para ser chefe e representante de sua Ordem. (N. da T.)

de mestre, com a habilidade audaciosa e sutil que fez de tua carreira uma seqüência ininterrupta de brilhantes sucessos. Eu lera, de tempos em tempos, e isoladamente, quase todos aqueles estudos. Eles me haviam divertido e emocionado, porém foi preciso encontrá-los reunidos sob forma de livro para captar-lhes o vínculo e depreender-lhes o método. És um improvisador, mas desde que se entenda, como dizia Mirabeau a Barnave, que para improvisar sobre uma questão é preciso começar por conhecê-la bem. A acrobacia das palavras é a caricatura da eloqüência. A palavra é um ser vivo, porém só vive e só vale, alternadamente prestador e prestatário, pela força que toma e que dá à idéia. Sem a idéia, as palavras são apenas o jogo estéril da tagarelice. Os verdadeiros oradores, tu entre eles, e com que brilho!, reservando para a forma as fantasias, as surpresas e as fortunas da inspiração, preparam o conteúdo, o plano, a seqüência lógica dos argumentos e dos desenvolvimentos. Desta vez, fizeste mais. Assumiste o tom elaborado das belas conferências e, abordando a história, trataste-a com a consideração devida a uma velha e grande dama. Ela não tem por que se queixar de ti, e serias injusto se te queixasses dela: realizastes um belo encontro, do qual participa nosso prazer.

No entanto, tiveste um escrúpulo. Por ocasião do processo de Maria Stuart, disseste: "Não tenho a pretensão de fazer história." Que seja, mas fizeste história sem pretensão, e tua modéstia teve êxito. É preciso ser mestre na arte da palavra e é preciso conhecer todos os seus recursos e segredos para resumir em uma hora ou em um capítulo, dedicados sucessivamente a cada um deles, os processos de Maria Stuart, de Cinq-Mars, de Foucquet, de Camille Desmoulins e de Calas. Que trágico desfile, em que, de cinco personagens, quatro vão à morte! Projetaste sobre todos uma luz clara, que para nós os torna vivos, presentes, e eu diria simpáticos, se não me lembrasse de que és severo para com Nicolas Foucquet, o aproveitador do grande século. E sem dúvida não estás errado. Apenas não posso me impedir de pensar no belo arrazoado que terias pronunciado – mas de ti só teríamos conhecido tua glória! – se a Câmara de Justiça tivesse te admitido em sua barra *para defender o faustoso superintendente, talvez menos culpado diante de Luís XIV por se ter enriquecido por suas malversações do que por ter lançado os olhos, com imprudente audácia, sobre Mlle de Lavallière! Terias enfrentado magistrados enciumados e servis, mas que testemunhas ou que confidentes terias encontrado entre os amigos do acusado: Pelisson, Mme de Sévigné e Jean de La Fontaine! Sobretudo este último. Sua fidelidade foi generosa e corajosa: sobreviveu à condenação de seu benfeitor e exprimiu-se, para solicitar a piedade do rei inflexível, de uma maneira cuja emoção ainda nos penetra.*

> La plus belle victoire est de vaincre son coeur.
> Oronte est à présent un objet de clémence;
> S'il a cru les conseils d'une aveugle puissance,
> Il est assez puni par son sort rigoureux,
> Et c'est être innocent que d'être malheureux.*

Este último verso é magnífico, e sua ampla humanidade é mais do século de Voltaire do que do de La Fontaine, mas será sempre verdade que a infelicidade é suficiente para provar a inocência? Entre todos os teus heróis, só Calas teve a auréola dupla. Tua imparcialidade a recusa aos outros, e, mesmo Cinq-Mars, tu o pleiteias nitidamente culpado. Tens razão. O romantismo, o de Marion de Lorme *e o de* Cinq-Mars, *tomava contra Richelieu o partido de suas vítimas, porém a história, cujas provas reuniste com tanta força e clareza decisivas, condenou nos inimigos do Cardeal duas vezes vermelho os próprios inimigos da França.*

Os processos de Maria Stuart e de Camille Desmoulins são menos simples do que o de Calas, inocente, e do que os de Foucquet e de Cinq-Mars, ambos culpados. Para julgá-los, é preciso ter o sentido e a arte dos matizes, em que és exímio, porque tua vida foi uma longa experiência da natureza humana.

---

* Tradução livre: "A mais bela vitória é vencer o coração; / Oronte é agora objeto de clemência; / Se acreditou nos conselhos de uma força cega, / Foi suficientemente punido por sua sorte severa, / E ser infeliz é ser inocente." (N. da T.)

É raro que o bem ou o mal estejam inteiramente de um só lado. Nem a rainha nem o tribuno foram isentos de culpas, e, se é justo repreender seus carrascos por sua morte, a mesma justiça comanda que não se calem os desacertos de Maria Stuart e os erros funestos de Camille Desmoulins. Depois da publicação dos Girondinos, Alexandre Dumas pai, num texto enorme e divertido, felicitava Lamartine por ter elevado a história à altura do romance. Jamais confundiste romance e história, e os grandes processos que evocas apóiam-se apenas nos fatos escrupulosamente verificados e nos documentos cuidadosamente controlados. Mas, depois de contar, ousas concluir. Tua palavra, viva e vibrante, rápida e concisa, é a expressão de uma consciência, liberta dos preconceitos ou dos partis pris, que julga com independência. A piedade anima teus juízos, no entanto não os falseia. Seja o que for que se diga de um homem de Estado ilustre, no tempo antigo em que os percalços da pátria ainda não haviam aberto seus olhos para a luz da União sagrada, a Revolução Francesa não é um bloco, a ser admitido ou rejeitado integralmente. Decerto ela teve suas horas e suas necessidades trágicas. Não lhes recusas as circunstâncias atenuantes de uma situação excepcional, mas absolvições demasiado amplas quase parecem cumplicidades, e o futuro pode estar cheio de erros ou de crimes aos quais não se devem dar o exemplo e a desculpa do passado. A história, tal como a compreendeste, é uma ressurreição, mas é também uma lição.

Teu livro agradará ao público, que se instruirá divertindo-se. Quanto a mim, encontrei nele um prazer extremo. Eu te elogiaria como escritor e te diminuiria como orador se dissesse que nada se perde em não te ouvir. A palavra é uma ação que a leitura não substitui. No entanto, mesmo prisioneira da frase escrita, tua palavra – tu, cujo ser inteiro fala – conserva uma vida e uma entonação, uma força e um movimento de encanto e ímpeto irresistíveis. Meus votos são inúteis para um sucesso que está garantido. Por mais antiga e profunda que seja minha afeição, sabe no entanto que meus cumprimentos devem menos à minha amizade do que a meu prazer.

Vale et me ama.

LOUIS BARTHOU

O julgamento de Maria Stuart

Maria Stuart aos dezessete anos
(Creiom de Clouet, conservado na Biblioteca Nacional)

O julgamento de Maria Stuart

Maria Stuart, rainha da França e da Escócia, nascida em 7 de dezembro de 1542 em Linlithgow, decapitada em Fotheringhay, em 8 de fevereiro de 1587!

Que prodigioso drama é evocado por este simples epitáfio! Quantos acontecimentos, felizes ou trágicos, acumulados entre as datas, no entanto tão próximas, de seu nascimento e de sua morte!

Quantas peripécias surpreendentes e inverossímeis entre os dois limites extremos que marcarão o início e o fim dessa existência!

E que estranho destino, cheio de contrastes violentos, o dessa rainha graciosa, espirituosa, apaixonada, dotada de todas as seduções e feita para todos os sucessos da corte mais brilhante da Europa, e que passou na prisão, miseravelmente, dezenove de seus quarenta e quatro anos; que oscilou, sem transição, da mais brilhante fortuna à mais cruel privação; que suscitou, à sua passagem, todas as devoções e conheceu todas as traições; que inspirou tantos amores ardentes e românticos quantos ódios implacáveis e perseguições tenazes; e que, rainha da Escócia aos sete dias, rainha da França aos quinze anos, depois de ter sido para seu povo objeto de escândalo por suas aventuras estrondosas e pelo desregramento de sua conduta, encarnou para ele a própria causa da religião oprimida e morreu como santa, mártir da fé católica, com a cabeça ignominiosamente cortada pelo machado do carrasco que até então só golpeara criminosos de direito comum!

Maria Stuart!... para mim, esse nome harmonioso e doce evocava sobretudo a imagem, vaga e poética, de uma rainha amável, infeliz e cativa! Acreditava entrevê-la, nas brumas da lembrança – e da Inglaterra –, por trás da alta janela ogival de um velho solar feudal, cercado de fossos de águas esverdeadas, cantando com sua voz de ouro, acompanhada pela harpa ou pelo alaúde, a melancolia de sua liberdade perdida, o luto por seu amor que morrera ou a nostalgia da França distante!...

Ai de mim! Essa visão tão poética é insuficiente para levar à compreensão de seu processo.

É toda a história dos três reinos – da Escócia, da França e da Inglaterra – na época da Renascença, no tempo das dissensões religiosas entre protestantes e católicos, que se reflete e se resume na vida de Maria Stuart.

Foram necessários nada menos do que dois grandes volumes, ao mais conciso de seus historiadores, para reconstituir, em linhas gerais, esses aspectos tão diversos.

Não tenho a pretensão de fazer história.

Contentar-me-ei em lembrar, o mais rapidamente possível, as etapas sucessivas dessa existência movimentada a fim de melhor mostrar como o encadeamento dos fatos levou Maria Stuart a pedir asilo à sua mais impiedosa inimiga, sua prima Elizabeth da Inglaterra, e como, a partir de então, era evidente que esta buscaria todos os meios para lhe tirar a vida, depois de começar por lhe roubar a liberdade.

Maria Stuart era filha de Jaime V, rei da Escócia, e de Maria de Lorena, cujo pai era o primeiro duque de Guise.

Jaime V morreu subitamente, sete dias depois do nascimento da filha, e a coroa da Escócia passou para a cabeça da menina.

Com um ano, ela foi, imprudentemente, prometida em casamento pelo regente Arran ao príncipe de Gales, Eduardo.

Mas o Parlamento anulou a promessa, o que valeu à Escócia uma guerra com a Inglaterra.

Esta pretendia que a jovem rainha lhe fosse entregue. Com ajuda da França, a Escócia resistiu, de início vitoriosamente. No entanto, julgou-se mais prudente, para que Maria Stuart estivesse mais bem protegida, torná-la noiva do delfim da França.

A esquadra francesa do almirante Villegaignon foi a Dumbarton buscar a pequena rainha e conseguiu escapar habilmente da frota inglesa, que tentava barrar-lhe a passagem. Em 13 de agosto de 1548, ela aportava em Roscoff – onde mais tarde Maria mandaria erigir uma capela comemorativa, no lugar em que pela primeira vez pusera os pés em solo francês.

Levada a Saint-Germain-en-Laye, ela foi acolhida com júbilo por toda a corte.

Depois foi confiada à avó, a duquesa de Guise. E nada se negligenciou para dar àquela que o rei Henrique II já apelidava, afetuosamente, "la Reinette"* uma educação digna da posição que seria chamada a ocupar.

O célebre escocês Buchanan foi seu professor de latim. Ronsard, em outros tempos pajem da corte da Escócia, foi encarregado de lhe ensinar francês e prosódia.

A aluna soube mostrar-se digna do mestre.

Estudou música, logo aprendeu a tocar harpa e alaúde, o que realçava sua mão longa, branca e fina. Acompanhando a si mesma com esses instrumentos, ela cantava com aquela "*dolce* voz (nos diz Ronsard) capaz de comover os rochedos e os bosques". Dela emanava um extraordinário poder de sedução.

Possuía, aliás, muitos outros talentos destinados ao prazer. Dançava com graça infinita (quanto sucesso faria hoje!); montava a cavalo admiravelmente, atirava com balestra, bordava com muita arte e gosto.

---

* Variedade de maçã. Derivado de *reine*, "rainha", de que *reinette* seria uma forma diminutiva. (N. da T.)

Falava quatro línguas e, aos treze anos, declamou diante do rei, no salão do Louvre, uma pequena arenga em latim que ela mesma compusera.

Seu tio, cardeal da Lorena, que a iniciava nos segredos da diplomacia, orgulhava-se tanto da sobrinha que escreveu à mãe dela:

"Vossa filha cresce dia a dia em grandeza, bondade, beleza, sabedoria e virtudes. E sou obrigado a vos dizer, senhora, que isso tanto agrada ao rei que ele passa o tempo a conversar com ela: ela governa o rei e a rainha."

Aos quinze anos, sua beleza atraía todos os olhares.

Aliava à cútis brilhante das belas inglesas a cintura fina e flexível, o andar vivo e gracioso, o sorriso espirituoso e sedutor e a coqueteria indefinível e encantadora que tinha da mãe, na qual se reconhece a francesa.

Ronsard, que a celebra em versos, nos diz que:

La mère Nature
Ne composa jamais si belle créature!*

Brantôme proclama que "sua beleza valia um reino".

E Carlos IX, seu cunhado, dizia dela, mais tarde, com um entusiasmo retrospectivo que os anos não enfraqueceram:

– Era a mais bela princesa que já nasceu no mundo!

Muito se discutiu a cor de seus olhos e de seus cabelos!

Por que não? O nariz de Cleópatra bem que mudou a fisionomia do mundo!

Seus olhos, ao que parece, eram castanho-claros ou cinzentos, de grande doçura e muito luminosos.

Quanto a seus cabelos, Brantôme nos afirma que eram "loiros e acinzentados". E Ronsard também fala do "ouro de seus cabelos anelados e trançados".

---

* Tradução livre: "A mãe Natureza / Jamais compôs tão bela criatura!" (N. da T.)

No entanto, é certo que, por um fenômeno aparentemente estranho, seus cabelos loiros não se tornaram brancos, mas, ao contrário, escureceram com o envelhecimento.

Esse fenômeno parecerá menos estranho quando eu disser que o tingimento loiro era desconhecido na época e que só se sabia escurecer os cabelos para impedi-los de embranquecer.

O casamento de Maria Stuart com o delfim da França foi celebrado no dia 24 de abril de 1558. Portanto, ela tinha apenas quinze anos, e o delfim nem os tinha ainda.

Francisco II, nascido num dia de eclipse, parecia privado de sol durante sua vida curta. Tímido, magricela, baixinho, de saúde precária, o filho do vigoroso Henrique II e da terrível Catarina de Médicis era "de uma palidez singular, mais inchado do que gordo", melancólico como todos os jovens destinados a uma morte prematura e próxima.

O casamento foi realizado na Notre-Dame.

Fulgurante de juventude e graça com seu vestido de veludo azul debruado de cetim branco, Maria Stuart saiu da velha catedral de braço dado com o delfim Francisco, e ambos receberam juntos as homenagens dos delegados escoceses, vindos especialmente para cumprimentar o novo rei.

Com a morte de Maria Tudor, Maria Stuart, por instigação do sogro, cometeu a imprudência de assumir o título de rainha da Inglaterra e de ostentar as armas da Inglaterra, unidas às da Escócia.

Significava dizer à sua prima Elizabeth, herdeira mais próxima, que ela a considerava bastarda e pretendia disputar-lhe o trono da Inglaterra, ao qual era a primeira a ter direito, depois de Elizabeth.

Esta nunca lhe perdoaria a afronta, e seu ódio data desse momento.

Em 10 de julho de 1559, o rei Henrique II morreu das seqüelas de um ferimento sofrido num torneio.

Francisco II e Maria Stuart subiram ao trono da França. Maria, que tinha uma influência onipotente sobre o rei, aconselhava-se com os tios, o cardeal da Lorena e o duque de Guise, e estes, assim, por intermédio da sobrinha, dirigiam a política do reino.

Mas, infelizmente, esse período de felicidade não duraria muito. Pois Francisco II logo morreu de um mal misterioso, apesar dos cuidados e da dedicação apaixonada da esposa.

Em 6 de dezembro de 1560, Maria Stuart ficou viúva. Durante quarenta dias, permaneceu enclausurada em aposentos escuros, não querendo ver ninguém, inconsolável.

Entretanto, o poder passara às mãos de Catarina de Médicis, que reinaria em nome de Carlos IX, seu filho mais novo.

Maria Stuart, que não se entendia com a sogra, refletiu longamente sobre a situação.

Nada lhe restava a fazer na França, e, por outro lado, sua mãe acabava de morrer, na Escócia, deixando ao governo uma situação cheia de dificuldades, em razão da violência das lutas religiosas entre católicos e protestantes, estes apoiados por Elizabeth da Inglaterra.

Ela resolveu então restabelecer a ordem na Escócia e anunciou sua volta.

No entanto, não foi com o coração alegre que tomou essa decisão.

"Quantas vezes", nos diz Brantôme, "eu a vi apreensiva com essa viagem, como se fosse a morte, e desejar cem vezes mais ficar na França, como simples viúva beneficiária, a ir reinar em seu país de selvagens!"

A partida foi dilacerante.

O embarque foi em Calais, no dia 14 de agosto de 1561. Alguns senhores franceses iam com ela.

Eis o quadro descrito por Brantôme:

"Ela, com os dois braços apoiados na popa do galeão, do lado do timão, fundiu-se em lágrimas abundantes, pronunciando sempre estas tristes palavras: 'Adeus, França!', até o anoitecer."

No dia seguinte, ao amanhecer, como a brisa diminuíra durante a noite, ainda se avistava a costa francesa no horizonte.

Maria contemplou a França enquanto pôde e, mais uma vez, repetiu estas palavras:

– Adeus, França! Adeus, França! Acho que nunca mais a reverei!

Sua primeira impressão, ao chegar à Escócia, foi dolorosa.

Habituada aos esplendores da corte da França, encontrou como única equipagem, ao chegar, um cavalo pobremente arreado.

À noite, os burgueses de Edimburgo vieram cantar salmos protestantes à sua janela.

Era uma recepção um tanto austera.

No domingo seguinte, como ela mandasse celebrar a missa na capela do palácio, uma multidão fanática invadiu o pátio e se opôs, com clamores e protestos, à realização da cerimônia.

Ela teve de renunciar a assistir à missa no palácio. Por meio de sua tolerância e de suas concessões, imaginava desarmar o fanatismo dos protestantes e obter suas boas graças dando-lhes toda a liberdade de consciência.

Foi com esse espírito que chamou para junto de si, como ministro, seu irmão natural, James Stuart, que era protestante, e pouco depois o fez conde de Murray.

Mas fazer concessões a um adversário nunca teve o efeito de desarmá-lo.

Pelo contrário, sua tolerância foi explorada como uma fraqueza, e logo lhe foi recusada a mesma liberdade de consciência que ela tivera a nobre candura de conceder tão generosamente aos outros.

Quanto a Murray, cumulado por ela de favores, depois de a ter comprometido por sua política anticatólica, não tardaria em traí-la e voltar-se contra ela.

Enquanto isso, todos os domingos, homilias denunciavam os "escândalos", as "impiedades" e os "excessos" da corte e incitavam contra a rainha o fanatismo dos fiéis.

A rainha era grosseiramente interpelada nas ruas de Edimburgo. Foi preciso constituir uma guarda para ela.

Seu comando foi confiado ao conde de Bothwell, que encontraremos adiante.

Logo Maria Stuart teve de se resignar a dispensar os senhores franceses que a tinham acompanhado, cuja impopularidade aumentava a sua e cuja presença dava ensejo a muitos comentários maldosos.

O único que permaneceu, o jovem Chastellard, fidalgo e poeta, aluno de Ronsard, em cuja casa conhecera Maria Stuart, por quem se apaixonara loucamente, acabou tristemente condenado à morte e executado por ordem de Murray, por ter sido encontrado escondido no quarto da rainha.

Desiludido, ele foi para o suplício repetindo estes versos de seu mestre:

> Le désir n'est rien que martyre.
> Content ne vit le désireux.
> Et l'homme mort est bien heureux!
> Heureux qui plus rien ne désire!*

Na hora de morrer, diz-se que suspirou:
— Ó cruel senhora!

Essa aventura, constrangedora, na verdade, provocou escândalo. A autoridade da rainha, já criticada, ficou abalada.

Em vão, por instigação de Murray, ela partiu para fazer campanha no norte da Escócia contra o conde de Huntly, chefe da facção católica, que foi vencido e morto.

---

* Tradução livre: "O desejo nada mais é do que martírio. / Contente não vive o desejoso. / E o homem morto é bem feliz! / Feliz quem nada mais deseja!" (N. da T.)

Nem por isso conseguiu aplacar os clamores. E, compreendendo que uma mulher de sua idade não poderia governar sozinha, resolveu casar-se de novo.

Partidos não faltavam: só lhe restava a preocupação de escolher.

Estiveram em questão o rei da Suécia, o rei da Dinamarca, o rei da França, o arquiduque Carlos da Áustria, don Carlos, filho mais velho de Filipe II da Espanha, o duque de Nevers, o duque de Ferrara... Detenho-me aqui.

As mais complicadas considerações políticas interfeririam ora contra ora a favor de cada um desses múltiplos projetos; pois uma rainha, vítima do dever profissional, deve nessas questões, à sua maneira, ouvir mais as sugestões da política do que as de seu coração de mulher!

Repentinamente, Maria Stuart pronunciou-se por aquele de quem ninguém havia falado: seu primo Henry Stewart, lorde Darnley, filho do conde de Lennox.

Era dois anos mais novo do que ela. No entanto, não era um casamento desigual.

Darnley era ao mesmo tempo um Stuart e um Tudor. Pertencendo, portanto, à Escócia e à Inglaterra, era um dos primeiros nesses dois países e reforçava, assim, os eventuais direitos de Maria à coroa da Inglaterra.

No entanto, a notícia dessa união foi de modo geral muito mal recebida: por Elizabeth, em primeiro lugar, que se sentia ameaçada por ela; por Murray, em seguida, que, furioso por ver o espírito da rainha lhe escapar, deixou a corte com estardalhaço e fez seus vassalos pegarem em armas, colocando-se assim em rebelião declarada contra sua benfeitora; pelos calvinistas, finalmente, que consideravam Darnley um papista e se opuseram com todas as forças a esse casamento.

Todavia, ele foi celebrado em Holyrood, em 29 de julho de 1565. Depois da bênção nupcial, de acordo com um cerimonial combinado e previamente estabelecido, Darnley beijou sua mulher e saiu da igreja, deixando-a assistir sozinha à missa.

Com essa pequena encenação, ele tinha esperança de evitar ferir as suscetibilidades protestantes.

Maria Stuart não demorou a perceber o erro que cometera casando-se com Darnley. Ele aliava à tolice e à devassidão uma insaciável ambição pessoal. Assim, logo teve a pretensão de que a coroa lhe fosse atribuída, ou seja, de que lhe fosse assegurada a realeza, se a rainha morresse sem filho.

Prudentemente, ela recusou.

Ele então resolveu obrigá-la à força.

Com Murray, fora da lei desde sua rebelião, e os chefes calvinistas Morton, Ruthven e Ker de Falconside, Darnley conspirou – coisa incrível – contra a rainha, sua mulher.

Organizou uma odiosa cilada contra o secretário particular de Maria Stuart, um italiano chamado David Rizzio, que aconselhava a rainha, contra o qual Darnley dizia ter legítimos motivos de ciúme – o que parece duvidoso, pois Rizzio era muito feio. Mas nunca se sabe.

Em 9 de maio de 1566, às oito horas da noite, a rainha começava a jantar em seu *boudoir*, uma pequena dependência no primeiro andar da torre do palácio.

Estavam com ela a condessa de Argyll, seu secretário David Rizzio, seu médico francês doutor Bourgoing, e Robert Stuart, outro irmão natural.

De repente abriu-se a pequena porta que dava para uma escada em caracol, levando ao exterior.

Darnley, ausente havia alguns dias, apareceu, muito bem-humorado, e aproximou-se da rainha.

Sentou-se perto dela, galantemente envolveu-lhe a cintura com o braço e perguntou por sua saúde.

Nesse momento, a tapeçaria que encobria a porta levantou-se de novo e, na fresta que se abriu, enquadrou-se a silhueta alta e rude de Ruthven, cujo corselete de aço brilhava na penumbra.

– O que quereis? – exclamou a rainha, levantando-se, surpresa com aquela aparição.

– É preciso – respondeu Ruthven, sinistro e com o braço estendido para Rizzio –, é preciso que esse rapaz saia daqui. Ele ultrajou vossa honra!

– Ele está aqui por ordem minha! – replicou a rainha.

Ruthven deu um passo à frente, deixando aparecer Murray e os outros chefes conjurados, enquanto se ouvia, atrás deles, uma tropa de homens armados subindo a escada.

– Judas! – gritou Maria Stuart para o marido.

E ela o empurrou, horrorizada.

Mas ele a agarrou violentamente pelos pulsos e a imobilizou, enquanto Ker de Falconside ousava apertar a ponta de sua adaga contra a garganta da rainha.

Rizzio, sentindo-se perdido, jogara-se ao chão e se agarrava desesperadamente ao vestido de Maria Stuart.

Mas Ruthven, torcendo-lhe o pulso com a manopla de ferro, forçou-o a largá-lo e, passando-lhe uma corda em torno do pescoço, arrastou-o apesar de sua resistência.

Então foi uma carnificina. Todos caíram em cima dele, e, encharcado de sangue, perfurado por cinqüenta punhaladas, com as roupas rasgadas, em farrapos, foi jogado com violência pela escada, e seu cadáver rolou até embaixo.

A rainha, no entanto, não fraquejou. Sozinha, no meio de todos aqueles brutos desenfreados, ainda ousou ameaçar.

Logo os conjurados se retiram, deixando-a trancada sozinha, a noite inteira, naquele quarto ainda todo sujo do sangue do desafortunado Rizzio.

Ela se entrega então às reflexões amargas, que se podem imaginar.

Mas é uma mulher de expediente, que não abandona facilmente a luta.

Já não podendo esperar nada da força, recorre à artimanha. Faz seu plano, calcula seus efeitos, compõe sua fisionomia.

E, no dia seguinte, Darnley se surpreende ao encontrar, em lugar da fúria exasperada que se preparara para enfrentar, uma pobre mulher dolorida, resignada, cheia de ternura e submissão. Ela só lhe pede um médico, pois sente-se muito doente.

Com uma habilidade prodigiosa, uma força de dissimulação incrível, ela desempenha tão bem seu papel que em quarenta e oito horas já conseguiu reconquistar por sua ternura e sua sedução o espírito e o coração do marido.

Dois dias depois, este renegava solenemente seus cúmplices e ordenava que fossem perseguidos.

Ker de Falconside, que ousara ameaçar a rainha, era executado.

Murray, o orgulhoso e pérfido Murray, foi reduzido a se humilhar e pedir seu perdão.

Morton e Ruthven só se salvaram pela fuga.

Dois meses depois, a rainha dava à luz um filho: o futuro Jaime VI.

Seis meses mais tarde, Darnley, desprezado por todos, abandonado por todos, doente, numa casinha isolada, onde a rainha, compadecida, consentira em passar a noite à sua cabeceira, Darnley explodia com sua casa e seus serviçais, entre uma e duas horas da madrugada, enquanto sua mulher, que o deixara às onze horas da noite, dançava numa baile à fantasia.

Um barril de pólvora, levado secretamente até o porão, provocara a explosão.

Quem era o autor do atentado?

Toda a cidade de Edimburgo, no dia seguinte, apontava como culpado o conde de Bothwell, almirante hereditário da Escócia, e, como cúmplice e inspiradora do crime, a própria rainha.

Elizabeth fez eco a esse rumor numa carta dirigida a Maria Stuart, para instá-la a defender sua honra.

Mas tudo indica que de início ela pouco se preocupou com isso, pois continuava a cumular Bothwell com os testemunhos de seu favor.

Passava todo o tempo com ele, em caçadas e festas, para grande escândalo de todos.

Entretanto, ela houve por bem, para desarmar as acusações, organizar um simulacro de julgamento do qual Bothwell sairia publicamente isento de toda suspeita.

Bothwell compareceu então, livre e onipotente, sem que houvesse nem mesmo instrução prévia, diante de um tribunal improvisado presidido por um amigo seu, e ao qual nenhum acusador ousou se apresentar.

Um veredicto unânime de absolvição permitiu-lhe voltar triunfante ao palácio, em 12 de abril de 1567.

Doze dias depois, ele raptava a rainha na estrada de Linlithgow, segurando o cavalo pela rédea e o arrastando.

Quando seus guardas, acudindo, dispunham-se a tomar das espadas, Maria Stuart, muito calma, ordenou que as deixassem em suas bainhas e declarou que se submetia à violência que lhe estava sendo feita.

E, três meses depois do atentado em que Darnley encontrara a morte, Maria Stuart se casava com aquele que a opinião pública continuava considerando o assassino de seu marido.

Em 15 de maio foi celebrado o estranho casamento, e, vestida de luto, Maria Stuart foi unida ao conde de Bothwell pelo bispo protestante de Orkney, segundo o ritual protestante.

Pois nada faltava à decadência de Maria Stuart. Ela não hesitava em sacrificar sua fé religiosa, assim como sua honra de mulher e sua dignidade de rainha, por aquele aventureiro sem escrúpulos, aquele mercenário brutal, tão indigno dela sob todos os pontos de vista.

– Eu o seguiria até o fim do mundo – ela confessava a Du Croc, embaixador da França, que se empenhava em dissuadi-la desse mau casamento.

Amor!

Mas um tal desafio à opinião não podia permanecer impune.

Todos os lordes da Escócia, indignados, aliaram-se contra Bothwell.

Cercados primeiro no castelo de Borthwick, que não tinha condições de sustentar um cerco, Bothwel conseguiu se evadir à noite, e a rainha, disfarçada de pajem, fugiu logo depois e correu ao encontro dele, numa inacreditável cavalgada noturna.

Eles reuniram suas tropas. Mas na primeira batalha, Bothwell, abandonado por seus últimos partidários, teve de fugir para a Dinamarca, e a rainha caiu nas mãos dos lordes confederados.

Levada presa para Edimburgo, lá ela foi recebida por gritos, insultos ignóbeis e ameaças de morte.

Prenderam-na em casa do preboste. Então, com os nervos à flor da pele, ela teve uma espécie de crise de loucura, e, correndo para a janela, seminua, com os cabelos soltos, chamou desesperadamente o povo em seu socorro.

No dia seguinte levaram-na de Edimburgo, onde ela ameaçava fazer *greve de fome*, e os confederados a prenderam no castelo de Loch-Leven, onde Murray, nomeado regente, veio persuadi-la a abdicar, ameaçando-a de processo pelo assassínio de Darnley.

No entanto, ela não perdera a esperança.

Naquele castelo isolado do mundo, construído sobre um rochedo no meio de um lago, aquela mulher de 25 anos, que descera tanto depois de ter subido tão alto, abandonada por todos os seus partidários, sozinha, destituída de seu poder e moralmente decaída, cercada de inimigos que conspiravam contra ela, apesar de tudo ainda soube encontrar, em seu extraordinário poder de sedução, o meio de restabelecer por um instante, contrariando todas as esperanças, sua infiel boa fortuna, numa das recuperações inesperadas que foram sua marca.

Soube inspirar no jovem George Douglas, filho do lorde Loch-Leven, uma paixão cheia de romântica ternura, que lhe garantiu sua plena colaboração em seus projetos de fuga.

Depois, com a cumplicidade de um pajenzinho que habilmente roubou a chave de lorde Loch-Leven, numa noite em que este cochilara ao fim do jantar, ela conseguiu sair do castelo, disfarçada de criada, e entrou no barco usado para buscar provisões.

Na margem, dois cavalos arreados esperavam. Um homem avançou, ajoelhou-se diante da suposta criada: era George Douglas. Ajudou-a a montar e os dois partiram a galope.

No dia seguinte, ela estava em segurança no castelo de lorde Hamilton, de onde dirigiu um apelo a seus partidários.

Três dias depois, colocava-se à frente de um exército de seis mil homens. Oito condes, nove bispos, dezoito lordes, doze abades e cerca de cem barões haviam respondido a seu apelo.

De que prodígios aquela mulher não era capaz?

Murray, o regente, tomado de estupor diante da notícia daquela fuga, no entanto respondeu com audácia e, tomando a dianteira, atacou repentinamente o exército de Maria Stuart, antes que ele estivesse coeso. E, em 13 de maio, derrotou-a completamente.

Foi então que Maria Stuart, ameaçada de cair de novo nas mãos de Murray, teve a imprudência de se refugiar na Inglaterra, onde Elizabeth lhe oferecera ajuda.

Em 17 de maio, num barco de pescador, ela chegava a Carlisle, de onde invocou, numa carta comovente, a proteção da prima.

Infelizmente, de acordo com as palavras de um historiador seu:

"A princesa fugitiva não tardaria em perceber que, onde buscara um *asilo*, só encontrara uma *prisão*."

Seu poder de sedução, que tantas vezes a salvara, dessa vez não teria efeito.

Mulher pérfida e temível atriz, Elizabeth permaneceria insensível aos mais comoventes pedidos de Maria Stuart.

Começou por mandar prendê-la. Depois escreveu-lhe que só poderia conceder-lhe uma audiência quando se visse isentada da acusação de assassínio de seu marido Darnley.

Dizia-lhe, em segredo, para evitar que ela se opusesse ao julgamento, que mesmo que fosse considerada culpada sua liberdade lhe seria devolvida e teria ajuda para reconquistar o trono.

Ao mesmo tempo, ela garantia a Murray que podia ficar tranqüilo, pois mesmo que Maria Stuart fosse considerada inocente seria mantida na prisão.

Nessas condições, uma comissão de inquérito foi nomeada por Elizabeth.

Ficaria sediada em York. Era composta por três membros: o duque de Norfolk, o conde de Sussex e sir Ralph Sadler.

Murray apresentava-se no papel de acusador. As peças do processo são conhecidas pelo nome de "Cartas do Cofre".

Esse cofre, tomado de um serviçal de Bothwell no momento de sua fuga, continha a correspondência que ele recebera de Maria Stuart: cartas de amor e até sonetos de amor que a rainha mandara para Bothwell, antes e depois da morte de Darnley.

Ninguém pensara em mostrá-las até então. É que essas cartas, na verdade, nada provavam, a não ser, talvez, que a cena do rapto fora mais ou menos combinada entre eles. Isso já se suspeitava.

Mas não era suficiente para estabelecer que ela estivesse envolvida na morte de Darnley, da qual, aliás, Bothwell fora declarado inocente.

Assim, para poder usar as cartas, foi preciso submetê-las a hábeis interpolações, para que se tornassem mais comprometedoras.

Essas cartas do cofre são em parte, portanto, falsificações. Apesar dessas falsificações, Maria Stuart não foi condenada pela comissão de York.

Ela protestou com tanta energia, tanto se bateu e tão alto falou que não ousaram basear uma condenação em peças que, por oito vezes, ela pediu solenemente lhe fossem apresentadas para demonstrar sua falsidade e que, por oito vezes, recusaram-se a lhe mostrar, temendo o escândalo que isso não deixaria de provocar. Portanto, não houve sentença, pois, se não era possível condená-la, ainda que para satisfazer a Elizabeth, tampouco se queria absolvê-la, para não lhe desagradar.

No entanto, houve um resultado, mas totalmente inesperado, desse primeiro processo contra a rainha da Escócia: o duque de Norfolk, um dos três juízes, projetou casar-se com Maria Stuart.

É preciso dizer-vos, antes de tudo, para que compreendais como foi possível essa intriga, a qual durou três anos, quais eram as condições de existência de Maria Stuart em suas sucessivas prisões.

A primeira, onde permaneceu apenas seis meses, chamava-se Tutbury: velha casa de estuque, úmida e suja, em que só havia à sua disposição dois pequenos cômodos escuros, mal vedados e difíceis de aquecer.

Lá ela sofreu muito, ao longo de um inverno rigoroso; estava sempre doente e contraiu reumatismos que a fizeram padecer por muito tempo e a tornaram quase inválida no fim da vida.

De Tutbury, ela foi levada, em 1569, para Sheffield, onde foi confiada à guarda do conde e da condessa de Shrewsbury.

Sheffield era um verdadeiro palácio, rodeado por um parque imenso. Lá Maria Stuart passaria dezesseis longos anos de cativeiro, interrompidos apenas por algumas estadas, muito raras para seu gosto, na estação de águas de Buxton, onde se divertia mais, tal como testemunha uma despedida melancólica, em versos latinos, que ela lhe dirigiu a última vez que lá esteve.

Em Sheffield, entretanto, a rainha cativa desfrutava de certa liberdade.

Seria um erro pensar que lá estivesse sozinha.

Seu séquito não tinha menos de umas quarenta pessoas, em média, sendo que às vezes esse número até se elevava a oitenta, para se reduzir, no final, a menos de vinte, por ordem de Elizabeth.

Ela tinha suas damas de companhia, de alta nobreza escocesa, suas camareiras, seus dois secretários – Nau e Curles –, seu médico francês, o doutor Bourgoing, que não a abandonaria até sua morte e que nos deixou um curioso diário sobre o cativeiro, o julgamento e a morte de Maria Stuart.

Havia ainda o administrador da casa, seu mordomo, André Melvil, de dedicação e fidelidade sempre inabaláveis. Havia um médico, um farmacêutico, um tesoureiro e um cozinheiro, cujas contas sabemos que às vezes a rainha verificava e que se revoltava contra esse controle intolerável.

Era Maria Stuart quem pagava todo esse pessoal.

Elizabeth só se encarregava da alimentação e, embora ainda não se sofresse com a alto custo de vida, sabemos que ela usava de tanta parcimônia que em muitas ocasiões o conde de Shrewsbury foi obrigado a se queixar de que o que ele recebia era de fato absolutamente insuficiente para tanta gente.

Mas Elizabeth achava que sua "boa irmã" (como a chamava) lhe custava muito caro, e várias vezes tentou fazer com que ela resolvesse encarregar-se da alimentação... o que Maria Stuart sempre recusou, objetando, não sem razão, que não era por sua vontade que estava sendo sustentada por Elizabeth.

Maria Stuart, no entanto, era muito generosa. Aliás, tinha meios para sê-lo. Pois, embora seus rendimentos da Escócia fossem relativamente modestos, ela recebia, através do embaixador da França, como rainha viúva beneficiária, uma pensão de doze mil libras, ou seja, o equivalente a trezentos mil francos por ano, mas que, em vista do custo de vida da época, representavam cerca de três milhões de hoje.

É verdade que ela mantinha representantes diplomáticos e agentes de informação em toda a Europa e que numerosos agentes secretos, a seu serviço, eram encarregados de fazer chegar a toda parte sua volumosa correspondência.

Sabemos, por seu médico, como a rainha empregava o tempo.

Em primeiro lugar, passava grande parte das manhãs fazendo sua toalete.

Recebia de Paris perfumes, cremes, ungüentos diversos, pós e, como já vos disse, tinturas.

Era exímia em eliminar as marcas de seus cansaços e de seus sofrimentos e em conservar, até o fim, a aparência da juventude e a ilusão de sua beleza.

Depois bordava, sentada sob um dossel, em meio a suas damas de companhia.

Teve até a amável atenção de bordar camisas para a prima Elizabeth, que esta hesitou por muito tempo em aceitar e as quais, afinal, jamais agradeceu.

Além da leitura, de que gostava muito, um dos passatempos favoritos de Maria Stuart era a caça, tanto a caça a cavalo e com cães como a caça aos patos, com falcão.

Também se divertia domesticando pombos e treinando pequenos cães.

Enfim, a maior parte de seu tempo era absorvida por sua correspondência, que geralmente era cifrada.

A rainha cativa era o foco de irradiação de intrigas que se estendiam, através de seus partidários católicos, até Roma, Madri e Paris.

Toda a esperança do partido católico, inglês e escocês, igualmente oprimido na Escócia por Murray e na Inglaterra por Elizabeth, baseava-se numa volta da boa fortuna de Maria Stuart.

O projeto de casamento de Maria Stuart com o poderoso e respeitado duque de Norfolk deveria reanimar essas esperanças e imprimir maior atividade ainda às intrigas com Roma e Madri.

E, de fato, enquanto uma correspondência secreta, de tom bastante terno e melancólico, se estabelecia entre a prisioneira de Sheffield e seu ex-juiz, que passara ao papel de suspirante, Norfolk envolvia-se em perigosas intrigas com a Espanha.

Ele se encarregava de levantar contra Elizabeth os católicos da Inglaterra, sob a condição de que Filipe II viesse em sua ajuda, num desembarque simultâneo.

Mas todo esse complô, bem concebido, fracassou no momento em que se imaginava vê-lo bem-sucedido, porque uma carta cifrada de Filipe II a Maria Stuart foi interceptada e traduzida, revelando-se todo o plano.

O infeliz Norfolk, preso, foi condenado à morte e executado.

A opinião protestante, agitadíssima, reclamava o julgamento de Maria Stuart.

Mas, altiva, ela respondeu que, como soberana estrangeira e independente, mantida em cativeiro na Inglaterra contrariando todo direito e toda justiça, tinha a liberdade de se defender como pudesse e de negociar as condições de sua libertação com aqueles a quem aprouvesse prestar-lhe ajuda.

Dessa vez, ninguém ousou implicá-la nos processos.

Entretanto, após a conspiração de Norfolk, outras conspirações se seguiram, de que Maria Stuart era sempre a alma e o centro.

Houve, principalmente, aquela em que esteve implicado Trockmorton, filho do grande juiz, que foi condenado à morte e executado.

Não posso enumerar-vos todas elas nem entrar nos detalhes de cada uma.

Os protestantes, partidários de Elizabeth, passaram a considerar a existência de Maria Stuart, mesmo em cativeiro, mesmo vigiada tão de perto que era até impossibilitada de se corresponder com o exterior, uma causa de problemas e um risco permanente para sua rainha e sua religião, sendo levados assim, cada vez mais, a pensar que só a morte de Maria Stuart poderia livrá-los do perigo.

Foi com esse espírito que o Parlamento votou dois *bills*, leis de exceção implacáveis que previam a condenação capital de todos os que tivessem comprovadamente conspirado contra a vida de Elizabeth, e daqueles "em cujo favor" esses complôs fossem formados, uma vez que deles tivessem conhecimento.

Esse parágrafo era manifestamente destinado a fornecer a arma que permitisse suprimir a demasiado importuna rainha da Escócia.

Só restava fazer surgir a oportunidade para aplicar essa nova legislação àquela para quem fora feita.

Walsingham encarregou-se disso.

A rainha da Escócia já não estava, então, no castelo de Sheffield nem sob a vigilância do conde de Shrewsbury.

A condessa de Shrewsbury, com ciúme das atenções, excessivas para seu gosto, do marido para com a régia prisioneira, não hesitara em acusá-la de ter se tornado amante do conde.

A calúnia chegara aos ouvidos de Elizabeth. E, tanto para pôr fim à tormenta conjugal como para afastar Maria Stuart de um guardião suspeito de se ter tornado por demais favorável a ela, a rainha da Escócia fora transferida para o castelo de Chartley, situado numa região malsã e cercada de águas estagnadas. Lá ela estava confiada à guarda de sir Amyas Paulet, lembrado pela história como o mais impiedoso carcereiro de Maria Stuart. Era um precursor de Hudson Lowe, o torturador de Napoleão. Mantinha-a sob estreita vigilância; ela já não podia receber nada do embaixador da França e fora obrigada também a interromper toda a correspondência secreta com o exterior e a suspender as intrigas. Tratava-se agora de fazer com que as reatasse.

Walsingham assumiu a incumbência.

Secretário de Estado, de absoluta integridade quanto às questões de dinheiro, Walsingham era um calvinista convicto que, por fanatismo religioso, era capaz de tudo, desde que julgasse estar servindo às razões de Estado e à causa do protestantismo, que para ele se confundiam na pessoa da rainha Elizabeth.

Tornara-se mestre na arte da espionagem e sabia organizar as maquinações policialescas com uma falta de escrúpulos mas, também, com uma ciência dos detalhes até então desconhecida.

Era um homem ainda jovem, muito silencioso, de rosto fino, longo, mefistofélico.

Eis o curioso retrato que fazia dele um contemporâneo:

"Maravilhosa era sua sagacidade para examinar as pessoas suspeitas, seja para fazê-las confessar a verdade, seja, ele próprio a dissimulando, para confundi-las e desarmá-las.

"Seus ouvidos sutis eram capazes de ouvir em Londres o que se murmurava em Roma. Inúmeros eram os olhos daquele Argo e os espiões que ele disseminara pelo mundo.

"Aquele homem achava que a inteligência é a única mercadoria pela qual nunca se paga caro demais."

Seus espiões eram recrutados nos meios aparentemente mais fechados à sua influência.

Até o segredo da confissão era, para ele, um meio de se informar. Assim, contava com a dedicação de dois jovens padres, saídos do seminário de Reims, um dos quais, Gifford, pertencia à velha nobreza católica inglesa, devotada à causa de Maria Stuart.

Eis, então, qual era o plano de Walsingham:

Gifford, graças a seu nome e a suas relações, se encarregaria de esboçar um projeto de complô contra a rainha Elizabeth.

Depois, enredadas as intrigas, Maria Stuart seria colocada a par e habilmente levada a se comprometer numa carta que, interceptada, serviria de prova para sua condenação.

Mas para isso era preciso que sua correspondência secreta pudesse ser restabelecida e que, ao mesmo tempo, ela fosse vigiada e controlada.

Para essa tarefa, Walsingham tinha dois especialistas temíveis.

Um deles, chamado Gregory, era exímio em tirar o molde de um selo, remover o lacre, abrir o envelope, depois fechá-lo e lacrá-lo de novo, sem que fosse possível suspeitar de nenhuma dessas sucessivas operações delicadas.

O outro, não menos precioso em seu gênero, Thomas Phelipps, era um especialista na tradução de cartas cifradas. Aliava a essa ciência, por si só notável, um incomparável virtuosismo para imitar letras, para completar e reforçar, se necessário, com algumas interpolações judiciosas, as cartas que já não fossem bastante explícitas ou comprometedoras.

Esses eram os dois artistas a cujas mãos Walsingham entregava, confiante no sucesso final, a sorte da infeliz Maria Stuart.

Gifford foi a campo imediatamente. Graças ao nome de sua família, à sua qualidade de padre e à recomendação do arcebispo de Glasgow, ele conseguiu, sem muita dificuldade, captar a confiança do sr. de Châteauneuf, embaixador da França em Londres, fazendo que este lhe enviasse as cartas e pacotes destinados a Maria Stuart.

Imaginou então, para que lhe chegassem, a engenhosa combinação com o fabricante de cerveja.

Esse cervejeiro era quem, toda semana, levava um barril de cerveja cheio para o séquito da rainha cativa e trazia, vazio, o barril entregue na semana anterior.

Gifford foi ter com o cervejeiro, do qual conhecemos apenas o apelido irônico que ele lhe deu (chamava-o apenas de "homem de bem"), e persuadiu o "homem de bem" a colocar um fundo duplo em seus tonéis, assim passando, na ida e na volta, a correspondência de Maria Stuart.

O "homem de bem" concordou e, por esse procedimento, logo restabeleceu a ligação entre a prisão e o mundo exterior, pensando estar assim prestando serviço a Maria Stuart e enganando Elizabeth, ao passo que na realidade estava prestando serviço a Elizabeth e enganando Maria Stuart.

A partir de então, toda a correspondência da prisioneira estava à mercê de Walsingham.

Só restava engendrar o complô, e não seria muito difícil, dado o estado de espírito dos infelizes e perseguidos partidários de Maria Stuart.

Gifford partiu para a França, onde informou a todos os amigos da rainha prisioneira o novo meio que encontrara para se corresponder com ela e a intenção que tinha de trabalhar por sua libertação, em combinação com eles.

O embaixador da Espanha, Mendoza, prometeu a Gifford todo o apoio e, dizia, pensava levar Filipe II a decidir marchar por uma causa tão justa.

De volta a Londres, Gifford agitou os espíritos dos católicos, dando-lhes como certo e próximo o desembarque de Filipe II, resolvido a libertar sua rainha cativa e restabelecer, por meio dela, o catolicismo na Inglaterra.

Mas, acrescentava, a mais segura garantia de sucesso seria o desaparecimento de Elizabeth, que permitiria a Maria Stuart, sem concorrente, fazer valer seu direito à coroa.

Semeando assim a boa palavra, Gifford encontrou Antony Babington, um jovem fanático que, desejando desempenhar um papel, imbuiu-se de seu desígnio e ofereceu-se para assassinar Elizabeth.

Logo, Babington arrastou atrás de si vários amigos seus.

Portanto, para que o objetivo de Walsingham fosse atingido, bastava que Maria Stuart ficasse sabendo dos projetos criminosos de Babington e que aderisse a eles.

Veremos toda a oficina de delação do secretário de Estado, ofegante de esperança e de impaciência, alternando alegria e decepções, à medida que se desenvolve a correspondência entre Maria Stuart e os conjurados.

Maria Stuart, advertida de que Babington ansiava por se colocar a seu serviço, escreveu-lhe uma primeira carta que nada tem de comprometedora.

Amyas Paulet, que sopesou essa carta, retirada do tonel do "homem de bem", não augura nada de bom. E escreve melancolicamente a Walsingham:

"Ela é muito leve para conter alguma coisa importante: sinto muito."

Ele continuava tendo esperança, confessa-nos, cada vez que Maria Stuart confiava um pacote ao "homem de bem", de que esse pacote contivesse "coisas suficientes para pegá-la".

Durante algum tempo, essa esperança caridosa foi frustrada.

Mas logo Babington respondeu a Maria Stuart. Teve a imprudência de lhe submeter os projetos de complô em todos os detalhes.

Essa carta, naturalmente, passou pela "câmara escura" de Walsingham.

Phelipps, que a decifrou e que provavelmente a completou para torná-la mais explícita e mais comprometedora, Phelipps não pôde conter um grito de selvagem alegria e, numa carta a Walsingham, ele escreve:

"Na próxima, nós a atingiremos direto no coração!"

Ele já não agüenta de impaciência; como a fera, ronda a presa; espia, espreita todos os seus movimentos.

A rainha o encontra em várias ocasiões, ao longo de seus passeios a cavalo no parque de Chartley.

E, embora ele a cumprimente obsequiosamente, sua visão lhe é desagradável e não deixa de lhe provocar uma certa inquietação e alguma suspeita da verdade.

Com efeito, ela escreve a respeito ao sr. de Châteauneuf:

"Tente, por favor, descobrir o verdadeiro motivo subjacente de um cavalheiro chamado Phelipps, que está aqui há cerca de um mês, com demonstrações de muito crédito e respeito."

E fazia dele o seguinte retrato, numa outra carta:

"É de estatura baixa, delgado, tem cabelo amarelo-escuro, barba amarelo-clara, rosto crivado de catapora, vista curta, olhar baixo."

Em 17 de julho de 1568 Maria Stuart respondeu a Babington.

"Nós a pegamos!", Paulet exclamou textualmente, exultando de alegria, depois de sopesar a carta. E acrescentou estas palavras, quase incríveis e bem típicas de sua mentalidade:

"Deus, enfim, abençoou meus esforços e recompensou meus fiéis serviços."

Phelipps traduziu a carta imediatamente, guardou uma cópia e enviou, diz ele, o original a Babington.

A dar fé à tradução que ele fez, e supondo que não tenha acrescentado de próprio punho tudo o que era necessário à perdição de Maria Stuart, esta, na carta, aprovava o projeto de Babington e dava conselhos para garantir seu êxito.

É bem possível! Mas poderemos dizer que isso esteja provado? É de duvidar.

Não podemos esquecer, com efeito, que Phelipps era capaz de tudo, que ele próprio se vangloriou, depois, de ter forjado, em outras circunstâncias, toda uma correspondência falsa; e o menos que se pode dizer é que é temerário acreditar em sua palavra e, mais ainda, basear uma condenação à morte nas declarações incontroláveis de um espião como ele.

Além do mais, não é no mínimo estranho que Phelipps, se não alterou o texto da carta de Maria Stuart na cópia que fez, tenha se desfeito de uma peça tão importante, uma vez que toda a maquinação policialesca de Walsingham tinha justamente o objetivo de apoderar-se dela?

Se se desfez dela e a enviou a Babington, que tinha ordem para queimá-la, não foi, ao contrário, justamente para que se tornasse impossível confrontar depois o original com a cópia e, assim, controlar a fidelidade dessa cópia tão suspeita?

Seja como for, o certo é que essa carta cifrada de Maria Stuart só foi lida por Phelipps e que foi impossível encontrar seu original.

Babington e seus cúmplices, detidos sucessivamente, foram enviados à Torre, e seu processo começou.

Entretanto, Maria Stuart não desconfiava de nada.

Eis a encenação imaginada para fazê-la sair de sua quietude:

Paulet lhe propôs fazerem uma caçada ao cervo no parque de Tixall, nas vizinhanças de Chartley.

Ela aceitou imediatamente, com alegria, aquela rara ocasião de fazer algum exercício e se distrair um pouco. E, na mesma hora, saiu a cavalo, acompanhada por seus secretários, Nau e Curles, seu médico, que nos conta a cena, André Melvil e, é claro, por sir Amyas Paulet, que montava mal e tinha dificuldade em seguir os outros.

Quando a rainha chegou à entrada do bosque, surgiu de repente um grupo de cavaleiros que lhe barraram o caminho.

Ao mesmo tempo, sir Thomas Gorge, que vinha à frente do grupo, adiantou-se, admoestou-a violentamente por ter conspirado contra a vida de Elizabeth e lhe comunicou que, por ordem desta última, vinha para deter Nau e Curles; e que, quanto ao mais, sir Amyas o diria. A rainha, revoltada com esse procedimento, protestou com indignação. Mas qualquer resistência seria inútil: sob for-

te escolta, já levavam Nau e Curles, que ela nunca tornaria a ver.
— Vamos voltar! — disse então Maria Stuart a Paulet.
Este fingiu aquiescer ao desejo de Maria Stuart, e puseram-se a caminho. Mas logo a rainha percebeu que ele não a levava para Chartley.
Parou bruscamente e perguntou:
— Para onde me conduzis? Recuso-me a continuar!
— Tenho ordens — respondeu Paulet — de vos conduzir a uma outra residência, onde estareis bem melhor do que em Chartley!
Depois de uma discussão acalorada, como a noite estivesse caindo, Maria Stuart consentiu em segui-lo, e chegaram a Tixall, onde ela foi alojada em casa de sir Walter Aston, juiz de paz da região.
Enquanto isso, aproveitavam sua ausência para revistar seus papéis em Chartley, pois a pretensa caçada ao cervo fora proposta apenas com esse objetivo.
Levaram quatro arcas abarrotadas com seus papéis, e também furtaram seus cofres e suas jóias.
Esperavam encontrar uma peça decisiva contra ela, e pelo menos lembranças comprometedoras de Bothwell. Foi grande a decepção de Elizabeth ao saber que encontraram apenas três retratos: da mãe de Maria Stuart, de seu filho e de seu marido Darnley.
Não havia nem uma linha de sua letra que pudesse ser usada contra ela, e as peças assim apreendidas nem figuraram em seu processo.
Depois de nove dias, decidiram levar Maria Stuart de volta a Chartley.
Entretanto, Babington e seus companheiros, julgados sumariamente, foram torturados e morreram supliciados, sem terem confessado a cumplicidade da rainha da Escócia. Sua morte foi saudada por toda a Inglaterra protestante com fogos de artifício e repicar de sinos.
A opinião pública e o Parlamento ainda não estavam saciados: reclamavam ardentemente o julgamento de Maria Stuart.

Elizabeth hesitava. Temia que não houvesse provas suficientes para garantir sua condenação. Temia também provocar uma intervenção da Escócia, da França ou da Espanha. Entretanto, era intensamente pressionada pelos que lhe eram próximos. Seus ministros tremiam diante da idéia de uma eventual virada que levasse Maria Stuart a suceder Elizabeth. Walsingham, além do mais, declarava-se capaz de obter uma condenação capital.

A rainha se decidiu e, em 5 de outubro de 1586, nomeava a comissão encarregada de julgar Maria Stuart.

Essa comissão compunha-se de quarenta e seis membros, recrutados entre os pares e no conselho privado.

Alguns juízes lhe eram adjuntos pela parte jurídica do processo.

Depois de muitas hesitações, ficou decidido que essa comissão sediaria no salão de audiências do imenso castelo de Fotheringay, pertencente à rainha Elizabeth.

Maria Stuart foi levada até lá de caleça, alguns dias antes da abertura dos debates.

Duzentos cavaleiros a escoltavam, armados de lanças, alabardas, balestras e arcabuzes.

Sir Thomas Gorge, a cavalo, mantinha-se ao lado da caleça da rainha.

Sir Amyas Paulet seguia numa outra caleça, com a família, ladeado por seus homens armados, com a pistola na cinta e o archote aceso.

A viagem durou três dias. Até o último momento a rainha ignorou para onde a levavam.

Quando, no final, vislumbrou por entre as árvores as torres altas e escuras e a massa sinistra do castelo de Fotheringay, antiga prisão de Estado, ela deixou escapar o grito:

– Estou perdida!

Em 11 de outubro, todos os comissários tinham chegado. Estavam alojados no castelo ou nas propriedades da vizinhança.

No dia seguinte, 12 de outubro, assistiram ao sermão na capela do castelo, depois enviaram uma delegação a Maria Stuart para lhe entregar uma carta de Elizabeth, intimando-a, em termos imperiosos, a responder à comissão que encarregara de interrogá-la sobre a conspiração de que era acusada.

Maria Stuart respondeu, com muita altivez e viva indignação, que também era rainha, filha de rei, estrangeira e detida contrariando toda justiça na Inglaterra por um odioso abuso de poder; que não era em grau algum vassala de Elizabeth, mas sua parenta e sua igual, e não tinha por que receber ordens dela.

Protestou veementemente contra aquela paródia de justiça.

– Recuso vossos juízes – bradou ela –, por serem de religião contrária à minha; não reconheço vossas leis, não as sei e não as entendo.

"Estou sozinha, sem conselho; tiraram-me os secretários. Não há criminoso, por pobre que seja, ao qual não seja permitido ter um conselho, um defensor que fale por ele!"

A delegação levou esse eloqüente protesto aos comissários reunidos no salão. Decidiu-se transmiti-lo a Elizabeth.

No dia seguinte, nova delegação junto a Maria Stuart. Dessa vez, ameaçaram-na:

– Nem vossa prerrogativa real – declarou-lhe o porta-voz da delegação – nem vossa qualidade de prisioneira poderão dispensar-vos de responder. Senão, pelos termos da lei, seríamos obrigados a proceder contra vós em vossa ausência.

Assim ameaçada de ser condenada à revelia, Maria Stuart resolveu defender-se.

"Deixada só, redigiu algumas anotações", nos diz seu médico, "para recorrer a elas diante da comissão; mas, como a coragem lhe crescia com a aflição e seu espírito parecia reforçar-se pela luta, não as utilizou e disse-lhes muito mais do que escrevera."

À tarde, vieram ler-lhe a ordem de seu julgamento:
"Maria Stuart, pretensa rainha da Escócia, filha de Jaime V, sendo acusada de ter consentido no horrível complô cujo objetivo era a morte da rainha da Inglaterra e a invasão do reino, será interrogada pelos comissários sobre esse fato."
Depois leram os nomes dos membros da comissão.
Ela não recusou nenhum, mas protestou com suas derradeiras energias contra a lei de exceção votada e forjada expressamente contra ela, na qual se baseava a existência e a autoridade daquela comissão.
– Fazeis leis conforme vos apraz! – exclamava. – Mas eu, soberana estrangeira, não tenho motivo nenhum para submeter-me a elas. Falais sem cessar na proteção da rainha Elizabeth. Vim à Inglaterra para pedir ajuda e fui presa imediatamente: isso é proteção? Não reconheço a lei inglesa.
"E, se é em virtude da lei canônica que pretendeis julgar-me, ela só pode ter como intérpretes aqueles que a fizeram. Somente católicos têm o direito de explicá-la e aplicá-la."
"Os interlocutores de Maria", nos diz Bourgoing, "foram obrigados a se dobrar a ela, vendo que não podiam continuar respondendo sem depreciar sua religião e seu governo."
Estavam desconcertados com as respostas tão argutas da rainha da Escócia.
Entretanto, um dos favoritos de Elizabeth foi o primeiro a se recompor e disse:
– Não viemos aqui para indagar se a rainha da Escócia consentiu ou não no projeto de assassínio urdido contra a rainha Elizabeth, só se trata de saber se ela é culpada ou não.
– Parece-me – ele acrescentou com pérfida habilidade – que se Vossa Majestade se recusasse a ser examinada todos pensariam que é culpada.
Com essas palavras, aquela noite a sessão foi suspensa.

No dia seguinte, 14 de outubro, Maria Stuart comunicou aos comissários que consentia em responder.

– Ofereço-me para responder – disse ela –, mas apenas sobre um ponto: a vida da rainha! Sobre aquilo de que juro e protesto ser inocente, e não sobre qualquer outra coisa que seja, sobre qualquer entendimento, amizade ou acordo que tenha tido com os outros príncipes estrangeiros.

O debate estava, assim, bem delimitado.

Às nove horas da manhã, Maria Stuart entrava no salão de audiências, entre duas filas de alabardeiros, apoiada de um lado em seu médico, do outro em André Melvil, pois andava com dificuldade, por causa de suas dores, sem no entanto perder nada de sua majestade.

A cauda de seu manto de veludo preto era carregada por Renée Bauregard, uma de suas camareiras.

Sentou-se, percorrendo com os olhos os comissários reunidos.

– Ai de mim! – ela disse a André Melvil –, aqui estão muitos conselheiros, mas nem um que seja a meu favor!

E, de vez em quando, inclinava-se para Paulet, sentado perto dela, para lhe perguntar, com um desembaraço de superioridade e como se estivesse num espetáculo, os nomes dos que tomavam a palavra ou faziam perguntas.

Diante da acusada, um homem se levantou, vestido com uma túnica azul, com um capucha vermelha nas costas e um barrete redondo à antiga: era o sargento real Gawdy.

Tirou o chapéu e leu o ato de acusação. Depois fez o relato completo da dupla conspiração e leu as cópias das cartas trocadas entre Maria Stuart e Babington.

Em seguida fez a leitura de uma suposta confissão de Babington no momento de sua morte e dos depoimentos de Nau e Curles, assinados, dizia ele, de próprio punho e que responsabilizavam a rainha.

Depois fez essas peças circularem entre os comissários. Maria Stuart levantou-se.

Reconheceu que havia trocado cartas com os embaixadores da França e da Espanha; mas reivindicou resolutamente o direito de negociar com os príncipes estrangeiros a respeito de sua libertação.

Quanto às cartas trocadas com Babington, negou energicamente ter escrito ou recebido "tais cartas", ou conspirado contra a vida de Elizabeth.

– É possível – acrescentou – que Babington tenha escrito a carta de que o advogado da rainha acaba de falar; mas ele que prove, então, que essa carta esteve em minhas mãos! E, quanto a minhas próprias cartas, ele que se apresse em apresentá-las e mostrá-las a mim, e eu me defenderei!

A acusação teve de admitir que só possuía cópias.

– Essas cópias – exclamou Maria Stuart –, como as fizestes sem terdes os originais? E, se os tínheis, por que não os apresentais? Por que só trazeis cópias? Declaro formalmente nunca ter escrito as cartas que são apresentadas contra mim!

– Posso ser responsável por projetos criminosos de alguns desesperados, tramados sem minha participação e sem meu conhecimento?

Em seguida quis ver os depoimentos supostamente escritos e assinados por Nau, seu secretário.

– Ele não escreveu e assinou como costuma fazer – observou ainda –, supondo-se que tenha escrito de próprio punho, conforme afirmais.

Pediu formalmente para ser confrontada com seus secretários, tal como, aliás, prescrevia obrigatoriamente um estatuto do décimo quinto ano do reino da própria Elizabeth, que estabelecia:

"Nenhuma pessoa poderá ser acusada de complô contra a vida de seu soberano a não ser diante do testemunho e juramento de duas testemunhas, *confrontadas com a pessoa* de acordo com a lei."

– Por que – perguntou ela ainda – executaram Babington e seus cúmplices sem os confrontar comigo, se tinham declarações a fazer contra mim?

Enfim, ela se defendeu passo a passo, com habilidade e energia e sem jamais perder a coragem diante das violências da acusação.

O Diário de Bourgoing, seu médico, que acompanhou todos os debates, nos diz textualmente:

"Não obstante a veemência daqueles senhores chicaneiros, a rainha nunca perdeu a coragem e, quanto mais eles se exacerbavam em agravar o fato, mais ela se mostrava firme."

Hoje sabemos ainda melhor até que ponto as objeções de Maria Stuart eram sólidas e justificadas.

Dois de seus mais conscienciosos historiadores, Labanoff, verdadeiro enamorado póstumo, que lhe dedicou a vida, e o sr. Tytler, conseguiram estabelecer a existência das alterações e das interpolações introduzidas por Phelipps na carta de Maria Stuart para Babington.

Também está provado que só existe um depoimento autêntico de Nau, em que ele declara que Maria Stuart nunca aderiu ao projeto de assassínio, tal como afirmaria novamente, depois, em sua "apologia", escrita em 1606.

No entanto, houve um clamor geral dos comissários indignados quando a rainha ousou alegar que eram falsos os documentos em que a acusação se apoiava.

"Então", conta-nos Bourgoing, "todos os chicaneiros desataram a gritar; como loucos, faziam questão, todos juntos, de proclamar que a rainha era culpada."

Assim, a sessão foi suspensa, no final daquele primeiro dia, numa atmosfera de violência e em meio ao tumulto das discussões.

Durante a noite a rainha quase não dormiu, preocupada em preparar sua defesa do dia seguinte.

Por isso, estava de uma palidez extrema e com os olhos brilhantes, no entanto firme e resoluta, quando, na manhã do dia 15 de outubro, sempre apoiada em seu médico, entrou na sala em que a esperavam os comissários reunidos.

Imediatamente, retomou a palavra e, lembrando todas a ilegalidades daquele processo, todas as injustiças que tivera de sofrer anteriormente, todos os obstáculos colocados, enfim, à sua liberdade de defesa, fez um protesto eloqüente contra a maneira indigna pela qual era conduzido o julgamento e pediu, finalmente, para ser ouvida publicamente diante da rainha, que, havia dezenove anos, lhe recusava essa audiência, e diante de todo o Parlamento reunido.

Repetiu mais uma vez que não a podiam julgar nem com base na declaração, decerto apócrifa, de um secretário que não ousavam confrontar com ela, nem com base na pretensa cópia de uma carta "em que haviam sido inseridas várias coisas que ela não ditara".

Como Burghley, que presidia aos debates com evidente parcialidade, lhe cortasse a palavra em várias ocasiões, a rainha lhe gritou, com indignação:

– Sois meu inimigo! Não estou sendo julgada, mas condenada de antemão. Minha morte está decidida há muito tempo porque minha vida dá aos católicos perseguidos a esperança de que lhes seja devolvida a liberdade de credo.

– Não se trata de vossa religião, mas de vosso crime! – replicou Burghley, exasperado.

E, resumindo mais uma vez as responsabilidades que pesavam sobre a acusada, ele acrescentou o novo agravante de ter concedido uma pensão aos representantes junto a todos os soberanos da Europa, recebendo esta resposta altiva e contundente:

– A rainha, vossa amante, tem dois cardeais na corte de Roma que dela recebem pensão: ela, que professa uma religião contrária à do papa; por que eu, que também sou rainha, não os teria?

Uma exclamação geral de estupor, um imenso murmúrio de cólera e de incredulidade acolheram esse fulminante golpe direto contra Elizabeth. Todos os comissários tinham se levantado ao mesmo tempo e tentavam encobrir a voz de Maria Stuart.

Quando um pouco de calma se restabeleceu, Burghley, desconcertado, limitou-se a murmurar, raivoso, entre dentes:

– Sabeis muito, senhora! E tendes muita inteligência!

Entretanto, parecia haver pressa em terminar com aquilo. Os comissários tinham comparecido à sessão preparados para partir, manifestando a intenção de deixar Fotheringay naquela mesma noite.

Mas, no momento em que já se reuniam para deliberar, um mensageiro da rainha Elizabeth veio entregar um papel a Burghley.

A rainha ordenava que fosse suspensa a decisão para que ela mesma pudesse tomar conhecimento do dossiê.

O prosseguimento da sessão foi postergado em dez dias, e a comissão deveria reunir-se novamente, não mais em Fotheringay, mas na Câmara Estrelada de Westminster.

Em 25 de outubro, a sessão foi retomada. Mas Maria Stuart não assistia a ela.

"Em Fotheringay, houvera a acusada sem as testemunhas. Em Westminster, houve as testemunhas sem a acusada." (Tytler)

Foram ouvidos Nau e Curles, que não fizeram nenhum depoimento novo contra a rainha.

Então, imediatamente depois, os trinta e seis comissários presentes, aos quais se juntaram, pela assinatura, os doze comissários ausentes, pronunciaram por unanimidade a pena de morte.

Essa sentença impiedosa, obra de ódio e partidarismo, só fora obtida a despeito das mais sagradas regras da justiça. Em política, não há justiça.

Voltaire elucidou muito bem, mais tarde, todos os vícios que fazem dela um monumento de iniqüidade.

"Jamais", escreve ele referindo-se a esse julgamento, "tribunal algum foi mais incompetente e jamais processo algum foi mais irregular.

"Foram-lhe apresentadas simples cópias de cartas e nunca os originais. Fizeram-se valer contra ela os testemunhos de seus secretários, sem que lhe fossem confrontados.

"Pretendeu-se declará-la culpada com base nos depoimentos de três conjurados que foram mortos e cuja morte poderia ter sido adiada, para confrontá-los com ela.

"Enfim, mesmo que se tivesse procedido com as formalidades que a eqüidade exige para o mais insignificante dos homens, mesmo que se tivesse provado que Maria Stuart procurava ajuda e vingadores, não se poderia declará-la criminosa.

"Elizabeth não tinha sobre ela outra jurisdição que não a do forte sobre o fraco e o infeliz!"

E Walter Scott não é menos severo em sua história da Escócia, ao escrever:

"As provas alegadas contra a rainha da Escócia eram tais que não poderiam ter comprometido a vida do mais vil criminoso. Entretanto, a comissão teve a crueldade e a baixeza de declarar Maria culpada. E o Parlamento da Inglaterra aprovou e ratificou essa sentença iníqua!"

Ao saber que ela fora pronunciada, Amyas Paulet, tomado por um escrúpulo intempestivo, viera derrubar e tirar o dossel com as armas da rainha, emblema de sua soberania, sob o qual Maria Stuart costumava ficar. E fizera seu gesto acompanhar-se destas palavras maldosas:

– Já não sois mais que uma mulher morta, sem honras nem dignidade de rainha.

Todavia, vagamente inquieto, no dia seguinte, pela responsabilidade que assumira assim sem receber ordem, Paulet voltou para dizer à rainha que ela poderia ter o dossel de volta a seu lugar se o pedisse.

Mas Maria Stuart, com um gesto infinitamente desencantado, limitou-se, como resposta, a lhe mostrar o Crucifixo, símbolo divino da dor, pelo qual já havia substituído o emblema derrubado de seu poder humano!

No entanto, as semanas se passavam sem que a condenação fosse executada.

Os fanáticos ministros de Elizabeth manifestavam tanta impaciência quanta preocupação.

"A sentença já tem mais de um mês e quatro dias de idade; já está na hora de ela falar", escrevia Burghley a Davison.

Mas Elizabeth, preocupada com as ameaças da França e da Escócia, não parecia ter pressa de ordenar a execução.

Procurava um expediente que lhe permitisse isentar-se de responsabilidade e, ao mesmo tempo, saciasse seu ódio, e que garantisse sua tranqüilidade, mas sem que se pudesse imputar-lhe a morte da prima.

Sir Amyas Paulet insistia numa execução rápida, fazendo valer razões de economia, que, como sabia, nunca deixaram insensível o coração de Elizabeth.

"Desejando", escrevia o bom servidor, "que os encargos de Sua Majestade se reduzam, não vejo outro meio senão *suprimir a causa* que os impõe."

Maria Stuart adivinhava as hesitações da prima em ordenar sua execução pública e temia, não sem razão, ser eliminada sem testemunhas.

"Espero algum veneno ou outra morte secreta", ela escrevia ao duque de Guise.

Sentindo que, de uma maneira ou de outra, seu fim era inevitável e próximo, decidiu escrever a Elizabeth para lhe comunicar suas últimas vontades. E eis o que pediu:

"Solicito vossa permissão para que, depois que meus inimigos tenham saciado seu sombrio desejo de meu sangue inocente, meus pobres servidores desolados possam, todos juntos, levar meu corpo para ser enterrado em terra francesa.

"Espero que não me recuseis esse último pedido, permitindo pelo menos uma sepultura livre ao corpo de que a alma terá sido separada, uma vez que, estando unidos, jamais souberam obter a liberdade de viver em repouso... E desejo saber, a meu último pedido, vossa última resposta."

Essa resposta foi uma tentativa de Elizabeth de fazer com que Maria Stuart fosse discretamente assassinada por seu carcereiro.

Eis como o provamos:
Davison fora apresentar para assinatura da rainha o mandado de execução de Maria Stuart.
A rainha assinou com mão distraída e devolveu o papel a Davison. Mas, quando este se dispunha a sair, chamou-o de volta e, em termos ambíguos, deu-lhe a entender claramente que ficaria feliz se a execução não ocorresse e um de seus fiéis servidores a fizesse inútil, atendendo a seus desejos.

Davison entendeu muito bem o que ela queria dizer, ou antes, o que ela não queria dizer. E, imediatamente, foi ter com Walsingham, para não assumir sozinho a responsabilidade por aquela missão temível.

Depois de conversarem, ambos, em comum acordo, redigiram e assinaram o convite indisfarçado ao assassínio, dirigido, por parte da rainha, a seu "muito fiel" Amyas Paulet.

"Compreendemos, por palavras ditas muito recentemente por Sua Majestade, que ela não percebe em vós nem o zelo nem a dedicação que teria o direito de receber de vossas mãos, uma vez que, nestes últimos tempos, *não encontrastes por vós mesmo, e sem convite, algum meio de abreviar a vida daquela rainha*, pensando no grande perigo ao qual estará constantemente exposta Sua Majestade enquanto a mencionada rainha estiver viva... Sua Majestade vê com o maior desagrado que homens que professam por ela o amor do qual vos dizeis imbuído façam, fugindo ao dever, que o fardo caia inteiro sobre Ela, embora conheçais muito bem seu horror a espalhar sangue, e sobretudo de uma pessoa de seu sexo, de sua qualidade e de tão próximo parentesco etc.

"Walsingham e Davison.
Londres, 1 de fevereiro de 1587."

Paulet podia ser um carcereiro tirânico, mas não era um assassino. Cheio de amargor, mas muito dignamente, recusou-se a cumprir "um ato reprovado por Deus e pela lei".

A rainha teve um acesso de cólera terrível ao saber dessa resposta.

Trovejou contra "esses perjuros, esses formalistas afetados que prometem muito e nada sabem executar".

– Eles não têm outro objetivo – bradou ela – senão o de lançar sobre mim todo o fardo!

Depois dessa recusa, Davison resolveu não retardar mais a execução, uma vez que o mandado estava assinado, investido do selo real, totalmente em ordem.

Convocou imediatamente o conde de Kent e o conde de Shrewsbury, que, na qualidade de grande marechal da Inglaterra, tinha a penosa obrigação de assistir à execução.

Entregou-lhes o mandado e encarregou-os de avisar Maria Stuart.

Em 7 de fevereiro de 1587, à tarde, eles se apresentaram em Fotheringay e pediram para ser recebidos pela rainha da Escócia.

Ela estava deitada, com dores, quando lhe anunciaram a visita. Maria Stuart levantou-se para recebê-los.

Shrewsbury avançou primeiro a seu encontro, sem chapéu, e solicitou-lhe que ouvisse a leitura do mandado.

Ela recebeu a notícia sem surpresa e até, ao que parecia, com alegria, como se lhe tivessem anunciado que soara a hora de sua libertação.

– Toda a minha vida – declarou – não foi mais que uma seqüência de desgraças, e me faz muito feliz que Deus tenha querido tirar-me de tantos males e aflição pela mão de meus inimigos.

Mais uma vez protestou sua inocência, jurou sobre o Evangelho que não havia conspirado pela morte de sua prima Elizabeth e pediu que chamassem seu capelão.

Mas os condes tinham ordens formais de Elizabeth para recusar-lhe esse último conforto. Propuseram-lhe então um pastor, que ela se recusou a receber, apesar da viva insistência deles.

Perguntou quando seria a execução.

– Amanhã, às oito horas da manhã – balbuciou o conde de Shrewsbury.

Lamentou que lhe tivessem avisado tão tarde e pediu papel para fazer seu testamento.

Indagou ainda dos condes se a rainha Elizabeth permitira que seu corpo repousasse em terras da França, na abadia de Saint-Denis, junto do rei Francisco II, ou em Reims, ao lado de sua mãe.

Os dois condes lhe disseram que Elizabeth lhe recusava até mesmo essa última satisfação.

Depois se retiraram.

Então Maria Stuart, sempre admirável em sua serenidade, ocupou-se em acertar, com seus servidores, algumas últimas questões.

Com bondade, distribuiu-lhes alguns objetos como lembrança, acrescentando, para cada um, palavras cuja doçura lhes arrancou lágrimas.

Jantou mais cedo do que de costume e comeu pouco. Depois divertiu-se em lembrar os últimos esforços do conde de Kent tentando fazê-la aceitar um pastor e a conversão ao protestantismo.

Repetiu a frase que ele lhe dirigira ao deixá-la e que estava gravada em sua memória:

– Vossa vida teria sido a morte de nossa religião e vossa morte será sua vida.

– Oh! Como estou contente com essas palavras! – ela acrescentou. – Enfim, a verdade! Manifestou-se de maneira claríssima!

Em seguida, escreveu um longo testamento, depois uma carta ao cunhado Henrique III, rei da França, para instá-lo a cuidar de seu filho e recomendar-lhe seus servidores.

Então deitou-se, vestida, e fez Jeanne Kennedy ler para ela algumas páginas da *Vida dos santos*, pedindo-lhe que escolhesse a vida de um santo que antes tivesse sido um grande pecador.

Com calma e presença de espírito extraordinárias, também pensava nos menores detalhes.

Assim, pensou que seria preciso um lenço para lhe vendar os olhos na última hora, e pediu que lhe trouxesse um de seus mais bonitos, bordado em ouro, colocando-o de lado para o dia seguinte.

Mãos juntas sobre o peito, pálpebras baixas, recolheu-se em seguida e absorveu-se na prece, mantendo a imobilidade de uma estátua deitada num túmulo. Sua bela fronte, de brancura marmórea, parecia já ter revestido a majestade da morte.

Uma calma divina distendia seus traços tão puros. Uma inexprimível serenidade imprimira-se em todo o seu rosto.

Segundo as palavras de Jeanne Kennedy, que permanecera sentada à sua cabeceira e que velou por ela durante toda a noite com seus outros servidores, consternados e silenciosos, "ela parecia rir para os anjos".

Entretanto, ouvia-se já no pátio o barulho dos cavaleiros que vinham tomar as disposições de regra para a execução.

No amplo castelo ecoavam os golpes surdos de marteladas realizando os últimos preparativos do suplício.

Quando a luz da aurora, pálida, surgiu à janela, a rainha, que não dormira, saiu de sua meditação, e, como soasse um relógio, observou a suas damas que não lhe restavam mais do que duas horas para viver.

Encarregou Bourgoing de ler-lhes o seu testamento e o confiou a ele para que o entregasse ao duque de Guise, a quem escolhia como seu testamenteiro.

Depois ajoelhou-se em seu oratório e pôs-se novamente a orar.

Logo depois, bateram rudemente à porta. Era o xerife que vinha lhe anunciar que soara a hora da execução.

– Vamos! – disse simplesmente a rainha, levantando-se.

E ela seguiu o xerife pedindo-lhe que a ajudasse a andar.

Como quisessem deter seus servidores à porta da sala de execução, ela pediu que lhes fosse permitido acompanhá-la até o fim, e assumiu, em nome de suas damas, o compromisso de que saberiam conter suas emoções.

Atravessou o salão, com a majestade natural que continuava tendo, passeando um olhar calmo pela assembléia.

Como sir Amyas Paulet lhe oferecesse ajuda para subir os degraus, ela lhe disse com jovialidade:

– Obrigada por vossa cortesia, sir Amyas; será o último trabalho que vos darei e o mais agradável serviço que me tereis prestado.

Depois sentou-se numa cadeira baixa e forrada de preto que lhe era destinada, tendo ao lado os condes de Kent e de Shrewsbury e à frente os dois executores.

Pediu mais uma vez para ver seu capelão. Mas trouxeram-lhe o pastor deão de Peterborough, que começou a exortá-la à morte, com uma eloqüência rude e veemente.

– Senhor deão – disse suavemente a rainha –, não preciso de vós; podeis calar-vos, se desejais, e retirar-vos daqui.

Como ele insistisse e a perseguisse implacavelmente com suas palavras, ela repetiu, mais duas vezes, que podia retirar-se, pois estava decidida a não o ouvir.

Entrementes, pusera-se a orar em voz alta com grande fervor, e a multidão, tomada de emoção malgrado seu, ouvia-a em silêncio.

O executor aproximou-se para despi-la. Mas ela lhe disse, com um sorriso:

– Deixai-me fazer. Entendo disso melhor do que vós e jamais tive tais camareiros.

Ajudada por Jeanne Kennedy, que chorava, ela tirou o véu, o gibão e o espartilho.

Os dois carrascos, ajoelhados à sua frente, pediram-lhe então, de acordo com o costume inglês, que lhes perdoasse sua morte.

– Perdôo-vos de bom coração – respondeu ela –, pois espero que deis um fim a meus problemas.

Entrementes, ela permanecia sentada, com a cabeça ereta, pois imaginava que seria decapitada por espada, segundo o privilégio constante da nobreza.

Mas fizeram-na ajoelhar-se, com a cabeça sobre o cepo, e o carrasco brandiu o machado.

Maria Stuart continuava orando. Ouvia-se sua voz pura que dizia, em meio ao silêncio infinito: – *In te, Domine, speravi*, Senhor, depositei em vós toda a minha esperança!

A multidão chorava. O conde de Shrewsbury levantou sua bengala fazendo sinal ao carrasco para dar o golpe e, ao mesmo tempo, virou o rosto com horror, cobrindo os olhos com a mão.

O carrasco, sem dúvida tomado pela emoção, golpeou com braço inseguro.

A cabeça só caiu com o terceiro golpe. O executor, pegando-a então, ergueu-a na direção da multidão bradando, segundo o costume:

– *God save the queen Elizabeth.*

– Assim pereçam todos os seus inimigos! – acrescentou o deão de Peterborough.

Na sala, como que tomada de estupor pelo sentimento confuso de uma grande iniqüidade, só se ouviam os soluços contidos dos servidores de Maria.

Só o impiedoso e fanático conde de Kent conseguiu ter a triste presença de espírito de responder:

– *Amen!*

Assim terminou, no decorrer de seu quadragésimo quarto ano, na serenidade de uma morte admirável, Maria Stuart, rainha efêmera da França e da Escócia, cuja existência movimentada alternadamente acendera tantas paixões e atiçara tantos ódios.

Sem dúvida, não era nem a maga fatal e a feiticeira digna da fogueira que seus inimigos irredutíveis pretenderam ver nela, nem a santa imaculada e a mártir pura em que pretenderam transformá-la seus admiradores fervorosos. Foi uma mulher do século XVI, uma contemporânea de Shakespeare, violenta, ambiciosa, apaixonada. Era de uma época que não estava longe daquela de Maquiavel.

Mulher maravilhosamente dotada por sua natureza, de inteligência viva, flexível e profunda, aberta a todas as idéias, capaz de todos os esforços, faltaram-lhe apenas, para dirigir sua vida, a ponderação de caráter, a firmeza de princípios e a vontade perseverante, sem as quais as mais brilhantes qualidades só poderiam permanecer estéreis.

Sensível a todas as influências, vibrando a todos os sentimentos, ela não soube escolher seu caminho e se mostrou instável, ao sabor dos próprios meios por que passou sucessivamente.

Pelo menos, se não soube viver, soube sofrer e morrer!

A causa nobre pela qual tão heroicamente sacrificou sua vida cobre com sua grande sombra seus erros e faltas.

Porque sofreu estoicamente por sua fé, porque encarnou para todo um povo, durante dezenove anos, a causa do catolicismo oprimido e perseguido, porque sua condenação é a mais flagrante negação de justiça e o mais odioso abuso de poder, e porque ela preferiu aceitar uma morte desmerecida a renegar o que quer que fosse de seus direitos e de suas convicções, viverá eternamente na História como a vítima comovente do fanatismo e da injustiça.

Mas para nós, franceses, ela é algo mais, e devemos ter por sua lembrança um apego mais íntimo, como à memória de alguém que pertencesse um pouco à nossa família.

As qualidades tão brilhantes, a inteligência tão viva, a sedução e a graça que foram seu encanto e que contribuíram para sua perda, ela hauriu, em parte, no gênio de nossa raça e em nossa doce terra da França.

Não podemos evocar sua imagem sem lembrar ao mesmo tempo o amor profundo que ela tinha por nossa pátria, quando, debruçada no timão do navio que a levava e com os olhos banhados em lágrimas, aquela rainha de dezenove anos repetia obstinadamente o melancólico: "Adeus, França! Acho que nunca mais a reverei!", que, pela voz de Brantôme, atravessou os séculos.

Não podemos esquecer que quando, depois dos tormentos da vida, sua alma reencontrou a si mesma, para se elevar pelas asas da fé à serenidade da morte próxima, foi à França que se dirigiram seu último pensamento e seu último desejo, testemunhando assim a continuidade de seu apego a nossa pátria, com um comovente recuo que ligava o início e o fim de sua existência.

Sabeis que, morta ou viva, ela não irá rever a França.

A cruel Elizabeth não respeitou seu desejo supremo, tal como não respeitara sua liberdade nem sua vida.

O corpo de Maria Stuart não está em Saint-Denis, nem em Reims, onde ela desejara e pedira que ficasse. Ele repousa em Westminster, na capela de Henrique VII, onde, por um singular e irônico encontro do acaso, seu túmulo está bem perto do túmulo de Elizabeth.

A morte passou por cima das querelas humanas.

O caso Cinq-Mars

O marquês de Cinq-Mars

O caso Cinq-Mars

Três séculos logo se terão passado desde que o marquês de Cinq-Mars, escudeiro-mor da França, pagou com sua cabeça pelo crime de que se tornara culpado.

Seu implacável justiceiro, o cardeal-ministro, não tardou em segui-lo ao túmulo.

Hoje, não longe da pequena cidade de Richelieu, antigo burgo de nossa bela Touraine, só o castelo de Cinq-Mars subsiste ainda, último testemunho de sua grandeza e de sua queda. E suas torres, "cortadas à altura da infâmia", por ordem do cardeal-duque, perpetuando até nós a lembrança do castigo, evocam ainda, por suas ruínas eloqüentes, esse drama comovente de nossa História. Vamos nos esforçar para fazer reviver os que o viveram com tanta intensidade.

Estamos em 1638, na época de Luís XIII. O cardeal-duque de Richelieu governa em nome do rei, que tem "bastante a viver sem reinar". O pulso do ministro é rude, mas sua obra é grande!

Ele recebeu um reino fraco e dividido.

Deixou uma nação poderosa e respeitada.

Criou a unidade francesa.

Mas, para cumprir a tarefa que se atribuíra, foi obrigado a empreender lutas ferrenhas contra o espírito faccioso da nobreza.

Em diversas ocasiões, teve de reprimir as conjurações levantadas contra ele e abater os grandes que se aliaram contra sua política. Foi um grande nivelador, que abatia as cabeças que não queriam curvar-se.

Maria de Médicis, a rainha-mãe, é exilada em Bruxelas; o guarda-selos Marillac, também é exilado; seu irmão, o marechal da França Marillac, é condenado à morte e executado, por crime de concussão; o marechal de Bassompierre vai para a Bastilha; o duque de Montmorency, rebelde derrotado em Castelnaudary, é condenado à morte e executado em Toulouse.

A justiça de Richelieu passa, inexorável, e golpeia na cabeça. Através dele, um vento de rigor implacável soprou sobre a França. Mas, já, que esplêndida colheita começa a se erguer por todo lado!

A marinha, à qual ele soube dar tão magnífico impulso, põe a perigo em todos os mares a fortuna da Inglaterra. Nossa legislação é renovada e codificada pelo código Michaud. Novas possessões – o Canadá, as Pequenas Antilhas, São Domingos, a Guiana, o Senegal – vêm enriquecer nosso império colonial.

A Sorbonne é embelezada e reformada; a Biblioteca Real e a Imprensa Real adquirem uma extensão desconhecida até então. As letras são honradas pela criação da Academia Francesa.

No entanto, esse homem, talvez o maior ministro que a França já teve, também é, sem dúvida, o mais impopular.

A multidão murmura e ameaça quando o *Homem vermelho* se mostra, de longe...

É que, para governar, ele não temeu fazer terríveis inimigos.

Execrado pelos protestantes, os quais venceu em La Rochelle e que não lhe perdoam a sujeição em que os mantém, detestado por uma grande parte da nobreza, até então independente e cuja submissão ele exigiu, também não é estimado pelo povo, que lhe reprova a dureza, a arrogância de caráter e que o responsabiliza pelo prolongamento da guerra. Eterna repetição da História!

Em falta de razões, aliás, o ciúme por demais humano que toda a superioridade sempre provoca não bastaria para explicar tantos ódios suscitados à sua passagem? O rei Luís XIII foi o único a compreender que servidor incomparável ele era, para a grandeza da França e da monarquia.

E, embora não deixe de receber ecos da impopularidade de seu primeiro-ministro nem de às vezes partilhar a antipatia que Richelieu inspira a todos pela intransigência de caráter e pela ausência de escrúpulos na realização de sua política, nem por isso o rei deixa de apoiá-lo diante de todos e contra todos, pois sentiu profundamente sua superioridade sobre todos os outros.

Com efeito, eis uma carta dirigida por Luís XIII a Richelieu para lhe pedir que mantenha suas funções de primeiro-ministro, e que bem nos mostra os sentimentos do rei com relação a ele:

"Meu primo, vi todas as razões que vos fazem desejar repouso, que desejo com vossa saúde, mais que vós, contanto que a encontreis no cuidado e na principal condução de meus negócios. Tudo sucedeu bem, desde que aí estais. Tenho toda a confiança em vós e é verdade que nunca encontrei ninguém que me servisse, a meu contento, como vós. Isso me faz desejar e vos pedir que não vos retireis, pois meus negócios andariam mal.

"*Monsieur* [*Monsieur* era o irmão do rei] e muitos dos grandes o detestam em meu lugar; *mas estai certo de que vos protegerei contra quem quer que seja e de que jamais vos abandonarei.*"

A conjuração e a condenação de Cinq-Mars já estavam como que implicitamente contidas nessa última frase.

Henri Coëffier, marquês de Cinq-Mars, era o segundo filho de Antoine Coëffier, marquês de Effiat, cujo epitáfio, que se encontra ainda na pequena igreja de Effiat, no Auvergne, enumera assim seus títulos magníficos:

"Marechal da França, cavaleiro das ordens do rei, superintendente das Finanças, grão-mestre da Artilharia, governador das províncias do Auvergne e do Bourbonnais, morto em 27 de julho de 1632, na Alemanha, onde comandava os exércitos do rei."

Portanto, o marechal d'Effiat era um personagem considerável.

Prestara os mais relevantes serviços nos diferentes cargos importantes que ocupara, e Richelieu, que o estimava muito e a quem ele devia, em grande parte, a sua fortuna, transferiu para seus filhos todo o interesse que constantemente lhe testemunhara.

O segundo de seus filhos, Henri d'Effiat, marquês de Cinq-Mars, parecia ter herdado todas as brilhantes qualidades do marechal.

Ainda muito jovem, tinha, como ele, inteligência, alegria, uma conversação brilhante, a que aliava também notável beleza física, graça, elegância, distinção naturais e uma habilidade incomparável em todos os exercícios – ainda não se dizia "esportes".

Embora fosse o caçula, sua mãe depositava em seu futuro as maiores esperanças, e todos os que o conheciam não tinham dúvida de que ele enalteceria em muito, tal como o pai, as respeitadas armas dos Coëffier, cujo brasão era "em azul com três conchas de ouro".

Richelieu, que o vira nascer, resolveu fazer a fortuna daquele jovem tão bem dotado e, ao mesmo tempo, como seus benefícios nunca eram desinteressados, servir-se dele para levar a bom termo os seus projetos.

Aos dezesseis anos, Cinq-Mars era, por sua influência, nomeado capitão da guarda do rei.

Aos dezoito anos, recebia o cargo de grão-mestre do guarda-roupa.

Como o rei não tardou em notar as qualidades de encanto e inteligência daquele jovem cujos méritos Richelieu sempre louvava, como o nome e a lembrança do elevado valor de seu pai predispunham a seu favor tanto quanto a graça de sua juventude e sua distinção, Luís XIII logo lhe testemunhou intensa afeição.

Ao final de um ano, ele admitia o jovem Cinq-Mars na honra de sua intimidade, tornando-o seu companheiro favorito e já não podendo prescindir dele.

Era exatamente o que desejara e buscara o cardeal Richelieu ao colocar Cinq-Mars na corte.

O rei Luís XIII nem sempre se dava bem com o primeiro-ministro, longe disso.

Submetia-se à sua influência pela razão, pois tinha lucidez suficiente para julgar sua política benéfica. Mas não havia entre eles nenhuma afinidade natural, nenhuma simpatia verdadeira, e Luís XIII tinha até mesmo, às vezes, algum amargor por suportar o jugo do cardeal-ministro, por demais cioso de sua autocracia.

O rei, perpetuamente aborrecido – neurastênico, diríamos hoje –, consolava-se caçando, desafogando assim seu rancor contra Richelieu no seio de algum confidente, até mesmo de alguma confidente, de quem sofria influência passageira.

Richelieu o sabia, pois sempre sabia tudo. E não deixava de sentir uma certa inquietação por si mesmo.

– Muitas vezes tenho mais dificuldade para governar o rei do que o reino – dizia com melancolia a seu confidente, o padre Joseph.

Fora para ajudar-se a governar o rei que ele julgara hábil colocar junto dele o jovem Cinq-Mars, com cuja dedicação imaginava poder contar e que saberia, assim esperava, manter o espírito de Luís XIII em disposição favorável à sua influência pessoal.

Cinq-Mars fora destinado pelo cardeal, sobretudo, a afastar e suplantar a srta. de Hautefort, última favorita de Luís XIII, dama de companhia da rainha, hostil a Richelieu, e que adquirira demasiada ascendência sobre o espírito e o coração do rei.

Pois uma das mais curiosas particularidades do caráter de Luís XIII era a imperiosa necessidade de ter constantemente junto de si uma pessoa com quem se aconselhar ocasionalmente e diante da qual pudesse pensar alto, sem se constranger e sem medo de que suas confidências fossem difundidas.

Esse papel fora desempenhado de início pela srta. de La Fayette, jovem de grande beleza e, além de virtuosa e piedosa, cheia de encanto e qualidades.

Luís XIII tivera por ela uma espécie de amizade amorosa muito intensa e um tanto mística, que durara muito tempo e terminara com a entrada da srta. de La Fayette para a vida religiosa, tornando-se irmã Angélica.

A srta. de Hautefort, que não tinha a mesma piedade nem a mesma virtude, sucedera-lhe, até o dia em que a estrela nascente de Cinq-Mars soubera fazer a sua empalidecer.

E o rei, por seu horror instintivo à solidão e à velhice, logo fizera daquele jovem de dezoito anos seu companheiro inseparável e confidente de todos os seus pensamentos.

Levava-o para onde quer que fosse, não lhe deixava uma única hora de liberdade e queria fazê-lo compartilhar até mesmo seu amor pela caçada com falcões ou seu prazer em adestrar cães. Sua afeição tirânica pretendia impor-lhe assim todos os gostos que ele tinha e impedi-lo de satisfazer a todos os que já não tinha.

Tanto despotismo na amizade não deixava de provocar, de quando em quando, entre o rei e seu favorito, cenas desagradáveis e brigas passageiras.

Assim, Marion de Lorme seria, freqüentemente, motivo das admoestações que Luís XIII fazia a Cinq-Mars.

Cinq-Mars, que a conhecera havia pouco, apaixonara-se por ela com todo o ardor de seus dezoito anos. E, como a bela moça não se mostrasse muito cruel para com o favorito do rei, este tinha pressa em ir a seu encontro à noite, assim que o rei, que se deitava cedo, lhe devolvia a liberdade.

Seu cavalo, já selado, esperava-o para levá-lo até Paris, à casa de Marion de Lorme, pois a corte ficava então em Saint-Germain-en-Laye, e quase todas as noites o pobre Cinq-Mars tinha de percorrer a distância entre Saint-Germain-en-Laye e Paris, ida e volta.

Explica-se que o rei pudesse censurá-lo freqüentemente por nunca estar pronto quando mandava chamá-lo de manhã, ao acordar.

Explica-se também que ele freqüentemente lhe dirigisse amargas admoestações e cruéis gracejos por seu ar cansado, enfadonho e aborrecido ao seguir em sua companhia a caçada ao melro, ao gavião ou a captura de uma raposa na toca, prazeres aos quais Luís XIII nunca deixava de convidá-lo de manhã bem cedo.

No entanto, apesar dessas tempestades passageiras, é de acreditar que a afeição do rei por Cinq-Mars se tornava cada vez mais intensa, pois, depois de um ano, em 1639, ele dava a seu favorito, então com apenas dezenove anos, o cargo mais importante da corte, o de escudeiro-mor da França.

"Não é um mau começo para um homem de dezenove anos", escrevia, não sem algum despeito, um jovem italiano que, também ele, abriria seu caminho no mundo: Mazarin.

E Richelieu parece ter ficado igualmente um pouco surpreso e despeitado com o avanço, rápido demais para seu gosto, de seu protegido.

Um tal favor, embora excepcional, devia parecer menos extraordinário numa época em que era hábito, muito mais do que hoje, iniciar-se muito cedo em cargos importantes.

Se Cinq-Mars era capitão da guarda aos dezesseis anos e escudeiro-mor da França aos dezenove, não esqueçamos que Richelieu fora bispo de Luçon aos vinte e dois anos e secretário de Estado, praticamente todo-poderoso, aos trinta e um; que De Thou, de quem logo falaremos, fora admitido como conselheiro no Parlamento aos dezenove anos; que o grande Condé, enfim, no comando de um exército, obteria, aos vinte e dois anos apenas, a magnífica vitória de Rocroi sobre os espanhóis!

Um início tão brilhante parece ter virado um pouco a cabeça de Cinq-Mars. É mais difícil resistir à embriaguez do sucesso do que aos desgostos da adversidade.

"Tudo conspirava para inebriá-lo", nos diz Ana de Gonzaga, a Princesa Palatina, em suas *Memórias*. "Seu despertar era como o do rei ou do cardeal. Duzentos fidalgos o seguiam até os aposentos do rei, e ele superava todos os cortesãos pela magnificência de seus trajes, pela nobreza e pelo encanto de sua figura e pela elegância de suas maneiras; as mulheres lançavam-se em seu caminho, os ministros colocavam-se às suas ordens."

E ele tinha apenas vinte anos! Só o chamavam de "Monsieur le Grand", tal como se costumava chamar o escudeiro-mor.

Mas Luís XIII e o cardeal continuavam a tratá-lo como uma criança e, quando o rei tinha alguma queixa contra ele, mandava-o falar com Richelieu, que era encarregado de corrigi-lo... e que o fazia de fato.

Temos de próprio punho de Luís XIII o relato de uma dessas cenas bem típicas.

O rei escreve a Richelieu para lhe contar a discussão que acaba de ter com "Monsieur le Grand", que ele mandara ter com o cardeal para ouvir reprimendas sobre sua preguiça e que não se emendara.

Escutai, antes, a carta:

"Meu primo, sinto importunar-vos por causa dos maus humores de 'Monsieur le Grand'.

"Eu lhe disse:

"– O sr. cardeal me diz que lhe testemunhastes grande vontade de me agradar em todas as coisas, no entanto não o fazeis quanto a um capítulo sobre o qual lhe pedi que vos falasse, que é vossa preguiça.

"Respondeu-me que lhe falastes mas que, quanto a esse capítulo, nada podia mudar e que não faria diferente do que fizera.

"Essas palavras me zangaram. Eu lhe disse:

"– Para um homem de vossa condição, que deve pensar em se tornar digno de comandar exércitos, e já que

me testemunhastes ter essa intenção, a preguiça é inteiramente adversa.
"Respondeu-me bruscamente que jamais pensara nisso nem o pretendera.
"Respondi-lhe que sim: sabeis que é assim.
"Retomei, em seguida, o discurso sobre a preguiça, dizendo-lhe que esse vício tornava um homem incapaz de todas as boas coisas e que só servia aos homens do Marais, que se quisesse continuar uma tal vida deveria voltar para lá. Respondeu-me com arrogância que estava disposto a isso. Respondi-lhe:
"– Se eu não fosse mais sensato do que vós, sei o que vos responderia.
"Em seguida disse-lhe que, tendo para comigo as obrigações que tem, não deveria falar-me dessa maneira. Respondeu-me com seu discurso de sempre: que não lhe importavam meus benefícios, que estava disposto a devolvê-los, que poderia muito bem dispensá-los e que tanto lhe satisfaria ser Cinq-Mars quanto 'Monsier le Grand', e que, quanto a mudar de modo de vida, não poderia viver de maneira diferente. E, em seguida, disse-lhe que, estando ele no humor em que estava, me agradaria que não viesse me ver."

Richelieu respondeu filosoficamente ao rei que "é impossível ser jovem e totalmente sensato".

E, decerto, essa briga não durou mais do que as anteriores.

Foi por volta dessa época que Cinq-Mars teve ocasião de criar um primeiro motivo de grande ressentimento contra o cardeal.

Ele encontrara na corte a princesa Maria de Gonzaga e se apaixonara intensamente por ela.

Era filha de Carlos de Gonzaga, duque de Nevers e de Mântua, que, de seu casamento com Catarina de Lorena, tivera três filhas igualmente bonitas: Maria, Ana e Benedita – "três lírios desabrochados em uma mesma haste", dizia-se galantemente das três irmãs.

Na verdade, a mais velha não parece ter justificado essa imagem poética.

Conheceu Cinq-Mars, e tinha nove anos mais do que ele.

Alta, morena, perfil romano, andar altivo, se tinha muita inteligência, tinha muito menos coração e só pensava em satisfazer à sua ambição, que era considerável.

Tivera de início a esperança de se casar com Gastão de Orléans, irmão do rei, de quem era considerada quase noiva. Mas este acabara por preferir Margarida de Lorena, que era mais rica.

Muito despeitada, Maria de Gonzaga acolhera, sem os desencorajar, os avanços do jovem Cinq-Mars, de quem uma tal aliança em muito teria aumentado o prestígio e consolidado a fortuna. Mas, sem o rejeitar, ela o fizera compreender delicadamente que não poderia desposá-lo sem decair, se antes o rei não o fizesse duque ou par e condestável da França.

Há uma grande distância – não é verdade? – entre essa barganha inescrupulosa de duas ambições que buscam respectivamente, uma e outra, o bom casamento, e o amor belo e comovente idealizado e imortalizado por Alfred de Vigny em seu belo romance de *Cinq-Mars*.

Quando "Monsieur le Grand" abriu-se com Richelieu sobre esse projeto vantajoso e pediu seu apoio para obter os títulos que ambicionava, este, que não tinha travas na língua, tratou-o duramente e criticou suas intenções nos termos mais exaltados:

– Não esqueçais – disse-lhe – que sois apenas um fidalgo alçado pelo favor, e não sei como tendes a audácia de pretender tal aliança. Se a princesa Maria está realmente pensando nesse casamento, é mais louca ainda do que vós.

Cinq-Mars, fulminado por essa advertência mordaz, saiu sem responder.

Richelieu acabava de fazer nele um inimigo irreconciliável e disposto a tudo para vingar seu orgulho ultrajado.

Algum tempo depois, aliás, ele envenenava ainda mais o ódio e o ressentimento que o escudeiro-mor já tinha por ele, ferindo de novo, e cruelmente, seu amor-próprio.

Um dia, quando se preparava para reunir o Conselho de ministros, o rei dissera a Richelieu, apontando Cinq-Mars, que lá estava:

– Para que meu caro amigo esteja desde logo a par dos assuntos de meu reino e em condições de me servir com utilidade, desejo que ele assista a meu Conselho.

Richelieu nada respondera.

Mas, depois da reunião, em que se abstivera de tratar qualquer questão importante, ele mostrara ao rei o perigo de admitir em seu Conselho um homem tão jovem e tão tagarela como seu favorito, que não tardaria, mais dia menos dia, em divulgar os segredos de Estado de que tinha conhecimento.

O rei rendeu-se a essas razões de prudência e Cinq-Mars não mais assistiu às sessões do Conselho.

Profundamente vexado, Cinq-Mars adivinhou, sem dificuldade, de quem provinha sua exclusão; seu ódio por Richelieu aumentou mais ainda e ele resolveu tirar uma vingança fragorosa pela nova humilhação que sofria assim por causa do cardeal.

A partir daquele momento tornou-se, de certo modo, o centro das intrigas realizadas na França contra o primeiro-ministro.

Cinq-Mars ficara conhecendo na corte um certo fidalgo chamado Louis d'Astarac, marquês de Fontrailles, espécie de gnomo corcunda, invejoso e venenoso, que consagrava um ódio mortal a Richelieu porque este, de fato, ferira cruelmente seu amor-próprio.

Certo dia, com efeito, ao sair de seu gabinete para receber um embaixador estrangeiro cuja visita acabava de lhe ser anunciada, o primeiro-ministro avistara, no meio de sua antecâmara, o marquês de Fontrailles, de quem não gostava, ocupado em conversar enquanto esperava

sua vez de ser apresentado. Medindo com os olhos aquele anão corcunda e disforme, que não se abalava, Richelieu, que não tinha paciência e era muito franco, às vezes chegando à brutalidade, dissera-lhe, com o ar arrogante e glacial que tão bem sabia assumir:
– Afastai-vos, senhor de Fontrailles, esse embaixador não gosta de monstros!
Fontrailles nunca lhe perdoaria essas palavras.
Ele atiçou habilmente o ressentimento de Cinq-Mars contra o cardeal, insuflou-lhe seu ódio, pois pensava ter encontrado naquele belo rapaz ardente, que o favor do rei tornava poderoso, o instrumento ideal de sua vingança.

Apanhado, assim, entre a influência da princesa Maria de Gonzaga, que constantemente instigava sua ambição natural, e a influência de Fontrailles, que o persuadia de que Richelieu era o único que obstava à realização de seu desejo de se fazer duque ou par, Cinq-Mars, cuja qualidade predominante não era a gratidão, não tardaria em conspirar pela perdição do cardeal-duque a quem devia sua fortuna.

Uma coalizão formada contra Richelieu e Luís XIII pelo duque de Soissons e pelo duque de Bouillon, com apoio da Espanha, acabava de resultar na batalha de La Marfée, na qual o duque de Soissons morrera.

O duque de Bouillon, que tinha a suserania de Sedan, cidade ainda não pertencente ao reino da França, logo depois solicitara e obtivera seu perdão ("seu acomodamento", como se dizia então!), porque Richelieu, sempre positivo em política, preferia perdoar o duque a ver Sedan passar aos espanhóis.

Cinq-Mars despachou então, para ir ter com o duque de Bouillon, seu amigo sr. de Thou, filho do historiador, conselheiro no Parlamento, grão-mestre na biblioteca do rei, fidalgo de raro valor intelectual, notável erudição e grande mérito, ao qual Cinq-Mars era muito ligado desde a juventude.

De Thou fora encarregado de dizer ao duque de Bouillon que "Monsieur le Grand" tinha extremo desejo de ser seu amigo e que ficara muito feliz por intervir em seu favor para obter seu acomodamento.

Essa aproximação do favorito de Luís XIII foi muito bem recebida pelo duque de Bouillon, tão grande era o crédito de Cinq-Mars na época. E eles jantaram juntos.

Pouco depois, Cinq-Mars também encontrou, em Amiens, Gastão de Orléans, irmão do rei, que em várias ocasiões já se envolvera nas conjurações que tinham por objetivo derrubar Richelieu e instalar *Monsieur* no trono, em lugar de Luís XIII.

Vários projetos de conspiração foram, assim, esboçados entre Cinq-Mars, Fontrailles, Gastão de Orléans e o duque de Bouillon, mas sem que nada de definitivo fosse estabelecido de início. Era o sindicato dos descontentes.

Fontrailles não escondia que era favorável aos meios extremos: na sua opinião, só o assassínio era um meio prático, seguro e rápido de se desvencilhar de Richelieu.

O escudeiro-mor não parecia muito longe de se deixar convencer e não descartava, em princípio, esse procedimento ágil.

Ao mesmo tempo, no entanto, e para ter duas cordas em seu arco, ele considerava o meio de um tratado com a Espanha.

Assim aproveitava o tempo livre que lhe propiciava, naquele momento, a grave doença do rei, que esteve dez dias entre a vida e a morte.

Esse projeto de tratado, escrito por Cinq-Mars, foi reformulado pelo sr. duque de Bouillon, que tinha mais experiência nesse tipo de trabalho, e o tratado definitivo, elaborado em colaboração, foi recopiado por Cinq-Mars, que escrevia o que lhe ditavam.

Por esse tratado, o duque de Bouillon deveria dar acesso aos espanhóis à França por sua praça-forte de Sedan.

Gastão de Orléans marcharia à frente das tropas confederadas, assumindo seu comando.

O rei da Espanha comprometia-se a fornecer doze mil homens, cinco mil cavalos, e a dar quatrocentos mil escudos para fazer recrutamentos na França. *Monsieur* recebia cento e vinte mil escudos de pensão da Espanha, e o escudeiro-mor e o duque de Bouillon, quarenta mil escudos cada um.

Por outro lado, ficava entendido entre eles que *Monsieur* substituiria Luís XIII e que o escudeiro-mor seria primeiro-ministro em lugar de Richelieu.

Os espanhóis, enfim, obtinham a paz vantajosa que havia tanto tempo desejavam em vão.

O tratado foi entregue ao marquês de Fontrailles, que se encarregou de levá-lo à Espanha para ser assinado pelo primeiro-ministro espanhol, duque de Olivares, cognominado "Richelieu da Espanha".

Enquanto isso acontecia, o rei, que se restabelecera, resolveu deixar Saint-Germain e ir para o Roussillon, para instalar pessoalmente o cerco a Perpignan, chave da Catalunha, que ainda era da Espanha, contra a qual a França estava em guerra.

Em 25 de janeiro de 1642 Luís XIII pôs-se a caminho.

Na esperança de receber o juramento de fidelidade de seus novos súditos, levou junto a coroa, o cetro, a mão-de-justiça e o manto real.

Parou por alguns dias em Fontainebleau, de onde só partiu em 3 de fevereiro, para ir antes a Lyon.

O cardeal de Richelieu, embora doente, seguia com toda a comitiva. Levavam-no deitado.

Mas as duas comitivas, a do rei e a de Richelieu, eram muito numerosas para acantonarem juntas à noite, nos mesmos vilarejos, e só puderam se reunir três vezes no trajeto: em Fontainebleau, em Moulins e em Lyon.

Em Lyon, Cinq-Mars, mais favorecido do que nunca, deveria encontrar *Monsieur* e o duque de Bouillon.

Dizia-se que tinha o projeto de assassinar o cardeal.

Mas este foi encontrar o rei, acompanhado de um capitão de sua guarda, e Cinq-Mars nada fez.

Desde havia algum tempo, no entanto, ele levava ostensivamente um longo punhal na cintura e dizia aos amigos, mostrando-o, que tinha em mente um grande plano e que logo o executaria.

Parece que o escudeiro-mor, que gostava muito de se gabar mas pouco agia, divulgou assim em perigosas tagarelices a resolução criminosa que dizia ter tomado.

Enquanto isso, Fontrailles, disfarçado de capuchinho e levando o projeto de tratado costurado nas dobras da roupa, transpunha os Pireneus pelo vale de Aspe e pelo "porto que chamamos de Caucasiano".

É preciso ler, no livro de Vigny, a admirável descrição da tempestade nas montanhas e a dramática perseguição de Fontrailles por Laubardemont e os homens de Richelieu, encarregados de se apossar do tratado. É belo romance.

A história só guardou que foi pelo vale de Aspe, berço da rainha de Navarra, que Fontrailles passou para chegar à Espanha.

Chegando a Madri, encontrou-se com o duque de Olivares, que ficou encantado com o tratado mas nem por isso deixou de discutir, por formalidade, todos os artigos, e regateou longamente sua assinatura.

Finalmente, exasperado, Fontrailles disse-lhe:

– Não é de admirar que vossos negócios andem tão mal, já que perdeis vosso tempo com ninharias, no momento em que o rei está prestes a vos tomar Perpignan e toda a Catalunha.

Olivares olhou-o, perplexo, e finalmente resolveu assinar, sem mais fazer-se rogar.

Fontrailles voltou à França passando pelo porto de Vénasque, e encontrou Cinq-Mars e De Thou em Carcassonne, acompanhando-os depois até o cerco de Perpignan.

O cardeal, muito doente, com uma série de abscessos que lhe doíam muito, ficara sozinho em Narbonne.

Até seus mais convictos partidários se desanimavam, acreditando-o quase em desgraça, tanto o favor de seu jovem rival superava o dele.

O presunçoso Cinq-Mars, já certo da vitória, perdia agora toda a reserva. Distribuía dinheiro a mancheias pela tropa e esbanjava em dissipações quantias consideráveis, embora já estivesse crivado de dívidas.

Desafiava Richelieu abertamente e anunciava sua queda próxima com um ar de audácia e segurança que jamais tivera até então. Bastava que Richelieu aconselhasse ou aprovasse uma medida para que imediatamente ele lhe fosse contrário.

As próprias decisões do rei só tinham sua aprovação quando inspiradas por ele.

O exército, desde os oficiais mais graduados até os soldados rasos, tomava partido a seu favor ou contra ele, a favor do cardeal ou contra ele. As tropas estavam, assim, divididas em *cardinalistas* e *realistas*.

O rei não o ignorava e de início pareceu divertir-se com o duelo.

Mas certo dia, quando perguntou brincando ao marechal Fabert de que partido ele era, este, soldado leal e sincero, deu-lhe esta bela resposta:

– Sou pelos cardinalistas, Sire! Pois o partido do cardeal é o vosso!

Estas palavras profundas fizeram Luís XIII refletir.

O próprio Cinq-Mars, aliás, logo se encarregou de comprometer sua sorte.

Sua fatuidade, sua indolência e sua má conduta ultrapassavam todos os limites e a cada dia o faziam perder alguns de seus numerosos partidários.

" 'Monsieur le Grand' vai de mal a pior, e até o rei está começando a se cansar dele", escrevia na época o jovem duque de Enghien a seu pai.

E Cinq-Mars, de fato, perdendo toda a prudência e toda a compostura, parecia fazer questão de arruinar ele mesmo o favor de que até então desfrutara.

Dizia, quando lhe perguntavam pela saúde do rei, que continuava má:

– Ele ainda não está suficientemente mal!

Ou então:

– Ainda vai continuar se arrastando.

E a Luís XIII não deixavam de chegar alguns ecos dessas palavras amáveis ditas a seu respeito por seu favorito.

Disso resultavam, entre eles, cenas de extrema violência, a ponto de o rei proibir, durante vários dias, que deixassem "Monsieur le Grand" entrar para vê-lo.

Quando, no dia seguinte, este se apresentou acompanhado por uma tropa de oficiais e cortesãos que o seguiam por toda parte, o porteiro informou-lhe em voz baixa a ordem que recebera.

Mas Cinq-Mars, para não passar pela humilhação pública de um revés, pediu-lhe que o deixasse entrar sozinho, e só até o corredor.

Lá ficou durante duas horas, sozinho, sentado num tamborete, entre a porta do corredor e a do aposento do rei, sem ousar aparecer diante de Luís XIII.

E vários dias em seguida repetiu esse estratagema, para fazer crer ao público que estava em conversa particular com o rei, como no tempo de seu maior favor.

Só tomara a precaução de pôr um romance no bolso para se distrair um pouco durante sua guarda solitária!

Ora, algum tempo depois, voltando finalmente às boas graças, ele estava com o rei quando se permitiu zombar dos argumentos do marechal Fabert, que viera expor ao rei seu plano de operações.

Mas no final Luís XIII, exasperado com seus gracejos, voltou-se para ele e disse encolerizado:

– Saí! Não vos suporto! Decerto passastes a noite visitando as obras do marechal para falar dessa maneira, como passastes os dias em meu guarda-roupa lendo romances para que acreditassem que empregáveis o tempo acertando comigo os assuntos do reino! Saí! Orgulhoso; dais-me nojo!

Depois, voltando-se para Fabert, mudo de surpresa, o rei acrescentou, referindo-se a seu favorito:

– Devo dizer-vos tudo, senhor Fabert. Não há homem mais perdido de vícios nem tão pouco agradável. É o maior ingrato do mundo. Um reino não basta para suas despesas! Neste momento em que vos falo, ele tem mais de trezentos pares de botas!

Para Luís XIII, que para si mesmo sempre tivera horror a todo luxo no modo de vestir, tal prodigalidade tinha quase a dimensão de um crime abominável.

O escudeiro-mor, muito despeitado, retirou-se, mas não sem dizer a Fabert, ao passar a seu lado, e como se fosse ele a causa da afronta:

– Senhor, obrigado!

– O que ele está dizendo? – exclamou o rei. – Creio que vos ameaça!

– Não, Sire – respondeu Fabert, fleugmático –, ninguém ameaça na presença de Vossa Majestade! Aliás, não o suportaríamos!

Enquanto "Monsieur le Grand" acabava assim de arruinar seu crédito, Richelieu, ainda doente em Narbonne, não perdia de vista o rival.

Ia anotando os erros que este cometia. É espantoso constatar com que cuidado aos detalhes aquele grande espírito, que carregava quase sozinho todo o peso do reino, podia se deter num assunto de importância aparentemente tão mínima.

Encontrou-se, com efeito, um curioso documento inteiramente escrito por ele, de próprio punho, intitulado "Resumo das queixas que ao rei aprouve fazer de M. le Grand, seja ao sr. cardeal, seja aos srs. de Chavigny e de Noyers, para dizê-las a ele."

Eis algumas de suas passagens:

"O rei queixou-se freqüentemente de que M. le Grand era insuportável em sua arrogância, era preguiçoso ao exagero, sempre retrucava a tudo e reprovava tudo o que se fazia, dizia tão grandes impertinências que dava até pena; de que seu espírito era como um cobre dourado que só tinha aparência e, no entanto, ele se julgava o mais capaz do mundo.

"De que servia para entreter a corte à mesa e bancar o bom falante, mas jamais serviria para outra coisa.

"De que sempre depreciava as boas notícias, acreditava facilmente nas más; sempre sabia das falsas, tomava freqüentemente o partido contrário aos negócios do rei e nunca julgava que o que se fazia era bem feito.

"Sua Majestade disse-me também, várias vezes, que M. le Grand se enraivecia com o bem que ele fazia aos outros e que era como se arrancassem dele.

"Disse-me também que, para dar impressão de seu crédito, ele suplicara-lhe que lhe desse, na presença do cardeal, do chanceler e dos superintendentes, cem mil escudos para suas despesas, os quais ele recusaria.

"Ele negava tenazmente o que dissera."

Não é registrado com fina psicologia? A verdadeira figura de Cinq-Mars, com sua fatuidade, sua vaidade incomensurável e pueril e suas manhas de criança mimada não aparece como que gravada, a ponta-seca, sob a observação arguta e minuciosa do cardeal?

Ao mesmo tempo que mantinha esse dossiê em dia, ele seguia as pegadas da conspiração.

Estava sabendo, com efeito, que um francês negociara em Madri, com o duque de Olivares, um tratado secreto, e imediatamente suspeitou que Cinq-Mars não estivesse fora daquilo, tampouco *Monsieur* e o duque de Bouillon.

Mas nenhuma prova ainda apoiava suas suspeitas.

Tudo indica, aliás, que o segredo dessa conjuração foi bem mal guardado, pois na mesma época a princesa Maria de Gonzaga escrevia a Cinq-Mars:

"Vosso assunto é tão sabido em Paris quanto se sabe que o Sena passa sob a Pont-Neuf."

Fontrailles, muito assustado quando Cinq-Mars lhe mostrou esse bilhete da princesa Maria, e julgando que tudo estivesse perdido, queria convencê-lo a fugir com ele para a Inglaterra.

E como, seja por despreocupação, seja por inconsciência, o escudeiro-mor recusasse, Fontrailles lançou-lhe esta sinistra e profética tirada:

– Vós, que sois alto, ainda tereis uma bela estatura quando vos tirarem a cabeça de cima dos ombros! Mas eu, na verdade, sou muito baixo para me permitir tal coisa!

E ele fugiu, disfarçado de capuchinho, com a mesma roupa que lhe servira para levar o tratado para a Espanha.

Na mesma noite de sua fuga, Chavigny vinha, da parte de Richelieu, trazer ao rei a cópia do tratado secreto com a Espanha, que o cardeal conseguira obter não se sabe exatamente como.

O rei ficou consternado ao ler o documento que provava a traição de Cinq-Mars. De início recusou-se a acreditar.

Conta-se que mandou chamar Cinq-Mars e, apresentando-lhe a prova de sua felonia, perguntou-lhe apenas: "É verdade?", e que, diante de seu silêncio que tinha a terrível eloqüência de uma confissão, ainda assim o deixou retirar-se; mas, na manhã seguinte, emitiu a ordem de prisão, cedendo à insistência de Chavigny.

Cinq-Mars, nos diz Alfred de Vigny, que atribui sempre um belo papel ao herói de seu romance, apresentou-se por si mesmo diante do rei e do cardeal reunidos e entregou-lhes sua espada, dizendo:

– Deveis encontrar, Sire, alguma dificuldade em me mandar prender, pois tenho vinte mil homens meus. Pois bem, entrego-me porque quero morrer, mas não estou vencido.

A razão pela qual Cinq-Mars queria morrer, segundo Vigny, era que ele acabara de saber que a rainha obrigara a princesa Maria de Gonzaga a abandoná-lo para ficar noiva do rei da Polônia.

Tudo isso é romance, e excelente romance.

Mas a verdade é que Maria de Gonzaga só ficou noiva do rei da Polônia depois da descoberta da traição de Cinq-Mars e de sua prisão.

Ela até ficou consternada ao ser uma das primeiras a saber, em Paris, da prisão de "Monsieur le Grand"; porém sua comoção provinha sobretudo do receio de que todas as cartas que escrevera a Cinq-Mars fossem encontradas entre os papéis apreendidos. E imediatamente fez com que as pessoas mais influentes interferissem para que sua correspondência fosse retirada do dossiê e lhe fosse devolvida.

Sua participação na infelicidade de Cinq-Mars reduzia-se pois, principalmente, à medida do perigo de que esse escândalo pudesse recair sobre ela.

Quanto a Cinq-Mars, longe de se constituir prisioneiro e entregar sua espada nobremente ao rei, ao contrário, tentara fugir antes que a ordem de prisão fosse emitida. Só foi encontrado no dia seguinte, escondido debaixo de uma cama, numa casa pobre do subúrbio em que se refugiara, uma vez que não pudera sair da cidade porque suas portas estavam fechadas e guardadas.

De Thou, por sua vez, o único a ter uma atitude digna nesse caso, foi preso em seu domicílio.

Quanto ao duque de Bouillon, que estava no exército da Itália, advertido de que iriam prendê-lo por ordem do rei, de início tentou fugir, como Cinq-Mars, e ficou um dia inteiro escondido, no meio do feno, em um celeiro em que se refugiara para subtrair-se às buscas, e onde os soldados encarregados de sua prisão quase o perfuraram com suas lanças, as quais eles afundavam no feno para se certificar de que ele não estava lá.

Mas o mais lamentável de todos foi *Monsieur,* irmão do rei, tomado por tal pavor ao saber da prisão de seus cúmplices que se mostrou disposto, imediatamente, a todas as delações, a todas as covardias e a todas as humilhações para salvar a pele. Para implorar perdão em seu nome a Luís XIII, enviou o abade Rivière, a quem o rei recebeu com extrema frieza e interrompeu já às primeiras palavras, dizendo-lhe:

– Não me faleis da fidelidade de meu irmão! Sabe-se bem que ele não a tem e nunca a teve por mim!

Ao mesmo tempo, adivinhando esse malogro, *Monsieur* mandava dizer a Richelieu que, profundamente arrependido por tê-lo traído mais uma vez, estava pronto a confessar publicamente seu erro, a dizer tudo o que sabia da conjuração e a abandonar imediatamente o reino, contanto que lhe concedessem a salvação de sua vida. Juntava a essa declaração uma carta de súplicas, de humildade inverossímil e abjeta!

Tal atitude servia bem demais aos desígnios de Richelieu para que ele deixasse de utilizá-la.

Não esqueçamos, de fato, que então ele tinha apenas uma cópia do tratado, sem nenhuma garantia de autenticidade, que o próprio rei hesitava em acreditar nela e que, diante das negações unânimes dos acusados, uma prova como aquela poderia ser considerada, na França, absolutamente insuficiente para obter a menor condenação, mesmo dos juízes mais dóceis à vontade do primeiro-ministro.

O cardeal, então, mandou responder a *Monsieur* que enviasse uma declaração por escrito de seu crime, sem deixar nada obscuro sobre as circunstâncias da conspiração, sobre o papel respectivo de seus cúmplices e sobre as cláusulas do contrato.

E Richelieu escrevia a seu secretário de Estado:

"Estou impaciente por saber se *Monsieur* dará uma boa declaração, o que eu desejaria imensamente; pois, se ele fornecesse o tratado estabelecido na Espanha e a associação feita entre ele e os srs. de Bouillon e "o Grande", o processo seria fácil.

"Sem essas peças, teremos um claro conhecimento do crime, mas será difícil justificá-lo num processo."

Para atrair mais Gastão de Orléans, Richelieu prometia-lhe que, "se ele fizesse tudo o que fosse preciso para possibilitar que fossem castigados os maus que quiseram pôr o Estado a perder, o rei lhe permitiria permanecer no reino, como simples particular".

Em 16 de julho de 1642, *Monsieur* fazia chegar-lhe uma declaração, tão completa e detalhada quanto Richelieu poderia desejar, de todas as circunstâncias e condições da conjuração criminosa na qual estivera envolvido.

Em conseqüência dessa covarde concessão, dessa vergonhosa delação, ele obteve sua graça.

O duque de Bouillon a obteria, por sua vez, à custa de um sacrifício que certamente lhe era penoso, porém menos do que o de sua vida, e, para a França, mais importante.

Oferecia dar ao rei Luís XIII a cidade de Sedan pelo preço de seu perdão.

E ao filho daquele que dissera: "Paris bem vale uma missa", só restava dizer:

"Sedan bem vale uma absolvição."

O duque de Bouillon, que teria oferecido três Sedans se as tivesse, muito feliz por ter se saído por tão baixo preço, comprometeu-se a viver na França com sua mulher, sem nunca voltar à sua cidade. E, imediatamente, Mazarin foi tomar posse da praça-forte, em nome do rei.

Restavam pois "Monsieur le Grand" e De Thou.

O cardeal fizera questão de interrogá-los pessoalmente em Tarascon, mas não conseguira arrancar-lhes nenhuma confissão.

Vale a pena, realmente, evocar o diálogo entre Richelieu e De Thou.

Richelieu, que continua doente e de cama, manda chamar De Thou à sua cabeceira.

E pede desculpas nestes termos, que dão o tom do diálogo:

O CARDEAL. – Senhor, peço que me desculpeis de vos ter dado o trabalho de vir até aqui.

DE THOU. – Monsenhor, recebo-o com honra e graça.

O CARDEAL. – Senhor, peço-vos que me diga a origem das coisas que aconteceram precedentemente.

DE THOU. – Monsenhor, não há quem possa sabê-lo melhor do que Vossa Eminência.

O CARDEAL. – Mas, senhor, não tenho coniventes na Espanha para sabê-lo.

O diálogo prossegue, sempre no mesmo tom de refinada polidez, cheio de nuanças e ironias, mas sem que nenhum dos dois finos combatentes deixasse a menor vantagem ao adversário.

Entretanto, o rei tivera uma conversa com o cardeal em Tarascon, antes de voltar a Paris.

Estava muito triste com a prisão de Cinq-Mars, e com freqüência repetia, pensativo:

– Que temeridade cometeu "Monsieur le Grand"!

A que de Noyers respondera:

– É verdade, Sire, mas a maior temeridade que pode cometer um indivíduo é a da infidelidade!

Ao deixar Richelieu, o rei conferia-lhe plenos poderes para terminar aquele processo o quanto antes, dando-lhe tal repercussão que servisse de exemplo aos que se vissem tentados a imitar os culpados.

As coisas não iriam se arrastar. Richelieu decidiu que o julgamento ocorreria em Lyon, cidade em que, algumas semanas antes, Cinq-Mars planejara assassiná-lo.

Para dar maior autoridade à condenação, Richelieu designou o chanceler Séguier para presidir ao Tribunal. Este, acompanhado por cinco conselheiros de Estado – os srs. Laubardemont, de Miromesnil, de Marea, de Chazé e de Champigny –, viajou imediatamente de Paris para Lyon.

O presidente do Parlamento de Grenoble e seis conselheiros desse Parlamento também foram para Lyon, levando o número de juízes a treze.

Monsieur, como príncipe de sangue, foi dispensado de confronto com os outros acusados, e seu depoimento foi colhido pelo chanceler Séguier, em 29 de agosto de 1642.

Durante esse tempo, Richelieu conduzia pessoalmente os acusados Cinq-Mars e De Thou de Tarascon para Lyon.

Na verdade, dir-se-ia que ele conduzia, de fato, apenas De Thou. Cinq-Mars foi levado separadamente, sob forte escolta.

Mas um diário manuscrito da época, citado por Alfred de Vigny, afirma o contrário, e o quadro descrito é tão interessante que seria pena que não fosse a verdade.

Escutai como se fez a viagem. É preciso dizer-vos que Richelieu, ainda doente, na época só viajava deitado.

Era levado numa espécie de quarto móvel, revestido de veludo vermelho escarlate, por dezoito guardas, sem chapéu, que se revezavam de tempos em tempos. Havia nesse quarto, perto da cama em que Richelieu estava deitado, uma mesa grande, coberta de dossiês de todos os assuntos em curso, cujo conteúdo Richelieu resumia em algumas palavras, e perto dessa mesa permanecia um secretário do cardeal, ao qual este ditava sua correspondência e que, nos intervalos, lia para ele.

Todavia, para evitar os solavancos da caminhada, que lhe provocavam dor, Richelieu preferia, sempre que possível, tomar as vias fluviais.

Assim, para ir a Lyon, ele subiu primeiro o Ródano, até Valence.

Eis de que maneira, segundo o diário citado por Vigny:

"Ele se fazia levar num barco em que fora construído um quarto de madeira, forrado de veludo vermelho carmesim com folhagens, sendo o fundo dourado.

"No barco havia uma antecâmara de mesmo feitio; na proa e na traseira do barco havia grande quantidade de soldados de sua guarda, vestindo casaco escarlate com bordados de ouro, prata e seda, e também muitos senhores de alta categoria.

"Sua Eminência ficava numa cama guarnecida de tafetá de púrpura. À frente da sua, uma fragata abria passagem e depois vinha um outro barco carregado de arcabuzeiros.

"E depois vinha o barco de Sua Eminência, em cuja traseira era amarrado um pequeno barco, no qual estavam os srs. de Thou e Cinq-Mars, guardados por um exempto do rei e doze guardas de Sua Eminência.

"Pelas margens do Ródano, no Delfinado, marchavam duas companhias de cavalaria ligeira e outro tanto pela margem do lado do Vivarais.

"E havia um belo regimento de infantaria que entrava nas cidades em que Sua Eminência iria pousar.

"Dava prazer ouvir as trombetas que tocavam no Delfinado com as respostas das do Vivarais, e as repetições dos ecos em nossos rochedos."

Singularmente emocionante e bem próprio para encher de respeito e terror as populações das duas margens do Ródano era o espetáculo daquele cardeal primeiro-ministro, cercado por uma demonstração tão imponente de forças, e quase moribundo em seu leito de púrpura, que arrastava para o castigo e para a morte aqueles dois jovens, poderosos ontem, e que seu crime fizera cair de tão grande altura.

Em 3 de setembro de 1642 o cardeal e seus dois prisioneiros chegaram a Lyon. Richelieu mandou trancá-los sob boa guarda na cidadela de Pierre-Eucise.

Já no dia seguinte, o chanceler Séguier, assistido por dois presidentes e seis conselheiros de Grenoble, começava o interrogatório.

Este prolongou-se das seis horas da manhã até as duas da tarde, sem nenhum resultado.

Muito aborrecido, o chanceler interpelou o lugar-tenente Ceton, velho escocês que vigiava Cinq-Mars na prisão, para saber se este não teria feito alguma revelação durante seu cativeiro.

Mas Ceton nada sabia, a não ser que Cinq-Mars cantava freqüentemente uma canção cujo refrão era "Prefiro morrer a falar", e que um dia ele lhe dissera:

– Só falarei se me prometerem a vida!

Ao que ele respondera, com fineza:

– Se pedis a vida é porque merecestes perdê-la.

Na verdade, as declarações de *Monsieur* e do duque de Bouillon bastavam para colocar Cinq-Mars em situação muito incômoda.

Mas o mesmo não acontecia quanto a De Thou, contra o qual nada de grave fora possível descobrir.

Ora, para haver uma condenação capital era preciso que ele tivesse sabido, comprovadamente, da existência do tratado e não a tivesse revelado.

O silêncio, de fato, era suficiente, no caso de crime de traição e de lesa-majestade, para levar à pena de morte, segundo um decreto de Luís XI, que fora exumado para ser aplicado ao infeliz De Thou.

Porém ainda faltava estabelecer que ele estava a par de toda a conspiração, e até então nada permitia fazê-lo.

O procurador geral Du Faure, embora intensamente perscrutado por Richelieu, tal como Séguier, recusava-se a requerer a pena de morte contra De Thou naquelas condições.

Foi então que se recorreu a um odioso estratagema.

O conselheiro de Estado Laubardemont, criatura de Richelieu, homem para todo serviço, sem honra e sem escrúpulo, foi ter com Cinq-Mars na prisão e disse-lhe que, em sua situação, só uma confissão completa e sincera poderia valer-lhe a clemência; que, por outro lado, não havia ninguém a poupar, uma vez que não só *Monsieur* e o duque de Bouillon tinham deposto contra ele como até mesmo De Thou o estava acusando (o que era mentira), e que, nessas condições, seria tolice manter qualquer reserva por delicadeza com aqueles que tão pouca tinham com ele.

Cinq-Mars ficou consternado ao saber, assim, da pretensa infidelidade de De Thou, em quem tinha toda a confiança, e, cheio de angústia e ressentimento, esperando salvar sua vida pela franqueza, como quase lhe prometiam, contou tudo o que De Thou fizera para pô-lo em contato com o duque de Bouillon e o conhecimento que ele acabara tendo do tratado, quando Fontrailles o trouxera assinado da Espanha.

Repetiu suas declarações diante do chanceler, em interrogatório regular, e as assinou.

Então De Thou foi chamado.

– Tendes alguma censura – perguntaram-lhe – a fazer a "Monsieur le Grand"?

– Nenhuma – respondeu De Thou, longe de suspeitar a traição que Cinq-Mars lhe fizera. – Considero-o, ao contrário, um homem de palavra, que só pode ter dito a verdade.

Leram-lhe então o depoimento de Cinq-Mars contra ele.

Estupefato, e mal podendo acreditar em seus ouvidos, De Thou voltou-se para Cinq-Mars e lhe disse, com intensa emoção:

– É verdade, senhor, que dissestes tudo o que acabam de ler?

Cinq-Mars, consternado, não respondeu, pois acabava de se dar conta de que fora indignamente enganado por Laubardemont e de que De Thou jamais dissera nada contra ele.

De Thou, diante dessa atitude, adivinhou imediatamente uma parte da verdade e, subitamente, resolveu mostrar-se bom jogador. Eis a admirável declaração que fez, em resposta à pergunta do chanceler, que lhe indagava se tivera ou não conhecimento da conspiração.

"Senhores", respondeu De Thou, "poderia negar terminantemente que a tenha conhecido; só podeis provar que estou mentindo pela confissão do sr. Cinq-Mars. Jamais escrevi nem falei dela a ninguém no mundo.

"Ora, um acusado não pode acusar outro validamente. Só se condena à morte com base no depoimento de duas testemunhas irrepreensíveis.

"Minha vida e minha morte, minha condenação e minha absolvição estão em minha boca.

"Entretanto, senhores, confesso que soube da conspiração. Confesso-o por duas razões: durante três meses de prisão, tanto considerei a morte e a vida que soube claramente que, qualquer que fosse a vida de que eu pudesse desfrutar, ela seria triste e aborrecida. A morte me é muito mais vantajosa. Vejo-a como a marca mais segura de minha predestinação. Preparei-me para morrer e nunca me encontrarei em semelhante disposição.

"Não quero, portanto, perder esta oportunidade de salvação. Embora meu crime seja punível de morte, não é tenebroso nem enorme.

"Confesso-o, senhores, soube da conspiração e fiz todo o possível para dissuadir dela o sr. de Cinq-Mars.

"Ele acreditou que eu fosse seu amigo único e fiel, e eu não o quis trair. Por isso mereço a morte e condeno a mim mesmo pela lei Quisquis."

Esse discurso, pronunciado com maravilhosa vivacidade de espírito, deixou os juízes perplexos.

Aquela espécie de ardor místico com que o extraordinário De Thou se lançava diante da morte e dava armas para que o golpeassem tinha, ao mesmo tempo, algo de horrível e de sublime.

Depois da confrontação, Séguier foi ter com o procurador geral.

– Pois bem, senhor – disse-lhe –, desta vez julgais que há o suficiente contra o sr. de Thou?

Du Faure respondeu, como que a contragosto:

– Serei obrigado a requerer a pena capital contra ele, mas penso que não me atenderão.

– Tirai somente vossas conclusões – disse-lhe Séguier –, do resto cuidarei eu.

De fato, ele dispôs os juízes de maneira que sua opinião tivesse todas as possibilidades de prevalecer, ou seja, colocou-os de tal modo que os srs. Miromesnil e de Sautereau, os únicos que lhe pareciam favoráveis a De Thou, só tomassem a palavra por último. O procurador geral pronunciou seu requisitório. Depois, por unanimidade, Cinq-Mars foi declarado culpado e condenado à morte.

Para De Thou, o chanceler e os dez juízes pronunciaram-se de início pela pena de morte. Cabia então ao sr. Miromesnil dar sua opinião.

Ele se levantou e falou tão eloqüentemente a favor de De Thou que aqueles que já haviam opinado contra ele vacilaram por um momento.

Mas Séguier, retomando a palavra, refutou todos os argumentos e terminou com esta razão bem propícia a comover corações de magistrados:

– Pensai, senhores, nas repreensões que vos farão por terdes condenado o favorito do rei e salvado vosso confrade porque veste vossa toga.

Essa estranha maneira de conceber a justiça e de evocar a parcialidade dos juízes contra o acusado, a fim de que não se pudesse suspeitá-los de parcialidade a favor dele, iria produzir efeito.

Os conselheiros preferiram fazer uma injustiça certa por excesso de severidade a que se considerasse que quisessem fazê-la por excesso de indulgência.

Por onze votos contra dois, De Thou foi condenado à morte. Por uma singular coincidência, seu avô, o presidente Christophe de Thou, alguns anos antes condenara à morte os srs. de la Môle e de Coconas "por terem conhecimento do plano criminoso do sr. de Anjou e do rei de Navarra e não o terem revelado".

Guardara remorso e ressentimento, pois dissera à sua mulher, ao voltar da audiência:

– Minha opinião foi pela condenação desses dois homens, e no entanto sinto escrúpulo! Imploro a Deus que faça recair a punição por isso sobre mim e não sobre meus filhos!

O céu não atendera à sua súplica, pois seu neto acabava de receber uma sentença semelhante àquela pela qual ele se censurava...

Richelieu, que partira de Lyon na manhã do julgamento, foi alcançado no caminho por um mensageiro do chanceler que lhe trazia a notícia da dupla condenação que ele desejava, e ao mesmo tempo recebia, por outro lado, a da queda de Perpignan.

Manifestou sua alegria por ambas, e imediatamente escreveu ao rei:

"Sire, vossos inimigos estão mortos e Perpignan é vossa."

A execução, de fato, ocorreria no mesmo dia, 12 de setembro de 1642, às cinco horas da tarde.

Os dois condenados ouviram a leitura de sua sentença, com um joelho em terra e o chapéu na mão, com calma e resolução admiráveis.

Terminada a leitura, Cinq-Mars bradou, dirigindo-se aos juízes:

– Senhores, vós me julgastes justamente! Dizei a Sua Majestade o rei e a Monsenhor o cardeal que lhes peço com toda a minha alma que me perdoem.

Quanto a De Thou, voltando-se para Cinq-Mars, disse-lhe com um sorriso:

– Pois bem, senhor, eu teria o direito, humanamente, de me queixar de vós, pois me fazeis morrer! Mas Deus sabe o quanto vos estimo! Morramos pois corajosamente e ganhemos o céu!

Cinq-Mars lançou-se em seus braços pedindo-lhe perdão e eles se abraçaram com emoção.

A partir desse momento, a atitude de ambos foi digna de admiração: pareciam já desligados da terra.

Um criado veio até De Thou para despedir-se dele da parte de sua irmã, a sra. de Ponthac.

– Meu amigo – disse-lhe De Thou –, dizei a minha irmã que sei agora melhor do que nunca que o mundo é só mentira e vaidade, e que morro contente pela graça de Deus!

Eles tinham a seu lado, havia vários dias, dois capelães, seus confessores: os padres Montbrun e Malavalette, que se mostravam impressionados com seus sentimentos e com a resignação cristã de que davam prova.

Cinq-Mars, entretanto, acostumado a tantas adulações, ainda não se conformava com a solidão em que o deixavam agora os inúmeros amigos que tivera outrora, na época de seu esplendor.

E repetia melancolicamente, a cada instante, estes versos de Ovídio:

Donec eris felix multos numerabis amicos;
Tempora si fuerint nubila, solus eris.

(Enquanto a fortuna te sorrir, contarás muitos amigos; mas, se uma nuvem surgir, ver-te-ás sozinho.)

Não era, com efeito, como que o resumo de sua triste experiência pessoal?

Escreveu uma última carta à mãe, para lhe pedir que pagasse as dívidas que ele deixava, e que eram na verdade consideráveis, e para lhe pedir também que mandasse rezar pelo repouso de sua alma.

Terminava a carta dizendo:

"Adeus, senhora, e perdoai-me se não vos respeitei o bastante no tempo em que vivi; e tende certeza de que morro, senhora, minha muito querida e honrada mãe, vosso muito humilde, muito obediente e muito grato filho e servidor.

HENRI D'EFFIAT DE CINQ-MARS"

"No tempo em que vivi!" Que desprendimento supremo transparece nessa expressão, como que já tão distante e tão melancólica!

De Thou também escreveu duas cartas: uma para um primo e outra para uma dama da corte, a princesa de Quéméné, que fora sua amante..., aliás muito infiel.

Depois de escrever as duas cartas, ele disse simplesmente, confiando-as a seu confessor:

– Eis o último pensamento que desejo ter para este mundo! Falemos agora do Paraíso!

E pôs-se a recitar versículos da Segunda Epístola de são Paulo aos coríntios!

Aproximava-se a hora da execução: o cadafalso já fora erguido na praça des Terreaux.

Tropas, escalonadas ao longo de todo o percurso, deveriam prestar as honras ao escudeiro-mor da França que ia morrer.

Uma multidão enorme se comprimia para assistir à execução.

Ao pé da escadaria, uma carruagem esperava os dois condenados, que nela subiram com seus confessores.

Cinq-Mars saudava a multidão com a graça e o sorriso que atraíam para ele todas as simpatias. Vestia trajes de corte, de grande elegância, com um manto escarlate e um chapéu de feltro "levantado, à moda catalã".

De Thou vestia um traje preto de luto, de extrema simplicidade.

A guarda real precedia a carruagem dos condenados.

Durante o trajeto, Cinq-Mars e De Thou disputavam o privilégio de morrer primeiro.

A carruagem parou ao pé do cadafalso e vieram dizer a Cinq-Mars que cabia a ele subir primeiro.

De Thou abraçou-o, dizendo:

– Ide, meu senhor, cabe-vos a honra! Mostrai que sabeis morrer.

Cinq-Mars subiu os degraus com a coragem que teria se fosse lançar-se a um ataque. Chegando ao alto, olhou a multidão, com uma fisionomia confiante que não demonstrava nenhum medo.

No último momento, ao tirar o gibão, entregou ao padre Malavalette uma pequena caixa ornada de diamantes, em que dizia estar "o retrato de uma dama a quem amara". Pedia-lhe que queimasse o retrato com um cacho de seus cabelos.

Pegou então o crucifixo, beijou-o com fervor; depois, recusando a venda que queriam colocar-lhe nos olhos, declarou-se pronto para morrer.

A multidão, até então em silêncio, não pôde conter um grito de horror ao ver o machado cair sobre o pescoço de Cinq-Mars.

De Thou, que ficara na carruagem, ao ouvir esse grito compreendeu que era sua vez.

Subiu com a mesma coragem ao cadafalso coberto com o sangue de seu amigo.

Recitava em voz alta um salmo, que ele ia comentando, com grande fervor e humildade.

Pediu que lhe colocassem uma venda nos olhos, pois a visão do cadáver do amigo o perturbava.

– Sou homem – disse ele, simplesmente – e admito que temo a morte.

No entanto, sua firmeza não recuou um só instante, e também ele manteve-se até o fim admirável em sua coragem e serenidade.

"Vimos", escrevia um espectador, "o favorito do maior e mais justo dos reis deixar a cabeça em um cadafalso aos vinte e dois anos de idade, com uma firmeza de que será difícil encontrar igual em nossa história. Vimos um conselheiro de Estado morrer como um santo, depois de um crime que os homens não conseguem perdoar com justiça.

"Não há ninguém no mundo que, sabendo de sua conspiração contra o Estado, não os julgue dignos de morte, e pouca gente haverá que, conhecendo sua condição e suas belas qualidades, não lamente seu infortúnio.

"Sem ofender a justiça, podemos detestar-lhes o crime e louvar-lhes o arrependimento."

Esse juízo de um contemporâneo parece-nos perfeitamente justo, pelo menos no que concerne a Cinq-Mars.

O belo romance de Alfred de Vigny na verdade criou, em torno de sua personalidade, uma espécie de lenda sedutora e magnífica da qual muitas vezes ele se beneficia indevidamente aos olhos da História.

Somos tentados a vê-lo apenas paramentado com a tríplice auréola de heroísmo, amor e glória em que o poeta soube envolver seu herói.

A ficção do romancista mistura tão intimamente sua trama dourada à da história, que acabamos por confundi-la com ela!

E por pouco diríamos, deixando-nos levar pela simpatia que nos inspira o herói de Vigny e pela admiração que nos provoca a coragem bem real de Cinq-Mars diante da morte, que Richelieu foi um odioso e implacável tirano e que desonrou a justiça fazendo-a servir à remissão de seus rancores pessoais!

Tal opinião, no entanto, seria profundamente injusta.

A verdade é que Cinq-Mars foi culpado talvez um pouco por amor, mas o foi sobretudo, e bem mais, por ódio e por ambição.

Seu próprio amor, aliás, terá sido mais que um episódio de sua ambição e um meio de satisfazê-la?

Sem dúvida, Cinq-Mars tinha o direito de odiar Richelieu, embora lhe devesse sua fortuna. Mas não tinha o direito de trair a França para aplacar seu ódio.

Não tinha o direito de golpear sua pátria para atingir o cardeal.

Se a política de Richelieu lhe parecia funesta, ele podia tentar arruinar seu crédito no espírito do rei.

Mas seria uma razão para tratar secretamente com o inimigo em guerra e para lhe entregar seu país?

Ninguém tem o direito de tramar, em nome de suas concepções políticas, sem o conhecimento do poder responsável, negociações secretas com potências estrangeiras.

Cinq-Mars tornou-se culpado por esse crime. Merecia pois uma condenação.

Quanto mais do alto parte o erro, mais severamente ele deve ser castigado, para que se evite o contágio do exemplo e o escândalo que necessariamente provoca no povo a impunidade, mais ou menos completa, de um culpado de alta categoria.

É possível que Richelieu tenha investido demasiada paixão pessoal no caso.

Mas não esqueçamos que, como primeiro-ministro, cabia a ele o dever de garantir uma repressão exemplar, pelo bem do país.

Se ele não tivesse interferido com tanta energia para obter a punição, não teriam as poderosas influências de que Cinq-Mars ainda pudesse dispor interferido em sentido contrário, para obter a impunidade?

Entre o escândalo de uma severidade talvez excessiva e o escândalo maior de uma excessiva indulgência, quando o interesse da França está em jogo, um governo consciente de seu dever não deve hesitar.

Por certo essa é a justificativa da pressão exercida por Richelieu sobre o curso da justiça, e não poderemos duvidar disso se nos lembrarmos do que, pouco tempo depois, ele disse em seu leito de morte, que foi quase a última palavra que pronunciou.

De fato, mal se tinham passado três meses desde a execução de Cinq-Mars quando Richelieu se debatia, por sua vez, em meio aos estertores da agonia.

Sentira a aproximação da morte com a mesma lucidez que tivera durante toda a vida.

Não teve dúvida de que seus últimos momentos tinham chegado.

Como sua sobrinha estivesse a seu lado, ele disse, com a delicadeza e elegante vaidade que era então de bom-tom demonstrar diante da morte:

– Retirai-vos, minha sobrinha, pois não me sinto bem e não quero dar-vos o desprazer de me ver morrer!

Depois, dirigindo-se ao cura de Santo Eustáquio, que viera dar-lhe a extrema-unção, pediu-lhe que o tratasse como "o último de seus paroquianos".

E, como este lhe dissesse: "Deveis perdoar vossos inimigos!", Richelieu respondeu-lhe com estas magníficas palavras:

– Jamais tive outros inimigos que não os da França!

O julgamento de
Camille Desmoulins

Camille Desmoulins
(Museu Carnavalet)

O julgamento de Camille Desmoulins

Entre todas as figuras marcantes dos homens da revolução, a de Camille Desmoulins destaca-se, luminosa, em primeiro plano e tem o privilégio, quase único, de atrair a simpatia geral.

Apaixonado por um ideal, alimentado por quimeras, se foi o primeiro apóstolo da liberdade, seria o primeiro também a provocar os excessos sanguinários da Revolução.

Pelo menos ele soube se recuperar em tempo para sua honra. Conservará o mérito de ter sido também o primeiro a denunciar esses excessos, com a mesma eloqüência corajosa que emprega para fazê-los nascer...

Conservará o mérito de ter pago com sua vida aquele brado de piedade, que já era tarde demais para se fazer ouvir.

Lucile Desmoulins, sua mulher encantadora, fiel à sua memória até o heroísmo, seguiu-o alguns dias depois ao túmulo.

E é, sem dúvida, a esse romance de amor e de morte, é a sua eloqüência, a suas ilusões, a sua generosa sinceridade, que Desmoulins deve, em grande parte, sua constante popularidade.

Ele nascera em Guise, em 2 de março de 1760. Era o filho mais velho de Nicolas Desmoulins, lugar-tenente geral civil e criminal no bailiado de Guise, que exercia com honra e consciência, em meio à consideração de todos os seus concidadãos, funções judiciárias bastante importantes.

Camille tinha seis irmãos e irmãs, e seus pais não eram ricos. No entanto ele recebeu instrução bastante completa, pois, depois de fazer estudos primários num pensionato local, mantido por religiosos, obteve uma bolsa para o liceu Louis-le-Grand, onde seria condiscípulo do jovem Maximilien Robespierre.

Aluno brilhante, destinava-se a ser advogado no Parlamento, e seu entusiasmo muito cedo se exaltava com a leitura de Demóstenes e de Cícero. Impregnava-se deles: sabia de cor as tiradas mais eloqüentes. No contato cotidiano com essas leituras, apaixonava-se pelos costumes, um pouco teatrais, das Repúblicas antigas. E seu jovem cérebro sentia-se arrastado, por uma atração irresistível, às miragens da liberdade.

"Já em 1788", dirá mais tarde, "eu estava entre os dez republicanos que, então, era difícil encontrar em Paris!"

No entanto, se ainda quase ninguém sonhava com a República, quase todo o mundo sentia então, como um obscuro incômodo, uma necessidade de reformas no governo.

Os impostos eram pesados. A miséria era grande. O espírito de independência dos filósofos do século XVIII penetrava, aos poucos, até as camadas mais baixas da sociedade.

Uma crise de autoridade começava a se fazer sentir entre o povo, no exato momento em que a autoridade do rei parecia menos segura de si mesma.

Os abusos do poder geralmente não produzem efeitos imediatos. Com freqüência é ao sucessor do culpado que cabe a funesta colheita.

Assim como o eco só reproduz o som que o atingiu depois de um instante apreciável, foi sobre o desafortunado Luís XVI que veio repercutir o choque dos erros e dos escândalos do reinado de Luís XV.

Cheio de boa vontade para com o bem público, Luís XVI, inseguro quanto aos meios para remediar os males que constatava, resolveu reunir os Estados-Gerais para uma consulta nacional.

Desde 1614 os Estados-Gerais não eram convocados. Por isso houve grande emoção e alegria no país quando se soube dessa decisão.

Deveriam ser enviados a Versalhes 1.274 deputados: 308 pelo clero, 285 pela nobreza e 681 pelo terceiro estado, para discutir com o rei os interesses da nação e acertar as modificações a serem introduzidas no regime.

Seus concidadãos haviam pensado, de início, em designar como deputado o pai de Camille Desmoulins. Mas, para grande pesar do filho, Desmoulins, que tinha mais gosto pelo estudo do que pela vida pública, declinou da honra.

Quanto a Camille, ele está em Paris, onde se agita muito. Exaltado, assiste à chegada dos Estados-Gerais. O espetáculo o entusiasma.

"Ontem foi um dos mais belos dias de minha vida", ele escreve ao pai, em 5 de maio de 1789. "Creio que, mesmo que eu tivesse vindo de Guise a Paris só para ver aquele desfile das três ordens e a abertura de nossos Estados-Gerais, não teria me arrependido dessa peregrinação. Só tenho um pesar: não o ver entre nossos deputados. Um colega meu foi mais feliz do que eu: Robespierre, deputado de Arras!"

Mas, em 22 e 23 de junho, os Estados-Gerais viram-se proibidos, por uma decisão brusca e deplorável do rei, de entrar na sala das sessões.

Camille compartilha a emoção geral.

"Toda Paris está em combustão", ele escreve. "O Palais-Royal está cheio como um ovo. Por toda parte o duque de Orléans é aplaudido com entusiasmo. O rei passa: ninguém diz uma palavra. Surge o sr. Bailly, presidente da Assembléia; todo o mundo bate palmas; bradam: "Viva a nação!..."

"O incêndio cresce", ele diz ainda; "as guardas francesas se confraternizaram com o povo...

"Há alguns dias espancaram uma condessa no Palais-Royal, onde ela se pronunciava contra o sr. Necker...

"No Palais-Royal, os que têm voz forte se revezam todas as noites. Eles sobem numa mesa; as pessoas se aglomeram e ouvem a leitura. Eles lêem o que de mais importante foi escrito no dia sobre os assuntos da atualidade."

Sente-se – não é mesmo? – percorrer essas cartas de Desmoulins um pouco da febre que faz bater o coração de Paris à véspera dos grandes dramas da História.

Às vezes, alguns detalhes dão como que a altura do diapasão a que já se elevaram as paixões.

Assim Camille conta, como se fosse muito natural, o castigo infligido pela multidão a um espião de polícia que foi desmascarado:

"Ele foi despido e jogado na água; depois correram atrás dele, como se corre atrás de um cervo. Eles o exauriram, lançavam-lhe pedras, davam-lhe bengaladas, tiraram-lhe um olho da órbita. Finalmente, apesar de suas súplicas e pedidos de misericórdia, jogaram-no mais uma vez na água. Seu suplício durou de meio-dia até cinco e meia, e havia bem uns dez mil carrascos!"

A que grau de covardia e crueldade podem chegar, em certos momentos, as multidões desenfreadas?

O ministro Necker era então o favorito da nação, pois sabia-se que ele sempre tomava o partido do povo e levava o rei a realizar reformas benéficas e necessárias.

Infelizmente, sua influência era combatida na Corte pelo partido do absolutismo.

Até então Luís XVI oscilara entre um e outro, incerto quanto ao partido a tomar, e não satisfazia ninguém ao não se decidir a satisfazer inteiramente um ou o outro.

Ele dera garantias ao partido avançado convocando os Estados-Gerais. Essa medida lhe valera aborrecimentos e, como parecia não ter produzido a benéfica distensão que esperava, ele afastou Necker, num gesto inábil de reação e de efêmera energia.

Essa medida de desfavor, tomada como uma afronta ao desejo da nação, seria o estopim.

Em 12 de julho, domingo, a indignação eclodiu em Paris.

Sentistes, pelas cartas de Desmoulins, a atmosfera febril, de exaltação ainda contida, mas trepidante, em que lá se vivia desde os dias de junho.

A multidão vibrante, nervosa, parecia esperar, dia após dia, algum acontecimento prodigioso.

Tinha sede de coisas novas; o menor choque repercutia profundamente nela e multiplicava-se ao infinito.

Em 12 de julho de 1789, Camille Desmoulins surge no Palais-Royal.

Aquele jovem ardente, exaltado, fremente de indignação, parecendo levar em si todo o eco da cólera da nação, chega ofegante de emoção contagiosa, sobe numa mesa. Num instante, há seis mil pessoas à sua volta; e em pé, com gesto teatral, ele lança, com voz vibrante, estas palavras inflamadas:

– Cidadãos! Estou chegando de Versalhes! Necker foi demitido! Essa demissão é o toque de uma São Bartolomeu dos patriotas.

"Esta noite, todos os batalhões suíços e alemães sairão do Champs-de-Mars para vos degolar.

"Não há um instante a perder: é preciso correr às armas e pegar os cocares para nos reconhecermos.

"Às armas, cidadãos! Às armas! Tomemos todos cocares verdes, cor da esperança! Sim! Sou eu que chamo meus irmãos à liberdade!"

E, erguendo uma pistola, ele acrescentou:

– Eles não me pegarão vivo! Saberei morrer gloriosamente. Uma única desgraça pode me acontecer: ver a França escravizada.

Na mesma hora, ele pegou uma fita verde e a prendeu no chapéu.

Camille Desmoulins é abraçado, beijado, carregado em triunfo, constitui-se para ele uma guarda de honra.

A multidão, imitando seu gesto, tirava dos castanheiros do Palais-Royal suas folhas novas para fazer com elas cocares verdes.

Esse cocar verde, que lembrava as cores do conde de Artois, seria substituído pouco depois pelo cocar azul e vermelho, cores da Cidade. E, ao se acrescentar a elas o branco, cor do rei, criou-se a bandeira nacional, de três cores.

Logo circulavam listas em que todos os cidadãos se inscreviam como "soldados da Pátria".

Era uma espécie de mobilização espontânea. As bandeiras da Cidade eram desfraldadas, os sinos tocavam, barricadas se elevavam nos subúrbios, rebeliões pareciam surgir do meio das lajes do chão, os gritos e tiros enchiam Paris inteira de tumulto.

Em 14 de julho ocorreu o ataque e a tomada da Bastilha. Os tiros de mosquetes dos poucos suíços e inválidos que compunham sua guarda causaram de início algumas perdas da parte dos atacantes.

Mas, tomada a Bastilha, a vingança deles foi terrível. O sr. de Launay, o governador, foi arrastado a Paris, massacrado e decapitado; o sr. de Losme também foi decapitado, e sua cabeça exposta na ponta de um pique; o sr. de Méray, degolado; outros ainda, entre os quais um velho inválido de cabelos brancos, foram içados e enforcados na lanterna da praça de Grève.

"A Bastilha foi tomada!", anuncia, triunfante, o comunicado de Camille Desmoulins.

Logo ela seria totalmente demolida e substituída por uma inscrição zombeteira: "Aqui se dança!"

Algumas semanas depois, Desmoulins, já célebre pelo papel desempenhado no Palais-Royal, publicava um folheto intitulado *La France Libre*, panfleto satírico e violento ataque contra a nobreza e a monarquia, escrito em estilo espantosamente ágil, espirituoso, cheio de verve e ironia, que teve enorme sucesso.

Pouco depois, ele lançava um novo libelo intitulado *Discours de la Lanterne*, desta vez uma verdadeira provocação à insurreição, pela qual ele incitava abertamente a multidão a se fazer justiceira e impelia o povo a medidas rigorosas.

Camille Desmoulins reivindicava para si mesmo o título de "procurador geral da Lanterna", até o advento, que ele dizia próximo, de uma República fraternal, feita de prazer e amor, uma República que só conheceria a união, a concórdia e a paz, que daria felicidade a todos os homens iguais e livres, uma República, enfim, "que todo o mundo amaria", segundo sua própria expressão.

Decerto, ele era sincero. No entanto, logo sentiu que havia exagerado e que fizera um mau serviço, indigno dele, insuflando aquele ódio violento no povo e acalentando-o com a esperança enganadora de suas perigosas quimeras.

"Mas", disse ele – e suas palavras cruelmente verdadeiras são elucidativas – "fiz essa publicação por medo de decair na opinião pública."

Assim, apesar de toda a sua sinceridade, ele já era prisioneiro de sua própria reputação.

Sente-se que essa reputação é para ele motivo de preocupação constante.

Ele não compreende o trabalho útil, mas obscuro, do pai.

"O senhor fica em seu gabinete", escreve-lhe, "mas numa democracia é preciso mostrar-se."

E, quanto a ele, não perde ocasião de se mostrar.

Janta na casa de Mirabeau, e Camille, o revolucionário que mora em quarto de aluguel, cuja existência medíocre e cuja pobreza são em grande parte responsáveis pela violência de suas convicções, teme enternecer-se diante do refinamento das iguarias e deixar-se seduzir pelos atrativos do luxo.

"Sinto que sua mesa por demais refinada e farta me corrompe", ele escreve, "e tenho toda a dificuldade do mundo para depois retomar minha austeridade republicana e detestar os aristocratas cujo crime é apreciar esses excelentes jantares!"

Em novembro de 1789, ele fundou um jornal semanal: *Révolution de France et de Brabant*.

"Esse jornal", diz ele, "é um ramo de comércio desconhecido até nossos dias, uma *manufatura de revolução*."

Seu sucesso foi rápido e considerável. Seu estilo era fulgurante, o texto cruel, incisivo, o tom de uma eloqüência inflamada, que não se contradizia.

Era uma sátira arguta dos abusos do antigo regime e um ataque aos homens da situação.

Era também um quadro fulgurantemente vivo dos avanços da revolução, uma revista dia por dia dos homens e das coisas.

Assim, no número 34, ele nos conta os preparativos da *Festa da Federação*, que aconteceria no dia 14 de julho de 1790 para comemorar a tomada da Bastilha.

"É o primeiro dia do ano primeiro da liberdade!", ele exclama com entusiasmo. "É o dia previsto pelo profeta Ezequiel, é o dia dos destinos, a grande festa das lanternas."

A festa iria se desenrolar no Campo de Marte. Lá estavam sendo preparadas as tribunas para os patriotas; mas (já!) com atraso.

Certa manhã, soube-se que os quinze mil operários que estavam trabalhando nisso não conseguiriam terminar os preparativos em tempo.

Então, Paris inteira – o que digo, a França inteira! – ofereceu-se como voluntária.

"Logo", nos diz Camille, "o Campo de Marte transforma-se num formigueiro de cento e cinqüenta mil trabalhadores empurrando carrinhos de mão e escavando a terra a perder de vista."

Cantam o *Ça ira!* É um entusiasmo indescritível, uma fraternidade universal, uma igualdade comovente na boa vontade. Há camponeses vindos de toda parte, com o prefeito e a música à frente, inválidos, guardas nacionais, moças, padres, guardas francesas, grão-senhores, mulheres da rua e até da corte.

Veio o rei, ele foi aplaudido. La Fayette foi aplaudido; todo o mundo era aplaudido.

Vinho circulava entre os carrinhos de mão e era distribuído gratuitamente. Organizavam-se bailes por toda parte: a *bourrée* do Auvergne convivia com danças bretãs e farândolas provençais. Uma marquesa tirava as luvas para dar a mão a um carvoeiro.

Todas as corporações carregavam faixas, em que se liam inscrições como esta:

> Les mortels sont égaux, ce n'est pas la naissance,
> C'est la seule vertu qui fait la différence.*

Centenas de bandeiras, faixas, auriflamas, vindas de todas as regiões da França, flutuavam ao mesmo vento de liberdade. Todos prestavam o juramento cívico:

– A França é livre, nós o juramos!

À noite, lanternas venezianas iluminavam todas as árvores de Paris.

Que belo sonho! Que entusiasmo universal! Que belas horas de ilusão e quantas utopias generosas que logo iriam para os ares diante de uma realidade por demais cruel!

Não faltava nem mesmo o projeto de uma Liga da Paz, formada com a Inglaterra para garantir a liberdade do mundo.

---

* Tradução livre: "Os mortais são iguais, não é o nascimento, / É só a virtude que faz a diferença." (N. da T.)

Essas manifestações exaltariam tanto mais o entusiasmo de Camille Desmoulins que ele mesmo estava, na época, realizando seus desejos.

Já havia longos anos ele suspirava, de fato, para obter a mão de Lucile Duplessis.

Mas a sensatez do pai da jovem, objetando razões práticas à impaciência dos namorados, havia marcado, sem o desencorajar, um prazo distante para a realização dos desejos matrimoniais do rapaz.

Camille fora obrigado a se dobrar. Mas, finalmente, sua longa e fiel espera iria receber sua recompensa.

Ele se casaria em 29 de dezembro de 1790. Estava nadando em felicidade e só enxergava o mundo exterior através de sua alegria.

Freqüentemente encontrava-se com a noiva sob a sombra tranqüila das árvores do jardim do Luxembourg, muito próximas do palácio dos Médicis, que um dia seria sua prisão; e lá, em pleno sonho, os dois vagueavam, trocando juras de amor, tomando como testemunhas de sua felicidade os grandes plátanos da fonte Médicis, no mesmo cenário em que haviam se conhecido alguns anos antes, em que sua ternura mútua nascera, crescera; e em que seus olhares, confundidos num mesmo pensamento, num dia de primavera, a confessaram reciprocamente pela primeira vez, sob o olhar enternecido, benevolente e cúmplice da boa sra. Duplessis!

Gostavam de lembrar assim o seu passado: quando ele, tendo chegado sozinho a Paris, da lonjura de sua província, era apenas um estudantezinho de direito, pobre, necessitado, rico apenas em ambições, ardor e sonhos, e ela era uma mocinha ainda ingênua mas já impregnada pelo universal amor à natureza, pela melancolia romântica, pelo deleite solitário que Jean-Jacques Rousseau pusera em moda.

Agora o futuro abria-se diante deles como uma promessa magnífica e que, mesmo em seus sonhos, eles não esperavam tão bela.

Ele era famoso aos trinta anos. Ela tinha riqueza e beleza. Seus pais consentiam em sua união.
E ambos se amavam na aurora da liberdade!
Não era seu idílio como que iluminado pelo próprio reflexo daquela Revolução que se elevava sobre a França ardente?
Escutai a carta de Camille a seus pais para anunciar-lhes que fora aceito:
"Vejo-me enfim realizando meus desejos! A felicidade para mim fez-se esperar longo tempo, mas ela chegou, e estou tão feliz quanto é possível sê-lo no mundo.
"A encantadora Lucile, de quem tanto lhes falei, que amo há oito anos, seus pais a concedem a mim e ela não me recusa. Vocês a conhecerão por este único fato: quando sua mãe a concedeu a mim, levou-me a seu quarto. Lancei-me aos joelhos de Lucile; surpreso por ouvi-la rir, levanto os olhos, os seus não estavam em melhor condição do que os meus: ela estava em lágrimas, chorava mesmo abundantemente, e, no entanto, ainda ria. Nunca tive uma visão tão encantadora."
O casamento foi celebrado em 29 de dezembro de 1790, na igreja de Saint-Sulpice, pelo abade Bérardier, que no liceu Louis-le-Grand fora um dos professores caros a Camille Desmoulins.
Ele dirigiu aos jovens esposos uma fala comovente, exortando Camille a no futuro respeitar mais a religião em seus escritos.
"Seu patriotismo", dizia-lhe, "nem por isso será menos ativo; só poderá ser mais depurado, mais firme e mais verdadeiro, pois, se a lei pode forçar a parecer cidadão, a religião obriga a sê-lo."
Depois, sessenta revolucionários, amigos de Desmoulins, assinaram com ele seu ato de casamento, entre os quais notavam-se os nomes de Danton, Robespierre, Pétion, Brissot.
Camille dirá melancolicamente, três anos depois, no Clube dos Jacobinos:

– Uma fatalidade quis que, de sessenta revolucionários que assinaram meu contrato de casamento, não me restassem mais do que dois amigos: Danton e Robespierre. *Todos os outros emigraram ou foram guilhotinados.*
Poderíamos acrescentar que um ano depois não restaria mais ninguém. Mas não nos adiantemos.

Os jovens esposos logo foram morar, pelo menos uma grande parte do tempo, em Bourg-la-Reine, uma casa de campo que a sra. Duplessis colocou à disposição deles.

Seu gosto revolucionário rebatizara Bourg-la-Reine, transformando-a em Bourg-Égalité*.

Lá eles viviam felizes e tranqüilos, rodeados de amigos, divertindo-se com os arroubos dos coelhos e das galinhas.

Camille, no entanto, em nada abdicara de suas idéias, nem mesmo de sua violência.

Sua mulher, tão ardente quanto ele, compartilhando todas as suas convicções, não o continha: pelo contrário, impelia-o cada vez mais.

Ele fazia parte do *Club des Cordeliers*.

Era uma assembléia popular revolucionária, "uma manufatura de revolução pela palavra", que se reunia no antigo convento dos franciscanos**, à rua Hautefeuille, perto da Escola de Medicina.

Os oradores que lá tomavam a palavra, cada um mais violento do que os outros, usavam o barrete vermelho antes de subir à tribuna.

O lema *Liberdade, Igualdade, Fraternidade* originou-se no *Club des Cordeliers* e data de junho de 1791.

A revolução da rua vinha se aquecer e trovejar nessa assembléia.

---

* Bourg-la-Reine = Burgo Rainha; Bourg-Égalité = Burgo igualdade. (N. da T.)

** Em francês, *cordeliers*. (N. da T.)

Os oradores chamavam-se: Marat, o amigo do povo; Danton, o grande tribuno; Chaumette, que se tornaria procurador geral; Desmoulins; Anacharsis Clootz, o barão prussiano milionário que se intitulava "cidadão do mundo" e que, um pouco mais tarde, Robespierre iria atacar, na tribuna dos jacobinos, antes de mandá-lo para a guilhotina.

Enfim, era um grupo curioso de *sans-culottes*, que vinham de todos os meios e só tinham em comum a violência de suas convicções revolucionárias.

Inutilmente o pai de Camille temia pelo filho nesse meio:

"Falam-me de seus sucessos", ele escrevia, "e não lhes sou insensível, mas os perigos que vocês correm me afetam ainda mais."

O jovem respondia, autoconfiante:

"O senhor já não zombará de meus sonhos, de minha República. O senhor passou a vida lutando contra opressões subalternas. Era atacar os ramos. Graças ao céu, acabamos de cortar a árvore. Não tema ser esmagado em sua queda. Essa árvore só poderá cair sobre os ociosos e não sobre os que prestaram serviços à pátria."

Camille, portanto, continuava a luta ardentemente, na tribuna (onde, a bem da verdade, uma certa hesitação de palavra não permitia que ele brilhasse!) e sobretudo em seu jornal, publicado sempre com o mesmo sucesso e no qual atacava violentamente La Fayette e Bailly, que ainda havia pouco ele tanto louvava e cuja prisão agora pedia.

Em 6 de julho de 1792, Lucile Desmoulins dava à luz um filho, que recebeu (sempre seu amor pela antiguidade) o nome de Horace.

Esse nascimento acontecia em um período particularmente agitado.

Alguns dias antes, Luís XVI havia demitido três ministros girondinos, chamando-os de facciosos e insolentes.

– Minha paciência está chegando ao fim – ele dissera a Dumouriez.

Seu reinado também estava chegando ao fim.

Essa medida tão desastrada produzira o mesmo efeito que, três anos antes, o afastamento de Necker.

Mas desta vez a marcha não foi à Bastilha: foi às Tulherias.

Mais de vinte manifestantes invadiram as Tulherias para exigir do rei a readmissão dos três girondinos.

A multidão ruidosa e ameaçadora, em que as mulheres não eram as mais calmas, se precipitou aos borbotões sobre os aposentos reais.

Maria Antonieta, pálida e impassível, viu-se cercada, insultada, maltratada por mulheres do povo, grosseiras, desvairadas e enfurecidas. Puseram-lhe à força o barrete vermelho; enfiaram-no até o nariz do pequeno delfim e também o impuseram a Luís XVI, fleugmático e resignado. Os aposentos foram pilhados. A cena se prolongou até oito horas da noite, e foram o prefeito de Paris, Pétion, e os girondinos que conseguiram convencer os manifestantes a se retirar, não antes de saquearem tudo.

No dia seguinte, o rei Luís XVI, a quem não faltava caráter, embora faltasse senso político, fazia a seguinte proclamação:

"O rei opôs às ameaças e aos insultos dos facciosos apenas sua consciência e seu amor ao bem público.

"O rei ignora qual será o termo em que irão se deter; mas precisa dizer à nação francesa que a violência, seja qual for o excesso a que se queira levá-la, jamais lhe arrancará um consentimento em tudo o que acreditar que seja contrário ao interesse público.

"Expõe, sem lamentar, sua tranqüilidade e sua segurança; até sacrifica, sem dificuldade, direitos pertinentes a todos os homens e que a lei deveria fazer que fossem respeitados para ele assim como para todos os cidadãos.

"Mas, como representante hereditário da nação francesa, ele tem deveres sérios a cumprir, e, embora possa sacrificar seu repouso, não sacrificará seu dever."

No entanto, apesar de toda essa passividade, ou talvez por causa dessa própria passividade, as horas dessa monarquia cada dia mais debilitada, conspurcada, insultada, e no entanto ainda insuportável, estavam contadas.

Em 14 de julho de 1792, na Festa da Federação, quiseram que o próprio Luís XVI ateasse fogo à "árvore do feudalismo". Apreciavam-se muito, então, essas imagens simbólicas.

Incendiando a "árvore do feudalismo" na Festa da Federação, o rei tinha oportunidade de dar uma satisfação grande e bastante inocente ao gosto da época.

Mas Luís XVI julgou indigno prestar-se a esse jogo e recusou, sob o pretexto "de que já não existia feudalismo havia muito tempo" e que, portanto, não tinha nenhum sentido pedir-lhe que incendiasse sua árvore simbólica.

Essa atitude, de firmeza mais corajosa do que hábil, aumentou muito a insatisfação popular, e já se ouviram os rugidos da tempestade que logo iria arrebatar tudo.

Nessa data, Camille escreveria à sua mulher:

"Estou na revolução até o pescoço."

Aquele dia, Camille lia um discurso na prefeitura de Paris.

Nele, esforçava-se por tranqüilizar os pequenos comerciantes parisienses, que, segundo dizia, "têm mais medo dos revolucionários do que dos ulanos". Pintava então um quadro encantador da Revolução que estava próxima. Destaquemos dele apenas esta frase, que dá o tom do resto:

"Bebamos juntos! Abracemo-nos! E os inimigos serão vencidos!"

Três semanas depois, acontecia a *tempestade do 10 de agosto*!

Ao recusar o decreto de acusação que lhe era solicitado contra La Fayette, o rei desencadeou o furacão.

Que singular ironia, quando se pensa que hoje é o prestígio desse mesmo La Fayette que constitui, aos olhos de nossos amigos da América, nosso mais belo título de glória e nosso mais sólido traço de união!

Diante dessa recusa, soou o toque de alarme. Era a noite de 9 para 10 de agosto.

A esse sinal, Paris correu às armas e saiu à rua.

Por toda parte o povo se levantava em massa à voz de seus chefes revolucionários que lhe diziam que chegara a hora de vencer ou morrer.

Os subúrbios estavam iluminados; as ruas despejavam, como uma torrente que crescia sem cessar, toda uma horda desenfreada, magnífica e terrível.

E a grande voz da *Marselhesa* enchia Paris inteira com o imenso troar de suas estrofes vingadoras, cujas ondas sonoras vinham se desfraldar, em vagas sucessivas, no assalto às Tulherias.

O ataque começou pelo Carrousel. A heróica defesa dos suíços, massacrados ali mesmo, não deteve o rio revolucionário. As Tulherias foram invadidas; a Revolução triunfava.

Desmoulins, junto com Danton, estava na primeira fila dos que impeliam a multidão.

Em uma carta de Lucile, temos alguns detalhes que nos fazem reviver as horas febris daquela noite histórica.

Ela ouviu o toque de alarme dos sinos dos *cordeliers*. Ouviu os gritos de "Viva a nação!" ecoar na rua e a passagem da rebelião cantando a *Marselhesa*.

"Logo", diz ela, "vi todos se armarem. Camille, meu querido Camille, chegou com um fuzil. Descansou por um momento e logo voltou à batalha. Eu ouvia o som do sino fatal. De repente, a sra. Danton disse:

– Estão dando tiros de canhão.

"Depois ela desmaiou. Uma vizinha saiu berrando que 'tudo aquilo era culpa de Camille'. Talvez não estivesse totalmente errada."

Depois chegou a notícia de que Suleau, o jornalista monarquista, tinha sido decapitado e que sua cabeça era exibida por Paris, espetada num pique. Estava na moda. "Tudo estará terminado em oito dias", ela acrescentava. "Os espelhos do castelo são quebrados; trouxeram-nos escovas e esponjas da toalete da rainha, as pratarias são pisoteadas... Oh, que fermentação!"

Dois dias depois, Danton era ministro.

Quanto a Camille, tornou-se "secretário-geral do ministro da Justiça" – por graça do canhão, disse ele.

"Penetrei", ele acrescentava orgulhosamente, "no palácio dos Lamoignon e dos Maupeou pela brecha das Tulherias."

E pensava no efeito que isso faria em Guise.

Pouco depois, foi eleito deputado da Convenção. E aconteceram os terríveis massacres de setembro, em que milhares de prisioneiros, padres e mulheres foram assassinados a golpes de sabre, foice e cassetete por uma populaça inebriada de furor e sangue.

Infelizmente, é certo que coube a Desmoulins, com Danton, a pesada responsabilidade moral por essa terrível carnificina.

Não foi menos violento quando, na Convenção, decidiu sobre o destino de Luís XVI.

"Um rei morto", bradou, "não é um homem a menos! Voto pela morte, talvez tarde demais, pela honra da Convenção nacional!"

É preciso dizer que Lucile não servia para moderá-lo. Pois ela já reclamava o suplício de Maria Antonieta.

"Se eu fosse rainha", escrevia, "e, tendo provocado a infelicidade de meus súditos, uma morte certa me fosse preparada, eu não esperaria o momento em que uma populaça desenfreada viesse me arrancar de meu palácio para me arrastar indignamente ao pé do cadafalso. Eu preveniria seus golpes e desejaria, morrendo, impô-los ao universo inteiro.

"Mandaria preparar um vasto cerco numa praça pública; mandaria erigir dentro dele uma fogueira e, diante da fogueira, mandaria erigir um altar.

"Durante três dias, iria ao pé desse altar orar para o grande mestre do universo; no terceiro dia, para expirar, desejaria que toda a minha família enlutada me acompanhasse à fogueira; essa cerimônia se faria à meia-noite, à luz das chamas!"

Que mentalidade, ao mesmo tempo sanguinária, pueril e teatral, denota essa estranha página, da todavia encantadora Lucile Desmoulins!

É de acreditar que todo esse sangue espalhado, esse desencadeamento de ódios e essa aspereza das lutas da revolução tivessem causado, nos melhores espíritos, uma espécie de desequilíbrio mórbido, de embriaguez especial e como que uma deformação da sensibilidade.

Talvez fosse de pensar e imaginar que a morte de Luís XVI marcaria o termo dos distúrbios sangrentos.

Mas, infelizmente, marcou antes seu recrudescimento.

Pois não bastava ter tomado o poder: agora era preciso exercê-lo.

Depois de destruir pela violência, era preciso reconstruir na agitação.

E, se o governo real cometera muitos erros e tivera muitas deficiências, pelo menos ele possuía a imensa superioridade de ter se aproveitado de uma ordem de coisas estabelecida e de ter se servido de sua experiência hereditária.

Ao passo que a Convenção, com todo o seu patriotismo e sua boa vontade, só tinha idéias novas teóricas e preconcebidas, cuja aplicação seria muito difícil.

Luís XVI bem dissera, falando da Constituinte:

"Tende-se apenas a um governo metafísico, de execução impossível!"

Ter-se-ia disso a cruel experiência.

É sempre um papel fácil o de ser da oposição e explorar as misérias do povo para levantá-lo contra os erros mais ou menos graves de todo governo.

Mas, agora, a própria Convenção era o governo, e ela iria conhecer, por sua vez, as queixas de uma miséria pública que as desordens só tinham feito aumentar ainda mais.

E Robespierre não tardaria a falar melancolicamente "do povo crédulo e sofredor, sempre inclinado a se queixar do governo, que não pode remediar todos os seus males".

Quando se chega ao poder pela violência, como manter-se nele, contra as competições rivais, senão reinando pelo terror?

As palavras são do próprio Robespierre:

"O princípio de um governo democrático é a virtude; mas seu meio, enquanto ele se estabelece, é o terror!"

Não são as soluções brutais, aliás, as que se oferecem primeiro ao espírito e com tanto mais intensidade quanto esse espírito está menos preparado para desempenhar o papel que acaba de assumir?

Era preciso distrair as queixas do povo e, já que não era possível aliviar sua miséria, era preciso pelo menos sacrificar-lhe vítimas expiatórias e desviar para elas seu ressentimento, convencendo-o de que era por culpa delas que seus sofrimentos ainda não tinham sido abolidos.

Depois de Luís XVI foi Custine. Depois de Custine, foi Maria Antonieta. Depois de Maria Antonieta, foram os girondinos!

Obedecendo às sugestões de Robespierre, foi Camille Desmoulins que começou, mais uma vez o primeiro, o ataque contra os girondinos.

Em um panfleto terrível intitulado *Histoire des Brissotins – Brissot dévoilé**, Camille acusava a Gironda pelas desgraças da época.

---

* *História dos brissotinos – Brissot desvendado*. Brissot era um dos chefes dos girondinos. (N. da T.)

Os acontecimentos tinham caminhado tão depressa que os girondinos, pelos quais se fizera a rebelião de junho de 1792, já tinham se tornado, no início de 1793, reacionários odiosos.

Sua relativa moderação aparecia como fraqueza condenável, causa de todos os males.

Era preciso excluí-los do seio da Revolução; eram acusados de ter tramado um complô contra a República, e Camille, para terminar, lançava contra eles esta flecha envenenada:

– Eles criaram a República com vícios.

O sucesso do panfleto foi mais completo do que desejava seu próprio autor. Pois um ato de acusação contra os girondinos não tardaria a ser apresentado na Convenção, por Saint-Just.

Dirigia-se não apenas contra os vinte e dois girondinos, e os membros da Comissão dos Doze, mas também contra setenta e três membros da direita, que foram presos imediatamente.

A revolução começava a devorar seus próprios filhos. Houve uma afluência considerável ao julgamento dos girondinos, pois, como nos diz Thiers, "era um espetáculo ainda novo o de tantos republicanos condenados pela causa da República".

E ele acrescenta: "Era o primeiro daqueles julgamentos vergonhosos em que o mais forte ouve para não acreditar, em que o mais fraco fala para não persuadir!"

Os girondinos foram todos condenados à morte, sem que nenhuma acusação séria pudesse ser estabelecida contra eles.

Camille Desmoulins, desgostoso com o espetáculo, conheceu então seu primeiro remorso.

Saiu da sala num estado de emoção indescritível, repetindo como um louco:

– Ah! Meu Deus! Meu Deus! Sou eu que os estou matando! É meu *Brissot dévoilé*. Vou embora! Vou embora!

É preciso dizer, para atenuar a responsabilidade da Convenção, que a situação fora e ainda era particularmente grave e trágica.

A Pátria estava em perigo. Os exércitos da República, sem formação, mal comandados, mal organizados, não tinham encontrado, apesar de sua bravura, o caminho da vitória.

Foi só graças ao comando inteligente e competente de Carnot, antigo oficial de engenharia, foi só graças às medidas eficazes de organização tomadas por ele, foi só quando ele estabeleceu um plano de conjunto, bem concebido, coerente, fazendo com que fosse respeitado, que nossas bandeiras tricolores foram vitoriosas por toda parte.

Mas no início, vencidos na Vendée, vencidos em Toulon, fracassados diante de Lyon em revolta, derrotados em Menin, em Pirmasens, em Perpignan, e cercados em Dunquerque, os exércitos da Revolução, por um momento, estiveram em trágica posição.

Foi então que, para salvar a Pátria, a Convenção tomara um conjunto de medidas ditas revolucionárias.

Ela decidira que, antes de abandonar a República a si mesma e à sua constituição normal, era preciso pensar primeiro em salvá-la por medidas excepcionais e provisórias de ditadura.

A ditadura fora conferida ao *Comitê de Salvação Pública*, com Robespierre e Saint-Just.

Essa ditadura absoluta, sem limites e sem controle, permitia-lhe tomar todas as medidas que julgasse convenientes à salvação do Estado.

Um exército dito revolucionário, espécie de polícia móvel, equipado com seis mil homens e uma importante artilharia, recrutada por Bouchotte entre os vagabundos da canalha mais sanguinária, estava à disposição do Comitê para executar suas decisões.

Um tribunal, dito revolucionário, e de absoluta docilidade, era encarregado de dar uma aparência de justiça às execuções que ele julgasse necessárias.

Uma lei circunstancial, enfim, dita "lei dos suspeitos", permitia-lhe colocar e manter na prisão, levar ao tribunal e mandar condenar à morte quem ele bem entendesse.

Logo uma instrução daria a essa lei uma extensão ainda maior.

Deveriam ser considerados suspeitos:

1º Os que, nas assembléias do povo, capturam sua energia com discursos astuciosos, gritos turbulentos e ameaças;

2º Os que, mais prudentes, falam misteriosamente das desgraças da República, lastimam o destino do povo e estão sempre prontos a difundir más notícias com dor fingida;

3º Os que mudam de conduta e de linguagem conforme os acontecimentos, etc.;

4º Os que lamentam os agricultores, os comerciantes ávidos contra os quais a lei é obrigada a tomar medidas;

5º Os que, tendo sempre nos lábios as palavras *liberdade*, *república* e *pátria*, freqüentam os *ci-devant nobles**, os padres, os contra-revolucionários, os aristocratas, os *feuillants***, os moderados e se interessam por sua sorte;

6º ....

7º Os que receberam com indiferença a constituição republicana e fizeram surgir falsos receios quanto a seu estabelecimento e sua duração;

8º Os que, nada tendo feito contra a liberdade, também nada fizeram por ela.

Deixo o resto de lado, pois há doze artigos... Mas já vedes, por esta amostra, como é difícil não ser, em algum momento, considerado suspeito.

---

* *Eram chamados de ci-devant nobles*, "ex-nobres", ou simplesmente *ci-devant*, os nobres despojados de seus títulos durante a Revolução Francesa. (N. da T.)

** Partidários da monarquia constitucional, assim chamados porque se reuniam num antigo convento da ordem dos *feuillants*. (N. da T.)

E, com efeito, as detenções se multiplicam, sem trégua, *nem de dia, nem de noite*, tanto que logo todas as prisões de Paris ficaram repletas de suspeitos.

Quando as prisões lotaram, eles foram colocados em colégios, abadias, seminários, casas especialmente requisitadas.

Havia-os no palácio do Luxemburgo, no colégio Duplessis, enfim, por toda parte onde ainda se pudesse encontrar lugar.

E era estranha a vida que levavam esses suspeitos em suas prisões improvisadas.

Muitos, que tinham dinheiro, tinham mandado vir de fora camas e móveis, e tinham sido organizados dormitórios, refeitórios, em que a vida comum criava realmente, em falta da liberdade, a igualdade e a fraternidade no infortúnio.

Formaram-se amizades, esboçaram-se amores entre cativos na provisoriedade daquelas prisões revolucionárias, à cuja porta o acusador público, o terrível Fouquier-Tinville, vinha bater, como a Parca da antiguidade, para reclamar a cada dia suas novas vítimas, o tributo cotidiano do cadafalso.

Apesar dessa perspectiva trágica e nunca muito longínqua, reinava uma certa alegria, organizavam-se jogos entre os prisioneiros, músicos davam concertos, poetas declamavam poemas e até... representavam-se peças teatrais.

Uma das cenas mais saboreadas era a paródia do Tribunal Revolucionário.

Era à meia-noite – hora dos crimes – que esse drama singular era representado.

Alguns presos interpretavam, sentados em suas camas, os tribunais do Tribunal Revolucionário e o próprio Fouquier-Tinville.

Outros representavam os acusados. A paródia de justiça sempre terminava – como na realidade, infelizmente! – com a condenação à morte e a execução, também imitada em todos os seus detalhes.

Depois a vítima, cobrindo a cabeça com um lençol, supostamente voltava dos infernos, e o espectro, o fantasma branco, falando com voz sepulcral, profetizava para seus juízes iníquos um destino tão trágico quanto o seu, e, pegando-os pelos pés, arrastava-os junto com ele para o abismo.

"Era assim", dizia Riouffe, "que nos divertíamos no seio da morte e, em nossos jogos proféticos, dizíamos a verdade no meio dos espiões e dos carrascos."

Essas inúmeras detenções, essas centenas de execuções cotidianas espalhavam um terror geral pelo país e tornavam a autoridade assustadora.

Ah, como estavam longe os honrados escrúpulos de Luís XVI, e como devia parecer cruelmente risível a seus últimos partidários a frase que ele escrevera aos que lhe aconselhavam uma enérgica repressão às manobras revolucionárias:

"A guerra civil me causa horror; não quero reinar pela violência!"

Ninguém mais ousava expressar a mínima queixa, embora a situação econômica fosse mais crítica do que nunca.

O *assignat**, depreciado em quatro quintos de seu valor, elevara o custo de vida a níveis inacessíveis. Os víveres eram tão raros que foi necessário estender cordas na porta das padarias para que os compradores fizessem fila sem muita desordem.

Para deter a alta das mercadorias, o Comitê de Salvação Pública havia decretado para cada artigo um máximo que não poderia ser ultrapassado, sob as mais severas penas.

---

* Papel-moeda emitido sob a Revolução Francesa, que tinha como caução os "bens nacionais" provenientes da secularização dos bens do clero. (N. da T.)

Mas então, como a mercadoria já não remunerava o comerciante, pouco a pouco todas as lojas foram fechando, e os víveres ficaram com o produtor.

Então taxava-se o produtor. E o produtor, que nada mais ganhava em produzir, só produzia para si mesmo.

O procurador geral Chaumette fez um discurso fulminante contra os comerciantes.

Alguns foram guilhotinados, mas nem por isso a vida se tornou mais fácil ou menos cara.

Como muitas pessoas passavam a noite esperando na porta das padarias para serem atendidas primeiro e disso resultavam brigas, Chaumette resolveu que a distribuição iria começar *pelos últimos a chegar.*

Mas essa medida, apesar de engenhosa, só fez aumentar ainda mais a confusão e os distúrbios nas ruas.

Dessa época data a maioria das reformas revolucionárias, algumas úteis e duradouras – como o sistema métrico –, outras efêmeras, como o calendário republicano ou a divisão do mostrador do relógio em dez horas em vez de doze.

Ao mesmo tempo, eram abolidos todos os cultos antigos, e estabelecia-se oficialmente, em Paris, o culto da Razão, talvez porque fosse o momento em que poderia parecer, exatamente, que mais longe ela ia sendo deixada.

Foi uma curiosa cerimônia!

Notre-Dame tornou-se o templo da Razão, por toda parte o busto de Marat substituiu o crucifixo. E, no 20 brumário, a primeira festa da Razão foi celebrada com grande pompa.

Uma jovem mulher representava a deusa da Razão. Foi escolhida sedutora, sem dúvida para tornar a Razão mais amável. Era a esposa do impressor Momoro, um dos revolucionários mais encarniçados.

Vestida de branco, com um manto azul celeste flutuando sobre os ombros, cabelos soltos, com o barrete da liberdade, sentada numa cadeira envolta em hera, ela era carregada por quatro cidadãos.

A deusa era seguida por um cortejo de moças, trajando vestidos cândidos e coroadas de rosas. Depois vinham o busto de Marat, os músicos e todas as seções de Paris em armas.

O procurador geral Chaumette pronunciou um discurso, com jeito de sermão, cujo início será suficiente para que possais apreciar seu teor:

"Cidadãos", ele dizia, "o fanatismo cedeu lugar à Razão."

Depois disso – e era, manifestamente, a decisão mais razoável –, ele deu um caloroso abraço na bela deusa.

Todas essas incoerências, todas essas prisões e acusações arbitrárias, e esse regime tão tirânico que ele postulava, aparentemente sem nem sequer entender sua ironia cruel, a mordaz alternativa: fraternidade ou morte, tudo isso começava a desconcertar os primeiros apóstolos mais sinceros da Revolução.

Camille Desmoulins, que estivera até então na vanguarda, sentia-se, por sua vez, ultrapassado.

O suplício dos girondinos, que permanecia para ele como um remorso pungente, agora inclinava sua alma à clemência.

Danton, de quem ele era admirador e amigo, sofria a mesma evolução.

O lutador ferrenho, o tità de aço que, levantando o entusiasmo da multidão, garantira, por si só, o sucesso do 10 de agosto, que estivera em plena ação nas horas mais críticas e que, com sua audácia viril e sua segurança invencível, recuperara a confiança, nos dias trágicos da invasão, de todos os que começavam a perder a esperança na Pátria, aquele atleta enérgico, feito para a luta, havia algum tempo se retirara da vida pública e se comprazia nas íntimas alegrias do lar.

O perigo premente, então, já havia passado.

Suas palavras profundas e proféticas, pronunciadas nas horas mais sombrias da República: "Uma nação em revolução está mais perto de conquistar seus vizinhos do que de ser conquistada por eles!", começavam a se realizar.

O comando enérgico e inteligente de Carnot obtivera por toda parte a vitória sob nossas bandeiras.

Nosso exército revolucionário, que em um mês recrutara mais 600.000 homens, parecia imenso numa época em que as outras nações ainda tinham apenas, como era costume, tropas mercenárias bem inferiores em número. O perigo se afastava.

Danton, o grande atleta, cansado de matanças, enojado de sangue, aspirava à paz.

Num entardecer do verão de 1793, ele percorria a margem do Sena com Camille Desmoulins; os últimos reflexos do sol poente, avermelhando a água tranqüila do rio, transformavam-no como que em um rio de sangue.

Impressionado com a visão, que despertava nele tantas lembranças sangrentas, desde os massacres de setembro até os de 31 de maio, Danton, segurando o braço de Camille, disse-lhe com emoção:

– Ah, olha! Olha todo esse sangue. Há sangue correndo pelo Sena. É muito sangue derramado. Vamos, retoma tua pena, Camille, e pede que haja clemência! Eu te apoiarei!

E Camille retomara a pena com tanto mais entusiasmo por ter dito, ele próprio, alguns dias antes:

– Sempre me parece que chegará minha vez de ser engolido.

Surgiu *Le Vieux Cordelier*, o *Vieux Cordelier* em que Camille lançou, segundo Michelet, "o grito divino que revolverá as almas eternamente".

O primeiro número do jornal surgiu em 15 frimário do ano II (5 de dezembro de 1793).

Nele, Camille Desmoulins atacava os ultra-revolucionários – Hébert, Chaumette, Momoro, Anacharsis Clootz –, todos os mais ferrenhos adeptos do culto à Razão, todos os que julgavam suave demais o regime do Comitê de Salvação Pública. E, até aí, tudo ia bem, pois em seus ataques Camille tinha a aprovação de Robespierre, que temia ver seu próprio poder suplantado por esses perigosos energúmenos.

Mas, no terceiro número, Camille fazia uma sátira intensa da lei dos suspeitos e do regime do Terror.

Sob a máscara de uma tradução de Tácito e fingindo estudar os costumes de Roma no tempo dos imperadores, ele dirigia críticas acerbas ao governo revolucionário.

Enumerava, alegadamente segundo Tácito, os crimes de lesa-majestade ou de contra-revolução sob a tirania imperial.

Eis alguns deles:

"Crime de contra-revolução de Petreio por ter sonhado com Cláudio;

"Crime de contra-revolução de Ápio Silano pelo fato de a mulher de Cláudio ter sonhado com ele;

"Crime de contra-revolução por ter ido ao guarda-roupa sem esvaziar os bolsos, mantendo no colete uma ficha com o rosto real, o que era falta de respeito para com o rosto sagrado dos tiranos;

"Crime de contra-revolução por se queixar das desgraças da época, pois significava acusar o governo;

"Crime de contra-revolução da mãe do cônsul Furius Geminus por ter chorado a morte do filho.

"Era preciso mostrar alegria pela morte do amigo, do parente, se não se quisesse estar exposto a morrer também.

"Tinha-se medo de que o medo inculpasse. Tudo inspirava inquietação ao tirano.

"Um cidadão que gozasse de popularidade era rival do príncipe: suspeito!

"Alguém que, ao contrário, fugisse da popularidade e se mantivesse recolhido ao lar: suspeito!

"Se fôsseis rico, havia o perigo iminente de que o povo fosse corrompido por vossa prodigalidade. Suspeito!

"Se fôsseis pobre: o quê? É preciso vigiar esse homem de perto: não há ninguém mais atrevido do que aquele que nada tem. Suspeito!

"Alguém adquirira fama na guerra: era por isso mesmo mais perigoso, por seu talento.

"Há remédio para um general inepto. Mas um oficial que tem o mérito de Corbulão ou de Agrícola: melhor desfazer-se dele.

"Em suma, sob esses reinos, a morte natural de um homem célebre ou apenas considerado era tão rara que era colocada nos jornais como um acontecimento e transmitida pelo historiador à memória dos séculos.

"Sob esse consulado houve um pontífice, Pisão, que morreu em sua cama, o que foi considerado um prodígio!"

Depois, voltando à Revolução e deixando-se levar pelo generoso ardor de seu temperamento de iluminado, Camille concluiu:

"Não! A liberdade, essa liberdade que eu adoro, essa liberdade que desceu do céu, não é uma ninfa da Ópera, não é um barrete vermelho, uma camisa suja ou andrajos. A liberdade é a Felicidade, é a Razão, é a Igualdade, é a Justiça...

"Quereis que eu a reconheça, quereis que eu caia a seus pés, que derrame todo o meu sangue por ela?

"Abri as prisões para os duzentos mil cidadãos que chamais de suspeitos, pois, na Declaração dos Direitos, não há casas de suspeição, só há casas de detenção; não há pessoas suspeitas, só há acusados de delitos estabelecidos pela lei.

"Quereis exterminar todos os vossos inimigos pela guilhotina! Mas houve jamais maior loucura?

"Podeis levar um só a morrer no cadafalso sem angariar dez inimigos de sua família ou entre seus amigos?"

Esse apelo eloqüente à clemência tanto correspondia ao anseio secreto de toda a nação que teve enorme repercussão no público.

Em alguns dias, milhares de exemplares do *Vieux Cordelier* se escoaram. Como a tiragem não foi suficiente para a demanda, os últimos números atingiram preços exorbitantes.

As províncias os encomendavam em quantidade. Nas prisões, os infelizes suspeitos os passavam uns aos outros dissimuladamente e liam com deleite aquele revolucionário que em outros tempos lhes fora odioso e que, agora, representava toda a sua esperança.

No Comitê de Salvação Pública e na Convenção, por outro lado, foi um furor.

– Camille Desmoulins está beirando a guilhotina! – gritou um de seus mais violentos adversários.

A facção Hébert, que se sentia perigosamente atingida pelos ataques tão intensos de Desmoulins, espumava de cólera em seu jornal intitulado *Le Père Duchesne*, que os jornaleiros tinham o hábito de vender na rua gritando:

– O Père Duchesne está com muita raiva!

O jornal acusava Camille de empregar a linguagem dos *muscadins** que ele freqüentava, de ter ligações com a aristocracia e lembrava, não sem razão, que ele evoluíra desde o dia em que se vangloriara – não havia muito tempo – de assumir o título de procurador geral da Lanterna!

Nos números seguintes, Camille apresentava sua defesa. Explicava e moderava um pouco seu apelo à clemência, expondo assim a situação:

"A nau da República voga entre dois escolhos: o rochedo do exagero e o banco de areia do moderantismo.

"Vendo que o Père Duchesne e quase todas as sentinelas patriotas mantinham-se no convés com suas lunetas, ocupadas unicamente em gritar: 'Cuidado! Estais roçando o moderantismo!', foi preciso que eu, velho *cordelier* e decano dos jacobinos, me encarregasse de fazer a

---

* *Muscadin* = jovem enfatuado, de maneiras afetadas e ridículas. Na Revolução Francesa, nome dado aos jovens realistas. (N. da T.)

parte difícil da sentinela, da qual nenhum dos jovens queria saber, temendo tornar-se impopular, a de gritar: 'Cuidado! Estais roçando o exagero!' E esta é a obrigação que devem ter para comigo todos os meus colegas da Convenção, a de ter exposto minha própria popularidade para salvar o navio em que minha carga não era maior do que a deles!"

Terminando, ele solicitava que se estabelecesse um Comitê de clemência para examinar as queixas dos suspeitos arbitrariamente mantidos na prisão. Mas apressava-se em acrescentar, temendo ter ultrapassado a medida da indulgência permitida:

"Para trás a idéia de uma anistia! Para trás a abertura das prisões!"

Vedes que sua moderação era ainda muito relativa.

No entanto, à Convenção ela pareceu intolerável. Convém dizer, é verdade, que nela Desmoulins contava com inimizades temíveis, causadas pelo destempero de sua pena. Ele se permitira gracejos ferinos sobre alguns de seus colegas, tanto mais cruéis por conterem uma parcela de verdade.

Assim ele escrevera, em sua carta pública ao general Dillon, injustamente acusado de complô realista, indefinidamente na prisão, e a quem o terrível comissário do exército Billaud-Varenne perseguia com seu ódio:

– Perguntai a Billaud-Varenne o medo que Dillon lhe passou ao lhe mostrar o inimigo!

Billaud-Varenne guardara essa frase no coração.

E quando, algum tempo depois, Camille dizia de Saint-Just, cujo ar pretensioso e afetado lhe desagradava muito:

– Vede portanto Saint-Just, que carrega a cabeça como se fosse um santo-sacramento!

– Nós te faremos carregar a tua como um são Dionísio*! – responderam os dois decênviros, irritados!

---

* Saint Denis, primeiro bispo de Paris, decapitado na colina de Montmartre. (N. da T.)

E teriam de cumprir a palavra!
Era tanto mais fácil porque o crédito de Camille naquela assembléia não era grande.

Se sua pena era, de fato, muito ágil, sua língua o era muito menos. Na tribuna, ele sempre parecia pouco à vontade, falava mal e sem autoridade.

Com freqüência era considerado inábil, e suas intervenções geralmente pareciam inoportunas.

O sr. Aulard, historiador da Revolução, explica-nos muito bem a razão disso:

"De fato", ele diz[1], "para tomar a palavra ele só ouvia sua imaginação, seus nervos ou, se quisermos, sua consciência."

Um orador que só ouve a própria consciência para interferir numa assembléia política como a Convenção! Significa que ele corre grande risco de não ter sucesso.

Em 7 de janeiro de 1794 foi pedida a expulsão de Camille do Clube dos Jacobinos.

Essa primeira desgraça, quando pronunciada, decerto era – quanto a isso não se tinham ilusões – rapidamente seguida pela guilhotina.

Robespierre pediu a palavra para defender seu ex-condiscípulo do liceu Louis-le-Grand.

Mas, pelo murmúrio que acolheu suas primeiras palavras, ele se deu conta de que, caso se esforçasse por justificar as tendências do *Vieux Cordelier*, acabaria por se perder com Desmoulins.

Resolveu então fazer uma concessão, e assumiu um tom de superioridade e de ironia condescendente.

– Camille – ele disse – é uma criança estragada. Tinha boas intenções, mas as más companhias o perderam.

"Devemos reprimir seus escritos, mas mantê-lo entre nós. Peço, a título de exemplo, que os números do jornal de Camille sejam queimados na sociedade."

---

1. *Les Orateurs de la Législative et de la Convention*, p. 315.

Espicaçado em seu amor-próprio pelo tom irônico de comiseração, Desmoulins, levantando-se, lançou esta vibrante apóstrofe:
– Falaste muito bem, Robespierre. Mas responderei como Rousseau: "Queimar não é responder!"
– Pois bem! – replicou Robespierre, encolerizado. Se é assim, que não se queime, mas que se responda! Fica sabendo então, Camille, que se não fosses Camille não se teria tanta indulgência contigo!
"Que se leiam imediatamente os artigos de Camille. Já que ele quer, que se cubra de ignomínia. O homem que se apega tanto a escritos pérfidos talvez esteja mais do que perdido!"

Essa virada – digamos a palavra, esse abandono – era tanto menos generosa que Camille submetera à aprovação de Robespierre os manuscritos de seus primeiros artigos.

A leitura dos artigos do *Vieux Cordelier* levou três sessões. Um silêncio mortal acolhia a tradução de Tácito e a longa enumeração dos suspeitos em Roma.

Depois, como freqüentemente acontece nas assembléias, outros assuntos mais prementes solicitaram a atenção e nenhuma conclusão muito nítida foi formulada.

Camille não foi expulso. No entanto sentia-se que estava mortalmente atingido, que não se reergueria dessa leitura, nem ele nem todos os que se sentia estarem atrás dele, Danton e seus amigos, então chamados de "indulgentes" ou "citra-revolucionários", por oposição aos "ultra-revolucionários" da facção Hébert-Momoro.

E, de fato, ainda não se haviam passado três meses quando Robespierre enviou a Saint-Just um projeto de ato de acusação contra os indulgentes.

Esse ato de acusação foi lançado em 10 germinal do ano II (31 de março de 1794).

Ele enquadrava, com Desmoulins, Danton, Philippeau e Lacroix; Fabre d'Eglantine, amigo deles, já estava preso.

Na noite de 10 para 11 germinal, presos de imprevisto, os acusados foram levados ao Luxemburgo.

Camille conta que, ao vê-lo chegar, Fabre d'Eglantine exclamou:

– O quê? Então se fez a contra-revolução?

De início, de fato, a notícia causou uma espécie de estupor em Paris.

Amigos haviam prevenido Danton, haviam aconselhado que fugisse, se quisesse salvar a vida.

Mas o grande tribuno, balançando a cabeça leonina, respondera com um dar de ombros desdenhoso:

– Fugir? E por acaso é possível carregar a pátria na sola dos sapatos?

E acrescentara, rejeitando com suprema segurança a idéia de sua prisão:

– Eles não ousariam!

No entanto eles ousaram.

Camille, arrancado aos abraços de Lucile desolada, fazia agora amargas reflexões sobre a grandeza e a decadência de seu destino republicano, naquele palácio Médicis que lhe servia de prisão, no mesmo jardim do Luxemburgo que testemunhara seu romance de amor e seus sonhos de glória, na aurora radiante da liberdade!

Em vão ele tentava se consolar, repetindo para si mesmo:

– O que tenho a temer? Não está meu nome indissoluvelmente ligado aos grandes dias de 1789 que viram a tomada da Bastilha? Minha justificativa não está integralmente em meus oito volumes republicanos?

Mas ele sabia muito bem que se embalava em ilusões e que todos os seus títulos não pesariam muito na balança falseada do Tribunal Revolucionário.

Assim, como criança que continuava sendo, logo se pôs a soluçar perdidamente, no fundo de seu calabouço, chamando por Lucile!

Escreveu-lhe uma última carta, que ela nunca iria receber, uma carta longa e dilacerante, escrita com lágrimas, e onde ele depositava desordenadamente seus sonhos e seus arrependimentos, suas ilusões e seu amor, seu desespero e seu orgulho, todos os seus pensamentos e toda a sua vida, tudo aquilo em que acreditara, tudo o que havia esperado, desejado, amado, e que sentia perto de terminar.

"Eu sonhava", dizia ele, e com que pungente melancolia, "eu sonhava com uma república que todo o mundo teria adorado...

"Não pude acreditar que os homens fossem tão ferozes e injustos...

"Podemos levar conosco o testemunho de que somos os últimos republicanos a perecer...

"Adeus, Lucile, minha Lucile, minha querida Lucile! Adeus, Horace! Adeus, meu pai!...

"Sinto me fugirem as plagas da vida... Ainda vejo Lucile, vejo-a, minha bem-amada, minha Lucile.

"Minhas mãos atadas te abraçam e minha cabeça separada repousa ainda em ti seus olhos moribundos!"

O infeliz tinha razão de já não ter esperança. Na Convenção, o implacável e venenoso relatório de Saint-Just fora acolhido por "aplausos *unânimes e multiplicados*".

O processo seria conduzido de maneira particularmente iníqua e com grande rapidez.

A maioria das testemunhas nem mesmo foram ouvidas. Não houve uma única acareação. Sentia-se que os acusados estavam previamente condenados. O julgamento era simples formalidade.

Danton era magnífico em sua vigorosa coragem.

– Querem mandar-me para o cadafalso! – ele dissera. – Pois bem! Irei com alegria!

Na Conciergerie*, para onde foram transferidos, quando o ato de acusação lhes foi notificado, Danton declarou:

---

* Literalmente "zeladoria", parte medieval do Palácio da Justiça, que a partir do século XIV funcionava como prisão e que entre 1793 e 1794 serviu de cárcere a inúmeros personagens célebres da Revolução Francesa. (N. da T.)

– Dizer que foi num dia como este que instituí o Tribunal Revolucionário! Peço perdão a Deus e aos homens!

O julgamento ocorreu no Palácio da Justiça, na antiga sala do Tribunal de Cassação, destruída em 1871.

O grande acusador Fouquier-Tinville estava presente. Mas, exatamente, do que os acusavam?

Ah! A questão colocada para o júri era muito simples e, então, quase protocolar. Era concebida da seguinte maneira:

"Cidadãos jurados, existiu uma conspiração tendente *(sic)* a restabelecer a monarquia, a destruir a representação nacional e o governo republicano.

"1º Lacroix, deputado na Convenção;
"2º Danton, deputado;
"3º Camille Desmoulins, deputado;
"4º Philippeau, deputado;
"5º Hérault de Séchelles, deputado;
"6º Westermann, deputado,
estão convencidos de terem participado dessa conspiração?"

Para desacreditar diante do público esse grupo de patriotas, haviam alternado com eles, nos bancos, outros acusados, estrangeiros patibulares, crápulas sinistros, inculpados em transações ilícitas diversas e especulações imundas.

Danton fez questão de marcar a diferença e protestou veementemente contra essa vizinhança.

O interrogatório começou. As primeiras respostas bem mostram o tom grandiloqüente da época.

Perguntam a Camille sua idade:

– Trinta e dois anos, idade do *sans-culotte* Jesus, idade crítica para os patriotas.

E Danton:

– Meu nome é Danton. Revolucionário, representante do povo. Minha residência? Logo mais, o nada. Depois, o panteão da História.

Westermann, por sua vez, falou estas palavras magníficas:

– Peço para me apresentar nu diante do povo! Recebi sete ferimentos, todos pela frente! Um só pelas costas: meu ato de acusação!

Num dado momento, a voz de trovão de Danton cobriu o barulho da campainha do presidente, que em vão tentava impor-lhe silêncio.

– Não estás ouvindo minha campainha? – gritou o presidente.

– Um homem que está defendendo a vida desdenha tua campainha e berra! – respondeu Danton, com maior veemência ainda.

O povo se comprimia para assistir ao espetáculo. Não só a sala estava repleta, mas também os que não tinham conseguido entrar lotavam toda a imensa Sala dos Passos Perdidos e os corredores do Palácio. Havia outros ainda que esperavam na escadaria do Palácio e até na praça Dauphine e na Pont-Neuf*.

Toda essa multidão palpitava com os diversos incidentes do julgamento. As palavras de Danton eram repetidas de boca em boca, percorrendo toda a fremente maré humana.

E Michelet nos conta que a potência da voz de Danton era tal que, pela janela aberta do tribunal, suas explosões vocais eram nitidamente ouvidas até do outro lado do Sena.

Pareciam rugidos de um leão pego numa armadilha. Com suas apóstrofes indignadas ele pulverizava os requisitórios inconsistentes da acusação.

– Se me derem a palavra *prodigamente* – ele dissera ao iniciar –, tenho certeza de que confundirei meus acusadores, e, se o povo francês for o que deve ser, eu é que serei obrigado a pedir sua misericórdia.

---

* Ponte sobre o Sena. (N. da T.)

Começava-se a perceber que ele não exagerara ao se vangloriar.

Juízes e jurados sucumbiam à sua magnífica audácia. Diz-se que um dos jurados chorou diante da idéia de ser obrigado a condenar um tal homem.

O povo, às portas, começava a murmurar e já não escondia sua simpatia pelos acusados. A situação tornava-se crítica.

Fez-se uma digressão, passando ao interrogatório dos outros acusados.

Enfim, a audiência foi suspensa, depois desse primeiro dia tão inflamado.

Fouquier-Tinville e o presidente Hermann foram imediatamente ao Comitê de Salvação Pública para relatar as dificuldades que enfrentavam.

Instaram-nos a não mais responder a Danton, a lhe impor o maior silêncio possível e a chegar ao encerramento dos debates, no final da terceira audiência, levando o júri a dizer que estava suficientemente instruído.

No dia seguinte, recomeça a luta, ainda mais intensa do que na primeira audiência.

Danton quer ser confrontado com as testemunhas que o acusam, quer que se possam ouvir seus depoimentos, quer ser ouvido pela Convenção, queixa-se de que estão lhe recusando os meios de se defender. Seus co-acusados fazem coro com ele.

O tumulto está no auge. O presidente, perdendo a esperança de lhe impor silêncio, suspende a audiência precipitadamente.

Fouquier escreveu imediatamente ao Comitê de Salvação Pública, pedindo armas contra seus acusados, que já não se sentia capaz de voltar a enfrentar sozinho.

O Comitê hesitava, confuso, não sabendo o que fazer. Foi Saint-Just que encontrou uma solução. Na defesa desesperada dos acusados, viu a prova segura de sua culpa.

– Essa resistência – ele declarou – é uma revolta contra a lei! Que inocente jamais se revoltou contra a lei? Não é preciso ter mais provas!

E, por sua proposta, a Convenção votou, *por unanimidade*, um decreto pelo qual o tribunal estava "autorizado a colocar fora de debate os acusados que faltassem com o respeito à sua justiça ou que tentassem provocar distúrbio".

Dois deputados, Vadier e Vouland, saíram imediatamente para levar ao tribunal, onde começara a terceira audiência, uma cópia desse decreto.

Estava na hora!

Todos os acusados, em pé, juntando suas vozes à de Danton, que dominava o tumulto, intimavam Fouquier-Tinville a fazer se apresentarem as testemunhas que eles solicitavam.

Exigiam, além disso, que lhes fosse permitido denunciar publicamente na Convenção os projetos de ditadura de alguns membros do Comitê.

Fouquier-Tinville, cruelmente perturbado, esmagado pela audácia de Danton, dominado por sua voz possante, já não sabia o que responder nem que atitude tomar.

Nesse momento, o porteiro veio lhe dizer que dois deputados o chamavam com urgência.

Ele saiu imediatamente da sala – com que alívio! – e recebeu com júbilo o decreto que Saint-Just acabava de lhe mandar entregar.

Assim que tomou conhecimento dele, apressou-se em voltar à audiência, pediu a palavra e leu o decreto que excluía os acusados do debate.

Ainda não terminara quando Danton bradou:

– Tomo o povo por testemunha de que não insultamos o tribunal!

– É verdade! – responderam algumas vozes corajosas.

A emoção estava no auge; o público, espantado, indignado com aquela negação de justiça, manifestava-se cada vez mais claramente em favor dos acusados.

Danton, avistando no fundo da sala os deputados Vadier e Vouland, que tentavam se dissimular, apontou-os, gritando:

– Vede esses covardes assassinos! Perseguem-nos até aqui. Só nos deixarão quando morrermos.

Vadier e Vouland apressaram-se em desaparecer, e o presidente suspendeu a audiência em meio aos murmúrios.

No dia seguinte, quarto e último, à abertura dos debates, os jurados declararam-se suficientemente instruídos.

Conseqüentemente, sem dar a palavra aos acusados, o presidente declarou os debates encerrados. Foi um enorme clamor.

– Mas nenhuma peça foi produzida – gritou Danton. – Nenhuma testemunha foi ouvida!

– É uma infâmia! – repetia Lacroix. – É uma infâmia! Não vão nos julgar, vão nos matar!

Quanto a Camille, rasgando com furor a defesa que redigira cuidadosamente, lançou-a no rosto de Fouquier-Tinville, impassível e mudo sob a tormenta, com seu ricto sinistro.

Os pedaços dessa defesa, recolhidos após a audiência, chegaram às mãos de Lucile.

Foi preciso arrancá-lo do banco ao qual ele se agarrava e arrastá-lo à força.

Danton, antes de deixar a sala, lançou um último grito profético:

– Antes de três meses, o povo destroçará meus inimigos!

Enganou-se por pouco, pois foi quatro meses depois que Saint-Just, Fouquier-Tinville e Robespierre pagaram, por sua vez, sua dívida de sangue com a Revolução.

Quando o escrivão veio lhes dizer a sentença:

– É inútil – disse Danton –, podem nos levar imediatamente à guilhotina; que nos assassinem, e basta!

Desmoulins, por sua vez, chorava em silêncio, num canto.

Havia ali quinze condenados que seriam executados imediatamente.

Duas carroças iriam conduzi-los ao local do suplício. Desmoulins subiu na segunda, ao lado de Danton.

Uma imensa multidão os cercava, gritando:

– Viva a República!

– Esses idiotas! – disse Danton. – Eles gritam: "Viva a República!" ao nos ver passar. Daqui a uma hora a República estará sem cabeça!

Era 16 germinal (5 de abril de 1794), um dia radioso do início da primavera, em que a calma luminosa do fim do dia contrastava dolorosamente com os brutais clamores da rua.

Um bando infame de vagabundos – pagos pelo Comitê para representar a voz do povo e, se ouso dizer, "a claque da guilhotina" – seguia a carroça de Danton insultando os condenados.

Camille, o pobre Camille, ingênuo até o fim, respondia aos insultos tentando convencê-los.

– Povo, estás sendo enganado! Quem está sendo imolado são teus servidores, teus amigos! Fui eu que, em 89, te chamei às armas pela liberdade! Fui eu que dei o primeiro grito pela República! Meu crime, meu único crime, foi ter vertido lágrimas.

Nessa veemência de sua ação oratória, ele rasgava a camisa em farrapos.

– Fica quieto – disse-lhe Danton – e deixa essa canalha.

Ao passarem diante da casa de Robespierre, Desmoulins, brandindo o punho, gritou:

– Meus assassinos não sobreviverão a mim!

O Incorruptível terá ouvido?

Chegando ao pé do cadafalso, Danton quis beijar Hérault de Séchelles, que iria passar na sua frente. O carrasco impediu.

– Imbecil! – disse-lhe Danton. – Poderás impedir nossas cabeças de se beijarem dentro do cesto?

Quanto a Desmoulins, teatral e melancólico, ele gritou com amargor, antes de morrer:

– Eis como irá terminar o primeiro apóstolo da liberdade!

No momento em que sua cabeça caía, a pobre Lucile, por sua vez, estava sendo acusada de ter conspirado com o general Dillon para salvar o marido.

Dizia-se que ela corrompera o povo para fomentar uma rebelião, assassinar Fouquier-Tinville, levar o delfim de volta ao trono e arrancar Camille do Tribunal Revolucionário.

Era mais do que o necessário para pô-la a perder. Viu-se na Conciergerie com Dillon; com o ex-bispo renegado de Paris, Gobel; com o procurador geral Chaumette, ex-grande pontífice do culto da Razão; e com a viúva de Hébert, que fora guilhotinado algumas semanas antes.

Todo o grupo passou ao mesmo tempo pelo Tribunal Revolucionário.

Lucile Desmoulins respondeu com calma e se defendeu mais por princípio, pois desejava morrer.

Ao ouvir pronunciar a condenação que lhe coubera, exclamou alegremente:

– Então em algumas horas vou rever meu Camille!

Depois escreveu à mãe estas linhas simples, de emoção tão profunda e tão pura.

"Boa noite, querida mamãe! Uma lágrima escapa de meus olhos: é para ti. Vou adormecer na calma da inocência. – LUCILE."

Diante do cadafalso, sua calma extática não se desmentiu, e aquela frágil menina loira, que ainda não tinha vinte e quatro anos, morreu como uma romana.

Assim, o mesmo suplício reuniu na morte, com alguns dias de intervalo, esses dois jovens, vibrantes e sinceros, que tanto se amaram em vida.

Sem dúvida, devemos indignar-nos com a sentença iníqua que lhes coube e a tirania criminosa que encerrava com o sangue da guilhotina seu encantador romance de amor.

Mas talvez seja melhor meditar mais a grande lição que se depreende disso em nosso proveito.

Dir-se-ia, com efeito, que toda a filosofia da Revolução veio se refletir, e como que se ilustrar, na própria existência de Camille Desmoulins.

Lembrai-vos do entusiasmo lírico de suas primeiras cartas ao pai, quando, seduzido pela miragem de uma felicidade universal, infelizmente irrealizável!, ele arrastava o povo crédulo e sofredor na perseguição de sua quimera!

Eram então as palavras "Liberdade, Igualdade, Fraternidade" que pareciam dotadas da mágica virtude de remediar todas as misérias da humanidade, de curar todas as chagas sociais sofridas.

Então, era preciso apenas derrubar a odiosa tirania secular da monarquia, única responsável pelas misérias do povo, pelos impostos muito pesados, pelos privilégios detestados de alguns.

Ah! Se a nação se governasse sozinha, se ela se libertasse da tirania real, nada mais se oporia à sua felicidade, à sua prosperidade, e os homens, livres, iguais e fraternais, iriam se abraçar, em meio aos prazeres e festas no seio de uma natureza sorridente, sempre boa e amável.

E o que era preciso para isso? Oh, tão pouca coisa: "Um único dia de anarquia!" As palavras são do próprio Desmoulins:

"Um único dia de anarquia, que fará mais pela liberdade do que quatro anos de Assembléia Nacional!"

E foi o 10 de agosto.

O poder nas mãos de Danton e de Desmoulins levou aos horríveis massacres de setembro.

Mas, sem dúvida, ainda estavam liquidando o passado. Agora bastava terminar de enterrá-lo. Em seguida, seria possível respirar.

E foram as execuções de Luís XVI, de Maria Antonieta, do duque de Orléans, de Bailly, ainda aclamados tão pouco tempo antes.

Mas, depois que essas cabeças caíram, não se podia deixar de perceber que as coisas não tinham melhorado.

Como o povo, cada vez mais miserável, pedisse a prestação de contas, saíram à procura de novos responsáveis.

E foram imolados os admiráveis girondinos, que em outros tempos eram considerados revolucionários mas que se tornaram os reacionários do momento, causa de todo o mal!

A tirania, cada vez mais implacável, cada vez mais sanguinária, que passara das mãos de Danton às de Robespierre, logo iria submergir, por seu turno, Danton, Camille e seus amigos, também suspeitos de reação.

Assim a torrente, cujos diques haviam sido rompidos, subia cada vez mais, arrastando pouco a pouco todos os que a tinham soltado, tão imprudentemente.

Robespierre, Fouquier-Tinville, Saint-Just, Couthon também não tardariam em aprender à própria custa que não tinham subido tanto a ponto de estarem inatingíveis!

Ah! Retrospectivamente, como parecia cruelmente risível a segurança de Desmoulins ao escrever para o pai:

"Graças ao céu, acabamos de cortar a árvore. Não tema ser esmagado em sua queda. Essa árvore só poderá cair sobre os ociosos e não sobre os que prestaram serviços à pátria."

No entanto a árvore caíra antes sobre os primeiros a levar até ela o machado.

Com que sorriso amargo o sr. Desmoulins pai deve ter pensado nisso, sozinho em seu lar deserto e em ruínas! Um de seus filhos morrera na Vendée, outro na guilhotina, o outro estava em combate.

E a tirania sangrenta, nascida num sonho metafísico, prosseguia ainda seu ciclo trágico, acumulando lutos sobre ruínas, para chegar – ó suprema derrisão! – à ditadura militar do Primeiro Cônsul.

Assim o povo-rei, quebrando seus ídolos da véspera para se apegar, incessantemente, aos passos de novos profetas, empenhava-se em buscar, na embriaguez da violência, a realização de uma felicidade impossível!

Por certo, deve-se desejar ardentemente o progresso social. Devemos cooperar para isso com todas as nossas forças e em toda a dimensão de nossos meios.

É dever imperioso de todo governo persegui-lo constantemente e pensar sempre nele.

Mas não esqueçamos que ele só pode sair de uma evolução prudente e de uma colaboração benevolente, dentro da ordem e do trabalho.

Poder-se-ia dizer dele, como se disse do gênio, que ele é fruto de uma longa paciência.

Persuadir o povo de que o progresso social pode nascer, da noite para o dia, de uma reviravolta social e, se ouso acrescentar estas palavras, do "reino da anarquia", é trair o próprio povo e, ao mesmo tempo, o interesse nacional, e é fazer uma obra criminosa, cujos funestos efeitos seriam sentidos antes de tudo pelos que a empreendessem.

Com efeito, querer proteger-se da Revolução sendo revolucionário é correr o risco de cometer, ao mesmo tempo que uma covardia, um plano detestável e perigoso.

Pois a violência só engendra mais violência, a desordem só leva a mais desordem, e, na escalada que prossegue até o dia fatal de uma reação impiedosa, suas primeiras vítimas são seus primeiros apóstolos.

Estas são, sem dúvida, verdades primordiais e que todos podem haurir em nossa própria História. Mas nunca é inútil repeti-las, para os que se vêem tentados a ignorá-las.

Saibamos portanto guardar a lembrança e compreender a lição da trágica aventura do infeliz Camille Desmoulins – que, por ter imaginado obter, em um dia de anarquia, a felicidade de um povo, fez cair sobre ele tantas calamidades; que desejava mais humanidade e trouxe o Terror; que desejava mais liberdade e teve a lei dos Suspeitos e duzentas mil prisões arbitrárias; que desejava mais justiça e teve as condenações iníquas do Tribunal Revolucionário, e que, implorando enfim mais clemência, acabou indo para a guilhotina.

A marquesa de Brinvilliers

A marquesa de Brinvilliers após a sua condenação
(Desenho de Charles Le Brun, conservado no Museu do Louvre)

A marquesa de Brinvilliers

É impossível, hoje, pretender falar da marquesa de Brinvilliers sem começar por homenagear seu eminente historiador, sr. Funck-Brentano, e sem pedir escusas por estar reduzido quase a dizer mais uma vez – menos bem do que ele fez – uma parte do que ele expôs em sua obra magistral *Le drame des poisons* (O drama dos venenos).

Antes, dois grandes nomes já haviam ilustrado esse tema: o incomparável narrador Alexandre Dumas e o célebre historiador Michelet.

Mas, por uma singular ironia, nesse caso foi mais Michelet que fez romance, e Alexandre Dumas, História!

O romance de Dumas está, com efeito, muito mais próximo da verdade histórica do que a História de Michelet.

Deixaremos de nos surpreender se pensarmos que o ilustre narrador só se propôs, como de hábito, a divertir seus leitores, ao passo que o famoso historiador, por sua vez, deixava-se guiar por preocupações políticas que já seu subtítulo nos indica: "A decadência moral do século XVII".

Michelet empenhava-se em demonstrar que a fachada brilhante e a auréola de glória do reinado de Luís XIV não faziam senão esconder, na verdade, profunda corrupção dos costumes, indigna submissão da Justiça, universal avidez de prazeres e luxo e crescente desprezo por toda noção de dever.

Os excessos da monarquia absoluta, a influência preponderante dos jesuítas, aliados ao "abuso do tabaco e do café", eram, segundo ele, as causas determinantes dessa desmoralização.

Não nos surpreendamos, pois, de que as necessidades dessa demonstração sistemática o tenham levado a forçar um pouco a verdade todas as vezes que esta não servia suficientemente ou desservia à sua tese!

Além do mais, não é essa a sorte comum a todos os historiadores que pretendem colocar sua erudição a serviço de suas idéias pessoais?

Sem dúvida, o processo da marquesa de Brinvilliers revela, na sociedade brilhante da corte de Luís XIV, algumas partes profundamente gangrenadas, cuja súbita descoberta iria mergulhar seus contemporâneos em uma espécie de estupor e susto que chegou ao pânico.

Mas querer julgar todo o século através do que, apesar do horror desses crimes, não foi mais do que uma assustadora exceção, pretender ver neles, sem nenhuma prova, ramificações longínquas que envolveriam, na cumplicidade desses crimes e deixando-as impunes, as mais altas personalidades e os mais poderosos personagens da época, é querer denegrir sistematicamente um dos períodos mais gloriosos de nossa História, e é deleitar-se em rebaixar injustamente a França.

O que se diria se um historiador se empenhasse hoje em representar um Landru* como a figura simbólica da moralidade de nossa época, ou se pretendesse ver na sociedade contemporânea nada mais que um horrível amontoado de fumadores de ópio, de morfinômanos, de cocainômanos, de funcionários sem honra, de cortesãs e de aproveitadores de guerras?

Não! O século que viu resplandecer, em harmonia equilibrada, na qual cada parte parecia concorrer para a

---

* Henri Désiré Landru, acusado de matar dez mulheres e um rapaz, depois de serem descobertos restos humanos em sua mansão. Foi condenado à morte e executado em 1922. (N. da T.)

beleza do conjunto, os gênios diversos de Colbert, Louvois, Pascal, Bossuet, Corneille, Molière, Racine, La Fontaine e Fénelon (para citar apenas esses), o século que viu a construção de Versalhes, obra-prima do espírito francês, e fundar-se, sobre toda a Europa admirada e conquistada por seu esplendor, a supremacia intelectual da França, esse século não é indigno de nossa admiração.

Não temos por que nos envergonhar dele.

Ele ilustra nossa História nacional e não a desonra.

Que triste hábito têm os franceses de denegrir a si mesmos! Deixemos essa tarefa a nossos inimigos. Eles bem saberão desincumbir-se dela!

O episódio da marquesa de Brinvilliers é uma página curiosa dos anais do crime no século XVII.

Os costumes da época refletem-se nele como sempre os costumes se refletem em todos os crimes de todos os tempos.

Mas, com exceção da culpada e de seus cúmplices, ninguém participou da responsabilidade desse caso trágico, ninguém tentou nada para encobrir os culpados, subtraí-los ao castigo ou interferir no curso da Justiça. Quando finalmente teve conhecimento do crime, esta soube, imparcial e lealmente, cumprir plenamente seu dever.

Nem sempre é o crime que leva a descobrir o criminoso.

Quem dirá quantos culpados conseguiram escapar da Justiça porque seus delitos permaneceram insuspeitados ou foram atribuídos erroneamente a um acidente ou a uma causa natural?

Não foi isso, aliás, que quase aconteceu no caso da marquesa de Brinvilliers?

Não podemos pensar, sem algum incômodo, que foi pelo maior dos acasos, em conseqüência de circunstâncias completamente inesperadas, que a verdade finalmente chegou ao conhecimento da Justiça, no exato momento em que tudo indicava que os culpados escapariam definitivamente ao castigo que mereciam!

Em 30 de julho de 1672 morria em Paris, em sua residência da praça Maubert, o enigmático cavaleiro de Sainte-Croix.

Dizia-se que ele buscava a pedra filosofal, a transmutação dos metais ou a maneira de solidificar o mercúrio, quando, durante suas experiências de alquimia, sua máscara protetora quebrou-se acidentalmente e ele caiu fulminado pela emanação dos venenos que manipulava.

A verdade é menos trágica e menos emocionante do que essa lenda: o cavaleiro de Sainte-Croix morreu de morte natural, e a pedra filosofal – que ele buscava, é verdade – nada teve a ver com a doença à qual ele sucumbiu.

Houve alguém, no entanto, a quem essa morte teve o dom de comover a um grau absolutamente inesperado: a bela marquesa de Brinvilliers!

Não era apenas, como se poderia crer, porque fosse sua amante havia muito tempo.

Seu coração, dos mais volúveis, decerto não se emocionou tanto por tão pouco.

No caso, era bem menos a tristeza do que o medo que causava sua emoção.

Esse medo, essa idéia fixa que a atenazava, ela o expressou imediatamente por uma palavra, por um grito, ao saber da morte de Sainte-Croix:

– A caixa!

O que conteria aquela caixa misteriosa que pudesse alarmá-la tanto?

Seriam apenas cartas de amor?

Mas, essas cartas, o que poderiam elas informar que já não se soubesse havia muito tempo, uma vez que o marido era o primeiro a ter conhecimento dessa ligação, que datava de mais de doze anos e que nem um nem outro nada fizera para manter em segredo?

Entretanto, houve uma pessoa que compreendeu imediatamente o motivo de alarme e de angústia que aquela caixa perturbadora representava para a sra. de Brinvilliers. Foi Briancourt, ex-preceptor dos filhos da marquesa, e seu involuntário confidente.

Por isso ele não se admirou ao receber, já no dia seguinte, 31 de julho, um bilhete urgente da marquesa, suplicando-lhe que fosse ter com ela de pronto para uma conversa particularmente importante.

Tratava-se, evidentemente, no espírito da sra. de Brinvilliers, de combinar com ele os meios de fazer desaparecer a caixa temível.

Mas a residência de Sainte-Croix, que estava crivado de dívidas, fora selada judicialmente logo após o falecimento.

Era impossível, portanto, pensar em lá entrar para procurar a maldita caixa.

Vários dias se passaram, assim, nessa espera angustiante.

Só em 8 de agosto o comissário Picard, assistido por um sargento, dois notários, pelo procurador da viúva de Sainte-Croix e pelo procurador dos credores, procedeu à remoção dos selos.

Nada se descobriu de anormal nas primeiras dependências.

Não nos esqueçamos, aliás, de que nenhuma acusação, nem mesmo suspeita de crime, pesava então sobre a memória de Sainte-Croix.

O que se fazia não era uma *investigação*, mas apenas um *inventário*, cujo único objetivo era salvaguardar os interesses de seus credores.

Assim, quando, ao entrar no gabinete isolado, abarrotado de alambiques, retortas e instrumentos diversos, em que Sainte-Croix se entregava a suas experiências de alquimia, o comissário encontrou sobre a mesa, bem em evidência, um rolo de papel subscrito com as palavras "Minha confissão", ele se voltou com ar interrogativo para os que o acompanhavam, para consultá-los sobre o que fazer, todos, em comum acordo, julgaram imediatamente que convinha queimar aquele papel sem o ler.

Sem dúvida, nenhum deles teria tomado essa decisão tão rápida caso se visse, sozinho e sem testemunhas, juiz daquela questão de consciência.

Provavelmente teria começado por ler a confissão e não a teria queimado depois!

Mas, como cada um se sentia observado por seus vizinhos, ninguém queria mostrar-se vencido pela curiosidade nem inclinado a uma decisão que a discrição, o tato e a delicadeza convergiam para condenar.

Foi assim que, por respeito humano, a confissão de Sainte-Croix tornou-se, imediatamente, presa das chamas, sem que ninguém se permitisse lançar-lhe um olhar indiscreto.

A marquesa de Brinvilliers, se tivesse assistido a esse auto-de-fé, sem dúvida teria começado a respirar mais livremente ao ver as últimas chamas se contorcerem e morrerem sobre as cinzas daquela confissão.

Nem por isso, no entanto, ela estava salva.

Porque, logo depois, o comissário finalmente punha as mãos naquela caixa cuja simples idéia tanto atormentava a bela marquesa.

A pequena caixa era vermelha, de forma alongada.
A ela estava amarrada uma chavinha.
Dentro, havia alguns frascos contendo diversos líquidos de cores variadas, cartas da marquesa de Brinvilliers, duas cautelas de vinte e cinco e trinta mil libras subscritas para Sainte-Croix pela marquesa, enfim um recibo de uma quantia de dez mil libras emprestadas por Pennautier, recebedor geral do clero, ao sr. e à sra. de Brinvilliers por intermédio de Sainte-Croix.

Por cima de tudo, preso com alfinete, havia um bilhete em que Sainte-Croix suplicava, em termos particularmente patéticos, que se entregasse aquela caixa à sra. de Brinvilliers, única a quem ela dizia respeito.

Era uma tarefa da qual teria sido mais prudente ele mesmo se incumbir, se fazia tanta questão de que fosse fielmente executada.

O comissário Picard, de fato, achou estranha aquela caixa, os termos veementes com que Sainte-Croix instava quem a encontrasse a entregá-la à sra. de Brinvilliers pareceram-lhe singulares e, para ser mais claro, suspeitos.

Farejou um mistério que resolveu esclarecer com mais tempo e, selando a caixa, confiou-a à guarda do sargento.

A sra. de Brinvilliers, advertida na mesma noite dessa descoberta, pela viúva de Sainte-Croix, acorreu imediatamente.

Eram nove horas da noite.

Primeiro ela assumiu ares arrogantes e tom despreocupado; dizia achar engraçado que o comissário Picard tivesse levado uma caixa que pertencia a ela.

Depois ofereceu dinheiro ao sargento para retirar a caixa. E, para dar mais peso a seu pedido, acrescentou, o que não era verdade, que o sr. Pennautier viera ter com ela e oferecera dar cinqüenta luíses de ouro se lhe entregassem o que havia dentro da caixa e que só dizia respeito a ele.

O sargento, incorruptível, mandou-a falar com o comissário Picard.

Eram onze horas da noite quando ela se apresentou em sua casa.

O comissário recusou-se a recebê-la em hora tão indevida, mas marcou encontro com ela para a manhã seguinte.

Em 9 de agosto, de fato, ele recebeu, de manhã, as visitas sucessivas de Briancourt, o ex-preceptor confidente, depois do procurador Delamare, a quem a marquesa encarregara de defender seus interesses.

Ambos se esforçaram, em vão, para convencer o comissário a entregar a caixa à marquesa.

Ao saber do insucesso das gestões de ambos, ela perdeu o sangue-frio.

Imediatamente, com uma pressa das mais desastradas, preparou-se para partir.

Levou sua precipitação ao ponto de mandar jogar os móveis pelas janelas, às dez horas da noite, para terminar a mudança mais depressa.

Ao mesmo tempo, esforçava-se para disfarçar sua retirada com palavras de confiança, desmentidas por todos os seus atos.

Dizia principalmente, com ar desprendido, à sra. de Sainte-Croix, "que não tinha o que fazer com aquela caixa, que dentro dela só podia haver bagatelas e que, se houvesse algumas cartas falsas, teria como se justificar".

Acrescentava, para comprometer Pennautier, que ela sabia rico e influente e cuja sorte, por isso, achava conveniente ligar à sua:

– Se gotejar em cima mim, choverá em cima de Pennautier!

Em 11 de agosto a abertura da caixa foi feita pelo lugar-tenente civil.

Os líquidos contidos nos frascos foram submetidos a exames de peritos.

Começaram por experimentá-los em animais: pombos, cães, perus, que morreram todos depois de os terem absorvido.

Ainda não eram, como hoje, os coelhos e as cobaias que tinham o temível privilégio de servir aos médicos como sujeitos de experiências.

O resultado era o mesmo: os médicos do tempo de Molière perderam nisso seu latim.

Para grande espanto dos peritos, a autópsia, de fato, não permitiu encontrar nenhum traço de veneno nos intestinos dos animais mortos.

As outras provas habituais não tiveram maior êxito.

Eis as conclusões do relatório de Guy Simon:

"Esse veneno artificioso se furta às pesquisas que se querem fazer.

"É tão disfarçado que não é possível reconhecê-lo, tão penetrante que escapa à capacidade dos médicos. Com relação a esse veneno, as experiências são falsas, as regras falhas, os aforismos ridículos.

"As experiências mais seguras e mais comuns se fazem por meio da água, do fogo e dos animais. O veneno de Sainte-Croix passou por todas as provas e desdenha todas as experiências. Esse veneno nada na água. Salva-se da experiência com o fogo, em que deixa apenas uma matéria suave e inócua. Nos animais, oculta-se com tanta arte e destreza que não se consegue reconhecê-lo."

Tratava-se, portanto, de uma verdadeira confissão de ignorância. E de tal modo que levou um advogado a observar, divertido, no Parlamento:

"É preciso acreditar nos médicos: sempre lhes devemos dar crédito contra eles mesmos, e devemos confiar totalmente neles quando admitem sua ignorância!"

Sabemos, hoje, que esse veneno misterioso era simplesmente arsênico.

Na época ele estava apenas iniciando sua longa e temível carreira.

Ainda desconhecido pelos médicos, que se confessavam impotentes para identificar seus traços, ele oferecia aos criminosos, portanto, uma tentação ainda mais forte por quase lhes garantir segredo e impunidade.

O produto fora encontrado alguns anos antes por um famoso químico russo, Christophe Glaser, boticário do rei, estabelecido em Paris no *faubourg* Saint-Germain.

Glaser tinha relações de amizade com Sainte-Croix, e por ele Sainte-Croix conhecera o veneno, que designava apenas pelo nome de "receita de Glaser".

Entretanto, logo se difundiu o rumor de que a caixa de Sainte-Croix continha mesmo veneno, e um veneno desconhecido e terrível que desafiava todas as pesquisas.

Só se falava nisso. Os nomes de Sainte-Croix, da sra. de Brinvilliers, de Pennautier estavam em todos os lábios, como os de três cúmplices temíveis.

Transmitiam-se as histórias mais fantásticas, os rumores mais alarmantes sobre os efeitos prodigiosos do novo veneno. Não se estava longe de lhe atribuir todas as mortes dos últimos anos – pelo menos aquelas cuja causa não fora claramente elucidada.

No entanto, a fortuna imensa e a situação respeitável de Pennautier, as relações e a categoria social da marquesa faziam a Justiça ainda hesitar em pegá-los sem ter reunido provas mais precisas, tanto mais que ainda não fora apresentada nenhuma acusação, nenhuma queixa contra eles.

Quem era o tal Pennautier?

Quem era a tal marquesa de Brinvilliers da qual tanto se falava?

Extraímos de Saint-Simon – que, como sabeis, não é suspeito de excesso de benevolência para com seus contemporâneos – este rápido retrato de Pennautier:

"De pequeno caixa, Pennautier tornara-se tesoureiro geral do clero e tesoureiro dos Estados do Languedoc, e prodigiosamente rico.

"Era um homem alto, bem apessoado, muito galante e soberbo, respeitoso e muito amável.

"Era inteligente e muito ligado ao mundo!"

O retrato, como vedes, é antes louvável, sobretudo sendo escrito por uma tal pena!

Pennautier foi um dos mais ativos e úteis colaboradores de Colbert, que o apreciava e o enaltecia muito por suas qualidades de inteligência e organização.

Portanto, merecia por isso sua situação elevada e não era indigno da rápida fortuna que fizera, com apenas trinta e cinco anos de idade..., o que não quer dizer que nem uma nem outra tenham incitado vivamente contra ele a inveja, o ciúme e a maledicência de seus contemporâneos! A natureza humana nunca perde suas faculdades.

A marquesa de Brinvilliers, por sua vez, embora da melhor sociedade, tivera uma existência bastante turbulenta.

Nascida em 22 de julho de 1630, era a filha mais velha de Antoine Dreux d'Aubray, conselheiro de Estado, lugar-tenente civil da cidade de Paris, o qual teve cinco filhos.

Apesar do alto cargo do pai, ou talvez por causa desse próprio cargo que o absorvia inteiramente, a educação moral e religiosa da jovem Marie-Madeleine d'Aubray fora das mais negligenciadas.

Ela crescera livremente, ao sabor de seus bons ou maus instintos, entregue a si mesma e às inspirações de sua natureza ardente, orgulhosa e sensível.

A despeito de Rousseau, que se faria, um século depois, apóstolo da bondade original da natureza humana, foram os maus instintos que prevaleceram em Marie-Madeleine d'Aubray, e com uma precocidade desconcertante.

Isso não impediu que Marie-Madeleine, aos vinte e um anos, fizesse um bom casamento.

É verdade que ela tinha um dote de duzentas mil libras, bela fortuna para a época.

Casou-se com o marquês de Brinvilliers, mestre de campo do regimento da Normandia, e que desfrutava de rendimentos confortáveis.

A jovem marquesa era encantadora: pele muito bonita, notavelmente branca, belos cabelos castanhos, grandes olhos azuis muito expressivos, viva, jovial, espirituosa, com um ar de extrema doçura, muito baixinha mas esguia, graciosa e magra.

O marquês era um belo oficial, mas um marido deplorável.

Levara até então uma existência das menos austeras, e seu casamento em nada mudaria seus hábitos de jogo, prazer e dissipação.

É verdade que, marido muito volúvel, ele foi também um marido muito complacente!

Mas uma coisa compensaria a outra?

Em todo caso, a bela marquesa usou amplamente dessa complacência, a tal ponto que seu pai logo julgou que ela abusava.

O marquês lhe apresentara um amigo seu: o capitão de Sainte-Croix.

Belo cavaleiro, bem dotado, cheio de espírito, graça e, aparentemente, até de sentimentos, de vida aventurosa mas "de gênio raro e singular", a crer em seus contemporâneos, era uma figura estranhamente atraente a do tal Sainte-Croix.

Um marido apresentá-lo à mulher era grande imprudência.

O marido fechava os olhos. Sem dúvida tinha bastantes motivos para desejar que sua mulher não os abrisse muito sobre ele próprio.

Era na verdade uma associação modelar de tolerância mútua, aquele casal dos Brinvilliers!

Mas nem por isso o mundo se mostrava menos escandalizado. Pelo contrário!

Pois, se sua a moral é fácil, decerto, e branda para os que sabem manter, na má conduta, a medida da decência, ele é implacável com quem parece desafiá-lo, ultrapassando os limites do cinismo.

É preciso admitir que a marquesa exagerava. Vangloriava-se por toda parte de seu amor culpado, e até diante do pai.

Este não aceitava brincadeiras quanto a esse capítulo.

Era um magistrado de alta linhagem, de grande integridade de caráter, e para quem a autoridade do pai de família não devia ser escarnecida.

Ele bem o mostrou. Funcionário influente, conseguiu obter uma carta régia contra Sainte-Croix.

E este, preso em 19 de março de 1663, quando se encontrava na própria carruagem da marquesa, foi meditar durante dois meses, num quarto da Bastilha, sobre os inconvenientes de uma ligação por demais à vista.

Ai! Molière bem o dissera:

> Les verrous et les grilles
> Ne font pas la vertu des femmes et des filles!*

Quando Sainte-Croix terminou sua vilegiatura forçada, a ligação culpada retomou seu curso, interrompido por um tempo.

Foi nesse momento que os dois resolveram vingar a afronta. A morte do demasiado íntegro sr. d'Aubray foi decidida entre eles, tanto por ressentimento e para se furtarem à severidade de sua vigilância quanto para herdar dele e preencher assim o buraco que as insensatas prodigalidades da marquesa e de Sainte-Croix já haviam produzido na fortuna, no entanto considerável, dos Brinvilliers.

O arsênico, a nova e terrível "receita de Glaser", seria utilizado pela primeira vez com esse desígnio criminoso.

A marquesa era prudente. Antes de usar o novo produto, e para ter certeza, ao mesmo tempo, de que ele não deixava traços reveladores e de que sua eficácia era real, não conviria experimentá-lo?

Assim ela pensou.

Mas, decerto julgando que uma experiência com animais não fosse suficientemente probatória, resolveu fazer a experiência com seres humanos.

Viu-se a seguinte coisa, quase inacreditável, de tão revoltante, e cuja própria atrocidade é espantosa e per-

---

* Molière, *L'école des maris*. Tradução livre: "Os ferrolhos e as grades / Não fazem a virtude das mulheres e filhas!" (N. da T.)

turbadora: a jovem e encantadora marquesa fazer-se de enfermeira bondosa, visitar os hospitais, sentar-se à cabeceira dos doentes, levar-lhes vinho e guloseimas, e isso unicamente para experimentar neles a receita de Glaser, verificar sua eficácia e assegurar-se, assim, de que os médicos eram mesmo incapazes de reconhecer sua natureza, de combater seus efeitos e de identificar seus traços.

Depois, segura de si mesma e do resultado buscado, foi ao encontro do pai doente, em suas terras de Compiègne; e então, em pequenas doses repetidas em suas poções, ela mesma verteu-lhe a morte, sempre atenta à cabeceira de seu leito. E, ao mesmo tempo, mostrava-se terna, afetuosa, prestativa, mais alarmada do que todo o mundo com o estado do pai, suplicando-lhe que consultasse outros médicos, que se deixasse levar a Paris fosse para ser mais bem tratado.

Ela confessaria depois, no decorrer de seu processo, que fora preciso "envenenar o pai vinte e oito ou trinta vezes". A sra. de Sévigné escreveu, falando dessa confissão:

"Os maiores crimes são uma ninharia em comparação com passar oito meses matando o pai, e recebendo todas as suas carícias e toda a sua candura, a que ela só respondia dobrando a dose!"

O sr. d'Aubray voltou para Paris, onde morreu em 10 de setembro de 1666.

Embora corresse o rumor de que fora envenenado, os médicos, que fizeram a autópsia, não identificaram nada de suspeito e atribuíram a morte a causas naturais.

Esse primeiro sucesso encorajaria a sra. de Brinvilliers e a incitaria a continuar.

Livrara-se de seu censor, é verdade, e sua má conduta já não conhecia limites.

Mas, se estava livre de todo controle, já começava novamente a ser premida pela necessidade de dinheiro.

A seus dois irmãos, de fato, coubera a maior parte da herança paterna.

A parte dela não durara mais que um fogo de palha.

Portanto, agora era preciso que os dois irmãos desaparecessem, por sua vez, para que ela herdasse deles.

O mais velho sucedera ao pai no cargo de lugar-tenente civil. O segundo era conselheiro no Parlamento. Eles moravam juntos.

Dessa vez, a sra. de Brinvilliers não quis agir pessoalmente, e vereis o que iria, mais tarde, causar sua perdição.

Conseguiu colocar a serviço de seus irmãos um antigo criado doméstico de Sainte-Croix apelidado La Chaussée, patife disposto a realizar qualquer tarefa e que, por dinheiro, consentiu em misturar veneno às bebidas e à comida que servia aos patrões.

Estes não tardaram a adoecer gravemente. Sofriam violentas dores de estômago, emagreciam, secavam, perdiam o apetite, eram devorados por um fogo interior e às vezes acometidos de vômitos horríveis.

La Chaussée não os deixava, cuidava deles com grande dedicação... e dava-lhes veneno ininterruptamente.

Entretanto, eles resistiam com uma força vital que, em alguns momentos, desencorajava La Chaussée.

Às vezes, perdia a esperança de conseguir realizar a tarefa. E bradava, falando do lugar-tenente civil, de quem cuidava especialmente:

– Esse traste está sabendo enfraquecer! Que trabalho está nos dando! Não sei quando vai arrebentar!

No entanto, ele acabou morrendo em 17 de junho de 1670. E o irmão, conselheiro da corte, o seguiu ao túmulo três meses depois.

Os médicos, dessa vez, tiveram alguma suspeita de envenenamento, mas foram incapazes de determinar a que se devia nem a quem atribuí-lo.

La Chaussée, detalhe de cruel ironia, o indigno envenenador La Chaussée, recebeu, na sucessão de seus patrões por demais generosos, covardemente assassinados por ele, um legado de cem escudos, por seus cuidados e sua dedicação.

Entretanto, enquanto a Justiça comum não interferia, o que se convencionou chamar "justiça imanente" já começava para a marquesa de Brinvilliers. Ah, não é que ela estivesse torturada pelo remorso. Seu coração, se é que o tinha, era inacessível a esse sentimento das almas fracas.

Mas um gosto antecipado do castigo já lhe vinha de seus cúmplices e do terror que lhe inspiravam. Pressionada por um e outro, sua vida tornava-se um inferno.

Havia o ignóbil La Chaussée, cuja fome de dinheiro nunca se aplacava mais do que por um instante e que sempre se apresentava em sua casa, imperioso e ameaçador.

A familiaridade humilhante e a insaciável cupidez do lacaio já faziam a orgulhosa marquesa pagar bem caro o preço de sua incerta discrição.

Sainte-Croix não era mais seguro nem menos exigente.

Forçara-a a subscrever duas obrigações de vinte e cinco mil libras. Ela sabia que Sainte-Croix as havia trancado, junto com as cartas tão comprometedoras que ela tivera a loucura de lhe escrever, na caixa dos venenos.

Não foi preciso mais para sua perdição. Vivia perpetuamente aterrorizada por causa daquela caixa, com a idéia fixa de resgatá-la.

Não houve nada a que não recorresse para isso.

Súplicas, ternuras, promessas, desespero ou ameaças, ela tentava de tudo, em vão, para dobrar Sainte-Croix e convencê-lo a lhe entregar a caixa.

Ora escrevia-lhe que mandaria apunhalá-lo, ora lhe prometia fortuna, ora, finalmente, simulava desespero e suicídio para abalar sua recusa inflexível.

Um dia, fez até mais do simular suicídio: começou a executá-lo.

Engoliu, de fato, uma porção da receita de Glaser e, ao mesmo tempo, mandou levar um bilhete a Sainte-Croix para avisá-lo.

Mas, às primeiras queimações de estômago, mudou de idéia imediatamente, tomou leite em grande quantidade e, graças a esse contraveneno simples mas eficaz, curou-se com alguns dias de cama.

Assim, os dois amantes indissoluvelmente ligados pelo terrível segredo de seus crimes viviam lado a lado como inimigos, vigiando-se, espreitando-se, sempre desconfiando um do outro, e esforçavam-se por esconder ainda, sob as palavras de amor, suas suspeitas e seus temores recíprocos, que faziam crescer neles, cada dia mais, o ódio mortal que um consagrava ao outro.

Um dia, Sainte-Croix conseguiu fazer a amante tomar arsênico sem perceber. Mas logo ela suspeitou, pelas queimações que sentiu, e conseguiu neutralizar, mais uma vez, os efeitos do terrível veneno.

Por essas duas cenas (entre muitas outras), a da tentativa de suicídio e a da tentativa de envenenamento, tendes uma idéia do que era na realidade, sob as aparências ilusórias de uma vida amável e galante, a infernal existência da marquesa de Brinvilliers.

Essa idéia não seria completa se eu não acrescentasse que ela própria, com uma inconseqüência que pode de fato levar a duvidar de sua sanidade, parecia comprazer-se em multiplicar ainda mais suas razões de temor ou os riscos que já corria de ser denunciada.

Sem nenhum motivo válido, e como se algum demônio secreto a impelisse irresistivelmente à perdição, por não sei que mórbida atração pelo perigo ou por que incompreensível volúpia pelo terror, ela se divertia ostentando seus crimes e, assim, levantando contra si mesma novas testemunhas possíveis de sua infâmia.

Assim, dizia ela à sua camareira, mostrando-lhe uma pequena caixa cheia de frascos:

– Tenho aqui com o que me vingar de todos os meus inimigos; nesta caixinha há muitas heranças!

E a camareira, impressionada com essa imagem audaciosa, lembraria mais tarde, e lembraria diante da Justiça, a existência da "caixinha de heranças".

Em outra ocasião, a marquesa sentia a necessidade, singularmente inoportuna, de confiar ao jovem Briancourt o segredo de seus crimes passados e até o de seus projetos de envenenamentos futuros, pois pensava em suprimir ainda sua irmã e sua cunhada, viúva do lugar-tenente civil.

Era, segundo suas palavras terríveis, "o que lhe faltava fazer".

O pobre Briancourt, espírito um pouco fraco e sem muito caráter, primeiro ficou perplexo com essa brusca revelação.

Mas ele tinha um fundo de honestidade que se revoltou. E, apesar de toda a ascendência que a marquesa tinha sobre ele, ousou representar-lhe, em termos veementes, toda a infâmia de sua conduta e jurou-lhe que não suportaria que pusesse todos os seus projetos criminosos em execução.

De fato, ele mandou avisar discretamente a srta. d'Aubray para que tomasse cuidado.

Era uma atitude mais corajosa do que se pensa.

Pois ela teve o efeito imediato de atrair, sobre a própria cabeça do infeliz preceptor, os ressentimentos homicidas da sra. de Brinvilliers.

Não era preciso, de fato, que desaparecesse o mais cedo possível aquele indigno confidente, que se erigia em censor e correspondia tão mal à confiança que tão imprudentemente lhe fora testemunhada?

O pobre Briancourt teve a intuição muito nítida de que a partir daquele momento seus dias corriam perigo.

Levava consigo constantemente orvietão, considerado então um contraveneno universal, e de quando em quando tomava algumas doses, preventivamente.

Estava sempre alerta. Conseguiu assim desbaratar, com alguns dias de intervalo, uma tentativa de envenenamento e uma tentativa de assassínio com punhal.

Mas uma existência assim, compreende-se, não tinha nada que pudesse segurá-lo naquele lar por demais inóspito.
Logo se retirou, sozinho, para Aubervilliers.

O que fazia então, dir-se-á, o marquês de Brinvilliers naquela estranha casa?
Na verdade, sua vida não estava muito mais tranqüila nem menos exposta do que a de Briancourt.
Testemunha impotente dos crimes de sua mulher, parecia preocupado sobretudo em salvaguardar sua própria existência, a qual sentia obscuramente ameaçada.
Várias vezes por dia, como contraveneno, engolia teriaga, que, como antídoto universal, estava então extraordinariamente em voga.

Era uma mistura em que entravam sessenta e quatro substâncias, desde mel até pó de víbora, e que era considerada um remédio infalível para todos os males.
À mesa, o marquês mantinha, em pé atrás dele, seu doméstico titular, especialmente ligado à sua pessoa e o único encarregado de lhe prestar serviço. Ele tomava a precaução de enxaguar cuidadosamente seu copo cada vez que lhe era servida uma bebida.
Essas precauções, embora nos pareçam risíveis, não eram supérfluas.
Pois a marquesa tentou, em várias ocasiões, desvencilhar-se do marido, no entanto bem pouco incômodo, a fim de poder se casar com Sainte-Croix.
Felizmente para o marido, Sainte-Croix, por seu lado, não fazia nenhuma questão de se casar com a marquesa.
Por isso ele próprio velou, com cuidado zeloso, pelos dias do sr. de Brinvilliers, deu-lhe contraveneno num dia em que sua vigilância falhara, fez fracassar outras tentativas e conseguiu, enfim, salvaguardar uma existência que julgava tão preciosa para seu próprio descanso.
Esse estranho estado de coisas, aparentemente tão instável, prolongou-se por anos, e talvez os crimes jamais

tivessem chegado ao conhecimento da Justiça se a morte de Sainte-Croix não tivesse, subitamente, levado a descobrir, com a caixa de venenos, o início da verdade.

Vimos, entretanto, que a Justiça, depois dessa primeira descoberta, fez uma pausa. A investigação marcava passo e parecia em ponto-morto, quando mais um incidente imprevisto se produziu, fazendo com que o caso, de repente, assumisse um novo aspecto.

O patife La Chaussée, que fora completamente perdido de vista e cujo papel nem mesmo se suspeitava, voltou a entrar em cena, com mais imprudência do que habilidade.

Ousou opor-se aos atos firmados e vir reclamar uma quantia de duzentas pistolas e cem escudos que lhe pertenciam, dizia, e que deixara depositados com seu antigo patrão, Sainte-Croix.

Depois, de repente, questionado pelo comissário Picard sobre a caixa de venenos, julgou ter sido descoberto, perturbou-se, balbuciou, e fugiu subitamente, para perplexidade do comissário.

Este mandou buscá-lo em sua casa. Ele não voltara.

Foi lançada então a ordem de prisão. La Chaussée, que se refugiara num porão de onde só saía à noite, foi casualmente encontrado, reconhecido e preso em 4 de setembro de 1672, às seis horas da manhã, por um oficial de polícia chamado Thomas Régnier.

Thomas Régnier tentou matar dois coelhos com uma só cajadada. Foi ter imediatamente com a sra. de Brinvilliers e, à queima-roupa, sem rodeios, anunciou-lhe a prisão de La Chaussée, na esperança de que ela se perturbasse e se traísse involuntariamente diante da notícia.

A prova não foi conclusiva, de modo algum. A marquesa conseguiu manter-se senhora de si mesma, muito dona do mundo, e não permitiu que transparecesse nada, ou quase nada, da perturbação que não podia deixar de sentir.

O golpe, no entanto, dera resultado.
Pois, no dia seguinte, ela partia clandestinamente para a Inglaterra, acompanhada apenas por uma criada de cozinha.
Estava na hora.
Briancourt, habilmente interrogado, começava a deixar escapar algumas palavras das mais comprometedoras para a marquesa.
Por outro lado, o processo de La Chaussée começava no Châtelet.
A sra. d'Aubray, viúva do lugar-tenente civil envenenado por La Chaussée, apresentou-se no processo como parte lesada e, desta vez, acusou diretamente a marquesa, sua cunhada.
Sua intervenção não foi inútil.
À sua insistência, à apelação que ela fez da primeira sentença pronunciada no Châtelet e que não a satisfazia plenamente, deve-se a condenação à morte finalmente pronunciada contra La Chaussée.
O miserável, entretanto, defendera-se passo a passo, com tanta energia quanta habilidade.
Em nenhum momento ele havia confessado. Em nenhum momento havia traído seus cúmplices.
Suas negações abalaram os primeiros juízes, que apenas ordenaram que fosse submetido a tortura. Se agüentasse, seria a salvação.
Mas, na apelação, sua defesa não conseguiu prevalecer contra os indícios coletados contra ele.
E La Chaussée foi condenado a morrer na roda. Antes, seria submetido a tortura ordinária e extraordinária para tentar arrancar-lhe confissões e o nome de seus cúmplices.
No entanto, ele saiu vitorioso dessa dura provação.
E só diante da morte iminente acabou confessando seus crimes e relatou o papel desempenhado pela sra. de Brinvilliers.

Esta levava na Inglaterra, havia alguns meses, uma vida inquieta e das mais infelizes.

Ela não ignorava que sua extradição fora solicitada antes mesmo de La Chaussée acusá-la.

Apesar da má vontade da Inglaterra, que, sem recusar a extradição, respondera que sua polícia não executaria a prisão, embora soubesse que a embaixada da França não tinha possibilidade de fazer com que fosse executada, a marquesa sentia sua liberdade ameaçada e vivia constantemente alarmada.

Ela deixou Londres, no início do ano de 1673, com destino aos Países Baixos. Depois vagou por três anos, de cidade em cidade, miseravelmente.

Finalmente, em março de 1676, vamos encontrá-la refugiada num convento, em Liège, e foi lá que Louvois, aproveitando-se do fato de que a cidade estava em mãos de tropas francesas, mandou o exempto Desgrez procurá-la.

A prisão se fez, aliás, de maneira muito fácil, com o inteiro consentimento dos burgomestres da cidade.

A versão transmitida por Michelet, segundo a qual o exempto Desgrez teria se disfarçado de abade cortesão para introduzir-se falaciosamente no convento, encetando depois uma intriga amorosa com a marquesa e, finalmente, graças a esse subterfúgio, atraindo-a para fora e fazendo-a cair numa emboscada policial, sob a fachada de encontro galante, é, apesar de pitoresca e da autoridade do nome de Michelet, puro romance, desprovido de qualquer fundamento.

Em 26 de março, o agente de Louvois contou-lhe que a senhora estava presa e que tinham encontrado com ela uma caixa (mais uma! quantas caixas nesse caso!), que ela tentara em vão fazer com que lhe devolvessem, "dizendo que dentro da caixa estava sua confissão".

Era verdade.

A confissão, composta de quinze ou dezesseis folhas de papel, continha o relato de sua vida, de suas devassidões e de seus crimes.

Seu cinismo é tão revoltante, seus termos são de tal crueza, que, para publicá-la, foi preciso antes traduzi-la para o latim..., pois sabeis, como eu, que:

> Le latin, dans ses mots, brave l'honnêteté;
> Mais le lecteur français veut être respecté.*

A sra. de Sévigné, sempre bem informada, escreve sobre o caso:

"A sra. de Brinvilliers nos conta, em sua confissão, que aos sete anos deixara de ser menina; que continuou no mesmo estilo; que envenenara o pai, os irmãos, um dos filhos; que ela mesma se envenenou para experimentar um contraveneno.

"Medéia não fizera tanto!"

Não foi fácil levar a sra. de Brinvilliers de Liège para Paris.

Ela tentou corromper, sucessivamente, todos os seus guardas.

Planejou fazer-se raptar no caminho por antigos amigos.

Quis mandar apunhalar Desgrez. Pensou, em desespero de causa, em cortar subitamente as rédeas da carruagem e aproveitar-se da confusão para fugir a galope num dos cavalos soltos.

Finalmente, multiplicou as mais singulares e inesperadas tentativas de suicídio.

Foi assim que, enquanto bebia, quebrou de repente o copo entre os dentes e tentou engolir os cacos de vidro.

Retomara seu sistema de defesa que consistia em ligar sua causa à de Pennautier.

Dizia:

"Ele está tão interessado em minha salvação quanto eu mesma."

---

* Boileau, *L'art poétique II*. Tradução livre: O latim, em suas palavras, afronta a honestidade; / Mas o leitor francês quer ser respeitado. (N. da T.)

Em Mézières, em 17 de abril de 1676, foi submetida ao primeiro interrogatório.

Indagada sobre sua confissão, respondeu que era um amontoado de extravagâncias escritas sob a influência da febre e que não podia ser lida seriamente.

Às outras perguntas, limitou-se a objetar que não sabia nada ou não se lembrava de nada.

Em 26 de abril, chegou a Paris e foi imediatamente encerrada na Conciergerie.

Em 29 de abril, compareceu diante da mais alta jurisdição do reino: Tournelle e a Grande Câmara, reunidas sob a presidência do primeiro presidente de Lamoignon, então em pleno fulgor de sua bela carreira. (Sabeis, sem dúvida, que o primeiro presidente de Lamoignon é o único homem a quem a Academia Francesa mandou oferecer uma cadeira e que declinou da honra de sentar-se nela.)

Ele conduziu esse julgamento, que se prolongou por vinte e duas audiências, com sua habitual preocupação com a verdade, a justiça e a imparcialidade.

A despeito do que diga Michelet, o presidente de Lamoignon, sem se dignar a apoiar a acusação com nada que se assemelhasse a uma prova, fez tudo o que estava em seu poder para não deixar nada nas sombras e para esclarecer todas as cumplicidades.

Por outro lado, o próprio Luís XIV, já no início desse caso, expressara seu desejo formal de ver todos os culpados, por mais elevada que fosse sua condição, diligentemente inquiridos e punidos sem esmorecimento...

Se uma improcedência interveio por Pennautier, depois de alguns meses de prisão preventiva, nada permite dizer, portanto, que tenha sido por efeito de um favorecimento desmerecido devido à sua fortuna ou à sua influência. Tudo indica que foi simplesmente conseqüência de não se poder manter nenhuma acusação séria contra ele.

A própria sra. de Brinvilliers, que de início fizera tudo para comprometê-lo, na esperança confessada por ela de servir à sua própria causa, finalmente foi obrigada a reconhecer que acusara ao acaso e que não podia formular contra ele nenhuma culpa séria.

No decorrer dessas vinte e duas audiências, em que foi ininterruptamente interrogada, a sra. de Brinvilliers surpreendeu constantemente seus juízes por sua presença de espírito e sua força de caráter.

Negou tudo, com audácia, altivez, obstinação.

Mas esse sistema não podia prevalecer contra as acusações que pesavam sobre ela.

Além do mais, não condenara a si mesma com sua confissão escrita?

Houve, a respeito dessa confissão, uma discussão apaixonada e que elucida curiosamente a mentalidade dos magistrados da época.

Poder-se-ia levar em conta essa confissão? Muitos juízes achavam que não.

Segundo eles, era pecado mortal violar o segredo de uma confissão e manter contra a acusada as imputações que só tinham sido conhecidas por esse meio.

O primeiro presidente convinha em que a questão era incerta e perturbadora. Inclinava-se, no entanto, a pensar que se podia ler a peça.

O sr. presidente de Mesmes, por sua vez, afirmava, segundo uma epístola de são Leão, que confissões desse tipo tinham sido utilizadas no cristianismo.

Mas o primeiro presidente, que conhecia como ninguém seus autores, objetou que certamente ele havia lido mal a epístola de são Leão, pois ela dizia exatamente o contrário.

Finalmente, essa questão apaixonante foi submetida a vários casuístas e ao sr. de Lestocq, doutor e professor de teologia, e todos concluíram que o segredo da confissão não se aplicava àquele caso, que ele só deveria existir entre confessor e penitente e que o papel encontrado com a sra. de Brinvilliers podia ser lido por seus juízes.

A sessão mais difícil para a sra. de Brinvilliers foi a audiência de 13 de julho de 1676, em que, durante treze horas contadas no relógio, ela foi confrontada com Briancourt, ex-preceptor de seus filhos.

Briancourt, com a voz estrangulada pela emoção, contou em detalhes toda a vida da ex-patroa e todas as confidências que ela lhe fizera.

O envenenamento do sr. Aubray pai, em sua horrível crueldade, o envenenamento dos dois irmãos pelo indigno La Chaussée, os projetos de envenenamento da irmã e da cunhada, as tentativas de suicídio da marquesa, suas brigas dramáticas com Sainte-Croix por causa da caixa, a estranha vida que levava o sr. de Brinvilliers, naquele lar maldito, numa atmosfera trágica e sob a contínua ameaça de morte: tudo isso reviveu e foi evocado de maneira impressionante, diante do Parlamento, pela voz angustiada de Briancourt, que parecia o primeiro a sofrer por ser obrigado a falar contra a acusada.

Esta, altiva, com desprezo esmagador, negava o testemunho de Briancourt e esforçava-se por desacreditá-lo junto aos juízes, descrevendo-o como um criado indigno e beberrão, ignominiosamente expulso de sua casa.

Uma das passagens mais dramáticas do longo depoimento, que tomou uma audiência inteira e a metade da seguinte, foi aquela em que Briancourt contou de que maneira a marquesa tentara fazer Sainte-Croix apunhalá-lo.

Dois ou três dias depois de tentar, em vão, envenená-lo, a sra. de Brinvilliers lhe dissera "que ela tinha uma cama nova muito bonita e uma tapeçaria combinando, e que o esperaria à meia-noite, mas que não viesse mais cedo, pois tinha contas a acertar com a cozinheira".

No entanto, em vez de descer à meia-noite, Briancourt desceu às dez horas, e fez bem.

Pois, enquanto esperava numa grande galeria, percebeu que avistava o interior do quarto da sra. de Brinvilliers pelas janelas cujas cortinas não haviam sido fechadas.

Viu-a distintamente andar pelo quarto, dispensar as criadas e depois começar a se despir.

De robe, por volta das onze e meia, ela foi até a alta lareira, com um candelabro na mão, e abriu os anteparos de madeira pintada que a fechavam.

Para grande espanto de Briancourt, que não podia acreditar em seus olhos, Sainte-Croix surgiu de dentro da lareira. Dava para reconhecê-lo, apesar de estar maquiado e vestido de andrajos.

Ele conversou por um instante com a marquesa, depois voltou à chaminé e os anteparos se fecharam atrás dele.

Quase na mesma hora, a sra. de Brinvilliers veio abrir a porta para Briancourt e o fez entrar no quarto.

Encontrou-o, compreende-se, muito perturbado com o que vira e um pouco hesitante quanto ao que convinha fazer.

No entanto entrou no quarto, e ela perguntou-lhe se a cama não era bonita.

Ele respondeu que era muito bonita.

Sentou-se e "fingiu desamarrar os sapatos, querendo saber até onde ia a crueldade daquela mulher".

Ela lhe disse:

– O que tendes? Vejo-vos muito triste.

Então ele se levantou e, afastando-se da cama, disse:

– Ah! Como sois cruel, e o que fiz para que desejeis que eu seja apunhalado?

A mulher então precipitou-se para fora da cama, saltou-lhe ao pescoço, por trás; mas ele, desvencilhando-se, foi direto até a lareira, de onde saiu Sainte-Croix, e lhe disse:

– Ah, celerado! Vindes para me apunhalar!

E, como a vela estava acesa, Sainte-Croix resolveu fugir, enquanto a Brinvilliers rolava pelo chão, dizendo que não queria mais viver, que queria morrer, que não podia sobreviver a uma coisa daquelas, e ao mesmo tempo pegou sua caixa de venenos, abriu-a e quis tomá-los. Ele a impediu.

Vemos aqui, ao vivo, a cena típica que nas grandes circunstâncias era representada por essa perigosa... eu ia dizer comediante. Mas, ai!, bem sabemos que ela só tinha gosto pela mais sombria tragédia.

Esse depoimento, imagina-se, provocou uma impressão considerável nos magistrados.

E, quando Briancourt, tendo enfim terminado, voltou-se para a Brinvilliers e lhe disse tristemente, com contagiosa emoção, com uma voz em que se ouvia brotarem lágrimas: "Eu vos adverti muitas vezes, senhora, de vossas desordens, de vossa crueldade, e de que vossos crimes vos levariam à perdição!", aquela mulher espantosa, que parecia ter permanecido única dona de si mesma, em meio a todo o tribunal silencioso compungido por aquela cena, aquela mulher espantosa deu a Briancourt esta única resposta, que mostra ao mesmo tempo sua incrível inconsciência e seu indomável orgulho:

– Não tendes fibra: estais chorando!

Será preciso acrescentar que ele não chorava sozinho? O estranho encanto daquela mulher era tão forte que muitos magistrados, Lamoignon em primeiro lugar, compartilhavam a emoção geral.

A palavra foi dada então ao advogado, mestre Nivelle.

Ele se desempenhou de seu papel difícil não apenas com honra, mas com habilidade e eloqüência notáveis.

"A atrocidade dos crimes", começou, lentamente, "e a qualidade da pessoa acusada exigem provas de extrema evidência, provas escritas, por assim dizer, com raios de sol!

"As provas que se opõem à senhora de Brinvilliers serão dessa qualidade?"

Ele se esforçou por mostrar que não. Habilmente, confrontou os testemunhos, destacou seus pontos fracos, conseguiu lançar dúvida sobre alguns deles.

Pleiteou longamente a questão de direito canônico levantada pela confissão e concluiu que não se poderia citá-la contra a acusada.

Finalmente, terminou com um quadro emocionante da existência de sua cliente, que saíra de tão alto para cair tão baixo, e descreveu com eloqüência os sofrimentos físicos e morais que ela padecera desde que, acuada, errante, vira levantar-se contra ela a opinião pública revoltada.

Fez um último e emocionante apelo à piedade pelos filhos, de qualquer modo inocentes dos crimes da mãe, e que no entanto seriam atingidos e punidos mais do que ela própria por seu aviltamento e sua desonra.

A defesa emocionante não convenceu os juízes, mas dispôs a favor da Brinvilliers uma parte da opinião pública, até então unanimemente hostil.

Em 15 de julho, o presidente fez um último esforço para decidir a acusada a confessar seus crimes.

Foi trabalho perdido.

Ele anunciou-lhe então que, "por solicitação de sua irmã Carmélite, iriam enviar-lhe uma pessoa de muito grande mérito e de grande virtude para exortá-la a pensar na salvação de sua alma".

O padre Pirot entraria em cena.

Teólogo, conhecido em toda a Europa por suas discussões filosóficas com Leibniz, professor na Sorbonne, de espírito notavelmente culto, alma ardente e caridosa, era uma bela figura de sacerdote a do abade Pirot.

Temos, de seu próprio punho, o relato muito detalhado, em dois volumes, de sua entrevista e de suas últimas conversas com a sra. de Brinvilliers.

Michelet, falando desse manuscrito de Pirot, diz que é "uma reunião de lugares-comuns, de declamações de colégio, de banalidades glaciais e no mais das vezes absurdas, que nele nada se encontra de ingênuo, nada de forte...", e que é um deplorável exemplo da maneira pela qual "a escolástica secava e empobrecia o espírito".

O sr. Funck-Brentano faz sobre o mesmo assunto o seguinte julgamento:

"É um dos mais extraordinários monumentos que a literatura possui. O relato é escrito sem preocupação com arte; mas o estilo claro, preciso, límpido, a expressão sóbria e justa das mais vivas paixões faz pensar, incessantemente, nas obras de Racine."

Essa simples comparação entre os dois textos basta para mostrar-vos o quanto o pobre profano, que não tem acesso às fontes, deve ter dificuldade para formar, em História, uma opinião um pouco justa que seja.

O abade Pirot iria começar por sentir uma viva e profunda surpresa.

Chegou à Conciergerie, cheio de temores e prevenções, para ter contato com o "monstro" a quem recebera a penosa missão de assistir e preparar para a morte.

E, em lugar da fúria que esperava encontrar, viu-se diante de uma mulher baixinha e magra, de olhos azuis, doces e perfeitamente belos, "parecendo", ele nos diz, "nascida com uma inclinação honesta, um espírito vivo e penetrante". Ela já soube fazer-se amar pelos que se aproximam dela, a tal ponto que seus guardas não podem ouvir falar em sua morte sem fundir-se imediatamente em lágrimas.

Ela acolhe o abade Pirot com amáveis palavras e se entrega, sem demora, nas mãos de seu diretor espiritual com uma confiança e uma docilidade que o comovem.

Ele a interroga com doçura e ela é conquistada, imediatamente, pelo som de sua voz complacente que, na aflição moral em que se encontra, faz acender-se em seu coração a esperança suprema da redenção.

Imediatamente, o padre soube descobrir a mola secreta daquela alma: um imenso orgulho! É o sentimento que reina na alma de todos os criminosos. Ele se denunciou, já de início, por esta pergunta ouvida por muitos advogados:

– O que dizem de mim no mundo? Imagino que falem muito de mim e que, há algum tempo, eu seja o assunto do povo.

O abade Pirot a adverte contra o orgulho funesto e o espírito de impureza que tanto contribuíram para sua decadência e sua perdição.

Exorta-a a se arrepender, a pensar em sua salvação. E é o primeiro a conseguir, finalmente, extrair lágrimas sinceras daqueles olhos que, até então, só tinham fingido verter prantos para melhor esconder uma alma impiedosa.

Em alguns instantes, o padre obteve o que o juiz não conseguira. Levou-a a prometer que faria publicamente, no dia seguinte, a confissão de seus crimes, sem nada ocultar da verdade.

No dia seguinte, às seis horas da manhã, o pobre abade Pirot, que não conseguira dormir de tanto que o perturbara o primeiro contato com sua penitente, apresentava-se à porta da Conciergerie.

O Palácio era singularmente matutino, no século XVII!

Lá já encontrou o presidente Bailleul, que vinha prevenir a acusada de que a sentença seria anunciada pela manhã.

Ela dormira tranqüilamente.

Conversou alguns segundos com o abade Pirot e reiterou-lhe sua promessa de dizer, diante do tribunal, toda a verdade sobre seus crimes.

Depois, enquanto o padre ia dizer a missa em sua intenção, ela desceu para ouvir a leitura da sentença.

Estava datada daquele mesmo dia: 16 de julho. O tribunal declarava a senhora d'Aubray de Brinvilliers culpada pelo envenenamento de seu pai e seus irmãos e por ter atentado contra a vida de sua irmã e, como reparação, "condenava-a a confessar e pedir perdão publicamente diante da porta principal da Notre-Dame, para onde seria levada numa carroça, com os pés descalços, uma corda no pescoço, levando nas mãos uma tocha acesa, e lá, de joelhos, diria e declararia seus crimes". Depois disso, sua cabeça seria cortada sobre um patíbulo, na praça de Grève, seu corpo seria queimado e suas cinzas lançadas ao vento.

Antes, ela seria submetida à tortura ordinária e extraordinária para revelar o nome de seus cúmplices.

Pediu para que a sentença fosse lida mais uma vez, pois a passagem em que se dizia que seria levada descalça, com a corda no pescoço, numa carroça, até diante da Notre-Dame a humilhara tanto que ela não ouvira mais uma palavra do que se seguira.

Ao terminarem a segunda leitura, ela declarou que a tortura seria inútil, e que pedia para dizer toda a verdade.

E, com voz forte e segura, confessou todos os seus crimes, disse que o veneno que utilizara era vitríolo, veneno de sapo e arsênico, e acrescentou que não tivera outros cúmplices além de Sainte-Croix e La Chaussée.

Apesar dessas declarações, a tortura da água lhe foi aplicada.

Esse suplício teve como único resultado fazê-la ficar fora de si, deixá-la louca de raiva e furor.

O abade Pirot, que a encontrou nesse estado, descreve-a como "extremamente emocionada, com o rosto afogueado, olhos cintilantes e inflamados, boca alterada".

Não poupou sua eloqüência, cheia de doçura e unção, para fazê-la voltar aos sentimentos de arrependimento, resignação e piedade que desejava ver nela diante da morte.

No final do dia ela deixou a Conciergerie para ir ao suplício.

Tivera de vestir, por cima da roupa, a grosseira túnica de algodão dos condenados e subir, descalça, levando uma tocha em uma das mãos, um crucifixo na outra, na pequena carroça, estreita e sórdida, que a levaria até a frente da Notre-Dame.

O abade Pirot sentara-se a seu lado.

Seu orgulho padecia cruelmente com esse aparato de infâmia e a grande afluência do povo, que se acotovelava à porta da Conciergerie e ao longo da margem do Sena.

Ao reconhecer na multidão pessoas de alta condição (a sra. de Sévigné, especialmente, assistia de camarote, à janela de uma casa da ponte Notre-Dame), não pôde deixar de dizer a seu confessor, em voz muito alta, de modo que fosse ouvida:

– Senhor, eis uma estranha curiosidade!

Sua indignação era tão grande que, nesse momento, seu rosto exprimia o mais vivo furor, e foi exatamente então que o pintor Le Brun registrou seus traços num esboço rápido, que hoje se encontra no Museu do Louvre.

Sabeis que Le Brun tinha a idéia fixa de descobrir, em todo rosto humano, os traços característicos de um animal.

O abade Pirot não se surpreende de que ele tenha imaginado ver o focinho inflamado do tigre furioso na máscara convulsa de cólera que, naquele momento, cobria o rosto da Brinvilliers, que franzia a sobrancelha, retorcia a boca e soltava chispas pelos olhos.

"Foi a última vez que seu rosto se contorceu num esgar", acrescenta o abade Pirot. "A partir daquele momento, não lhe escapou mais nenhuma palavra de reprovação ou de queixa contra ninguém. Não demonstrou nenhuma preocupação chã."

Se vivera muito mal, pelo menos soube morrer bem.

Impressionou a multidão por seu arrependimento e seus sentimentos de piedade diante da morte.

Naquele céu luminoso do final do dia, que os últimos raios do sol de julho tingiam de dourado e púrpura, a silhueta atormentada do Palácio da Justiça e as torres imponentes e sublimes da Notre-Dame erguiam suas grandes sombras emocionantes, como duas testemunhas supremas de um destino humano iniciado no crime e terminado pela expiação.

A cabeça da sra. de Brinvilliers tombou, decepada por um só golpe da lâmina do carrasco, enquanto, ajoelhado ao lado dela, o abade Pirot rezava, em voz alta, na paz do anoitecer, e implorava para a pecadora a misericórdia do céu.

A justiça dos homens punira uma grande criminosa, que merece um lugar à parte na galeria dos virtuosos do veneno.

O Caso do Colar

O colar da Rainha: reprodução fiel do grande colar
de diamantes dos joalheiros Boehmer et Bassenge,
segundo uma gravura da época

O Caso do Colar

Era de fato um país amável e gracioso, a França de 1785, onde logo iria explodir como um relâmpago, prelúdio da grande tempestade revolucionária, o enorme escândalo do Caso do Colar!

Era uma sociedade deliciosa e encantadora em sua frivolidade, a fina aristocracia da corte de Luís XVI e de Maria Antonieta, no meio da qual evoluiriam os principais atores desse caso perturbador e apaixonante.

Quando relemos as divertidas memórias dessa época cintilante e frágil, quando evocamos o cenário incomparável, a vida leviana, despreocupada e luxuosa e o encanto nostálgico sobre o qual paira para sempre, como um presságio de morte, a grande sombra revolucionária, não podemos evitar um lamento furtivo por não a termos conhecido, e compreendemos melhor toda a indizível melancolia destas palavras de Talleyrand:

"Não conhece a doçura de viver quem não viveu na França antes de 1789!"

É que, na verdade, nunca sua sedução fora mais viva, seu encanto mais cativante, seu prestígio mais incontestado.

Paris era de fato a capital da humanidade civilizada.

Nem Londres, nem mesmo Viena pensavam em disputar-lhe a supremacia.

Berlim e São Petersburgo, recém-construídas, podiam menos ainda pretender rivalizá-la.

Nova York, por sua vez, era então apenas um pequeno mercado colonial de madeira, banha e alcatrão.

A língua francesa não só era adotada por todas as nações como língua oficial internacional dos tratados, como também era conhecida e falada pela aristocracia de todas as capitais da Europa. De tal modo que um francês se sentia em casa em Haia, em Viena, em Berlim ou em São Petersburgo.

Paris e a corte de Luís XVI exerciam sobre os estrangeiros a mais incrível atração.

Tanto que não era raro que alguém percorresse duzentas léguas só para participar de um jantar, para assistir a um sarau ou a uma representação, e a sra. Vigée-Lebrun conta-nos que "amigos do príncipe de Ligne partiam de Bruxelas depois do almoço, chegavam à Ópera justo em tempo de ver levantar-se o pano e, terminado o espetáculo, voltavam imediatamente, viajando a noite toda".

Hoje temos dificuldade em imaginar o aspecto daquela época, em nos colocar em seu contexto.

De toda aquela gente, emperucada, empoada, cheia de laços, graciosa, elegante, leviana, frívola e artificial, dando festas, representando, se divertindo, gracejando, andando na ponta dos pés e fazendo reverências, só encontramos a imagem esmaecida e longínqua nos quadros de Fragonard ou de Watteau, nas comédias de Crébillon ou de Marivaux, sob a pena zombeteira de Voltaire ou nas obras um pouco açucaradas de Berquin.

As pessoas pareciam ter sido colocadas no mundo só para agradar aos olhos e encantar o espírito, para dar festas e se divertir, para cultivar a alegria de viver e o regozijo.

Era uma gente inútil, sem dúvida, e superficial, mas com tanta graça e tanto gosto que dava o tom em toda parte, e em toda parte tentava-se imitá-la.

E, na verdade, será justo dizer que era uma gente tão inútil e tão desprovida de interesse?

Não nos esqueçamos de que a curiosidade intelectual nunca foi tão grande nem a fermentação das idéias tão intensa quanto naquela época.

Não nos esqueçamos de que os melhores livros surgidos nas livrarias eram as obras de Voltaire, de Diderot, de Montesquieu, de Raynal, de Condorcet, de Condillac e de Rousseau.

Acompanhavam-se também as novas experiências do genial Lavoisier. Os experimentos aerostáticos dos irmãos Montgolfier provocavam entusiasmo.

Era-se "sensível e virtuoso" com Rousseau, "tolerante, céptico e frondista" com Voltaire.

Desejava-se sobretudo ser "filantropo", pois a filantropia era então a última palavra da filosofia dos salões.

Se as conversas eram um encantamento para o espírito, as modas preciosas, ridículas e graciosas eram um encantamento para os olhos.

As mulheres usavam vestidos "Viva pastora!", "barriga de pulga", "costas de pulga", vestidos "à Jean-Jacques", em conformidade com os princípios desse autor, ou seja, de uma simplicidade ingênua, solta, e que velavam o menos possível a natureza!

Os laços eram "da cor dos cabelos da rainha". Havia chapéus "à Minerva" e "toucados ao sentimento", nos quais as mulheres mandavam enquadrar o retrato em miniatura do filhinho, da mãe, do cachorrinho ou do canário.

O luxo e a elegância do viver jamais tinham chegado a tal ponto.

Em Paris e em seus arredores, eram inúmeras as residências senhoriais em que constantemente se davam festas e recepções.

Em Paris, o rei tinha o Louvre e as Tulherias, o duque de Orléans tinha o Palais-Royal, Monsieur* possuía o Luxemburgo, o príncipe de Salm, o duque de Bourbon, o duque de Soubise tinham residências imensas e suntuosas como palácios.

Em Versalhes, ao lado do palácio do rei, todas as grandes famílias tinham seus palacetes: à direita, os palacetes

---

* Título dado ao mais velho dos irmãos do rei. (N. da T.)

de Bourbon, de Écquevilly, de la Trémoille, de Condé, de Maurepas, de Noailles, de Penthièvre, de Broglie, de Bouillon, de la Marche; à esquerda, o pavilhão de Orléans, de Monsieur, os palacetes de Chevreuse, do Hospital, de Pontchartrain, de Dangeau... Vamos adiante!

Quando o rei saía de carruagem, quatro trombetas soavam na frente, quatro atrás.

À frente dos cavalos, cem suíços com trajes do século XVI abriam o desfile com chapéu de penacho, alabarda, gola preguada e amplo colete multicolorido.

Nos portões gradeados, de um lado os guardas suíços, de outro os guardas franceses de traje azul- real, formavam duas alas a perder de vista. Mantendo-se em torno da carruagem iam a cavalo os guardas do rei, levando espada e carabina, com culote vermelho, botas pretas e casaco azul bordado de branco.

Era um maravilhoso espetáculo, nas amplas avenidas retilíneas de Versalhes!

Mas não havia só Versalhes. Havia também Trianon, Fontainebleau, Compiègne, Choisy, Marly, Saint-Germain-en-Laye, Saint-Cloud, Rambouillet, que eram residências reais.

As *Mesdames** tinham Bellevue, o príncipe de Condé tinha Chantilly.

Em Versalhes, realizavam-se festas, saraus a fantasia, bailes, recepções, jantares, representações pelo menos cinco dias por semana.

Portanto, ao redor dessas residências luxuosas havia um movimento e um vaivém contínuos, em que se cruzavam as lânguidas e silenciosas cadeirinhas confortáveis e acolchoadas com seda de cores vivas, e as carruagens suntuosas "em que tanto ouro se levanta em relevos", diria Molière, e que rodavam a toda velocidade, ruidosas, nas calçadas do rei.

---

* Referência a Adelaide e Vitória, filhas de Luís XV e tias de Luís XVI. (N. da T.)

Os magníficos cavalos puro-sangue que as puxavam provinham dos haras da Normandia ou da famosa raça limusina dos haras reais de Pompadour.

Por serem tão velozes eram chamados "raivosos", e faziam o trajeto Paris-Versalhes, ida e volta, em uma hora e meia.

Ia-se muito ao campo: Rousseau fizera a Natureza entrar na moda.

Por isso os parques tinham perdido a severa e majestosa simetria, tão apreciada pelo século de Luís XIV e que, animada pelo gênio de um Le Nôtre, produzira tantas obras-primas, de que Versalhes permaneceu como modelo.

Agora só se apreciavam os jardins ingleses, de curvas harmoniosas, de lânguidas perspectivas vaporosas, tendo ao longe grandes lagoas poéticas, sobre cujas águas tranqüilas choravam salgueiros prateados ou tremulavam altos choupos.

Neles erigiam-se templos à Amizade, à Honra, à Bondade, ao Amor e até mesmo à Filosofia, este último destinado a permanecer para sempre inacabado, porque, dizia-se, "deveria ser o símbolo do conhecimento humano".

Assim, tudo se tornara pretexto para os jogos levianos do espírito, para as graças efêmeras e superficiais da conversação. Tudo era visto sob o ângulo da vida de salão. Tudo deveria concorrer para torná-la mais amável e mais brilhante.

Não era de bom-tom levar a sério o que quer que fosse, experimentar sentimentos demasiado profundos, interessar-se muito intensamente por alguém ou por alguma coisa, pois cada um deveria voltar-se inteiramente para o prazer e o divertimento de todos.

Essa futilidade universal acabara por se introduzir realmente nos costumes.

Pensais, decerto, que estamos longe do Caso do Colar.

Pois não vos enganeis: pelo contrário, estamos chegando a ele. No entanto esse longo preâmbulo e esse aparente desvio talvez não tenham sido inúteis se tiverem conseguido situar-vos, por um momento, no cenário e na atmosfera tão particular em que esse caso se desenrolou.

Pois se essas inverossimilhanças parecem incríveis e inadmissíveis para nossa mentalidade moderna, elas se explicam por si mesmas, ao contrário, quando situadas em seu verdadeiro meio.

Para resumir, o cardeal Luís de Rohan, vítima dessa imensa e espantosa trapaça e tido de início como seu cúmplice, foi, na verdade, vítima de seu século, de seus costumes e de seu caráter tanto quanto das intrigas complicadas e das maquinações tenebrosas da hábil sra. de La Motte.

Mas, antes de iniciar meu relato, devo desculpar-me de novo por ser obrigado a vos levar, mais uma vez, a passear pelo âmbito histórico privado do sr. Funck-Brentano.

O "Caso do Colar" depois do "Drama dos Venenos": vedes que agravo singularmente meu caso!

Ouso esperar, no entanto, que o tão amável quanto erudito historiador me perdoe essa recidiva, se eu começar por dizer-vos que todo o atrativo e o interesse que puderdes encontrar neste relato deverão a ele ser atribuídos e que só pretendo reivindicar como sendo minhas as passagens ruins!

Mas quereis que antes de abordar os fatos façamos uma rápida apresentação dos atores?

Ao senhor, as honras: o papel principal cabe ao cardeal de Rohan.

Nascido em Paris em 25 de setembro de 1734, ele era da antiga e nobre casa, outrora soberana da Bretanha, cujo berço se encontra em Josselin e que traz "goles com nove maclas de ouro"*, com a orgulhosa divisa "Roi ne puis, prince ne daigne, Rohan suis"**.

---

* Em heráldica, "goles" é a cor vermelha, "maclas" são elementos móveis do brasão, representados por um losango vazado, no centro, por outro losango menor. (N. da T.)

** Rei não posso, príncipe desdenho, Rohan sou. (N. da T.)

Admiravelmente dotado, tanto moral como fisicamente, cheio de espírito, de graça e de coração, de uma polidez refinada, de uma galantaria de grão-senhor, "tão amável quanto é possível ser", nos diz a sra. de Genlis, Luís Rohan infelizmente estragava todos esses dons e essas belas qualidades com os próprios defeitos de seu século, que ele levava ao extremo, mais do que ninguém.

Sua elegância, com efeito, só se igualava à sua prodigalidade; as graças de seu espírito não bastavam para velar suas inconseqüências e sua leviandade, e toda a sua inteligência, flexível e viva, mas superficial, colocavam-no à mercê de quem quer que desejasse abusar de sua boa-fé e de sua incrível credulidade.

Em suma, é preciso dizer, ele tivera uma vida fácil demais. Apoiado por seu nome, por sua fortuna, pelas alianças de sua família, favorecido por seu físico e por suas qualidades mais brilhantes do que sólidas, ele tivera uma carreira em que o mérito pessoal pouco participara e que exaltara sua ambição sem a satisfazer.

Aos vinte e seis anos, era coadjutor do cardeal Constantin de Rohan, bispo de Estrasburgo.

Aos vinte e sete anos, entrava na Academia Francesa.

Em 1772, aos trinta e oito anos, era enviado como embaixador a Viena. Lá, exibiu imediatamente um fausto e um luxo que decerto chocavam profundamente e indispunham contra ele a imperatriz Maria Teresa, mãe da delfina da França, Maria Antonieta.

A soberana, de fato, julgava a conduta e a vida do novo embaixador muito pouco compatíveis com a reserva e a dignidade que lhe deveria impor seu caráter eclesiástico.

Na embaixada da França, no suntuoso castelo às margens do Danúbio que lhe servia de residência, eram só recepções e festas, jantares, bailes a fantasia, representações, caçadas em que o próprio futuro cardeal, vestindo traje verde e dourado, chegava a dar mil e trezentos tiros de fuzil em um dia.

As ceias de cento e cinqüenta talheres, em pequenas mesas nos jardins iluminados da embaixada, seguidas de baile e concerto, reuniam em torno de Luís de Rohan toda a aristocracia de Viena, seduzida e encantada.

Pois suas maneiras de grão-senhor haviam atraído para ele inúmeros partidários entre os nobres vienenses, e sobretudo mulheres, ávidas de diversão.

Mas a imperatriz, longe de capitular, só fazia aumentar seu ressentimento contra o novo embaixador. Acusava-o de "corromper sua nobreza".

"Nossas mulheres", ela escrevia, "jovens e velhas, bonitas e feias, estão enfeitiçadas. Ele é seu ídolo. Ele as faz perder o juízo, tanto que está gostando muito daqui e afirma que deseja ficar!"

Quanto a ela, não é preciso dizer que seu único desejo era fazê-lo partir. Nesse sentido, agia sobre sua filha Maria Antonieta.

E, infelizmente, o próprio Rohan não tardaria em lhe fornecer o pretexto que ela procurava.

E, aliás, foi por conta de seu patriotismo.

Escrevendo ao duque de Aiguillon, ministro dos Assuntos Estrangeiros de Luís XV, a propósito da atitude da Áustria na questão da divisão da Polônia, Rohan, gracejando, descrevia-lhe Maria Teresa "enxugando com uma mão lágrimas de encomenda" enquanto com a outra ela empunhava a espada que serviria para cortar a Polônia "para ser a terceira participante da partilha".

Essa carta espirituosa fez demasiado sucesso. Uma lamentável indiscrição levou ao conhecimento da delfina Maria Antonieta esse retrato pouco lisonjeiro de sua mãe, e ela guardou rancor por Rohan. Assim, em 1774, dois meses depois da morte de Luís XV, a embaixada de Viena foi bruscamente retirada de Rohan para ser confiada a seu rival Breteuil.

Essa vingança, bastante vil e que indispôs contra a jovem rainha, foi sem dúvida o ponto de partida de todo o caso.

Rohan, friamente recebido, em sua volta, pelo fraco Luís XVI, já não pôde esconder de si mesmo a origem de sua desgraça. A partir de então, sua única idéia e seu único desejo passaram a ser recuperar as boas graças da rainha.

Em várias ocasiões pediu-lhe que o recebesse. Mas ela sempre encontrava um pretexto para evitar esse encontro.

Corroído pela ambição, Luís de Rohan lamentava aquele desfavor, único obstáculo, a seus olhos, para que se tornasse êmulo de um Richelieu ou de um Mazarin, cujo estofo julgava possuir.

Em 1777, o rei o nomeou esmoleiro-mor, o que equivalia a ministro dos Cultos.

O arcebispo de Toulouse cobiçava aquele posto, porém Luís XVI, que era sinceramente religioso, descartara-o por sua reputação de céptico, dizendo:

– Não me agrada muito um arcebispo que não creia em Deus!

Em 1778, Rohan recebeu o chapéu de cardeal. Em 1779, substituiu o bispo de Estrasburgo, seu tio falecido.

Essas diversas funções representavam não menos do que um milhão de libras de remuneração.

Não era suficiente, no entanto, para impedi-lo de fazer dívidas.

Mas, decerto, nesse aspecto ele manifestava a imensa despreocupação da época, cujo sinal mais típico foi a resposta do bispo Dillon.

O rei, certa vez, censurou-o por suas dívidas exageradas. O bispo Dillon, sem a menor ironia, deu esta resposta que nos parece prodigiosa e que, então, pareceu muito natural:

– Sire, eu não estava sabendo de nada. Mas irei informar-me com meu intendente e mandarei pôr tudo em ordem.

Luís de Rohan não mandava pôr nada em ordem. Ele tinha:

Um palácio em Estrasburgo;

Um palacete em Paris, onde hoje é a Imprensa Nacional;

Um castelo em Saverne.

Esse castelo, por si só, absorvia uma boa parte de seus rendimentos.

Só em Saverne, ele tinha: catorze mordomos, vinte e cinco camareiros, cento e oitenta cavalos em suas estrebarias, uma baixela inumerável, incluindo uma bateria de cozinha de prata maciça, e setecentas camas para seus convidados.

Sua mesa era aberta. Nunca tinha menos de cinqüenta convivas. Lá marcavam encontro as mais belas mulheres. No centro, o cardeal presidia, belo, amável, atencioso, magnífico, parecendo ter realmente nascido para receber e para representar.

A mais amável liberdade reinava naquele castelo. "Liberdade, facilidade, prodigalidade", era essa a palavra de ordem do cardeal.

– Não se deve – dizia ele – tornar a religião demasiado austera, para não transformá-la num "deserto".

As caçadas do castelo de Saverne eram célebres.

De Valfons, em seus *Souvenirs* [Recordações], as descreve da seguinte maneira:

"Seiscentos camponeses e os guardas em fila formavam, já de manhã, uma longa corrente de uma légua e batiam os campos ao redor. Enquanto isso, os caçadores homens e mulheres se colocavam a postos. Temendo que as mulheres tivessem medo de ficar sozinhas, deixava-se com elas o homem que detestassem menos, para tranqüilizá-las.

"Por volta do meio-dia, o grupo se reunia sob uma bela tenda, à margem de um rio ou em algum local delicioso; servia-se um almoço magnífico e, como era preciso que todos estivessem felizes, cada camponês recebia uma libra de carne, duas de pão, uma garrafa de vinho e só desejava começar tudo de novo."

À noite, representava-se, dançava-se ou se fazia música e se cantava.

O próprio cardeal apreciava entregar-se às doçuras da harmonia.

Ficou-nos uma melodia encantadora, que decerto conheceis, letra e música compostas por ele.

Seu refrão sentimental e melancólico é:

> Douceur d'amour trop tôt passée,
> Ton souvenir est toujours là.*

Se evocais a figura do esmoleiro-mor na atmosfera langorosa e terna dessa antiga romança, no cenário daquela vida leviana, fácil e luxuosa de Saverne, a seqüência dos acontecimentos vos parecerá muito mais natural.

O tipo de existência e o caráter ao mesmo tempo ambicioso e crédulo do cardeal de Rohan faziam dele, de fato, uma presa certa para as intrigas da sra. de La Motte.

A esta última bastaria, por assim dizer, aparecer para vencer, lançar a semente naquele terreno tão propício para vê-la germinar imediatamente e frutificar até mais do que ela esperava.

Joana de Valois, condessa de La Motte, embora tivesse o "sangue dos Valois" e descendesse, por uma filiação distante e complicada, de Henrique II, rei da França, tivera uma vida aventurosa e singularmente miserável.

Ainda menina, vira-se reduzida a viver de esmolas. Fora vista descalça, suja, vestida de trapos, na saída da estrada de Paris para Versalhes, a correr atrás das carruagens que passavam para implorar caridade.

Correndo com sua pobre mãozinha estendida, ela repetia, como uma lamentosa melopéia, a frase que sua mãe a fizera decorar:

---

* Tradução livre: "Doçura de amor que passou cedo demais, / Tua lembrança continua presente. (N. da T.)

– Piedade por uma órfã que tem o sangue dos Valois!

Certa manhã, essa frase chamara a atenção da marquesa de Boulainvilliers, que ia com o marido, preboste de Paris, para suas terras de Passy – pois naquele tempo tinham-se terras em Passy.

Mandara parar a carruagem e perguntara à menina onde ela morava. Informara-se com o padre de Boulogne e, finalmente, colocara a criança em internato, primeiro na abadia de Yerres, depois na de Longchamp.

Joana de Valois lá ficara por vários anos. No entanto, como decididamente não sentia nenhuma vocação para a vida religiosa, certo dia fugira de sua abadia para dar em Bar-sur-Aube, na casa da presidenta de Surmont, que aceitara acolhê-la no máximo por uma semana. Ela ficou por mais de um ano.

Lá, fizera teatro com os jovens do lugar. Assim conhecera e se casara com o conde de La Motte (que, aliás, não era conde!), gentil-homem medíocre, que, tal como muitos jovens nobres arruinados, servia na gendarmaria.

"Ele tem disposição suficiente para levar seu feixe de feno do depósito de forragem até o quartel", dizia dele o cunhado, "mas ninguém lhe peça mais do que isso."

No entanto, ele agradara a Joana de Valois, e logo ela conquistara sobre aquele cérebro simplório um império absoluto.

O jovem casal, desprovido de recursos e tão esbanjador de um lado como de outro, vira-se rapidamente numa situação muito precária, vivendo de dívidas e de expedientes.

A sra. de La Motte, que era bonita e de virtude não muito exacerbada, conseguira interessar por sua sorte alguns generosos admiradores, principalmente o jovem conde Beugnot, advogado no Parlamento, espírito refinado, prudente e muito observador, sem dúvida o único, entre os que se aproximaram dela, a conseguir não se deixar enganar, e que nos deixou dela, em suas Memórias, um belo e vivo retrato.

"A sra. de La Motte", ele nos diz, "era de altura mediana, mas esbelta e bem apanhada. Tinha os olhos azuis muito expressivos, sob sobrancelhas pretas e bem arqueadas. Tinha a mão bonita, o pé muito pequeno. Sua tez era de notável brancura. Sua boca era grande mas admiravelmente guarnecida e seu sorriso era encantador.

"Desprovida de qualquer tipo de instrução, ela era muito inteligente. Em luta, desde o nascimento, com a ordem social, enfrentava suas leis e pouco respeitava as da moral. Porém sabia, quando necessário, assumir a doçura e até a fraqueza de seu sexo.

"Tudo isso compunha um conjunto assustador, para um observador, e sedutor, para o comum dos homens que não a olhasse de muito perto."

Outro admirador seu nota, por sua vez, que "a natureza lhe propiciara o perigoso dom de persuadir".

Acrescentemos, sem eufemismo, que ela sabia mentir com uma audácia, com uma riqueza de imaginação e uma habilidade que desconcertavam os mais prevenidos.

Assim era a temível intrigante que, em 1781, conseguiu ser apresentada ao cardeal de Rohan por sua benfeitora, a sra. de Boulainvilliers, e que, graças a ela, foi recebida no castelo de Saverne.

Soube interessar e comover o cardeal com o relato, sem dúvida muito enfeitado e expurgado, de sua infância miserável, de sua nobreza e seus infortúnios. Conseguiu então que o cardeal viesse em sua ajuda, primeiro apostilando uma solicitação de seu marido para ser nomeado capitão, depois lhe conferindo, de sua caixa de esmolas, um pródigo socorro.

Mas esse início animador estava longe de satisfazer à ambiciosa condessa.

Ela voltou para Paris, e Beugnot, que a viu nessa ocasião, encontrou-a muito exaltada com a acolhida que recebera em Saverne, falando com entusiasmo da bondade do cardeal e fazendo mil projetos para o futuro.

De fato, pouco depois tentou fazer a rainha interessar-se por sua sorte, simulando um desmaio à sua passagem na ida para a missa. Infelizmente para ela, a multidão a encobriu exatamente naquele momento e a rainha nem mesmo a viu tombar.

Tentou novamente, um outro dia, bem debaixo das janelas de Maria Antonieta, mas tampouco obteve sucesso.

Então, avisou-se de que, no fundo, o principal era fazer com que os outros acreditassem que tivera êxito.

Com seu temível dom de persuadir, pôs-se a contar por toda parte que a rainha se comovera com seu infortúnio, mandara dispensar-lhe cuidados, viera até ela, ouvira-a com benevolência e lhe testemunhara muita bondade.

Soube inventar detalhes vivos daquele encontro, com tanta verossimilhança e segurança, que não teve dificuldade em persuadir o crédulo cardeal de que Maria Antonieta de fato a recebera no Trianon e quisera honrá-la com sua amizade.

Habilmente, voltou a falar daquela amizade tão lisonjeira todas as vezes que encontrou Rohan, e imbuiu-o da idéia de que era constantemente recebida pela rainha.

Podeis imaginar que o cardeal apressou-se em lhe perguntar se ela conseguira discernir qual a disposição de Maria Antonieta com relação a ele e se poderia esperar recuperar as boas graças reais.

A hábil intrigante não o desanimou. Afirmou-lhe que nada era sem esperança, pelo contrário, que a disposição da rainha já lhe era bem mais favorável e que certamente, graças a seus esforços nesse sentido, logo ela conseguiria fazê-la recuar completamente em suas injustas prevenções.

Ao mesmo tempo, ofereceu-se para entregar à amiga Maria Antonieta uma carta de Rohan, implorando seu perdão. Levou a carta de Rohan e, alguns dias depois, trouxe-lhe uma resposta.

Todavia, não é preciso dizer que a carta de Rohan nunca chegou à sua destinatária e que a resposta, habilmente forjada na íntegra, não provinha da rainha.

Esse subterfúgio audacioso entretanto seria bem-sucedido. Em primeiro lugar, porque o cardeal, crédulo por natureza, era-o muito mais nessa ocasião, que cumpria todos os seus desejos. Em seguida, porque lhe era muito difícil, naquele momento (em que nada lhe era pedido), imaginar que interesse a sra. de La Motte poderia ter em enganá-lo. Finalmente, porque nunca vira a letra de Maria Antonieta, sendo-lhe portanto menos possível ainda controlar a autenticidade da carta de cuja existência a sra. de La Motte lhe recomendava insistentemente que não falasse e não deixasse ninguém suspeitar, em seu próprio interesse.

Assim, a correspondência prosseguiu. A sra. de La Motte comprara de propósito papel de luxo, ornado em azul-pastel, com três flores-de-lis.

Ela assinava (aliás, como a rainha nunca o fez, mas não se pode saber tudo!) "Maria Antonieta de França" – assinava, ou melhor, mandava alguém assinar, pois não era ela que empunhava a pena! Era seu secretário! Um secretário para todo serviço...

Ele se chamava Rétaux de Villette e acumulava as funções de ex-gendarme, amigo do sr. de La Motte e secretário da condessa.

Tinha uma bela letra, fina, regular, muito feminina. É divertido pensar que o pobre cardeal transpirava sangue e água para bem tornear suas cartas e esbanjava estilo, homenagens prosternadas e protestos de devoção para que sua prosa fosse saboreada e escarnecida por aquele ex-gendarme!

Oh! Cruel derrisão!

Todavia essa correspondência não poderia se prolongar indefinidamente. Luís de Rohan começava a admirar-se de que a rainha, que não temia comprometer-se escrevendo-lhe daquela maneira, não lhe manifestasse de outra maneira o restabelecimento de seu favor.

A sra. de La Motte, é verdade, explicava-lhe que a pobre rainha não tinha liberdade para agir à vontade, que a opinião do ministro Breteuil, hostil a Rohan, ainda tinha inteiro poder sobre o espírito do rei, que portanto ela precisava usar de prudência e que só com o tempo e aos poucos levaria Luís XVI a se desvencilhar daquela influência.

Para convencê-lo completamente, ela dizia ao cardeal que observasse a rainha, a próxima vez que se visse em sua presença em alguma cerimônia, e que certamente surpreenderia a soberana dirigindo-lhe um olhar de benevolência.

O pobre Rohan não tirava os olhos da rainha e, de fato, tomando seu desejo por realidade, julgava, num dado momento, perceber um olhar furtivo de Maria Antonieta em sua intenção. No entanto, ainda não era suficiente.

A sra. de La Motte sonhava em fazer mais e conquistar para sempre, por meio de um golpe de mestre, a confiança absoluta, cega e ilimitada do pobre cardeal. Para isso, seria preciso arranjar um encontro secreto entre Rohan e a rainha, e que esta deixasse nas mãos dele um penhor de seu perdão e de sua amizade. Então ela teria de fato o cardeal à sua mercê.

Mas como achar uma falsa rainha, ou seja, uma pessoa que consentisse em representar esse papel e que pudesse fazer-se passar por Maria Antonieta, em condições favoráveis?

O sr. de La Motte, informado por sua mulher desse projeto escabroso, pôs-se imediatamente em campanha para encontrar a tal pessoa. Sua colaboração foi particularmente feliz: ele conseguiu descobrir a ave rara. Essa ave que, segundo a época, recebeu nomes diversos, freqüentava os jardins do Palais-Royal e lá passava suas tardes.

Era uma jovem mulher amável, bonita, loira e graciosa, cuja espantosa semelhança física com Maria Antonieta impressionou imediatamente o conde de La Motte.

Ele a observou insistentemente por algum tempo, sentou-se não muito longe dela, depois, como esse assédio não parecia assustá-la, entabulou conversa diretamente e, no dia seguinte, tomou a liberdade de acompanhá-la até sua porta e apresentá-la à sua mulher.

Ela se chamava Nicole Le Guet. Mas a sra. de La Motte, descendente do sangue dos Valois, julgou conveniente enobrecê-la. E apresentou-a em seu salão sob o nome de baronesa d'Oliva (anagrama de Valois).

Convidou-a para jantar, bajulou-a, embeveceu-a com suas relações verdadeiras ou falsas e, finalmente, perguntou-lhe se queria ganhar quinze mil libras e, ainda por cima, ajudar sua amiga, a rainha.

– O que devo fazer para isso? – perguntou a jovem mulher, admirada.

– Oh, a coisa mais simples do mundo! Uma noite, numa alameda do parque de Versalhes, deverá entregar uma rosa a um grão-senhor, que lhe beijará a mão.

– Mas em que isso poderá ajudar a rainha? – perguntou inocentemente a moça, que se mantinha muito ingênua, apesar de sua vida leviana (a sra. de La Motte até dizia "muito boba").

– Oh, seria uma explicação muito longa. O conde de La Motte irá buscá-la amanhã à noite para levá-la a Versalhes.

Ela não perguntou mais nada e aceitou. O cardeal foi avisado imediatamente da honra insigne que o aguardava.

No dia seguinte (era 11 de agosto de 1784), o conde foi buscar Nicole de carruagem em seu modesto quarto alugado, levou-a a Versalhes e a entregou nas mãos de sua mulher.

Eram oito horas da noite. Esta, ajudada por uma camareira chamada Rosalie, pôs-se imediatamente a pentear e vestir a seu gosto a bela e ingênua baronesa d'Oliva.

Se fosse menos ingênua, esta certamente teria notado que o vestido branco de cambraia que lhe punham e o toucado chamado *demi-bonnet* que lhe faziam adotar para a circunstância eram exatamente os de Maria Antonieta no famoso retrato que fizera dela a sra. Vigée-Lebrun e que tanto sucesso tivera no Salão de 1783.

Terminada a toalete, e devidamente aprovada, todos foram jantar. Estava presente também Rétaux de Villette. Beberam muito e alegremente.

Depois, encerrado o jantar e feitas as libações, não faltando muito para meia-noite, dirigiram-se para o parque de Versalhes e entraram. Esse parque, ao contrário da idéia que geralmente se tem de Versalhes no tempo da monarquia, permanecia dia e noite aberto ao público, sendo portanto de acesso muito mais fácil do que hoje.

Rétaux de Villette e a sra. de La Motte se afastaram. A noite, sem lua, estava muito escura. Só havia a luz fraca das estrelas. O silêncio era impressionante. Apenas se ouvia ao longe o ruído dos jorros de água que caíam nos tanques de mármore e, às vezes, o murmúrio do vento nas folhas dos castanheiros.

A baronesinha estava amedrontada. O frescor da noite e a emoção do desconhecido faziam-na tremer. Mas o conde apertava-lhe o braço e a arrastava rapidamente atrás de si, sem lhe dar tempo para hesitar.

Atravessaram assim o grande terraço deserto diante da massa escura do castelo, depois desceram para o pequeno Bosque de Vênus. Esse bosque, assim denominado porque nele seria colocada uma estátua da deusa do Amor, chama-se hoje Bosque da Rainha. Ele fica abaixo do nível do terraço, encostado ao muro que sustenta a escadaria dos cem degraus.

Lá, a escuridão, ainda mais opaca por causa das árvores, dos teixos geométricos e das moitas de buxos talhadas, era quase completa.

O conde parou, largou o braço de Oliva, sussurrou-lhe baixinho ao ouvido que não saísse dali e, por sua vez, escondeu-se bruscamente na sombra.

No mesmo instante, Nicole d'Oliva, que batia os dentes, ouviu passos que se aproximavam. Um homem alto, magro, de silhueta elegante, vestindo um casaco comprido, com o chapéu baixado sobre os olhos, veio rapidamente ao encontro de Oliva.

Chegando perto dela, prosternou-se e beijou a barra de seu vestido.

Ela estava tão emocionada que esqueceu a frase que deveria pronunciar, limitando-se a murmurar, com voz quase apagada, algumas palavras ininteligíveis, estendendo a rosa para o cardeal – pois era ele!

Milagroso efeito do desejo! Este, tão perturbado quanto ela, acreditou ouvir:

– Podeis ter esperança de que o passado seja esquecido!

Ele ia responder, àquela que julgava ser a rainha, palavras transbordantes de gratidão e devoção, quando um homem surgiu de repente e disse com voz ofegante:

– Depressa! Depressa! Vinde! Estão chegando o sr. e a sra. d'Artois!

Era Rétaux de Villette, que desempenhava maravilhosamente o papel que lhe fora atribuído no roteiro, bem estabelecido, imaginado pela sra. de La Motte.

A baronesa d'Oliva apressou-se em desaparecer atrás dele, enquanto o cardeal retirava-se, por seu lado, apertando a rosa nos lábios, louco de felicidade, de esperança e de orgulho.

Ele mandou emoldurá-la regiamente e criou, nos jardins de Saverne, uma alameda comemorativa da noite inesquecível, batizando-a "alameda da Rosa".

"É preciso malhar o ferro enquanto ele está quente", diz o provérbio. A sra. de La Motte achou que a generosidade do cardeal deveria ser explorada enquanto ele ainda estivesse sob o efeito de sua emoção.

E, sem mais demora, disse-lhe que a rainha estava precisando de dinheiro e gostaria de ter à sua disposição, o mais rapidamente possível, a quantia de cinqüenta mil libras para ajudar uma família de gentis-homens arruinados.

Rohan, radiante por ver que a rainha se dignava a recorrer a ele, imediatamente pediu emprestado esse dinheiro, que ele não tinha, e o entregou à condessa... que se encarregou de fazê-lo chegar a seu destino: podeis adivinhar para onde ele foi.

Esse primeiro sucesso fora obtido com demasiada facilidade para que a sra. de La Motte não se visse tentada a repeti-lo. Pouco tempo depois, foram cem mil libras, supostamente emprestadas por Rohan à rainha, sob um novo pretexto, que se juntaram no bolso da condessa às outras cinqüenta.

Sem dúvida ela teria feito pela terceira vez, dobrando a quantia, um empréstimo que lhe trazia tanta vantagem, se o acaso não a tivesse orientado para outra direção.

Esse acaso apresentou-se em seu salão, sob a forma de um advogado necessitado, chamado Laporte, que freqüentava sua casa havia algum tempo.

Ora, esse Laporte tinha relações, através de sua família, com os joalheiros da coroa, dois sócios de nomes Boehmer e Bassenge. Foi assim que ele ficou sabendo que Boehmer e Bassenge estavam enredados com um certo colar de diamantes, de alto preço, que haviam feito outrora, nos tempos do falecido Luís XV, na esperança de que ele o oferecesse à Du Barry.

Mas Luís XV morrera sem o comprar, e eles estavam ainda mais aborrecidos em ver aquele colar lhes sobrar porque tinham sido obrigados a pedir emprestada uma quantia considerável, a uma taxa de juros muito elevada, para adquirirem os enormes diamantes que o compunham e, por outro lado, o preço exorbitante da jóia a tornava quase invendável. Queriam por ela um milhão e seiscentas mil libras.

A corte da Espanha, a quem tinham oferecido o colar, recusara-o.

Por um momento tiveram a esperança de que Luís XVI o presenteasse à sua mulher, e de fato lhe propuseram que o fizesse.

No entanto, Maria Antonieta, já abarrotada de jóias, tivera um acesso de sensatez ao saber do preço do colar, dando ao rei esta resposta edificante:

– Com um milhão e seiscentas mil libras, teríamos dois navios de sessenta canhões! Precisamos mais de navios do que de diamantes!

Na época, de fato, a França se igualava nos mares à Inglaterra e era sua grande rival, e sua frota deveria permitir-lhe garantir a independência dos Estados Unidos!

Boehmer e Bassenge tentaram em vão fazer a rainha voltar atrás, prevendo que aquela sensatez excessiva duraria pouco tempo e logo cederia à tentação que sempre representa uma bela jóia para uma mulher bonita.

Mas sua expectativa foi frustrada.

Assim, em desespero de causa, Boehmer foi se lançar aos pés de Maria Antonieta, dizendo-lhe que só lhe restaria jogar-se no rio se ela não lhe comprasse os diamantes!

A rainha respondeu-lhe severamente que não gostava daquelas demonstrações excessivas e que não queria mais ouvir falar do tal colar! Ele que o desmontasse e fosse vendê-lo em outro lugar.

Laporte contou tudo isso à sra. de La Motte. E, como os joalheiros haviam prometido uma boa comissão a quem lhes propiciasse vender o invendável colar, Laporte, a quem não desagradaria pôr as mãos na tal comissão, acrescentou que a sra. de La Motte deveria empregar seu crédito junto a Maria Antonieta para fazê-la resolver comprar a jóia.

A condessa era curiosa e, sem ter ainda nenhum plano bem definido em mente, pediu, em todo caso, para ver o colar.

Advertido, Bassenge apressou-se em satisfazê-la. Em 29 de dezembro de 1784, veio trazer-lhe o colar em domicílio, abriu o estojo sob seus olhos maravilhados, tirou dele a jóia magnífica e louvou copiosamente a beleza, o tamanho e o valor único dos diamantes que a compunham.

Decerto foi nesse momento, enquanto com suas mãos ávidas ela sopesava o régio colar, que a idéia germinou no cérebro da sra. de La Motte.

"Preciso me apossar dele!"

O cardeal de Rohan estava em Estrasburgo, de onde só iria voltar alguns dias depois.

A sra. de La Motte aproveitou sua ausência para amadurecer o plano. Em 21 de janeiro, voltou a procurar os joalheiros e comunicou-lhes que encontrara um comprador para o colar.

– É um senhor muito rico – disse-lhes. – Virá procurar-vos dentro em breve e tomareis com ele, diretamente, todas as disposições e todas as precauções que julgardes convenientes. Quanto a mim, não quero ver-me envolvida nesse negócio. Até desejo que meu nome nem mesmo seja pronunciado.

Que fábula terá então contado a astuciosa condessa ao ingênuo Rohan para levá-lo à decisão de comprar aquela jóia?

Oh, ela não precisou despender muita imaginação. Disse-lhe simplesmente o seguinte:

– A rainha deseja comprar aquela jóia, mas o rei desaprova tamanha loucura. Ela quer comprá-la às escondidas e pagar em várias parcelas, tiradas de seu caixa pessoal. Para que ninguém o saiba, não quer negociar diretamente e, portanto, está precisando de um intermediário que, por sua personalidade, fortuna, situação... e por sua discrição, dê confiança aos joalheiros e garanta-lhe o segredo. Pensou em vós. Muito lhe agradaria que negociásseis por ela essa compra.

Ao mesmo tempo, mostrou-lhe uma carta que a rainha supostamente teria escrito a ela, condessa de La Motte, para lhe participar seu desejo e expor que naquele momento não tinha os fundos necessários para pagar de uma só vez aquele colar tão caro.

– O quê? – direis sem dúvida. – O cardeal teve a ingenuidade de se deixar enganar por essa fábula absurda?

Pois ele se empenhou, e empenhou sua honra, sua situação, sua fortuna e sua dignidade dando fé a uma sra. de La Motte e depois de ver uma suposta carta da rainha de quem não conhecia nem mesmo a verdadeira letra.

É estúpido e inverossímil!

É inverossímil para nós, certamente, que conhecemos o final dessa história.

Mas talvez não o fosse tão evidentemente para o cardeal. A fábula da sra. de La Motte, ao contrário, não condizia singularmente com a opinião que se tinha, em geral, a respeito da rainha, com a amável loucura dos costumes da corte daquela época?

Será que a própria Maria Antonieta, pela inconseqüência e pela irreflexão de sua conduta, freqüentemente não parecera conferir algum crédito, e pelo menos a aparência de verdade, aos relatos mais ou menos escandalosos que corriam a seu respeito, às calúnias às vezes odiosas que se espalhavam comumente tendo-a como objeto e que teriam tornado, se não prováveis, pelo menos bem possíveis as alegações da sra. de La Motte?

Ia longe o tempo em que a França inteira saudava, com ovações e festejos, a delfina Maria Antonieta que chegava da Áustria, radiante de juventude e graça! Ao longo de todo o trajeto, sua viagem fora como que uma apoteose triunfal. Ela atravessara aldeias juncadas de flores sobre seu caminho, aos gritos entusiasmados de "Viva a delfina! Viva a França!" Salvas de artilharia nos Invalides, na Bastilha, em Vincennes haviam saudado sua entrada em Paris naquele belo mês de maio de 1770, e nunca se vira brilhar tanta esperança nos olhos da imensa multidão que a aclamava com um coração unânime.

É que estavam todos enojados com a corrupção da corte de Luís XV. Estavam todos fartos do jugo e do fausto impuro da Du Barry. E a multidão que, entusiasmada, saudava aquela criança de quinze anos acreditava ver levantar-se com ela, sobre a França cansada, uma aurora radiosa de virtude, felicidade e paz.

Infelizmente, essa popularidade não durara mais do que as rosas de maio.

Com suas mãos imprudentes, por suas inconseqüências e sua leviandade, é preciso dizer, a jovem soberana logo tecera contra si própria a trama temível das calúnias que a derrubariam.

Ela não compreendeu que uma rainha não pode, sem perigo, esquecer que é rainha. Para ela, o adágio *Noblesse oblige!** não tinha sentido, pelo menos no que se referia à atitude exterior.

Imbuída das idéias de Jean-Jacques Rousseau, apaixonada pela natureza, pela liberdade, pela simplicidade e até mesmo pelo *laisser-aller*, detestando o fausto e a etiqueta, cometia o erro de acreditar que seu encanto de mulher valia mais do que seu poder de rainha, que o fulgor de sua juventude e de sua esplêndida cabeleira loira eclipsava e substituía com vantagem o fulgor artificial de sua coroa!

Ela queria seduzir, não governar! Também foi vista, desdenhando a etiqueta, zombar de suas obrigações e fugir, assim que possível, da pompa solene das cerimônias oficiais, para refugiar-se na doce intimidade de sua vida privada.

Nisso não via malícia, tendo consciência de que não estava fazendo o mal.

Esquecia-se de que a etiqueta é a salvaguarda dos soberanos e de que uma rainha não pode livrar-se dela impunemente, mesmo que de maneira honesta, sem imediatamente dar ensejo à calúnia.

Maria Antonieta não tardou em aprendê-lo por triste experiência própria. Desejara que nela o encanto da mulher fizesse esquecerem a rainha. Esqueceram, de fato, que ela era a rainha, mas foi apenas para maldizer cruelmente a mulher.

Tudo nela tornava-se objeto de crítica.

Suas amizades sucessivas com a duquesa de Picquigny, com a refinada e bela princesa de Lamballe, com a deliciosa condessa de Polignac, cujo sorriso tinha a do-

---

* A nobreza obriga. (N. da T.)

çura de uma carícia, foram todas pretextos para comentários caluniosos.

Ela gostava de bailes, teatro e festas em que sua beleza resplandecia. No Trianon, ela mesma fazia interpretações teatrais, diante de um círculo íntimo.

Criticou-se sua avidez por prazeres, criticou-se seu coquetismo. Condenou-se a falta de dignidade, por parte de uma rainha, de subir ao tablado.

Sua condição de austríaca tornava-a suspeita e levantava contra ela todo um clã político que, para fazê-la cair em descrédito, não se poupava de alimentar calúnias.

Atribuíram-lhe amizades excessivamente ternas: Lauzun, Dillon, Fersen e outros mais.

Quando o rei lhe deu o Trianon, os mais loucos rumores correram a respeito. Falava-se em milhões absorvidos pelo retiro leviano. Uma sala inteira, dizia-se, tinha as paredes forradas de diamantes.

A mulher legítima de Luís XVI, "essa austríaca que o diabo carregue", custava, segundo se dizia, muito mais caro para a França do que todas as favoritas de Luís XV.

Enquanto isso, no Trianon, que era na verdade um cenário montado, Maria Antonieta, trajando um vestido de cambraia branca e chapéu de palha, ia assistir à ordenha das vacas ou à pesca de anzol no lago.

Em verdade, ela era gastadeira. O dinheiro não lhe parava nas mãos, e certo dia, ao pagar suas dívidas, o rei a repreendeu por esse motivo.

– O dinheiro do povo – dizia-lhe ele – não deve ser esbanjado.

Daí a dizer que ela estava sempre em falta de dinheiro e a tentar arranjá-lo pelos meios menos confessáveis era apenas um passo. Suas inconseqüências logo fizeram com que esse passo fosse dado.

"Citavam-se dela", escreve Beugnot, "tiradas, palavras que a faziam descer do papel de rainha ao de mulher amável. Por essa razão, as pessoas se familiarizavam com ela em pensamento."

Certa noite em que voltava da Ópera, houve um acidente com sua carruagem. Sem querer esperar que a consertassem, ela saltou num fiacre e foi levada para casa pela modesta equipagem.

No dia seguinte, teve a imprudência de contar o episódio que achara tão divertido.

A maledicência logo se apropriou do incidente, desnaturou-o e, sobre aquela minúscula aventura verdadeira, enxertou as mais pérfidas suposições.

A rainha gostava loucamente de música. Em Versalhes, nas noites de verão, no terraço, uma orquestra costumava dar concertos com acesso permitido ao público. A multidão então acorria e circulava livremente sob as grandes árvores do parque, em que a penumbra propícia, a música e a suavidade das noites de verão favoreciam os idílios.

Maria Antonieta, que amava o povo, divertia-se e se deleitava em passear incógnita, entre a multidão, de braço dado com a condessa de Polignac, às vezes esbarrando no primeiro que passasse.

Não era preciso mais para que logo se espalhassem rumores infames sobre o que foi chamado de "Noturnais de Versalhes".

As gazetas de Londres, então ávidas de escândalos desde que se tratasse da corte da França, comprazima-se em se fazer eco amplificador dessas imundícies, que em seguida encontravam mais crédito na França, depois de voltar a atravessar a Mancha.

Começais agora a compreender por que o cardeal de Rohan, que era crédulo, prestara ouvidos atentos e complacentes ao que dizia a sra. de La Motte?

Que a rainha, por um capricho de mulher bonita, desejava o colar que de início recusara! Que, por receio de desagradar ao rei, queria pagar pessoalmente seu preço considerável, em várias parcelas, com dinheiro de sua caixinha! Que para isso precisaria que uma alta personalidade, oferecendo garantias, fizesse o negócio em seu lugar! Que ela pensara em Rohan, a quem acabava de testemunhar uma estima especial – acaso tudo isso era muito mais espantoso e incrível do que tudo o mais que se contava dela?

Certamente não!

Mas não era mais verdadeiro.

Por isso, sendo o ponto de partida radicalmente falso, todas as precauções de que Rohan quisesse cercar-se seriam igualmente ilusórias.

Em 24 de janeiro de 1785, ele foi ver o colar. Em 29 de janeiro, no palacete de Estrasburgo, os joalheiros foram assinar as condições da venda.

O preço estipulado era de um milhão e seiscentas mil libras, pagáveis em dois anos, em quatro parcelas, de seis em seis meses.

O primeiro pagamento seria feito no dia 1º de agosto. O colar seria entregue no dia 1º de fevereiro.

O próprio cardeal escreveu essas condições e as submeteu à sra. de La Motte, pedindo-lhe que fizesse a rainha ratificá-las.

A condessa bem que se fez rogada. Mas, ora, pensou que não era a primeira vez que falsificava alguma coisa. Rétaux de Villette não estava lá para isso? Levou então o papel e trouxe-o de volta no dia 30 de janeiro.

Na margem, diante de cada condição estipulada, constava esta simples palavra: "Aprovado."

Embaixo, a assinatura que ele bem conhecia: "Maria Antonieta de França." Claro que era a mesma letra que a das cartas que estavam em seu poder.

O cardeal, portanto, não teve dúvida. E o que bem prova que ele tinha alguma desculpa para ser enganado é que os joalheiros o foram também. Apesar das recusas anteriores da rainha, eles acreditaram realmente que o colar se destinava a ela.

Em 1º de fevereiro, o cardeal levou pessoalmente a jóia a Versalhes, à casa da sra. de La Motte, onde a rainha o mandaria buscar.

A condessa fez questão de que ele assistisse à entrega do colar ao enviado da rainha. Para isso, fez com que ele passasse a uma sala contígua, mergulhada em escuridão, cuja porta permaneceu entreaberta.

No mesmo instante, ouviram-se passos e a camareira anunciou solenemente: "Da parte da rainha."

E ela introduziu, na sala iluminada em que estava a sra. de La Motte, um rapaz alto, de tez pálida, vestido de preto, que apresentou com a mão direita um bilhete da rainha. Ela ordenava que o colar fosse entregue ao portador do bilhete.

A sra. de La Motte entregou-lhe o estojo. Ele o pegou, cumprimentou e saiu.

Pela porta entreaberta, o cardeal, que não perdera um detalhe da cena, julgara reconhecer o mesmo rapaz que seis meses antes, no Bosque de Vênus, aproximara-se da rainha e lhe dissera:

– Depressa! Depressa! Vinde!

Não estava enganado: era de fato o mesmo, pois era mais uma vez Rétaux de Villette, que, com o mesmo imperturbável sangue-frio, acabava de desempenhar seu novo papel, no último ato dessa trapaça magistral.

A sra. de La Motte explicou ao cardeal, para tranqüilizá-lo definitivamente, que aquele homem era ligado à música do rei e ao quarto da rainha.

O cardeal não duvidava de que o colar tivesse chegado bem a seu destino e se retirou.

Mal ele havia saído, o sr. de La Motte, sua mulher e Rétaux de Villette se reuniram e se trancaram como três ladrões, para desmanchar à vontade o maravilhoso colar.

Com ajuda de uma faca, desmontaram os diamantes, encheram os bolsos com eles e, já no dia 9 de fevereiro, começaram a tentar vendê-los clandestinamente.

Rétaux começou mal. Foi preso. Infelizmente, nenhuma queixa de roubo chegara à polícia. Acreditando que ele fora encarregado da venda por alguma grande dama necessitada de dinheiro, soltaram-no.

Mais do que depressa, ele foi para a Suíça. O sr. de La Motte partiu para a Inglaterra e lá escoou muitas centenas de milhares de francos de diamantes.

A condessa, por sua vez, instalou-se em Bar-sur-Aube, onde levou uma vida alegre e luxuosa.

Para o cardeal, ao contrário, começavam as dificuldades.

O prazo de 1º de agosto se aproximava e Rohan estava admirado de que a rainha não desse sinal de vida e nem usasse o tão desejado colar.

Para tranqüilizá-lo, a sra. de La Motte dizia que Maria Antonieta não queria usá-lo antes de começar a pagá-lo! E que, além do mais, estava achando o preço muito alto e exigia uma redução de duzentas mil libras.

O cardeal comunicou esse desejo imediatamente aos joalheiros, que acabaram por aceitar o desconto.

A esse respeito, escreveram à rainha uma carta, ditada pelo cardeal:

"Senhora, estamos no auge da felicidade por ousar pensar que os últimos acordos que nos foram propostos, e aos quais nos submetemos com zelo e respeito, são mais uma prova de nossa submissão e devoção às ordens de Vossa Majestade, e temos verdadeira satisfação em pensar que o mais belo ornato de diamantes que existe servirá à maior e melhor das rainhas."

Esse bilhete foi entregue à rainha em 12 de julho por Boehmer, pessoalmente, que ao mesmo tempo levava-lhe uma jóia de diamantes encomendada pelo rei, pelo batismo do duque de Angoulême.

Boehmer já se havia retirado quando a rainha leu o bilhete distraidamente. Declarou não ter entendido nada, passou-o à sra. Campan, sua leitora, que, sentada perto dela, também o leu e não o entendeu. Finalmente, não lhe dando nenhuma importância, pura e simplesmente o queimou.

Esse simples gesto, em sua banalidade, seria mais tarde o argumento mais sólido de seus inimigos para provar que ela tivera conhecimento da compra do colar e que ele lhe chegara.

Acaso seu silêncio não era, em verdade, como que uma aquiescência tácita ao negócio concluído em seu nome?

O dia 1º de agosto chegou e, é claro, a rainha não pagou as quatrocentas mil libras combinadas.

Como Rohan se admirasse, a sra. de La Motte informou-lhe que Maria Antonieta, ainda em falta de dinheiro, pedia um prazo suplementar, até 1º de outubro. Dessa vez, Rohan preocupou-se seriamente. Os joalheiros estavam furiosos.

Boehmer foi a Versalhes e conversou com a sra. Campan, que lhe disse: "Mas a rainha não recebeu o colar! Fostes vítima de uma trapaça."

Bassenge precipitou-se então para o palacete de Estrasburgo, e houve uma cena muito exaltada entre o cardeal e ele.

Mas o cardeal parecia tão seguro de si, afirmava com tanta força ter a mesma certeza que se tivesse sido encarregado da compra pela rainha em pessoa, que Bassenge voltou quase sereno.

O cardeal, em compensação, perdera a serenidade. Fora mordido pela dúvida. Quis tirar aquilo a limpo e, pela primeira vez, deu-se ao trabalho de comparar as cartas que acreditava provenientes da rainha com sua letra autêntica, que ele conseguiu obter com parentes.

Por que não o fizera de início? A fraude surgiu na mesma hora, evidente, diante de seus olhos!

O infeliz, completamente desamparado, já não sabia o que fazer numa situação tão terrível. E, em seu desvario, teve a idéia de consultar seu amigo Cagliostro sobre a providência a ser tomada.

Cagliostro, cujo nome verdadeiro era Joseph Balsamo, era, como sabeis, uma espécie de aventureiro que, na época, desfrutava de uma reputação prodigiosa, como mago, médico e alquimista.

Era de origem italiana, nascido em Palermo em 1743, embora afirmasse ter mais de trezentos anos de idade e já ter vivido uma primeira vez no tempo de Jesus Cristo, de quem se dizia amigo.

Na verdade, ele iniciara a vida muito modestamente, roubando sessenta onças de ouro de um ourives. Fugira para não ser preso, depois viajara durante longos anos e visitara a Grécia, o Egito, a Arábia, a Pérsia e algumas outras regiões, sob os nomes mais fantásticos e estonteantes, tais como conde de Fênix, marquês de Melissa, de Belemonte, de Pellegrini.

Antes vivera de fazer arengas em praças públicas, entremeando seus discursos verborrágicos e truculentos com palavras extraídas de três ou quatro línguas antigas ou modernas, sem contar os inúmeros dialetos misteriosos e desconhecidos de todos, que ele era o único a falar.

Charlatão, curandeiro, hipnotizador, ilusionista, prestidigitador, mago e vidente extralúcido, ele pretendia possuir segredos perdidos desde a mais remota antiguidade egípcia.

A se acreditar em suas palavras, ele sabia aumentar diamantes, fabricar ouro, curar todas as doenças. Sua fortuna era tida como imensa. Sua celebridade era universal.

Ele especulava, de fato, com a tolice, a credulidade e a avidez humanas, e isso é o que menos falta. Casara-se com uma italiana bem-nascida, mulher linda, cuja admirável beleza contribuía muito para seu sucesso.

Chegando a Estrasburgo precedido por uma reputação extraordinária, condescendera em honrar com sua amizade o ingênuo cardeal de Rohan, que ficava boquiaberto diante dele e não fazia mais nada sem o consultar.

No caso, aliás, Cagliostro não lhe deu um mau conselho. Recomendou-lhe que fosse, o mais depressa possível, lançar-se aos pés do rei para lhe contar tudo. Teria sido o meio de não deixar o caso ir adiante.

Infelizmente para ele mesmo, Rohan hesitou.

– Eu não sabia – disse ele – se deveria divulgar tudo denunciando a sra. de La Motte, ou se não seria mais sensato eu mesmo pagar o colar e abafar o caso.

Ele se inclinou para essa última solução. No entanto, quando se resignou a ela, era tarde demais.

Já não dependia dele não levar o caso adiante.

De fato, a rainha, ao saber pela sra. Campan, sua leitora, da conversa com Boehmer, mandou chamá-lo urgentemente. Boehmer compareceu no dia 9 de agosto e contou as condições em que vendera o colar.

A rainha, perplexa, percebendo a gravidade do caso, ordenou-lhe que lhe fornecesse todos os detalhes num relatório escrito. Esse relatório lhe foi entregue em 12 de agosto e, imediatamente, ela o mostrou ao rei e o conferiu junto com ele.

O rei, de natureza plácida e indulgente, teria pendido, sem dúvida, para uma solução amigável e da qual o público nada ficaria sabendo.

Mas Maria Antonieta estava furiosa e tinha demasiada influência sobre o espírito de Luís XVI para não o fazer compartilhar sua cólera. É que a rainha viu uma oportunidade para dar largas a seu antigo rancor contra Rohan e toda a facção de Rohan, que representava a política antiaustríaca, ou seja, hostil à rainha, que bem sabia que dali vinha uma boa parte dos epigramas e das calúnias lançadas contra ela e que tanto contribuíram para sua impopularidade.

Assim, seu furor se tornou ilimitado ao pensar que aquele homem execrado, Rohan, fora capaz de se imaginar à altura de ser escolhido por ela para lhe comprar um colar às escondidas de seu marido, que ele fora capaz de se vangloriar de receber cartas secretas dela e acreditar que lhe fosse possível esquecer sua majestade real e seus deveres de esposa a ponto de marcar um encontro com ele, à meia-noite, no Bosque de Vênus.

Acaso não era aquilo um crime de lesa-majestade? Uma injúria abominável e uma ofensa imperdoáveis?

O rei, talvez sem compartilhar inteiramente esse ponto de vista essencialmente feminino, julgava que, em todo caso, uma trapaça monstruosa fora cometida usando o nome da rainha, que Rohan, sempre crivado de dívidas e "necessitado de dinheiro", estava envolvido, sem dúvida como cúmplice, e que era importante, então, pôr a boca no mundo e deixar claro que a rainha não era solidária com tudo aquilo. Tinha tanta certeza de que seu ponto de vista era correto que nem falou sobre o assunto com seus ministros.

Se o tivesse feito, Vergennes, com sua experiência da vida e dos homens, decerto lhe teria mostrado sem dificuldade os perigos de um tal escândalo, levando-o a compreender que, quando se joga uma pedra na lama, é temerário esperar que não se saia respingado. Tê-lo-ia feito refletir que, longe de desarmar a calúnia, estava prestes a lhe dar, com o escândalo, armas novas e mais sólidas. Talvez o tivesse detido a tempo, à beira do abismo em que, com suas mãos por demais honestas, Luís XVI iria tão imprudentemente lançar, confundidas, a nobreza e a monarquia. Mas Vergennes não soube de nada.

Luís XVI, ofuscado por seu amor conjugal, acreditou de boa-fé servir à justiça e ao bem público ao mesmo tempo que vingava a honra da rainha.

O irreparável se fez. Em 15 de agosto, dia triplamente solene, pois era ao mesmo tempo dia da Assunção, dia da festa da Coroa, estabelecido por Luís XIII sob a proteção da Virgem, e, finalmente, dia do aniversário de Maria Antonieta, o cardeal de Rohan, esmoleiro-mor da França, diria a missa em Versalhes, na presença do rei, da rainha, de todos os ministros, de toda a nobreza reunida e com grande afluência do povo, que desde o amanhecer chegava de Paris e dos campos da redondeza.

Aproximava-se a hora da missa.

De repente, soube-se que o rei mandara chamar a seu gabinete o cardeal de Rohan. Ele atendeu prontamente, já paramentado com a púrpura de seus ornamentos pontificais, pois preparava-se para oficiar.

Encontrou reunidos o rei, a rainha, seu amigo Miromesnil, chanceler, e seu inimigo, o ministro Breteuil.

Sobre a mesa, escancarado, o relatório de Boehmer sobre a compra do colar.

– Meu primo – disse o rei –, que compra é essa de um colar de diamantes que teríeis feito em nome da rainha?

Rohan recebeu o golpe em pleno coração e empalideceu assustadoramente.

– Sire – ele respondeu, depois de um instante de trágico silêncio –, entendo que fui enganado, mas não enganei.

– Nesse caso, meu primo, não vos deveis preocupar. Mas explicai-vos!

Rohan, como homem prestes a se afogar, lançou um olhar desesperado para as pessoas que o rodeavam.

Viu o rei, calmo, porém incrédulo e severo! Miromesnil, que olhava para o chão para não mostrar sua perturbação e sua piedade. Encontrou o olhar implacável e carregado de ódio de seu inimigo Breteuil, o olhar chamejante de zanga da rainha, que não lhe perdoava ter duvidado de sua honra de mulher.

Então, sentiu-se perdido, e sua atitude expressou tal aflição que o rei, tomado de piedade diante de seu silêncio angustiado, disse-lhe, mais suavemente:

– Pois bem, escrevei o que tendes a explicar!

E saiu, pelo fundo, seguido da rainha e dos dois ministros, para ir esperar na biblioteca.

Rohan ficou sozinho, diante de uma grande folha de papel em branco.

Escreveu apressadamente algumas linhas, em que explicava ter sido vítima das manobras da sra. de La Motte.

Depois de alguns instantes, o rei voltou e lançou os olhos sobre o papel.

– Onde está essa mulher? – perguntou.

– Sire, não sei.

– Onde está o colar? Vós o tendes?

– Sire, está nas mãos dessa mulher!

– E os pretensos bilhetes escritos pela rainha, onde estão?

– Sire, estão comigo, são falsos!

– Creio mesmo que sejam falsos! – replicou o rei.
Silêncio.
O rei está hesitante quanto ao que fazer. O momento é singularmente emocionante. Talvez a indulgência se imponha em seu espírito.

Porém, nesse exato instante, a rainha, que até então se contivera, muda e trêmula, explode em soluços e, com uma voz que a cólera torna alta e vibrante, repreende veementemente o cardeal por ter acreditado que ela fosse capaz de, desdenhando sua honra, recorrer a ele, que se sabia em desgraça, para concluir secretamente um tal negócio.

É a linguagem do amor-próprio que se extravasa e se esparrama, com a aprovação de Breteuil.

Luís XVI, até então hesitante, se decide.

O rei decerto teria perdoado. Mas o marido condenou!

E, enquanto a multidão reunida admirava-se de que, a hora do ofício já tendo passado havia muito, o cardeal não aparecesse, enquanto o povo começava a se inquietar e a se impacientar sem compreender o que acontecia, de repente a porta do gabinete se abriu, o esmoleiro-mor, muito pálido, surgiu no limiar e, atrás dele, ouviu-se espoucar a voz triunfante de Breteuil:

– Prendei o sr. cardeal!

Foi um golpe teatral tão inaudito que o público, de início, ficou como que tomado de estupor.

Depois, ao primeiro momento de emoção sucedeu uma indescritível confusão. Todo o mundo se acotovelava para enxergar melhor. As perguntas vinham a todos os lábios! O cardeal foi cercado por todos os lados e o duque de Villeroi, que tinha a missão de prendê-lo, teve de esperar que se restabelecesse um pouco de calma para que a execução se realizasse com ordem.

No entanto Rohan, o único que não perdera o sangue-frio, já aproveitava aquele último instante de liberdade. Ordenava a seu secretário, o abade Georgel, que queimasse todos os seus papéis. Assim evitaria que a investigação descobrisse em sua casa, como outrora na casa do superintendente Foucquet, toda uma correspondência de mulheres imprudentes e levianas, mina inesgotável de falatórios, escândalos e ódios.

Aquela noite, Rohan já dormiu na Bastilha. Quanto à rainha, trêmula de indignação, ela repetia por toda parte:

– É preciso que os vícios horrendos sejam desmascarados. Quando a púrpura romana e o título de príncipe dissimulam um pobretão e um escroque, é preciso que a França e a Europa o saibam.

Acaso a rainha não conjecturava, então, ofuscada por seu ódio de mulher, que Rohan, grande dignitário da monarquia, era, quisesse ela ou não, um dos pilares daquele trono cintilante e frágil no qual estava sentada e que as idéias revolucionárias já minavam surdamente? Não conjecturava que não o abateria sem que ele fatalmente a arrastasse em sua queda e que, acontecesse o que acontecesse, ela só poderia sair ainda mais caluniada, mais diminuída, mais maculada e mais impopular daquele escândalo explosivo que provocava assim com suas mãos imprudentes?

Fréteau de Saint-Just, conselheiro do Parlamento, não teve dúvida. E, como tinha idéias avançadas, exclamou alegremente diante da notícia do escândalo:

– Grande e propício episódio! Quanta lama jogada no cajado e no cetro! Que triunfo para as idéias de liberdade!

Em virtude dessas próprias idéias de liberdade, a cujo triunfo ele aspirava então com todo o seu temperamento invejoso, odiento e sectário, alguns anos mais tarde esse mesmo conselheiro de Saint-Just seria guilhotinado, no dia 14 de julho de 1794, sob os aplausos unânimes de uma populaça embriagada de terror, de massacre e de sangue!

A sra. de La Motte foi presa três dias depois do cardeal, em Bar-sur-Aube. Ela já o esperava e, na véspera, ao saber da prisão do esmoleiro-mor, queimara todos os papéis.

Interrogada, acreditou ser uma saída hábil acusar Cagliostro de tudo.

Cagliostro e sua mulher foram presos. Entretanto, o sr. de La Motte era procurado na Inglaterra, Rétaux de Villette na Suíça, Nicole d'Oliva na Bélgica.

Os dois últimos foram presos e extraditados pouco depois. O conde de La Motte, por seu lado, conseguiu escapar dos inspetores de polícia enviados em sua perseguição.

A opinião pública estava extremamente exaltada. A prisão repentina do esmoleiro-mor era algo tão inédito que todo o mundo, de início, acreditou num imenso complô, como na época da Fronda.

Quando se soube que era apenas uma história de um colar trapaceado, reprovou-se o rei por ter agido de maneira por demais brutal. Ou melhor, reprovou-se a rainha, pois ninguém se deixou enganar e, imediatamente, soube-se que tudo partira dela.

A opinião pública, sempre simplista, enxergou de início, e só quis enxergar, nesse caso, um duelo mortal entre dois antagonistas igualmente temíveis, e logo levantou um contra o outro: o cardeal, a rainha!

Observai que, na realidade, nada os opunha, pois o cardeal, nesse caso, fora simplesmente enganado, e a rainha, por sua vez, ignorara tudo. Fora apenas, sem ter conhecimento, um meio de obter crédito, habilmente usado pela intrigante sra. de La Motte, que ela nem mesmo conhecia.

Portanto, se quisesse ir ao fundo das coisas, a rainha poderia ter interesse em se aliar ao cardeal para melhor desmascarar a trapaça da inescrupulosa condessa, deixando clara sua inocência e a do cardeal.

Seu orgulho ferido, no entanto, impedia-lhe a lucidez. Ofuscada pela cólera, de início ela tomara partido, violentamente, contra o cardeal e pretendia derrubá-lo. Foi preciso, então, que o cardeal se levantasse inteiramente contra ela, e assim aconteceu.

Isso explica por que, naquele embate em que aparentemente a política não deveria ter nenhuma participação, ela ocupasse já de início o primeiro lugar e apaixonasse a opinião pública a ponto de fazê-la quase esquecer o resto – o resto, ou seja, o principal.

Todo o lado dito "austríaco" marchava contra o cardeal, a favor da rainha. Toda a oposição marchava contra a rainha, a favor do cardeal. Quando as paixões políticas são assim colocadas em jogo, a verdade perde peso e a calúnia sai vencedora.

Os inimigos do cardeal falavam com indignação de sua devassidão em Paris e em Saverne, de suas dívidas gritantes, de suas escandalosas dissipações. Diziam-no, e Luís XVI mais do que ninguém, um "necessitado de dinheiro", disposto a tudo para conseguir as quantias fabulosas que lhe serviam para manter as inúmeras amantes que lhe eram atribuídas. O esmoleiro-mor da França era representado, em caricaturas, acorrentado, estendendo com cada uma das mãos uma sacola de esmolas com as palavras: "Para minhas dívidas, por favor!"

Não havia dúvida de que ele tivesse sido cúmplice e beneficiário das manobras da sra. de La Motte, do sr. Cagliostro, de Nicole d'Oliva. Pelo menos, não era digno nem de estima nem de interesse, se tivesse sido vítima de uma aventureira com quem não tinha vergonha de conviver.

O lado antiaustríaco, ao contrário, representava o cardeal como uma "ilustre vítima" da odiosa arbitrariedade real. Sua prisão era um golpe de força tão brutal quanto injustificado. Era uma vingança pessoal da rainha e de seu ministro Breteuil.

– Aliás – acrescentava-se –, acaso o papel da rainha estaria mesmo tão claro, indo-se ao fundo das coisas? Poder-se-ia ter tanta certeza assim de que ela não fora cúmplice da sra. de La Motte e de que não desejara divertir-se derrubando o cardeal? Pelo menos, poderia ela afirmar seriamente que não soubera que seu nome estava sendo usado para a aquisição do colar?

E lembrava-se que, incontestavelmente, ela recebera e queimara a carta dos joalheiros consentindo na redução de preço e não interviera, o que provava que havia tacitamente concordado com a transação, uma vez que não se opusera.

As mulheres, em geral, tomavam o partido da "Bela Eminência", como chamavam o cardeal. Eram-lhe gratas por sua discrição e pela delicadeza que demonstrara ao encarregar seu secretário de destruir sua correspondência. Em reconhecimento, puseram em moda fitas de duas cores, vermelho e amarelo, que foram chamadas *cardinal sur la paille**.

Na verdade, a palha da Bastilha era macia. Lá o cardeal ocupava dois apartamentos e tinha à sua disposição três criados para seu serviço pessoal. Podia receber livremente seus advogados e quem bem entendesse, e a afluência das visitas era tão grande, conforme nos diz um contemporâneo (o livreiro Hardy), que a ponte levadiça da Bastilha permanecia baixada o dia todo. À noite, freqüentemente havia em sua mesa jantares com vinte talheres ou até mais, em que se bebia champanhe, alegremente, pelo triunfo de sua inocência.

Assim era o cardeal "sobre a palha". Vergennes, ministro dos Assuntos Estrangeiros, e o marechal de Castries, ministro da Marinha, foram encarregados pelo rei de interrogar Rohan.

Este lhes entregou, em 29 de agosto, um resumo claro, exato, preciso da história do Colar.

Luís XVI ofereceu então a Rohan a escolha entre sua própria jurisdição e a jurisdição do Parlamento. O rei mantinha, de fato, o direito incontestável de julgar pessoalmente, quando lhe aprouvesse.

---

* Literalmente, "cardeal sobre a palha". Trocadilho entre as referências ao vermelho do cardeal e ao amarelo da palha, a expressão idiomática *être sur la paille*, "estar na miséria", e *la paille humide du cachot*, "a palha úmida da cela", frase de tom pejorativo usada correntemente para se referir às agruras da prisão. (N. da T.)

Toda justiça emanava dele, de modo que, na realidade, o Parlamento só julgava em virtude de uma delegação real.

Luís XVI podia, portanto, se assim quisesse e sem oposição possível de quem quer que fosse, estatuir sem apelo no Caso do Colar, ou designar para estatuir em seu lugar delegados de sua escolha.

Mas precisamente pelas razões que lhe recomendariam fazê-lo, porque a honra da rainha estava em jogo e porque o prestígio da Coroa podia ser atingido no embate, Luís XVI, por escrupuloso respeito à imparcialidade da justiça, não quis impor-se como juiz. Teve o belo gesto, mas também o gesto singularmente imprudente, de deixar Rohan livre para escolher o Parlamento, ou seja, uma jurisdição de espírito frondista, tradicionalmente em luta contra a autoridade real e muito mais independente com relação ao poder do que o é, ainda hoje, a justiça, uma vez que, em nossos dias, a promoção dos magistrados depende em grande medida do governo, ao passo que então os conselheiros do Parlamento compravam seu cargo ou o transmitiam hereditariamente, sem que em nenhum momento o rei tivesse a menor influência sobre a carreira deles. Mais ainda: o próprio procurador do rei não era, como demonstra Beugnot, livremente escolhido pelo rei.

No entanto, Luís XVI oferecia benevolamente a Rohan que entregasse a sorte de um caso que tanto o envolvia nas mãos desse Parlamento hostil ou frondista.

"Assim era", exclama o sr. Funck-Brentano, "o poder absoluto da monarquia sob o antigo regime. Haverá hoje algum governo que tenha a coragem de ver florir, sob seus olhos, tamanha liberdade?"

Livre para escolher, Rohan respondeu com muita fineza ao rei que não desejaria outro juiz que não ele, se pudesse ter a certeza antecipada de que sua inocência seria reconhecida, mas que, caso contrário, preferiria o Parlamento.

Foi imediatamente enviado ao Parlamento.

A França e até toda a Europa iriam acompanhar com interesse apaixonado as fases desse processo.

O primeiro presidente d'Aligre designou dois conselheiros relatores: Titon de Villotran e du Puis de Marcé.

A instrução foi conduzida da maneira mais regular.

A sra. de La Motte defendeu-se com mais energia do que felicidade. Interrogada e confrontada quase todos os dias durante os vários meses que durou a laboriosa instrução, constantemente enfrentou a acusação com uma presença de espírito e uma riqueza de invenção desconcertantes, mas que variavam demais seus meios para enganar quem quer que fosse.

Quando o sistema de defesa que baseara na mentira era atacado por novas testemunhas, ela mudava as baterias com espantosa flexibilidade de imaginação.

Tudo isso ela entremeava com injúrias às testemunhas, cenas de lágrimas, crises de nervos e até desmaios oportunos, e incessantemente derramava aos borbotões as mais horríveis calúnias sobre todos os que a acusavam.

Sem dúvida ela achava que "sempre resta alguma coisa". E não estava errada em acreditar nisso.

Seu refrão favorito era que muitos haviam procurado em vão obter seus favores e que estava sendo acusada por despeito, vingança e ressentimento.

Por outro lado, conforme a necessidade da questão ela variava a fórmula. E, como Rohan, para confundi-la, lhe pedisse para explicar de onde lhe viera de repente a fortuna que havia esbanjado nos últimos meses em Bar-sur-Aube, ela respondeu com soberba insolência que ele deveria saber melhor do que ninguém, uma vez que a recebera dele mesmo, depois de lhe conceder seus favores.

Ora, está mais do que provado que Rohan nunca lhe deu mais do que módicas ajudas, retiradas da caixa das esmolas.

Com Cagliostro, foi diferente.

Ela começou tentando impor-lhe silêncio, acusando-o veementemente de chamá-la "sua pomba" e "seu cisne" e de querer abusar dela.

Mas Cagliostro não se deixou desarmar por tão pouco. Levantando ao céu, como que para tomá-lo por testemunha, um olhar inspirado, pôs-se a gesticular e a discorrer de tal modo que submergiu a condessa sob uma torrente de injúrias bilíngues, de imagens grandiloqüentes, de locuções incompreensíveis e sonoras, sem lhe permitir que pronunciasse uma palavra.

Furiosa, exasperada, já não se contendo de raiva, ela empunhou um candelabro de cobre que se encontrava ao alcance de sua mão e o lançou na cabeça de Cagliostro.

Tiveram de levá-la à força: estava tendo um ataque de nervos.

O confronto mais esmagador para ela foi no dia 12 de abril de 1786, quando a puseram em presença de Rétaux de Villette e da minúscula baronesa d'Oliva.

Eles tinham confessado tudo, cada um por seu lado, no decorrer de seus interrogatórios: falsas cartas e falsas assinaturas de Maria Antonieta, falsa cena do encontro no Bosque de Vênus, falsa entrega do colar ao suposto enviado da rainha.

Era a justificação completa da versão do cardeal. Mas era também a condenação esmagadora da sra. de La Motte.

Até então, ela negara tudo. Porém, na presença de seus dois cúmplices, que tinham combinado confessar tudo, foi obrigada a ceder quanto à cena do Bosque. No entanto, essa confissão só lhe foi arrancada em meio a gritos de fúria impotente, de crises nervosas, de contorções enfurecidas.

E, finalmente, tiveram de levá-la desmaiada, com uma compressa de vinagre na testa.

De todos os sistemas de defesa que ela adotara sucessivamente, não havia um que se mantivesse em pé. Só lhe restava um recurso: refugiar-se no mutismo, dizendo que se tratava de um segredo de Estado e que só o revelaria ao rei em pessoa.

Foi, de fato, a atitude que tomou. Mas, se suas sucessivas acusações tinham sido derrubadas uma após a outra, à luz dos confrontos e dos testemunhos, as calúnias abomináveis com que as temperara continuavam caminhando, deixando suas pegadas nos espíritos.

Boa parte do público acreditava que, realmente, a sra. de La Motte fora amiga da rainha, penetrara nos segredos de sua intimidade e que tudo o que contara era verdade.

Foi então que apareceram as teses de defesa dos advogados. Na época, usava-se publicar uma defesa escrita, que era distribuída aos magistrados e até mesmo ao público, quando havia interesse pelo caso.

Nesse processo, que apaixonava extremamente a opinião pública, essas teses foram impressas em vários milhares de exemplares, e inúmeras edições sucessivas se esgotaram em alguns dias.

Eram literalmente disputadas à força.

A sra. de La Motte inicialmente pedira que o conde Beugnot se encarregasse de sua defesa.

Mas o prudente rapaz achou que estivera por demais envolvido em toda aquela história e, para que o esquecessem, declinou da temível honra de uma defesa tão delicada.

Foi o advogado Doillot quem a assumiu. Era um velho estimado, que, depois de uma bela carreira, deixara o Palácio da Justiça para se aposentar e que bem teria feito em inspirar-se para não voltar, pois sua sedutora cliente lhe virou a cabeça a ponto de levá-lo a cometer mil desatinos que nada acrescentaram à sua glória e até mesmo quase comprometeram sua reputação.

Mestre Target, da Academia Francesa, assumira a defesa do cardeal.

Cagliostro contratara um jovem e espirituoso advogado, mestre Thilorier, cujo memorial, redigido com a colaboração de seu espantoso cliente, foi de uma verve e de uma fantasia atordoantes e fizeram sucesso de romance.

A pequena Nicole d'Oliva, que seduzia todo o mundo com sua graça e desarmava pela candura de seu espírito ingênuo, teve sua defesa apresentada por mestre Blondel, um advogado muito jovem que se enamorou de sua bela cliente, e soube fazer o público, comovido e conquistado, compartilhar seus sentimentos.

Todos esses memoriais tiveram enorme repercussão.

O de Target foi o último a ser publicado. Era de uma clareza que não deixava nenhuma dúvida quanto à integral boa-fé do cardeal.

Rohan confessava que, "ofuscado pelo desejo e pela esperança de ter de volta as boas graças da rainha, tivera a fraqueza de cair, por assim dizer, ingênuo descabeçado, em todas as armadilhas que lhe prepararam a sra. de La Motte, seu marido e Rétaux de Villette, três arcobotantes de toda essa manobra".

Riram. Fizeram canções sobre o cardeal ingênuo, "que não tinha cabeça e não merecia chapéu".

Depois acharam que nove meses de prisão preventiva seriam suficientes pelo crime de ter sido enganado! Que a rainha estava abusando, de fato, do direito de ser severa, e logo passaram a bradar contra a tirania e a perseguição.

Os debates diante do Parlamento abriram-se em 22 de maio de 1786. A leitura dos relatórios e das peças foi feita nos dias 23, 25, 26 e 27 de maio. Os interrogatórios foram realizados em 30 de maio. Estavam presentes sessenta e quatro magistrados.

O cardeal entrou, inicialmente tão pálido que lhe deram uma cadeira e permitiram que falasse sentado.

Ele respondeu claramente e com a tranqüilidade da inocência a todas as perguntas que lhe foram feitas. Depois, pediu para acrescentar algumas palavras e, recobrando o sangue-frio, falou com muita graça, força e nobreza.

Ao terminar, levantou-se e saudou o tribunal antes de se retirar.

Todo o tribunal se levantou e, por sua vez, saudou-o cerimoniosamente.

Antes dele, haviam sido interrogados Rétaux de Villette, que confessara tudo com muita franqueza; a sra. de La Motte, que fizera sucesso de escândalo contando que a rainha escrevia a Rohan cartas impossíveis de ler; Cagliostro, que obtivera sucesso de risadas e curiosidade; e, finalmente, Nicole d'Oliva, que soluçara com graça, sendo comparada pelos velhos conselheiros emocionados a *La cruche cassée* [A bilha quebrada], de Greuze, exposta no Salão pouco tempo antes, e que se retirara sem ter dito nada mas tendo conquistado todo o tribunal com seus encantos ingênuos.

O julgamento deveria ser pronunciado no dia seguinte, 31 de maio.

Já às cinco horas da manhã (sob o antigo regime, as pessoas acordavam cedo), dezenove pessoas da família de Rohan estavam reunidas embaixo da escadaria do Palácio para cumprimentar os senhores do tribunal que iam para a sessão.

Lá estavam todas as figuras marcantes da poderosa família dos Rohan: Guéméné, Soubise, Lorraine e Marsan.

Quando os magistrados desfilaram diante deles, todos aqueles grandes personagens lhes fizeram reverência, à medida que passavam.

E a sra. de Marsan disse-lhes simplesmente:

– Senhores, ireis nos julgar!

Na audiência da véspera, o procurador geral, Joly de Fleury, pronunciara seu requisitório em meio a um grande silêncio de ansiedade. Ele abandonara a acusação de trapaça no que tocava ao cardeal. Reconhecia que ele fora enganado, e não cúmplice. Todavia, repreendera-o severamente por ter faltado ao respeito com a majestade real e ter ofendido gravemente a rainha, permitindo-se acreditar que Maria Antonieta fosse capaz de esquecer sua honra e sua dignidade a ponto de marcar com ele um encontro clandestino, à meia-noite, no Bosque de Vênus.

Suas conclusões tinham sido as seguintes:

"O sr. cardeal será obrigado a declarar, diante das duas câmaras reunidas, e na presença do procurador geral, que foi temerário ao acreditar que a rainha pudesse marcar esse encontro com ele em Versalhes, no terraço, numa hora indevida! Que pede perdão ao rei e à rainha.

"Será obrigado a apresentar sua demissão de esmoleiro-mor. Ser-lhe-á proibido aparecer em qualquer lugar habitado pelo rei e pela rainha, a não ser que haja permissão expressa de Suas Majestades.

"Será condenado a uma multa, e, a não ser que faça a presente declaração, será submetido a prisão."

Admitamos que essas conclusões parecem bastante moderadas e bastante justas. O procurador geral Joly de Fleury, no entanto, ainda não havia terminado de pronunciá-las quando um grito geral de indignação explodia no auditório, inteiramente a favor de Rohan.

Houve até mesmo altercações exaltadas entre os magistrados.

O advogado geral Séguier aparteou o procurador com uma violência e uma insolência inigualáveis.

– Ora, senhor – disse-lhe –, essas conclusões são de um ministro, não de um procurador geral.

– Vossa cólera não me surpreende, senhor! – replicou rudemente Joly de Fleury. – Um homem dedicado, como o senhor, à libertinagem deve necessariamente defender a causa do cardeal!

– Pode ser que eu tenha encontros com mulheres – retrucou Séguier, sem se perturbar. – Fora de minha casa, faço o que bem entendo. Mas nunca fui visto vendendo vilmente minha opinião à fortuna.

Essa simples idéia do estado dos espíritos pode vos fazer vislumbrar a atmosfera de tormenta em que se passaria à votação. Pois cada conselheiro por seu turno deveria pronunciar-se em voz alta e expor os motivos de seu voto.

Por unanimidade, a sra. de La Motte foi declarada culpada e condenada a ser chicoteada, marcada a ferro em brasa, no ombro, com a letra V (*voleuse**) e presa na

---

* Ladra. (N. da T.)

Salpetrière até o fim de seus dias. Seu marido foi condenado, por contumácia, às galés, perpetuamente. Rétaux de Villette, cuja franqueza foi levada em conta, saiu-se com a pena de exílio do reino. Nicole d'Oliva foi declarada dispensada do tribunal, ou seja, absolvida por insuficiência de provas, o que fazia subsistir uma nuança de condenação. Cagliostro viu-se livre de toda acusação, ou seja, plenamente absolvido.

Mas a verdadeira luta se travou em torno do cardeal. Seria ele dispensado do tribunal, ou seja, absolvido com culpa e obrigado a fazer uma declaração reparadora, como queria o rei, ou libertado de toda acusação, como desejavam ardentemente os que tomavam seu partido?

A discussão foi longa e apaixonada. Durou dezoito horas. Finalmente, por uma maioria de vinte e cinco votos contra vinte e dois, o partido do cardeal venceu.

E a multidão de mais de dez mil pessoas, que assediava o Palácio desde a manhã para conhecer a sentença mais depressa, só soube às dez horas da noite que finalmente ela fora pronunciada e que o cardeal estava livre de qualquer acusação.

"A alegria foi universal!", nos diz uma testemunha. "Os juízes foram aplaudidos e tão bem acolhidos que tiveram dificuldade de passar através da multidão."

Em Versalhes, foi uma consternação. A dor da rainha era das mais agudas. Investira sua honra de soberana e seu amor-próprio de mulher na humilhação de Rohan, e aquela absolvição triunfal era para ela o pior dos vexames.

Era proclamar, de fato, com toda a autoridade conferida às decisões do Parlamento, que o cardeal pudera acreditar na indignidade da rainha e que ela fora capaz de se comprometer por uma jóia. Que maior ofensa poderiam lhe fazer?

O rei, para vingar sua mulher, cometeu uma última inabilidade que o privou da vantagem da meritória imparcialidade que demonstrara até então. Ordenou a Rohan (que o faria mesmo sem isso) que se demitisse da função de esmoleiro-mor e, caído em desgraça, se retirasse para sua abadia de la Chaise.

– O Parlamento o purgara! O rei manda-o para la Chaise!*

Assim terminava, com trocadilhos e canções, o emocionante caso que, dez meses antes, se iniciara com a tempestade da prisão do esmoleiro-mor da França, na manhã do dia 15 de agosto.

Seria engano imaginar, no entanto, que sua real importância pudesse ser medida por essas aparências benignas. O caso havia perturbado por demais os espíritos, durante meses, para que uma decisão tão anódina de justiça conseguisse dar fim a suas repercussões longínquas.

No terrível choque que levantara, num antagonismo mortal (e além do mais inútil e desastrado), a rainha da França, por um lado, e com ela toda a facção da política austríaca, contra Rohan, por outro, e atrás dele toda a nobreza, aparentemente nenhum dos dois adversários saía muito atingido.

Na realidade, porém, os dois estavam desde então mortalmente feridos, pois para o povo da França, que julgava a luta, ambos tinham caído em descrédito para sempre.

O povo, que é severo porque pena e sofre obscuramente, que freqüentemente é injusto porque se deixa arrastar pela voz dos líderes, começava a desprezar a nobreza e a duvidar da monarquia.

Ambas apareciam, aos olhos da imensa multidão dos humildes, através do véu das calúnias que elas mesmas haviam tecido.

---

* Trocadilho intraduzível, entre *purger*, que em francês tem a mesma multiplicidade de sentidos que "purgar", e *Chaise*, que em francês significa "cadeira", referindo-se aqui à cadeira furada, usada como privada. (N. da T.)

A rainha Maria Antonieta! Ah, sim! Aquela austríaca de costumes levianos traía no trono os interesses da França e era capaz de se vender por um colar de diamantes!
A nobreza! O clero! Ah, sim! Festeiros e inúteis, como aquele cardeal de Rohan, que levava uma existência escandalosa e desperdiçava com aventureiras o dinheiro dos pobres!
Mentiras! Calúnias! Armas perigosas e envenenadas!
O Caso do Colar está encerrado e julgado, sim! Mas, para o público, ele não estava esclarecido, não estava esquecido!
Teria havido mesmo uma condenação séria para sancionar todos os escândalos, todos os detalhes vergonhosos que vieram à tona?
Não! Taras insuspeitas foram reveladas. Lançaram-se calúnias que se alastraram e as quais nada apagaria.
Espantado, o povo começava a murmurar porque via que seus ídolos tinham pés de argila.
E amanhã, quando ele vier a sofrer, quando a guerra da Independência americana tiver lesado as finanças, quando os impostos se tornarem mais pesados, a colheita for ruim, a dívida pública aumentar e despontar o espectro da bancarrota, o povo rugirá! Sua cólera, aumentada por todos os seus rancores, se levantará contra os dirigentes e ele porá as mãos naquilo que até então havia respeitado mas de que o escândalo do Colar terá deixado entrever as fraquezas e as depravações.
Ele derrubará, no desencadear de sua violência, os ídolos que respeitava e que aprendeu a desprezar.
Imaginará fazer desaparecer no terror dos horrendos massacres de setembro e da odiosa guilhotina os abusos e vícios dos que o governavam, e, obedecendo à voz vingadora dos falsos profetas que pregam o ódio e o extermínio em nome de um ideal de fraternidade, derrubará, em sangue, as instituições seculares da monarquia que fizeram a França unida, grande e próspera!

Eis o que já se pode entrever pela noite de 31 de maio de 1786, em que, sob a aclamação da multidão reunida, o cardeal de Rohan, absolvido, deixa o Palácio da Justiça.

O Caso do Colar é o prefácio da Revolução.

O julgamento de
Charlotte Corday

Charlotte Corday
(Por Hauer, Museu de Versalhes)

O julgamento de Charlotte Corday

Charlotte Corday, "O anjo do assassínio", como a chamava Lamartine.

Sem dúvida, é tarde demais para ainda falar dela..., depois de quase cento e trinta anos em que tantos historiadores e poetas se debruçaram sobre essa personagem ora para fazer reviver e imortalizar seus traços, ora para cantar sua emocionante e trágica beleza – depois de cento e trinta anos em que tantas gerações sucessivas discutiram apaixonadamente o ato que a celebrizou, seja para exaltar seu gesto de vingador, seja para condenar seu crime inútil.

Tudo está dito e repetido sobre o assunto, e seria presunção de minha parte pretender trazer-lhes algo de novo.

Mas já não admitia La Fontaine "que teria um prazer extremo" em ouvir contar *Pele de Asno*?

É que, sem dúvida, ele conhecia a memória humana, tão efêmera e imprecisa, que detalhes já ouvidos podem no entanto parecer inéditos.

Acontece, também, que os grandes sentimentos que formam o conteúdo essencial da alma humana, sobretudo quando encontraram uma expressão vibrante e impressionante, como no drama revolucionário que hoje evocarei, permanecem para sempre e sabem conservar, através dos tempos, uma eterna juventude e como que uma constante atualidade.

Eis por que julguei que a heroína que, depois de Joana d'Arc, inspirou o maior número de poetas e de dramaturgos do mundo inteiro, sobre a qual, em um século, não se escreveram menos de trinta e sete peças de teatro, a heroína discutida por tantos historiadores, amada ou odiada por tantos corações humanos, Charlotte Corday, enfim, bem merecia deter mais uma vez a atenção benevolente do leitor.

Aquela que a História nos fez conhecer, erroneamente, pelo nome de Charlotte Corday chamava-se na realidade, em vida, Marie de Corday.

Foi assim que ela assinou algumas das cartas que chegaram até nós. Com freqüência também não colocava primeiro nome e assinava simplesmente "Corday", à moda revolucionária, ou talvez para fazer esquecer, naqueles tempos conturbados, que era uma nobre *"ci-devant"**, o que aliás em nada a envaidecia.

Pois a família de Corday d'Armont, originária da Normandia, era de nobreza pequena e pobre, embora muito antiga e autêntica.

Seu brasão compunha-se de "azul com três asnas de ouro", com coroa de conde e trazendo a divisa: "Corde et Ore".

Marie-Anne-Charlotte de Corday d'Armont, nascida em 27 de julho de 1768, em Saint-Saturnin-des-Lignerets, pequena comuna, hoje ligada ao distrito de Argentan, era o quarto filho e segunda menina da família, que tinha ao todo cinco crianças: dois meninos e três meninas.

Sua infância transcorreu tranqüila em sua casa natal, que na região era pomposamente chamada de "o solar de Corday". Na verdade era apenas uma grande casa rústica, no belo estilo normando, com vigas aparentes, imenso teto em declive reto, coberto de telhas lisas patinadas pelo tempo, tendo como único horizonte um pátio plantado de macieiras, um velho poço e um muro revestido de hera e de vinha selvagem.

---

* Ver nota da tradutora à p. 110 (N. da T.)

A vida ali era simples e tranqüila, e foi lá que Charlotte Corday passou os primeiros anos de sua existência.

Depois, sua família, que se encontrava numa situação de fortuna bastante apertada, confiou-a a seu tio, o abade de Corday, cura de Vicques, que iniciou sua instrução ensinando-a a ler com um exemplar das obras de Pierre Corneille, ilustre antepassado da família, de quem ela se orgulhava de ser, autenticamente, uma bisneta.

Ao completar doze anos de idade, como acabara de perder a mãe, Charlotte Corday foi internada por seu pai no convento da Santa Trindade, em Caen.

Lá ela recebeu a educação e a instrução mais bem cuidadas que as moças da melhor sociedade podiam receber na época.

Essa educação assegurava, aliás, uma liberdade de pensamento bastante grande. Assim, a própria Charlotte, que lia muito, nos cita suas leituras favoritas; e em primeiro lugar, naturalmente, as tragédias de Corneille, depois as obras de Plutarco, Voltaire e seu *Brutus*, e as obras filosóficas de Raynal e de Rousseau.

Voltaire e Jean-Jacques! Não era de esperar encontrar esses filósofos num convento de moças!

De modo que, como justamente observou Louise Colet, sua natureza generosa se exaltava com suas leituras:

> Elle lisait Raynal. Elle admirait Rousseau!
> Comme eux, elle espérait que pour l'humanité
> Des jours meilleurs naîtraient avec la liberté!
> La Révolution trompa son espérance!*

É uma tendência comum da juventude de todos os tempos gostar de mudança, colocar-se na vanguarda das idéias e julgar, às vezes com severidade excessiva, o estado de coisas que existiu antes dela.

---

* Tradução livre: "Ela lia Raynal. Admirava Rousseau! / Como eles, esperava que para a humanidade / Dias melhores surgiriam com a liberdade! /A Revolução traiu sua esperança!" (N. da T.)

Os revolucionários sempre são recrutados entre os jovens, quer a revolução tenda, aliás, a estabelecer uma nova forma de ordem social, quer a colocar novamente em vigor uma forma antiga já abolida.

Os jovens, ardentes e sistemáticos, geralmente vêem apenas os defeitos dos que os precederam.

Como não têm o cepticismo conferido pela longa experiência, facilmente atribuem às formas de governo a responsabilidade pelas fraquezas e falhas dos que governam, as quais infelizmente muitas vezes são inerentes à natureza humana.

Querem forjar o futuro à imagem de seus sonhos e fazer a vida se dobrar à regra de suas doutrinas.

No tempo de Charlotte Corday, eles se comprazian em opor aos vícios da monarquia, ao favoritismo e aos abusos do poder hereditário, as muitas virtudes das repúblicas antigas e os benefícios da liberdade.

Era então um dogma incontestável que a República devia ser necessariamente o reino da virtude e, por isso mesmo, devia garantir a felicidade do povo, a exemplo das repúblicas gregas e romanas que os estudos clássicos mostravam, sem dúvida belíssimas, numa miragem enganadora, aureoladas de glória e de grandiosidade austera.

Charlotte Corday caía na ilusão comum. Nutrida por princípios cornelianos, convivendo com os heróis de Plutarco, tomara-se de desgosto pela facilidade dos costumes da corte de Luís XVI. Sonhava em viver em tempos heróicos (sonho de juventude bastante irrefletido!) em que só o mérito reinaria pelo maior bem de todos.

Nesse sentido essa aristocrata era, por assim dizer, republicana antes do tempo.

Para ela, a palavra República era sinônimo de virtude em política.

Fosse por receio de não ser compreendida por seus próximos ou por algum secreto pudor de sentimentos, apenas muito raramente ela exprimia o que pensava tão intensamente.

Era uma natureza silenciosa, recolhida em si mesma, concentrada, perdida em seu devaneio habitual do qual parecia despertar bruscamente quando alguém lhe dirigia a palavra.

Era excepcional que fosse levada a expor suas idéias, a revelar a intensidade de sua vida interior.

Às vezes, no entanto, aquela meditativa mostrava-se mais expansiva, e então era surpreendente encontrar em suas afirmações tanta reflexão, tanta firmeza de princípios e tanta maturidade, por parte de uma moça ainda tão jovem e que passara a infância, privada muito cedo de sua mãe, seja na solidão do campo, seja no recolhimento de um convento.

Assim era Charlotte Corday, segundo o testemunho de suas amigas, no convento da Santa Trindade de Caen, onde ficou até os vinte anos.

"Com que sonham as jovens?", perguntou Musset. Pode-se responder que aquela não sonhava nem com seu próximo baile, nem com o último rapaz com que dançara. Sonhava com a felicidade da França e com sua última leitura filosófica. E isso a absorvia a tal ponto que ela não pensava nem em ser sedutora, nem em receber homenagens, embora fosse bastante bonita para esperá-lo.

Apreciava demais sua independência de pensamento para desejar se casar.

A sra. de Maromme, que nos deixou sobre ela recordações muito vivas, escreve a esse respeito:

"Nenhum homem lhe causou a menor impressão. Posso afirmar, de resto, que nada estava mais longe dela do que o casamento.

"– Nunca – dizia-me às vezes – renunciarei à minha cara liberdade. Nunca precisarão me chamar de Senhora."

Quantas jovens fizeram afirmações semelhantes, antes de seus vinte anos, e mais tarde foram esposas das mais devotadas e mães das mais atenciosas!

Talvez Charlotte Corday também se tivesse deixado convencer pela vida, se os acontecimentos lhe tivessem dado mais tempo para pensar em si mesma. Seja como for, não lhe teriam faltado oportunidades de fazer um bom casamento, pois, apesar de sua indiferença, sua beleza atraía numerosos pretendentes.

Eis como a sra. de Maromme nos descreve seu físico:

"Ela era muito alta e muito bonita... e do mais fulgurante viço. O tecido de sua pele era de rara fineza, e acreditava-se ver o sangue circular sob uma pétala de lírio. Corava com extrema facilidade e tornava-se então realmente encantadora.

"A expressão de seu belo rosto era de uma doçura inefável, tal como o som de sua voz. Nunca se ouviu um órgão mais harmonioso, mais encantador. Nunca se viu um olhar mais angelical e mais puro, um sorriso mais atraente. Seus cabelos castanho-claros combinavam perfeitamente com seu rosto. Enfim, era certamente uma mulher maravilhosa."

A srta. de Chancel também nos diz que Charlotte era "bela, com traços regulares e fisionomia viva, inteligente e muito agradável". E Michelet, sempre lírico, descreve-a, com uma feliz e poética imagem, escrevendo que ela tinha "o doce fulgor da macieira em flor".

Em 13 de fevereiro de 1790 foi decretada, com base no relatório de Treilhard, a extinção de todos os conventos.

O convento da Trindade de Caen deixou de existir, e Charlotte Corday, que tinha vinte e um anos, voltou a passar algum tempo na casa de seu pai. Como no convento, continuava a se manter a par dos acontecimentos políticos, que a apaixonavam. Todos os dias lia avidamente os jornais, folhetos, comunicados e os inúmeros panfletos com que Paris inundava a província.

Mantinha correspondência amigável e literária com um jovem chamado Bougon-Langrais, que lhe emprestava livros, obras filosóficas e orientava sua educação política.

Por parte de Charlotte, era uma relação puramente intelectual e amigável.

Mas, tal como acontece freqüentemente em casos como esse, por parte do jovem havia interferência de um sentimento mais terno, de cuja força e profundidade ele só viria a ter toda a dimensão, ao que parece, quando perdeu aquela que era seu objeto.

Um ano se passou assim. Era a época em que o partido girondino, representando então a vanguarda revolucionária em luta contra a autoridade decadente da realeza, via crescer incessantemente sua influência e, a cada dia, tinha uma participação mais importante nos assuntos públicos.

Charlotte Corday acompanhava, com a mais intensa simpatia, o avanço da Gironda, que aniquilava aos poucos o fraco Luís XVI.

Ela se entusiasmava com seus admiráveis oradores. Acreditava reencontrar, nos eloqüentes períodos de Vergniaud, de Brissot, de Louvet ou de Barbaroux, o eco inesquecível dos Demóstenes e dos Cíceros lutando pela liberdade na antiguidade.

Logo ela achou, sem dúvida, que esse eco lhe chegava demasiado distante e enfraquecido ao fundo de seu campo tranqüilo, e, em junho de 1791, deixou o pai para voltar a Caen, onde pediu hospedagem a uma velha parenta, a sra. de Bretteville-Gouville. Esta a acolheu de início sem entusiasmo. Mas não demorou em se tornar sensível ao encanto e à graça da jovem, logo lhe manifestando um maternal afeto.

Charlotte viveu então uma existência um pouco mais mundana, no entanto sem deixar de dedicar toda a sua atenção aos acontecimentos políticos que rapidamente assumiam um cunho mais trágico.

Se permitirdes, iremos reler juntos passagens de duas longas cartas que Charlotte Corday escreveu na época e nas quais poderemos captar, ao vivo, aspectos provinciais da Revolução e, ao mesmo tempo, a profunda repercussão que ela já tinha no espírito e no coração de nossa heroína.

Essas duas cartas são dirigidas à sra. de Maromme, com quem Charlotte tomara aulas de italiano e de espanhol, e que já então havia deixado Caen por Rouen.

A primeira data de março de 1792:

"A senhora me pergunta pelas novidades? Agora, minha cara, já não as há em nossa cidade, as almas sensíveis partiram. As maldições que a senhora proferiu contra nossa cidade estão fazendo efeito: se ainda não há capim nas ruas, é porque sua estação não chegou...

"Com essa deserção geral, estamos muito tranqüilos, e, quanto menos gente houver, menos perigo haverá de insurreições... Meu irmão partiu, há alguns dias, para aumentar o número de cavaleiros errantes... Não consigo pensar, como nossos famosos aristocratas, que se fará uma entrada triunfal sem combater, uma vez que o armamento da nação é assustador. Admito que as pessoas não sejam disciplinadas; mas essa idéia de liberdade dá algo que se assemelha à coragem e, além disso, o desespero pode lhes servir. Portanto, não estou tranqüila e, além do mais, qual é a sorte que nos espera?"

Charlotte Corday, como vedes, demonstra uma singular lucidez, e seu julgamento é tão lúcido quanto seus prognósticos são proféticos, quando avalia as possibilidades de sucesso do partido aristocrata contra-revolucionário, do qual no entanto seu próprio irmão fazia parte e cujas ilusões ele compartilhava.

Dois meses depois, em maio de 1792, ela escrevia esta segunda carta à sra. de Maromme:

"... A senhora me pergunta, minha cara, o que aconteceu em Verson? Todas as abominações que se possam cometer: umas cinqüenta pessoas arrasadas, espancadas, mulheres ultrajadas! Parece até que só elas eram visadas. Três morreram alguns dias depois, as outras ainda estão doentes.

"Os de Verson, no dia de Páscoa, haviam insultado um nacional e até sua insígnia: é insultar um asno e até seu freio. Daí, deliberações tumultuosas... enfim, o cura teve tempo de fugir, deixando no caminho uma pessoa morta cujo enterro estava sendo realizado...

"Um camponês interrogado pelos municipais:
"– Sois patriota?
"– Ai de mim! Sim, senhores, eu sou! Todo o mundo bem sabe que fui o primeiro a leiloar os bens dos padres, e os senhores bem sabem que as pessoas honestas não os queriam!

"Não sei se um homem espirituoso teria respondido melhor do que aquele pobre coitado; mas os próprios juízes, apesar de sua seriedade, tiveram vontade de sorrir.

"O que lhe direi, enfim, para terminar resumidamente este triste capítulo? A paróquia mudou na hora e fez as vezes de clube. Festejaram-se os novos conversos que teriam entregue seu cura se ele tivesse aparecido em sua casa.

Vous connaissez le peuple, on le change en un jour.
Il prodigue aisément sa haine et son amour!*

"Ficaria encantada, em todos os sentidos, se tivéssemos ido residir em sua terra, visto que somos ameaçados por uma insurreição muito próxima.

"Só se morre uma vez, e o que me conforta contra os horrores de nossa situação é que ninguém perderá ao me perder, a menos que a senhora tenha em alguma conta minha terna amizade. Talvez ficasse surpresa ao ver meus temores: se estivesse aqui, a senhora os compartilharia, tenho certeza. Poderão lhe dizer em que estado está nossa cidade e como fermentam os espíritos.

"Adeus, minha querida, deixo-a. Nada lhe digo de minha ternura, quero que esteja certa dela sem que eu precise repetir sempre a mesma coisa!"

---

* Tradução livre: "Conheceis o povo, transforma-se em um dia. / Facilmente distribui à larga seu ódio e seu amor!" (N. da T.)

Pode-se pressentir e adivinhar – não é verdade? – todo o caráter de Charlotte através dessas cartas, simultaneamente graves e divertidas, preocupadas e corajosas, demonstrando uma sensibilidade tão viva às desgraças da época e opondo-lhes, ao mesmo tempo, tanta valentia e firmeza.

Que bela índole de jovem, bem francesa, feita de ousadia e lucidez, de sensibilidade e razão!...

Mas os acontecimentos irão se precipitar e logo ultrapassar até mesmo as piores apreensões de Charlotte Corday.

A Gironda abriu a brecha; conseguiu derrubar a monarquia, porque, composta de homens íntegros e de grande talento, tinha, por trás de si, o apoio da opinião pública e o desejo da nação.

Mas nessa brecha, aberta com tanta imprudência, a *Montagne**, partido extremista dos Danton, Robespierre e Marat, partido da violência e do terror, irá lançar-se também e ultrapassar a Gironda hesitante.

A destituição de Luís XVI já não basta! É preciso condená-lo à morte.

Aqui, Charlotte Corday recusa-se a seguir os revolucionários; ela se detém, se indigna, se revolta e se lamenta. E eis a carta, vibrante de horror, de desespero e de indignação, que ela escreve a uma amiga, em 28 de janeiro de 1793, sete dias depois da morte de Luís XVI:

"Você sabe da terrível notícia, minha boa Rose. Seu coração, como o meu, fremiu de indignação. Eis então nossa pobre França entregue aos miseráveis que já nos fizeram tanto mal...

"Tremo de horror e indignação. Tudo o que se pode imaginar de terrível está no futuro que nos preparam tais

---

* Grupo de deputados conhecidos como *montagnards* (montanheses), chefiados por Danton, Marat e Robespierre. Adversários da monarquia e preconizando um governo centralizador, dominaram a Convenção e tiveram seu apogeu em 1795, impondo uma política de salvação pública conhecida como o segundo Lenor. (N. da T.)

acontecimentos. É bem evidente que nada de mais infeliz poderia nos acontecer.

"Estou quase reduzida a invejar a sorte dos nossos parentes que deixaram o solo da pátria, tamanha é minha desesperança de que vejamos voltar a tranqüilidade que eu esperava ainda não há muito tempo.

"Todos esses homens que deveriam nos dar a liberdade a assassinaram: não passam de carrascos. Choremos pela sorte de nossa pobre França (...)

"Estamos aqui à mercê dos *brigands**. Vemo-los de todas as cores. Não deixam ninguém tranqüilo; seria de ter horror a essa República, se não soubéssemos que os crimes dos humanos não atingem os céus.

"Em suma, após o horrível golpe que acaba de aterrorizar o universo, chore por mim, minha boa Rose, como choro por você, pois não há um coração sensível e generoso que não deva verter lágrimas de sangue!

MARIE DE CORDAY"

"Todos esses homens que deveriam nos dar a liberdade a assassinaram: não passam de carrascos. Choremos pela sorte de nossa pobre França!"

Não encontraremos no amargor desesperado dessas duas frases e em sua profunda comiseração o segredo da idéia que irá armar o braço de Charlotte Corday? E não parece também que, sob o que escreve, esteja o próprio grito da nação decepcionada, da França que se entregara, cheia de ilusões generosas, aos ideólogos da Revolução e que, de repente, recua aterrorizada, tomada de horror e de indignação diante da visão de sua obra de terror e de sangue?

A partir desse momento, Charlotte Corday consagrou um ódio mortal àqueles carrascos que tiranizavam seu país, aos deputados da Montanha que, embora em

---

* Malfeitores, bandidos. Em 1793, nome dado, por seus adversários, aos insurretos realistas das províncias do oeste. (N. da T.)

minoria na Convenção, sabiam obter a cada dia, por sua audácia e sua coesão, uma influência maior, à medida que diminuía o crédito dos girondinos.

Entre eles, Marat, o repulsivo, magriço e disforme Marat. Marat, que só levantava a voz para pedir sangue, horrorizava-a particularmente.

Não horrorizava só a ela!

A Convenção, em sua grande maioria, envergonhava-se, de fato, por contá-lo entre seus membros e tê-lo-ia jogado no esgoto com alívio.

Em muitas ocasiões, os girondinos o haviam denunciado com veemente eloqüência ao desprezo e à indignação pública.

Pois era, de fato, um dos fenômenos mais singulares da Revolução a carreira prodigiosa do tal Marat, aventureiro cosmopolita, nascido na Suíça alemã, de pai sardo de origem espanhola; vil intrigante sem coragem nem talento, que se vira de início rastejar como raso cortesão nas ante-salas dos grandes, que se fizera depois, do fundo dos porões em que escrevia, apóstolo do extermínio e da anarquia, que não tinha outro meio que não sua violência, outra arma que não a calúnia, outro sistema que não a apologia do assassínio, tão disforme e repulsivo fisicamente quanto moralmente, e que conseguira, finalmente, chamar a atenção por sua própria abjeção; que se tornara o porta-voz e o chefe de um bando temível, logo ídolo ouvido por toda uma populaça desenfreada, e que finalmente se alçara, para estupor dos homens de bem, à função de legislador e de representante do povo francês!

Na Convenção, mesmo entre os mais zelosos de seu partido, ninguém ousava apoiar abertamente suas idéias nem se pronunciar a favor dele.

No entanto, ele fora eleito: insondáveis mistérios do sufrágio universal! Ele fora eleito, estava instalado no alto da *Montagne*, dava-lhe o tom e, quisessem ou não, tornara-se uma força, e a mais temível força do dia.

Seu jornal, *L'ami du peuple**, durante muito tempo redigido e impresso clandestinamente em antros escuros, diariamente incitava o povo à violência e lhe designava vítimas.

Desacreditava seus adversários com as acusações mais grosseiras, até mesmo as mais absurdas; denunciava e caluniava, injuriava e difamava sem trégua. A princípio riam dele, depois eram todos forçados a levá-lo a sério, quando logo uma nova vítima, caída sob seus golpes repetidos, vinha engrossar o número das que ele já fizera.

Os girondinos haviam cometido o grande erro de não querer, de início, render-se às evidências.

Como gente de bem que eram, durante muito tempo recusaram-se a acreditar no poder do mal, porque não sentiam seus efeitos sobre si mesmos.

Marat, para eles, não era, e não podia ser, mais do que uma espécie de bobo da democracia, bobo odioso e ridículo, por certo, com sua monomania de guilhotina, mas bobo que não tinha importância e ao qual não convinha conferi-la.

Infelizmente, não se suprime a causa do mal pela recusa em enxergá-la.

Quando Vergniaud, um dos mais eloqüentes girondinos, gritara para Marat, que vituperava a tribuna: "Dai um copo de sangue a esse canibal: ele tem sede!", julgava ter feito o suficiente para desacreditá-lo e ridicularizá-lo.

Mas uma apóstrofe de desprezo não conseguiria deter uma fera em busca de novas vítimas.

E, no dia seguinte, Marat respondia designando mais algumas cabeças para a guilhotina!

Ponsard, em sua tragédia *Charlotte Corday*, expressou com eloqüência, num diálogo entre Barbaroux e Charlotte, o poder infernal de Marat e de seu jornal, *L'ami du peuple*.

---

* O amigo do povo. (N. da T.)

BARBAROUX

Puis, un journal paraît qu'on lit en frémissant,
Qui sort de dessous terre et demande du sang

CHARLOTTE

Dieu puissant! C'est un fou?

BARBAROUX

              C'est un fou: mais, madame,
C'est un fou qui s'adresse aux passions en flamme!
On l'a hué, flétri, bafoué, confondu;
À chaque flétrissure, un crime a répondu.
Vainement les soufflets sont tombés sur sa joue.
Le crime allait croissant: le sang lavait la boue.
Ceux qui l'ont offensé sont tous morts ou proscrits
Et l'épouvante, enfin, l'a sauvé du mépris!*

    E, de fato, pela covardia de uns, pela indiferença, pela inércia ou pelo cepticismo de outros, pela cumplicidade de todos os elementos nebulosos e equívocos que podem compor a escória de uma população em contínuo estado de ressurreição, o poder de Marat cresce incessantemente.

    Quando, enfim, os girondinos se abalam, é tarde demais, o mal avançou tanto que Marat tornou-se invulnerável.

    Ao passo que, alguns meses antes, teria bastado um gesto para lançar ao chão aquele fantoche odiável e esmagá-lo, agora se faz necessário travar uma verdadeira luta contra ele, e uma luta mortal, em que o menos escrupuloso dos dois adversários forçosamente sairá vencedor.

---

    * Tradução livre: "BARBAROUX: Depois, surge um jornal que lemos frementes, / Que sai de debaixo da terra e pede sangue. CHARLOTTE: Deus poderoso! É um louco? BARBAROUX: É um louco: mas senhora, / É um louco que fala às paixões em chama! / Foi insultado, injuriado, conspurcado, humilhado; / A cada injúria respondeu um crime. / Em vão bofetadas acertaram-lhe o rosto. / O crime crescia, o sangue lavava o lema. / Os que o ofenderam foram mortos ou proscritos / E o pavor, enfim, salvou-o do desprezo!" (N. da T.)

Os girondinos o aprenderiam à própria custa. Em 26 de fevereiro de 1793, um tumulto dos mais violentos ocorrera em Paris. Inúmeras lojas foram pilhadas, provocaram-se incêndios, o sangue correra.

Um girondino percebeu que havia uma estreita relação entre aquele tumulto, aquelas pilhagens e as incitações sistemáticas do *L'ami du peuple*.

E essa relação ele constatava justamente aquele dia; o último número do *L'ami du peuple* convocava os parisienses, em termos formais, a pilhar as lojas e a degolar ou enforcar os comerciantes, para protestar contra a carestia.

O girondino subiu à tribuna, brandindo o jornal provocador, e gritou, num belo gesto de eloqüência:

"Em vão procuramos longe daqui os provocadores das desordens que nos indignam! O que as ordenou, o que dá o sinal da guerra civil está no meio de nós: ei-lo!"

E ele apontava com o dedo o odioso Marat. Este não se deixou perturbar por essa apóstrofe. De um salto, subiu à tribuna e berrou, com a voz sufocada pelo furor:

"Uma horda que quis salvar o tirano, uma horda que quer hoje a contra-revolução, uma horda que me persegue porque eu a denuncio, exige aos brados o decreto de acusação contra mim!"

Então, depois desse preâmbulo de contra-ofensiva vigorosa, fez protestos de devoção apaixonada à República e às idéias revolucionárias, chamou os girondinos de "facciosos", o que era então a mais temível injúria parlamentar, e conseguiu assim obter o fim da sessão sem que o decreto de acusação pudesse ser votado.

No dia seguinte, é verdade, os girondinos voltaram à carga e, depois de uma sessão horrível, conseguiram finalmente realizar a votação do decreto de acusação contra Marat, em meio a um terrível tumulto provocado pelos gritos de fúria da *Montagne* apoiada pelos berros e xingamentos das tribunas, completamente tomadas por toda a *clique* revolucionária.

Vitória de Pirro, infelizmente! Esse triunfo tardio da Gironda seria seu último e inútil sucesso.

O Tribunal revolucionário diante do qual Marat deveria se apresentar deveu-se à iniciativa de Danton, de Robespierre e da *Montagne*, e era composto quase unicamente por suas criaturas.

Por conseguinte, lá Marat se encontraria diante de partidários zelosos, amigos inteiramente adeptos de suas idéias e devotados a seu partido.

Por parte da Gironda, portanto, era de uma inabilidade insigne entregá-lo a uma jurisdição que de antemão lhe garantia a impunidade, que lhe atribuía a figura de mártir e perseguido e da qual, finalmente, ele só poderia sair engrandecido por uma absolvição triunfal, tornando-se mais temível ainda por um crescimento de sua popularidade.

E isso não deixou de acontecer. Em 24 de abril de 1793, Marat compareceu diante do Tribunal revolucionário e, imediatamente, colocou-se como vítima política.

"Cidadãos", exclamou, dirigindo-se aos jurados, "não é um culpado que está diante de vós: é o apóstolo e o mártir da liberdade! Foi um grupo de facciosos e de intrigantes que apresentou um decreto de acusação contra mim!"

Esse grupo de facciosos era, contudo – isso ele não disse –, a grande maioria da Convenção.

Mas os apóstolos e os mártires da liberdade da espécie de Marat entendem que só se devem inclinar diante da maioria quando ela lhes é favorável.

Todo o julgamento foi uma ridícula paródia de justiça, que não respeitava nem mesmo as aparências. Terminou com uma absolvição triunfal, sob os aplausos da sala, composta deliberadamente por partidários zelosos. Estes, transbordantes de entusiasmo, precipitaram-se para Marat, tiraram-no de seu banco de réu, colocaram-lhe uma coroa de folhas e, em cortejo, carregando-o nos ombros, em triunfo, desceram a escadaria principal do Palácio da Justiça, aos gritos repetidos de: "Viva Marat! Viva o amigo do povo!" Assim ele voltou à Convenção, carregado nos ombros de uma multidão em delírio.

Imediatamente, ele sobe à tribuna e, sem sequer tirar a coroa de louros, apostrofa a Assembléia nestes termos:

"Legisladores do povo francês, apresento-vos um cidadão que, inculpado, acaba de ser plenamente justificado: ele vos oferece o coração puro! Continuará a defender, com toda a energia de que é capaz, os direitos do homem e a liberdade do povo!"

Gritos de entusiasmo acolhem essas palavras, gorros vermelhos agitam-se freneticamente acima das cabeças exaltadas, as pessoas aplaudem e gritam: "Viva Marat!" É uma ovação indescritível.

Mudos em seus bancos, os girondinos podiam medir então a extensão de seus erros, todas as conseqüências de sua inércia inicial demasiado longa, toda a inabilidade desastrosa de sua ofensiva tardia e excessivamente platônica.

Marat saiu de lá engrandecido e dando a impressão de, a partir de então, ser invulnerável.

Algumas semanas depois, foi a terrível revanche da *Montagne*. Foi em 31 de maio e 2 de junho, quando a Convenção, cercada, sitiada por dois ou três mil amotinados, sob as ordens de Henriot, com todas as saídas guardadas, deveria, sob a ameaça de oitenta canhões apontados contra ela, ao som do alerta geral, votar um decreto de prisão contra os trinta e dois girondinos proscritos.

Essa era a resposta fulminante do partido de Marat. Era assim que os apóstolos e os mártires da liberdade se preocupavam com a legalidade e respeitavam a liberdade de voto, desde que sentissem que eram os mais fortes.

Esse era o procedimento pelo qual respondiam à Gironda, que tivera a candura ingênua de lhes deixar as mãos livres, quando estivera, durante tanto tempo, em condições de reduzi-los à impotência.

Esse golpe de Estado, esse golpe de força, pelo qual tudo o que a Comuna de Paris tinha de pior arrogava-se o direito de ditar a lei na França e decretava a detenção dos trinta e dois deputados mais justamente estimados, provocou em toda a província a mais viva emoção.

Setenta departamentos protestaram. Bordeaux, Lyon, Marselha se sublevaram. Insurreições eclodiram por toda parte nos departamentos; mas, sem coesão entre elas, foram imediatamente objeto de uma impiedosa e sangrenta repressão.

Hassenfratz, um dos dirigentes da Comuna, dissera, cinicamente, às vésperas de 31 de maio:

"Não temei nada dos departamentos, eu os conheço: com um pouco de terror e algumas instruções, moldaremos os espíritos à nossa vontade."

E isso aconteceu, de fato, conforme ele predissera. A guilhotina, energicamente aplicada – infelizmente! –, é um meio de convencimento que faz calar a mais resoluta das oposições.

Pelo menos, esse procedimento revolta as almas generosas para quem a liberdade não é apenas uma palavra imponente para ser dita em reuniões públicas.

Charlotte Corday seguia, fremente de nobre indignação, o avanço da *Montagne*, aos poucos empanando o brilho puro da Gironda.

O golpe de audácia de 2 de junho, o decreto de detenção arrancado à força da Convenção contra os girondinos, que lhe eram tão caros, acabaram de deixá-la fora de si.

A emoção era tanto mais viva em Caen que dezoito deputados acabavam de lá chegar para buscar refúgio e se colocar à frente da insurreição normanda.

Havia entre eles, especialmente, o jovem e famoso Barbaroux, belo como Antinoo, e cuja ardente eloqüência de marselhês arrastava todos os corações.

Havia Pétion, ex-prefeito de Paris, havia Louvet, Guadet, Salles, Lanjuinais – cito apenas os mais notórios.

Esses girondinos reuniram-se no palacete da Intendência, onde ficava um comitê insurrecional, e lá eles deliberavam e pronunciavam discursos inflamados sobre os meios de intensificar e organizar a insurreição normanda.

Foi lá que Charlotte Corday, que ansiava por conhecer aqueles ilustres fundadores da República, apresentou-se em 20 de junho de 1793, para encontrá-los e falar com eles.

Usara como pretexto uma reclamação formulada por uma velha amiga sua, a sra. de Forbin, contra uma supressão de aposentadoria, reclamação que ela queria pedir a Barbaroux que recomendasse ao ministro do Interior.

Chega pois à Intendência acompanhada por um velho empregado e pede uma audiência com Barbaroux.

Este a recebe imediatamente e promete, como bom deputado, interessar-se pelo caso, convidando-a para voltar a falar com ele alguns dias depois.

Na entrevista seguinte, ele não pôde lhe dizer nada de novo, pois ainda não obtivera resposta à carta que havia escrito. Ela voltou outras vezes, sem conseguir satisfação.

Em suma, depois de algumas entrevistas, como a solução não avançasse de modo algum, Charlotte Corday propôs ir a Paris para encontrar pessoalmente o ministro do Interior.

É certo, segundo ela mesma admitiu, que já nesse momento sua decisão de matar Marat estava tomada e que o caso da sra. Forbin não passava de um pretexto para ir a Paris.

Em alguns dias de contato com os girondinos, seu ódio por Marat aumentara ainda mais; a necessidade de abater o monstro, invulnerável por meios legais, pouco a pouco impusera-se a ela.

Ela soubera pelos girondinos que Marat, sempre com sede de novas chacinas, recentemente estabelecera em 260.000 cabeças o número de novas vítimas a serem mandadas para a guilhotina, "para assegurar a tranqüilidade pública", dizia ele.

Sua alma revoltava-se diante dessa idéia. Não seria legítima defesa dos inocentes ameaçados eliminar aquela fera para que não mais tivesse condições de fazer mal?

Certo dia, ela ouvira Barbaroux exclamar:

"Sem uma nova Joana d'Arc, sem uma libertadora enviada pelo Céu, sem um milagre inesperado, a França está perdida!"

E, sem dúvida, o deputado marselhês não dera a essa frase nenhum significado preciso. Em sua boca, tratava-se de uma feliz mas banal fórmula oratória.

Nem por isso deixou de impressionar o espírito de Charlotte Corday, sem dúvida porque definia pensamentos seus até então informulados.

"Uma nova Joana d'Arc!" Uma libertadora que salvasse a França da odiosa tirania!

Por que não seria ela?

Acaso não era impelida pelo mesmo amor ardente à pátria? Como a virgem da Lorena, acaso não estava disposta, se preciso, a sacrificar sua vida pela salvação da França massacrada?

A partir desse momento, a idéia impõe-se a Charlotte Corday, a obceca e a persegue. Pensa nela sem cessar e, a cada dia, parece-lhe menos irrealizável.

Em 7 de julho, um domingo, assiste a um alistamento de voluntários que devem engrossar o exército federalista do general Wimpffen, para combater os exércitos revolucionários.

Dezessete jovens se apresentam para engajar-se nas fileiras contra-revolucionárias, e Charlotte Corday pensa, ao vê-los, que uma mão de mulher seria suficiente para desvencilhar a França de Marat, contanto que fosse guiada por uma alma resoluta, um coração que não tremesse.

A covardia universal que constata à sua volta a repugna e fortalece ainda mais sua resolução.

A apatia de seus concidadãos a indigna e a revolta. Poderia anotar, em Caen, o mesmo que anotava, na mesma data em Amiens, uma lúcida testemunha da Revolução:

"Aqui, o povo continua a murmurar em segredo e a submeter-se em público. Esperamos tudo da energia dos outros, mas nós mesmos não a temos! Acumulamos em nosso coração insatisfações que somos obrigados a esconder!"

Pois bem! Ninguém diria que ela, Charlotte Corday, não tivera energia. E quando Pétion, que a observa com alguma ironia, parece duvidar da energia da "bela aristocrata que veio ver os republicanos", ela lhe responde:

"O senhor me julga hoje sem me conhecer, cidadão Pétion! Um dia saberá quem sou!"

Em 9 de julho, ela anuncia sua partida à sra. de Bretteville. Ao mesmo tempo, escreve ao pai esta comovedora carta de despedida:

"Eu lhe devo obediência, caro papai; no entanto parto sem sua permissão. Parto sem o ver, porque me seria muito doloroso. Vou para a Inglaterra, pois não creio que seja possível viver feliz e tranqüila na França, há muito tempo. Ao partir, coloco esta carta no correio para o senhor, e, quando a receber, já não estarei neste país. O céu nos recusa a felicidade de vivermos juntos, tal como nos recusou outras.

"Talvez ele seja mais clemente para com nossa pátria! Beije minha irmã por mim e não me esqueça.

CORDAY

9 de julho."

Desde 9 de abril ela tem um passaporte para Argentan. Mandou visá-lo em 23 de abril para poder ir a Paris.

Desde a antevéspera, tem uma carta de apresentação de Barbaroux para seu amigo, o deputado Lauze-Deperret.

Despediu-se das poucas pessoas que ainda conhecia em Caen. Uma delas a ouviu murmurar, como que falando consigo mesma:

– Não! Ninguém dirá que um Marat reinou sobre a França!

Em 9 de julho, às duas horas da tarde, Charlotte Corday sobe na diligência que, três vezes por semana, fazia o trajeto de Caen a Paris.

Ela mesma contou minuciosamente todos os incidentes da viagem, na famosa carta que, da prisão, esperando a hora da execução, escreveu a Barbaroux.

Na quinta-feira, 11 de julho, chegou a Paris e desceu no hotel de la Providence, na rua des Vieux Augustins, 19.

De lá, pediu que lhe indicassem a rua Saint-Thomas-du-Louvre, onde morava o deputado Lauze-Deperret, e apresentou-se uma primeira vez em sua residência, sem encontrá-lo.

Voltou na hora do jantar, encontrou o deputado e entregou-lhe a carta de Barbaroux. Ele a leu e marcou encontro com Charlotte para a manhã seguinte, a fim de acompanhá-la até o ministério do Interior.

No ministério, o ministro não pôde recebê-los e mandou dizer-lhes que voltassem ao anoitecer.

Eles não voltariam, pois, à tarde, lacraram a casa de Deperret, como suspeito, e ele não teve dificuldade de persuadir Charlotte Corday de que, naquelas condições, sua recomendação junto ao ministro só poderia ser mais prejudicial do que útil.

Na noite de 12 de julho, tendo ficado sozinha, Charlotte ocupou-se em escrever uma espécie de proclamação, encontrada com ela depois do crime, que tinha por título "Comunicado aos franceses, amigos das leis e da paz".

Eis alguns de seus trechos principais:

"Até quando, ó franceses infelizes, ireis comprazer-vos nos distúrbios e nas divisões? Por bastante e demasiado tempo facciosos e celerados colocaram o interesse de sua ambição no lugar do interesse geral. Por que, ó infortunadas vítimas de seu furor!, por que vos degolais, por que aniquilais a vós mesmos para instalar o edifício da tirania deles sobre as ruínas da França desolada?...

"As facções se deflagram por toda parte: a *Montagne* triunfa pelo crime e pela opressão; alguns monstros nutridos por nosso sangue conduzem esses complôs detestáveis e nos levam ao precipício por mil caminhos diferentes...

"Franceses! Conheceis vossos inimigos. Levantai-vos. Marchai! Que a *Montagne*, aniquilada, só deixe subsistir irmãos e amigos.

"Ó França! Teu repouso depende da execução da lei. Não atento contra ela ao matar Marat; condenado pelo universo, ele está fora da lei. Que tribunal me julgará?

"Se sou culpada, Alcides então o era quando destruía os monstros? Mas terá os encontrado tão odiosos?...
"Ó minha pátria! Teus infortúnios dilaceram-me o coração. Só posso oferecer-te minha vida e rendo graças ao céu pela liberdade que tenho de dispor dela. Ninguém perderá com minha morte. Quero que meu último suspiro seja útil a meus concidadãos, que minha cabeça, levada a Paris, seja um sinal de reunião para todos os amigos das leis; que a *Montagne* vacilante veja sua perda escrita com meu sangue; que eu seja sua última vítima e que o universo vingado declare que prestei um serviço à humanidade.

"Se eu não tiver êxito em minha empreitada, franceses, ter-vos-ei mostrado o caminho: conheceis vossos inimigos. Levantai-vos. Marchai e atacai."

No dia seguinte, 13 de julho, às seis horas da manhã, Charlotte Corday deixou o hotel de la Providence e foi passear nos jardins do Palais Royal, ainda desertos àquela hora matinal, sem dúvida para distrair a agitação em sua alma que não lhe permitia repousar.

Às oito horas, entrou num cuteleiro que acabava de abrir sua loja e, por quarenta soldos, comprou um facão de cozinha com uma bainha "tipo chagrém", escondendo-o debaixo de seu xale.

Depois, perguntou a um cocheiro de fiacre o endereço de Marat e o anotou numa folhinha de papel, tomando lugar no fiacre que a levaria até lá.

Chegou entre nove e dez horas ao número 30 da rua des Cordeliers, onde morava o cruel tribuno.

A zeladora, Marie-Barbe Pain, a quem ela se dirigiu para saber em que andar era, respondeu-lhe que "era no primeiro em frente, mas que Marat, que estava doente, dera ordens para não deixar ninguém subir".

Charlotte Corday não insistiu e se retirou.

Mas, uma hora depois, voltou e, dessa vez, subiu direto, sem perguntar nada à zeladora.

Foi Simonne Evrard, a mulher com quem Marat vivia maritalmente, que lhe respondeu que fora dada ordem de não receber ninguém. Dessa vez Charlotte insistiu. Dizia ter coisas muito interessantes e muito urgentes para revelar a Marat. Quando poderia voltar? A insistência foi inútil. Simonne Evrard permaneceu inabalável. Charlotte resolveu então voltar ao hotel e, de lá, escreveu este bilhete, que mandou entregar a Marat pelo correio:

"Venho de Caen. Vosso amor pela pátria certamente fará com que desejeis saber dos complôs que lá se planejam. Espero vossa resposta."

Como às sete horas da noite a resposta ainda não viera, Charlotte resolveu voltar pela terceira vez à rua des Cordeliers.

Trajava um vestido claro de fundo branco, com um xale nos ombros. Trazia na cabeça, conforme a moda da época, um chapéu alto com ornato preto e três fitas verdes.

Foi a zeladora Marie-Barbe Pain que lhe abriu a porta do apartamento de Marat. Simonne Evrard surgiu, por sua vez, e repetiu a recusa da manhã. Travou-se uma discussão bastante exaltada com Charlotte, que tentava convencê-la a deixá-la entrar.

Nesse momento, Marat, que estava no banho, ouviu o ruído da discussão, perguntou quem era e ordenou que deixassem Charlotte entrar.

O terrível "amigo do povo" passava os dias na banheira. De fato, sofria de uma espécie de eczema generalizado, que lhe provocava coceiras atrozes, e ele só encontrava um pouco de calma e bem-estar dentro da água. Portanto, era lá que vivia e trabalhava, escrevendo seus artigos incendiários sobre uma tábua colocada de través na banheira.

Charlotte Corday entrou deliberadamente no banheiro estreito e comprido, mal iluminado por uma única janelinha que dava para o pátio e que filtrava uma luz esverdeada.

Ela se sentou numa cadeira ao lado da banheira, enquanto Marat a instava a revelar o que estava acontecendo em Caen.

Ouvindo-a, ele tomava notas sobre os dezoito girondinos refugiados, sobre suas ocupações, sobre as forças insurrecionais de que poderiam dispor. Charlotte se levantara e respondia a suas perguntas. Quando ficou sabendo o bastante, concluiu simplesmente:
– Está bem! Mandarei guilhotiná-los!

Charlotte Corday certamente só esperava essas palavras, nas quais encontrava e nas quais estava inteiramente retratado o sanguinário Marat que ela imaginara e pressentira.

Foi o sinal para sua morte. Tirando o facão que mantinha escondido sob o xale, com um só golpe, com uma violência inaudita, ela o mergulhou, até o cabo, no peito nu de Marat.

– Ajude-me, querida amiga! Ajude-me! – ele ainda teve força para gritar, num último estertor, enquanto sua cabeça já caía inerte e um enorme jorro de sangue esguichava de seu ferimento, inundando o piso do cômodo.

A aorta fora atingida; a morte foi quase instantânea. Mas o chamado fora ouvido.

Simonne Evrard acudiu, seguida da zeladora e de um homem, chamado Laurent Bas, que preenchia as funções de dobrador e entregador de jornais.

Enquanto Simonne se esforçava para reanimar Marat, Laurent Bas, com brutalidade, derrubava Charlotte Corday, golpeando-a violentamente na cabeça com uma cadeira, depois, no chão, dando-lhe socos repetidos.

A zeladora, por sua vez, amotinava o bairro com seus gritos e apelos aos guardas.

Vizinhos acudiram. Em alguns instantes o apartamento se encheu de gente. Chegou um dentista, que fez um primeiro curativo e transportou Marat para a cama, Surgiu um cirurgião, que foram chamar. Mas ele só pôde constatar a morte, ao passo que a guarda nacional, representada pelo delegado de polícia Guellard, prendia Charlotte Corday e procedia, imediatamente, a um primeiro interrogatório, na sala de Marat.

Nesse ínterim, os deputados *montagnards* Chabot, Legendre e Drouet tinham chegado à casa de Marat e participavam do final do interrogatório.

Charlotte deu provas de uma calma surpreendente e de uma presença de espírito sempre alerta para mandar retificar suas respostas que não tinham sido registradas com exatidão.

Num dado momento, o delegado de polícia tendo feito o inventário dos objetos encontrados com ela, Charlotte viu o deputado Chabot, antigo capuchinho que abandonara o hábito, levar a mão a seu relógio de pulso. Ela lhe disse imediatamente, com um sorriso zombeteiro:

– O senhor se esquece de que os capuchinhos fizeram voto de pobreza?

Também proferiu frases cunhadas como medalhas, palavras verdadeiramente cornelianas. Foi assim que respondeu, quando se admiraram de que, logo no primeiro golpe, ela tivesse acertado Marat direto no coração:

– A indignação que agitava o meu indicou-me o caminho.

Ao final desse primeiro interrogatório, ela foi levada à prisão da Abadia, já famosa por ter abrigado Brissot e a sra. Roland. À meia-noite, levaram-na de volta à casa de Marat, para confrontá-la com o cadáver. Ao ver aquele morto sangrento, ela estremeceu de horror e murmurou:

– Pois é! Sim, fui eu que o matei!

No dia, as gazetas estavam repletas do relato desse assassínio. A emoção em Paris era intensa. Acreditava-se no prelúdio de um movimento contra-revolucionário de grande envergadura.

Dizia-se que Danton e Robespierre estavam ameaçados de ter a mesma sorte de Marat; que se devia ver naquilo a mão da Gironda, da qual Charlotte apenas executara as sugestões. Falava-se também de um complô realista. Enfim, um vento de terror soprava sobre a *Montagne* e fazia divagar alguns cérebros naturalmente já muito exaltados.

As sessões dos dias 14 e 15 de julho na Convenção o sentiram. Foram de uma violência, de uma agitação e de uma incoerência extremas.

Uns declaravam que a morte era suave demais para Charlotte Corday, e que era preciso fazê-la perecer entre suplícios horríveis, "para ensinar-lhe o preço da vida humana".

Outros faziam um panegírico delirante do Amigo do Povo, o "Catão francês", mártir da liberdade.

Muitos deputados imaginavam ter escapado por pouco. Diziam que uma mulher desconhecida, que só podia ser Charlotte Corday que viera para assassiná-los, apresentara-se na véspera em suas residências.

O insuportável Chabot, cheio de importância, fazia seu relatório. Nele descobria traidores e complôs a cada passo.

Segundo ele, Deperret deveria ser inculpado como cúmplice de Charlotte, e o ex-bispo Fauchet também, pois diziam tê-lo visto, com ela, nas tribunas da Convenção.

Os deputados visados pretendiam então explicar-se e justificar-se na tribuna. E eram gritos, interrupções, protestos, negações, acusações e diversões que se entrecruzavam na mais burlesca incoerência e sem que a verdade se beneficiasse com isso.

Drouet terminou, de modo eloqüente, o relatório iniciado por Chabot.

Finalmente, a Convenção votou pela submissão do assassino de Marat e de seus cúmplices pelo Tribunal Revolucionário.

O desafortunado Deperret viu-se atingido por um decreto de acusação. E Fauchet, por sua vez, também foi preso na Abadia.

Votou-se um crédito de mil e quinhentas libras para embalsamar o coração de Marat. A comuna de Paris emitira um voto para que o cadáver fosse exposto num leito solene na praça do Teatro Francês.

Depois, o projeto foi alterado, e Marat foi exposto na antiga igreja dos franciscanos, num leito triunfal rodeado de ciprestes e colocado num estrado de quarenta pés de altura.

Houve cerimônias burlescamente macabras, por ocasião do traslado, para o *Club des Cordeliers*, do coração de Marat preciosamente encerrado numa urna de ágata incrustada de pedras preciosas. Robespierre e a *Montagne* marchavam à frente do cortejo. O coração, dentro de sua urna, foi suspenso à abóbada da sala do *Club des Cordeliers*. Foram declamadas estâncias, em que se comparava o coração de Marat ao coração de Jesus. Um orador bradou pateticamente:

"Restos precisos de um deus, seremos perjuros a teus manes? Despertai, franciscanos! Corramos para vingar Marat! Corramos para enxugar as lágrimas da França!"

Finalmente, aguardando sua transferência para o Panteão, ele foi inumado no jardim dos franciscanos, com este epitáfio gravado numa pirâmide: "Aqui repousa Marat, o Amigo do Povo, assassinado pelos inimigos do povo, em 13 de julho de 1793."

Charlotte Corday, enquanto isso, era mantida sob estrita vigilância na prisão da Abadia, onde ocupava, sob guarda permanente, dia e noite, de dois gendarmes (o que não lhe agradava e contra o que ela protestou em vão), a mesma cela que antes fora ocupada por Brissot e pela sra. Roland.

Fouquier-Tinville, entretanto, o terrível acusador público, lançava mão de todos os meios para que o processo se realizasse com uma rapidez e um rigor exemplares. Charlotte não tinha nenhuma ilusão quanto a seu destino, mas parecia preocupar-se muito pouco com isso e aproveitava o tempo livre de seu cativeiro para escrever.

Enviou a Barbaroux uma longa carta, cujo tom espirituoso e quase divertido, às vezes, surpreende e comove, por parte daquela moça que sabia não ter mais do que algumas horas para viver.

Eis alguns trechos da tal carta. Está datada: "Na prisão da Abadia, no antigo quarto de Brissot, no segundo dia de preparação da paz".

"O senhor desejou, cidadão, detalhes de minha viagem. Não lhe pouparei o menor episódio. Eu estava com bons *montagnards*, os quais eu deixava falar à vontade, e suas afirmações, tão tolas quanto suas pessoas, eram desagradáveis, até serviram para me fazer adormecer. Só acordei, por assim dizer, em Paris. Um de nossos viajantes, que sem dúvida gosta de mulheres adormecidas, tomou-me pela filha de um de seus antigos amigos, supôs que eu tivesse uma fortuna que não tenho, deu-me um nome que eu jamais ouvira e, finalmente, ofereceu-me sua fortuna e sua mão. Mostrei-me aborrecida com sua proposta:

– Representamos muito bem a comédia – eu lhe disse. – É pena, com tanto talento, não haver espectadores: vou chamar nossos companheiros de viagem para que eles participem da diversão.

"Deixei-o de muito mau humor."

E mais adiante:

"É incrível, Fauchet está preso como meu cúmplice, ele que ignorava minha existência.

"Mas não é agradável ter apenas uma mulher inconseqüente a oferecer aos manes desse grande homem. Perdão, ó humanos! Essa palavra desonra vossa espécie: era um animal feroz que ia devorar o resto da França pelo fogo e pela guerra civil.

"Agora, viva a Paz! Graças ao céu, ele não nascera francês. Quatro membros estavam em meu primeiro interrogatório.

"Chabot parecia louco. Legendre afirmava me ter visto de manhã em sua casa. Todos os que me viam pela primeira vez pretendiam conhecer-me havia muito tempo...

"Quem salva a pátria não percebe o que isso custa. Possa a paz estabelecer-se tão logo quanto desejo!

"Esta é uma grande preliminar, sem isso nunca a teríamos! Desfruto deliciosamente da paz há dois dias: a felicidade de meu país faz a minha. Não há devoção da qual não se extraia mais prazer do que o custo de decidir-se a ela... Só odiei um único ser, e mostrei com que violência; mas há mil que amo mais ainda do que o odiava. Uma imaginação viva, um coração sensível, prometem uma vida tempestuosa. Peço aos que sentirem minha falta que o considerem, e eles se regozijarão em me ver desfrutar de repouso nos Campos Elíseos com Brutus e alguns antigos. Quanto aos modernos, há poucos verdadeiros patriotas que saibam morrer por seu país, quase tudo é egoísmo. Que triste povo para fundar uma República!

"Pelo menos não será a *Montagne* que irá reinar, se me derem crédito. Deram-me gendarmes para me preservar do tédio: achei muito bom para o dia e muito ruim para a noite. Queixei-me dessa indecência, o Comitê houve por bem não dar atenção. Creio que foi invenção de Chabot. Só um capuchinho pode ter essas idéias...

"Amanhã, às oito horas, vão me julgar; provavelmente, ao meio-dia, terei vivido, para falar a linguagem dos romanos. Ignoro como serão os últimos momentos, e é o fim que coroa a obra. Não tenho necessidade de fingir insensibilidade quanto à minha sorte, pois, até este momento, não tenho o menor medo da morte. Jamais estimei a vida a não ser pela utilidade que ela deveria ter.

"Espero que, amanhã, Deperret e Fauchet sejam libertados: diz-se que este último me conduziu à Convenção.

"Por que se meter a conduzir mulheres? Como deputado, não devia estar nas tribunas e, como bispo, não devia estar com mulheres. Assim, trata-se de uma pequena incorreção! Mas Deperret não tem nenhuma repreensão a se fazer...

"Vou escrever a meu pai; não direi nada a meus outros amigos; só lhe peço um pronto esquecimento: sua aflição desonraria minha memória.

"Terça-feira, 16, às oito horas da noite."

Essa carta notável foi escrita em duas vezes: foi começada na Abadia e terminada na Conciergerie, para onde ela fora transferida para ser submetida ao longo interrogatório de Fouquier-Tinville.

Depois de a terminar, Charlotte escreveu ao Comitê de Segurança Geral para pedir permissão para mandar pintar seu retrato. E, como normanda maliciosa e hábil que sabia ser, acrescentou, para levar o Comitê a decidir:

"Gostaria de deixar essa marca de minha lembrança a meus amigos; além disso, tal como se aprecia a imagem dos bons cidadãos, a curiosidade às vezes leva a procurar a dos grandes criminosos, o que serve para perpetuar o horror de seus crimes."

Bem sabia que, quanto a ela, o que sua imagem inspiraria não seria horror, e que, ao contrário, a expressão de pureza virginal de seu rosto de jovem e a nobreza dos traços eram o melhor pleito que se poderia fazer em seu favor.

Os jacobinos também o sabiam, pois tiveram desde o início, e constantemente, o cuidado de representar Charlotte Corday sob a aparência horrível de uma megera enfurecida, e não ousaram nem mesmo deixar vir a público as cartas que ela deixara, acrescentando que "aquela mulher extraordinária já inspirara interesse demais por parte dos maus".

Ela ainda escreveu uma última carta ao pai, uma carta de desculpas pela tristeza que lhe causava e também de despedida tão comovente que deveria ser publicada integralmente, pela nobreza dos sentimentos e pela beleza simples do estilo.

"Perdoe-me, querido pai, por ter disposto de minha existência sem a sua permissão."

E, para terminar, ela lembrava este belo verso de Corneille:

Le crime fait la honte et non pas l'échafaud.*

---

* Tradução livre: "O crime constitui a vergonha e não o cadafalso." (N. da T.)

Em 17 de julho, já de manhã, uma imensa multidão se comprimia às portas do Palácio da Justiça para assistir ao julgamento de Charlotte Corday.

A afluência era tanta que, logo à primeira hora, tornou-se impossível entrar não apenas na sala da Igualdade, onde deveria instalar-se o Tribunal Revolucionário, como até no Palácio, cujas escadarias estavam apinhadas de gente.

Todos queriam ver passar a heroína da qual a França inteira falava havia três dias.

Quando finalmente ela apareceu, acompanhada por quatro gendarmes, um murmúrio indefinível percorreu a multidão.

Os panfletos revolucionários haviam anunciado uma fúria, uma "aristocrata vibrante e magnífica". E o que se via era uma bela moça, calma, graciosa, cuja atitude cheia de nobreza e de simplicidade causava um sentimento indefinido de espanto mesclado a respeito.

Assim, em vez dos clamores de ódio, de vingança e de sangue com que os bárbaros freqüentadores desse tipo de espetáculo geralmente acolhiam os acusados, o que se fez de repente foi um profundo silêncio. E o presidente começou o interrogatório de identificação da ré:

P. – Nome e prenome?

R. – Marie-Anne Charlotte de Corday, ex d'Armont.

P. – Idade?

R. – Vinte e cinco anos menos três meses.

E as perguntas prosseguiram, cortadas por respostas firmes, nítidas, precisas, cujo tom parecia menos de uma culpada do que de uma justiceira.

Charlotte mandara pedir ao deputado Doulcet de Pontécoulant, um amigo, que se encarregasse de sua defesa.

Mas ele só recebeu a carta depois da execução de sua cliente. Tanto que o presidente, para que a acusada não fosse condenada sem ter tido assistência de um advogado, designou oficialmente, na própria audiência, para apresentar a defesa de Charlotte Corday, o mestre Chauveau-Lagarde, que lá se encontrava como espectador.

Terminado o interrogatório de identificação, o escrivão Wolff leu o ato de acusação de Fouquier-Tinville. Depois, começaram a ser ouvidas numerosas testemunhas. A cidadã Simonne Evrard foi a primeira a ser apresentada e, em lágrimas, fez o relato do dia 13 de julho. Como se demorasse nesse relato, sacudida por crises de choro freqüentes, dando pena ver seu desespero, Charlotte Corday, muito emocionada, interrompeu-a para exclamar:

– Todos esses detalhes são inúteis: fui eu que o matei.

Depois travou-se o diálogo com o presidente, vivo, tenso, como um jogo de esgrima, e muitas vezes as respostas da acusada, cunhadas em frases impressionantes, arrancavam clamores involuntários de surpresa e provocavam movimentos de admiração por parte do público.

P. – Quem a contratou para cometer esse assassínio?
R. – Seus crimes.
P. – O que entende por seus crimes?
R. – As desgraças que ele causou desde a Revolução e as que ele ainda preparava para a França.
P. – Quem lhe inspirou tanto ódio por Marat?
R. – Eu não tinha necessidade do ódio dos outros, o meu era suficiente.
P. – Matando-o, o que esperava conseguir?
R. – Devolver a paz a meu país.
P. – Acredita então ter assassinado todos os Marat?
R. – Não, mas esse morreu, e os outros talvez tenham medo!

O presidente perguntou então quem ela freqüentava em Caen e, sempre na esperança de encontrar ramificações que permitissem estabelecer a existência de um complô, de que ela apenas fosse um braço, fez-lhe esta pergunta:

– Em Caen, a senhora se confessava com um padre juramentado ou não-juramentado?

Ao ouvir a pergunta, Charlotte não conseguiu reprimir um sorriso zombeteiro e respondeu com muita tranqüilidade:

– Nem com uns, nem com outros!
Depois declarou ainda:
"Eu sabia que Marat pervertia a França. Matei um homem para salvar cem mil, um celerado para salvar inocentes, um animal feroz para dar sossego a meu país. Eu era republicana muito antes da Revolução, e nunca me faltou energia."

P. – O que entende por energia?
R. – A resolução dos que deixam o interesse particular de lado e sabem sacrificar-se pela pátria.
P. – A senhora não treinou de antemão, antes de golpear Marat?

Pela primeira vez, a acusada perdeu a calma; sobressaltou-se diante da pergunta e bradou com uma indignação bastante cômica:

– Miserável! Ele está achando que sou uma assassina!
P. – No entanto está provado, pelo relato das pessoas que entendem dessa arte, que se a senhora tivesse dado o golpe na vertical, em vez de o dar na diagonal, não o teria matado.
R. – Não sei de nada! Golpeei como deu. Foi por acaso.

Então ela foi confrontada com Lauze-Deperret e Fauchet. Afirmou com veemência que eles não eram seus cúmplices:

"Só conheço Fauchet de vista. Vejo-o como um homem sem modos e sem princípios, e desprezo-o. Mas não tolerarei que a inocência seja, aqui, caluniada ou comprometida usando-me como pretexto."

O presidente, finalmente, deu a palavra ao acusador público, que desenvolveu suas conclusões e pediu a cabeça da ré.

Depois, foi a vez de Chauveau-Lagarde.

O papel do advogado era singularmente difícil e perigoso diante do tribunal revolucionário. Por pouco que suas palavras fossem além da banalidade permitida, se ele parecesse por demais empenhado em defender a causa de sua cliente, se tentasse desculpar o crime, estaria se expondo a compartilhar o destino da acusada e a pôr em risco sua cabeça para salvar a da cliente.

Chauveau-Lagarde saiu-se o melhor possível de sua situação delicada.

Desde o primeiro momento, compreendera a grande alma de Charlotte Corday, a beleza de seu sacrifício, a inspiração corneliana, e por nada do mundo desejaria humilhá-la, alegando loucura, tal como o instavam a fazer.

Por outro lado, tentar explicar o crime atingindo a memória de Marat com seus crimes tão reais, nem pensar. Limitou-se então a pronunciar as seguintes palavras, em que cada um poderia encontrar o que quisesse enxergar:

"A acusada confessa com sangue-frio o horrível atentado que cometeu; confessa-lhe com sangue-frio a longa premeditação; confessa-lhe as mais terríveis circunstâncias; em suma, confessa tudo e não tenta nem mesmo se justificar. Esta é, cidadãos jurados, toda a sua defesa."

"Essa calma imperturbável e essa total abnegação de si mesma, que não anunciam nenhum remorso, e por assim dizer em presença da própria morte; essa calma e essa abnegação, sublimes sob um aspecto, não são naturais. Só podem ser explicadas pela exaltação do fanatismo político que lhe pôs o punhal na mão. E cabe a vós, cidadãos jurados, julgar o peso que deve ter essa consideração moral na balança da Justiça. Apelo para vossa prudência."

O júri retirou-se para deliberar e voltou, logo depois, com um veredicto que implicava a condenação à morte e a confiscação dos bens.

A leitura do julgamento se fez em meio a um silêncio mortal: todos os olhos voltavam-se para a acusada.

Mas Charlotte, aparentemente impassível, ouviu a leitura sem que a admirável serenidade de seu belo rosto se alterasse por um só instante.

Depois, voltando-se para Chauveau-Lagarde, disse-lhe com doçura:

"Senhor, vós me defendestes nobremente, de uma maneira digna de vós e de mim. Esses senhores confiscam meus bens. Mas quero vos dar um testemunho maior de reconhecimento: peço-vos que pagueis por mim o que devo à prisão, e conto com vossa generosidade."

Ela deixava dívidas que montavam em cerca de trinta e cinco francos. Eram os honorários do advogado que lhe cabia saldar em seu lugar. E, certamente, ao longo de sua bela carreira Chauveau-Lagarde jamais recebeu nenhum que lhe desse maior honra nem do qual pudesse extrair mais legítimo orgulho!

Enquanto a multidão, imensa e ruidosa, retirava-se lentamente, Charlotte voltava à prisão.

Teve a surpresa de lá receber a visita do pintor Hauer, discípulo de David, comandante da guarda nacional, que começara um esboço dela durante a audiência e obtivera permissão para terminá-lo na Conciergerie.

Charlotte agradeceu-lhe e, com muito boa vontade, ficou posando na sua frente pelo tempo que ele quis, como se aqueles não fossem os últimos momentos de sua existência.

Mal ele terminou o retrato, o carrasco Samson veio proceder à última toalete da condenada.

Vestiu-lhe a camisa vermelha revolucionária e amarrou-lhe as mãos.

"É a toalete da morte, feita por mãos um pouco rudes", disse ela com um belo sorriso. "Mas ela conduz à imortalidade!"

Um imenso clamor elevou-se de início da multidão reunida, quando a carroça que a levava à praça da Revolução transpôs a porta da Conciergerie.

Mas Charlotte Corday, em pé, impassível e altiva, parecia desafiar, com toda a sua atitude e com seu olhar límpido e direto, os gritos de morte da malta reunida.

E dela emanava uma tal impressão de nobreza, de calma e de serenidade, e como que um tal brilho de inocência, que os clamores cessaram de repente, dando lugar a uma piedade emocionada diante de tanto encanto e juventude que se tornariam presa da guilhotina.

Naquele momento, um raio de sol atravessou as pesadas nuvens de tempestade acumuladas no céu e veio envolver numa poeira dourada o carro fúnebre em que estava Charlotte Corday.

Estava tão bonita assim, em pé à luz daquele entardecer trágico de julho, aureolada pelo dourado escuro de seus cabelos, com a camisa vermelha que realçava ainda mais o brilho de sua tez e, por contraste, destacava ainda mais sua virginal pureza, que, vendo-a então, o deputado de Mayence, Adam Lux, subitamente sentiu por ela um estranho, ideal e maravilhoso amor, seguiu-a, fascinado, até o pé do cadafalso, onde ela morreu como romana, e exclamou, na exaltação de sua paixão:

– Maior do que Brutus!

Essas palavras custaram-lhe a vida. Logo depois, de fato, ele também foi guilhotinado, por se ter permitido glorificar uma criminosa. Théophile Gautier escreveu que ele subiu ao cadafalso inebriado e feliz como num leito nupcial, bradando:

– Morrerei então por Charlotte Corday!

Não foi o único. O doce e suave poeta André Chénier, que dissera de Charlotte, cantando sua admirável coragem: "Sozinha foste um homem!", e lhe dedicara uma famosa ode, também pagou com a cabeça a imperdoável inconseqüência.

Finalmente, Bougon-Langrais, o amável correspondente filosófico de Charlotte Corday, a quem ela encarregara Barbaroux de levar um último pensamento emocionado, Bougon-Langrais sobreviveu a ela apenas alguns meses. Também ele estava predestinado à guilhotina fraternal e igualitária.

Em 5 de janeiro de 1794, alguns instantes antes de sua execução, ele escreveu à mãe uma carta de despedida, da qual extraímos esta passagem:

"O que me resta desejar senão morrer? Ainda se, nos meus últimos instantes, eu pudesse, como minha querida Charlotte, adormecer no seio de uma ilusão doce e enganadora e acreditar num retorno próximo da ordem e da paz à minha pátria! Mas não, levo comigo a idéia dilacerante de que o sangue correrá em maior abundância! Oh! Charlotte Corday! Oh! Minha nobre e generosa amiga! Tu, cuja lembrança ocupou-me incessantemente a memória e o coração, espera-me, vou a teu encontro!

"O desejo de te vingar me fez, até hoje, suportar a existência. Creio ter satisfeito a esse dever sagrado; morro contente e digno de ti!"

Assim, o incomparável fulgor de sedução e heroísmo que atraíra para Charlotte Corday, durante sua curta vida, admirações tão intensas e amizades tão fiéis, continuava mesmo depois de sua morte a suscitar, em todos aqueles que a tinham conhecido, o culto ardente de sua lembrança.

Esse maravilhoso fulgor pouco se atenuou, sob a cinza do tempo, chegando até nós.

Com exceção da figura pura de Joana d'Arc, por certo não há em toda a história francesa uma heroína que tenha angariado mais simpatias nem suscitado maior admiração entusiasta do que Charlotte Corday.

E de fato, sob vários pontos de vista, essas duas figuras podem ser aproximadas. Sob vários pontos de vista, a virgem da Lorena, miraculosa libertadora da França invadida, e a virgem normanda, vingadora da França oprimida pelo mais abominável dos tiranos, mereceram ser comparadas.

Foi nesse sentido que Jules Janin chamou Charlotte Corday de "a normanda digna de Joana d'Arc".

De fato, ambas eram animadas pelo mesmo amor sublime pelo país; a mesma comiseração pelas desgraças da época fazia sangrar os dois corações; o mesmo desprendimento de si mesmas, o mesmo heroísmo magnífico as levava naturalmente, uma e outra, ao derradeiro sacrifício de suas existências pelo bem público e pela paz.

Mas nisso se detém a semelhança.

E, se o mesmo móbil as fez agir, os meios empregados não foram os mesmos.

Pois, enquanto a ingênua pastora de Domrémy, conservando intacta, na simplicidade de sua alma crente, a fé religiosa, o tradicionalismo respeitoso e a profunda humildade, a despeito de si mesma e de suas próprias forças corria a colocar antes de tudo a serviço do rei da França, para guiá-lo e salvar com ele a pátria em perigo, seu amor ardente pela terra natal e sua arrebatadora vontade de vencer; enquanto todas as forças da nação vinham perfilar-se sob sua bandeira imaculada, semeada de flores-de-lis, para obter com ela a vitória que iria realizar seus votos e pagar seu sacrifício, Charlotte Corday, por seu turno, como orgulhosa seguidora de Corneille, buscando sua força apenas no espantoso vigor de seu caráter, ouvindo apenas a voz do individualismo funesto desenvolvido nela pelas teorias ilusórias dos filósofos do século XVIII, pretendeu assumir sozinha uma tarefa impossível e acreditou-se no direito de se erigir como justiceira.

Por isso sua obra permaneceria estéril. A ordem e a paz social que ela desejava ardentemente não poderiam renascer de seu gesto vingativo, que, ao contrário, foi apenas o sinal de uma repressão mais sanguinária e de um aumento de terror.

Certamente, devemos reservar à sua memória um culto respeitoso, pois ela se sacrificou para libertar a França da tirania.

Mas também não devemos esquecer que sua coragem foi infeliz e que, ao matar Marat, ela só fez demonstrar a impotência da energia individual e do esforço isolado para salvar a pátria, diante da coalizão das forças do mal.

Ela tinha esperança de que seu exemplo fosse seguido. Ela dissera:

– Cumpri minha tarefa! Os outros farão o resto!

Mas, para agrupar as energias hesitantes dos outros, teria sido preciso um chefe respeitado, que encarnasse os interesses da pátria. Sem isso, seu exemplo estava de antemão fadado à esterilidade, pois ele supunha um conjunto de qualidades demasiado raras e excepcionais para encontrar imitadores.

Esta é – não é verdade? – a lição profunda que se depreende, do ponto de vista social, desse emocionante episódio de nossa História.

Podemos admirar e lamentar Charlotte Corday. Seu heroísmo infeliz tem direito a todo o nosso respeito, mas devemos reconhecer que ela se enganou e não a igualar à pura e radiante figura de Joana d'Arc, cuja fé simples e sublime salvou a pátria.

O caso Lafarge

Mme Lafarge, nascida Marie Cappelle

O caso Lafarge[1]

Em 3 de setembro de 1840, às oito e quinze da manhã, começavam, diante do Tribunal criminal da Corrèze, os debates de um processo ao qual o mistério do ambiente, a situação social do acusado e a vontade já onipotente da imprensa conferiam, nos anais judiciários, um lugar considerável. Uma jovem mulher, cujo luto fechado era revelado pelo vestido preto e pelo xale de lã preta, sentava-se no banco dos réus.

Seus cabelos, penteados em bandó, emolduravam um rosto de oval perfeito. Seus olhos, muito doces, pareciam maiores em sua fisionomia emagrecida e baixavam modestamente diante de todos os olhares que se fixavam nela.

Foi com voz fraca mas clara, a despeito de uma tosse seca que às vezes a sacudia, que, após o sorteio do júri, ela respondeu ao interrogatório do presidente.

P. – Nome?
R. – Marie Cappelle, sobrenome de casada Lafarge.
P. – Idade!
R. – Vinte e quatro anos.

---

1. Devo agradecimentos a meu confrade e amigo Michel Misoffe, advogado do Tribunal, Conselheiro municipal de Paris, que, após um estudo completo do processo Lafarge, forneceu-me todos os elementos de seu estudo.

P. – Profissão?
R. – Sem profissão.
P. – Domicílio?
R. – Castelo de Glandier.

No dia 19 de setembro seguinte, depois de debates que se prolongaram por nada menos que dezessete audiências, o sr. Presidente dirigia ao chefe do júri a seguinte pergunta:

"Marie-Fortunée Cappelle, viúva do senhor Pouch Lafarge, é culpada por matar o marido, em dezembro e janeiro últimos, recorrendo a substâncias suscetíveis de levar à morte e que de fato o fizeram?"

Uma hora de deliberação foi suficiente para que os jurados correzianos dessem seu veredicto, declarando a ré culpada, com circunstâncias atenuantes, e o Tribunal não levou muito tempo mais para deliberar sobre a sentença que condenava a sra. Lafarge a trabalhos forçados perpétuos e à exposição em praça pública na cidade de Tulle.

A sra. Lafarge era de fato culpada ou, ao contrário, estava sendo vítima de um terrível erro judiciário? Esta é a pergunta que, sem preocupação com o detalhe pitoresco ou o período oratório, nos propomos a examinar no estrito domínio dos fatos.

As condições em que, no final de julho de 1839, o sr. Defoy, agente matrimonial, pôs em contato o sr. Charles Pouch Lafarge, proprietário e mestre de fundição no Glandier (Corrèze), e a srta. Marie-Fortunée Cappelle não foram (conforme admitiu o próprio advogado geral, sr. Decoux) elucidadas pela instrução, no entanto longa e minuciosa.

Mas para nós é suficiente saber que ele tinha vinte e oito anos, aparência feia e belos dentes; que, sendo viúvo e passando por dificuldades em seus negócios, ele vinha procurar em Paris ao mesmo tempo uma companheira que confortasse sua solidão e um dote que restabelecesse o equilíbrio de suas finanças; que ela tinha vinte e quatro anos; que era órfã, filha de um coronel da guarda imperial, e tinha cerca de 10.000 francos. Os dois se viram pela primeira vez numa quarta-feira. No domingo seguinte as proclamas estavam publicadas e, menos de quinze dias depois, eles partiam juntos para a Corrèze.

Dessa viagem há pouco a notar. Três paradas: três desilusões para a esposa jovem e romântica do mestre de fundição correziano.

Primeira parada em Orléans. O marido, "muito apaixonado e um pouco exaltado", diz a acusação, "com falta de delicadeza e de compostura", diz a defesa, quer entrar à força nos aposentos da sra. Lafarge, enquanto ela está no banho. Faz ameaças e explode em frases grosseiras, chama de "palhaçada" a pudica recusa da jovem esposa, e promete que no Glandier "saberá dar um jeito nela".

É a primeira desilusão.

Segunda parada em Châtre, em casa do sr. Pontier, recebedor particular, tio de Lafarge.

Não satisfeita em chamar *Lélia* de obra infame e a sra. Sand – eu ia dizer "de indesejável" – para "os salões honestos" de Châtre, a nova tia da sra. Lafarge conta a esta última que um costume do Limousin consiste em trazer aos recém-casados, na noite de suas núpcias, uma sopa de vinho com especiarias que eles devem compartilhar na cama.

Para uma jovem senhora delicada e parisiense, é uma segunda e dura provação.

Última etapa: o Glandier.

O próprio auto de acusação reconhece que "seus aspectos aprazíveis tinham sido muito exagerados para facilitar a união".

É a terceira desilusão, a mais grave.

A sra. Lafarge se vê, a cem léguas dos seus, numa casa isolada, deteriorada e em ruínas, junto de um homem que ela mal conhece e de quem diz: "Eu me sentiria mal se ele me beijasse a mão, e, em seus braços, eu morreria."

Então ela escreve uma carta, na qual devemos nos deter um pouco, pois, para o sr. advogado geral, trata-se "da chave de abóbada da acusação".

Julgando inútil reproduzi-la integralmente e preocupado em evitar qualquer alegação de parcialidade, extraí o resumo aos autos da câmara de acusação.

"Na própria noite de sua chegada ao castelo de Glandier, a acusada dirigiu ao marido uma carta em que se mostra seu desdém, em que declara que o enganou, que ama outro, que será adúltera, se o sr. de Lafarge não a deixar ir embora; que os hábitos, a educação, estabeleceram entre eles uma barreira imensa, que ela lhe suplica que a mande levar até Bordeaux, onde embarcará para Smirna."

Carta estranha, com certeza, e que se pode discutir a perder de vista; nela, para alguns, "o descaramento do pensamento só é superado pelo cinismo das expressões", e, a seus olhos, é o primeiro fundamento da acusação.

Ato fugaz de demência, muito justificável, segundo outros, por parte de uma jovem mulher romântica e desesperada, "que perdeu a cabeça" e cuja "imaginação se aguçou".

Simples documento psicológico, a nosso ver, mas do qual convém anotar a data: 15 de agosto.

A partir desse momento, na tese da acusação, a sra. Lafarge resolveu se desvencilhar, custasse o que custasse, de um marido que ela odiava; todos os fatos, pelos quais a defesa tenta provar sua resignação, atestam sua hipocrisia. Os acontecimentos se sucedem com rapidez fulminante.

No final de outubro, acometida por uma indisposição supostamente simulada, ela faz um testamento em favor do marido e o entrega à sogra (que se apressa em abri-lo), e Lafarge, por reciprocidade, dispõe que sua fortuna caberá a ela.

Quinze dias depois, ele parte *sozinho* para Paris, com o duplo objetivo de obter a patente de uma invenção sua (relacionada aos trabalhos de sua fundição) e de conseguir o capital necessário para a exploração de sua patente.

Os cônjuges trocam cartas, freqüentes e ternas, de uma parte e de outra.

Em 15 de dezembro, a sra. Lafarge manda comprar arsênico no sr. Eyssartier, farmacêutico de Limoges.

No dia 18 de dezembro, o sr. Lafarge, previamente avisado por uma carta de sua mulher, recebe em Paris uma caixa contendo um bolo e um retrato. Abre-a na presença de um empregado do hotel (o sr. Parent) e, depois de comer um pedaço do bolo, é acometido, à noite, de cólicas e vômitos.

No dia 3 de janeiro ele volta a Glandier, doente, para ficar de cama. No dia 5 e no dia 10 de janeiro a sra. Lafarge manda comprar arsênico de novo. No dia 11 de janeiro, a srta. Brun (artista da região, que fora ao Glandier para fazer o retrato da jovem esposa) vê quando esta coloca um pó branco numa gemada. O médico, interrogado, responde que talvez seja clara de ovo ou cal; mas o farmacêutico Eyssartier, a quem a levam no dia seguinte, encontra arsênico na gemada.

No dia 14 de janeiro o sr. Lafarge morre em meio a sofrimentos atrozes e, dez dias depois, sua mulher, que não saiu do Glandier e à qual muitos amigos aconselharam fugir e ofereceram meios para isso, foi presa.

A primeira questão que se coloca é saber se Lafarge morreu mesmo envenenado, e, para isso, é preciso dizer algumas palavras sobre o testemunho dos médicos e as perícias.

Os médicos:

Em primeiro lugar, vem aquele que chamaríamos de "médico de tratamento"*. É o dr. Bardon, de trinta e sete

---

* No original, *médecin traitant*, ou seja, o médico que trata do paciente e o acompanha regularmente, em oposição ao *médecin consultant* (médico consulente), que é consultado ocasionalmente. (N. da T.)

anos de idade, que cuidou de Lafarge do dia 4 de janeiro até sua morte. Achou que seu paciente fora acometido de uma afecção de garganta. Reconhece, por outro lado (pois foi mediante uma receita sua que, no dia 5 de janeiro, o segundo pacote de arsênico foi vendido à sra. Lafarge), que ela lhe fez o pedido, sem mistério, diante de testemunhas.

Depois vem o sr. Massénat, médico em Brive, chamado para consulta no dia 10 de janeiro, e que também não suspeitou de envenenamento. Foi o sr. Bouché, médico em Vigeois, que, depois de ouvir rumores, constatou "sintomas extraordinários".

Finalmente vem o sr. Jules Lespinas, médico em Lubersac, que, chamado por um empregado da fundição, de nome Denis (a cujo respeito voltaremos a falar), concluiu formalmente pelo envenenamento.

Em suma, dos que não foram advertidos previamente, nenhum diagnosticou, pelos sintomas, o envenenamento.

Cabe mencionar aqui o depoimento do sr. Leyrat, médico em Voutezac, ouvido em 13 de setembro (décima primeira audiência). Ele declarou, de fato, e isso nos parece muito importante, que, ao tratar da primeira mulher de Charles Lafarge, ouvira dizer "que o sr. Lafarge era sujeito a vômitos, após os quais caía num estado de abatimento que se prolongava por vários dias".

Mas, se é possível que os médicos tenham se enganado em seus diagnósticos, vejamos o resultado das perícias realizadas sobre o corpo de Lafarge.

Três delas estabeleceram que o corpo não continha arsênico. O sr. Orfila, representante da ciência oficial, encontrou... meio miligrama.

Nove peritos se pronunciaram em sentidos diferentes... e a ciência continua discutindo. Parece-nos portanto que, quanto a esse primeiro ponto, quanto a esse ponto capital, havia uma dúvida, uma dúvida que deveria, como sempre, beneficiar a acusada.

Mas, supondo-se que estivesse estabelecido que Lafarge morreu envenenado, quem administrou o veneno? Houve suicídio, erro ou crime?

Terá ele se suicidado? Muitos o pensaram e o disseram, entre os quais me fixei no sr. Fleyniat (singular figura de médico, juiz de paz) e no "tio Pontier", que encontrava uma explicação no mau estado de seus negócios.

Se foi essa a razão do drama, a vítima, como diria um romântico, levou seu segredo para o túmulo e se restabelece inteiramente a autoridade da coisa julgada.

Lafarge terá sido vítima de um terrível erro? A mão, inábil e não criminosa, da fiel Clémentine ou do bom Alfred, seus criados, ou até mesmo da sra. Lafarge, terá substituído *involuntariamente* o inofensivo bicarbonato de sódio ou a goma lenitiva pelo mortal arsênico? – A hipótese era simples demais para satisfazer às paixões desenfreadas. Nem a defesa nem a acusação se detiveram nela, e também não nos deixaram elementos úteis para retomá-la.

Se ele foi envenenado, quem é o culpado? Vejamos em primeiro lugar quais eram os indícios que pesavam contra sua mulher. Em seguida examinaremos os móbeis.

O primeiro indício, talvez o mais grave, são as três compras sucessivas de arsênico.

Sabe-se a explicação que lhes deu a sra. Lafarge. O Glandier era um velho convento abandonado, uma morada úmida e em ruínas, infestada de ratos, que devoraram todos os botões e o tecido de uma roupa de caça verde, e cujo ruído impedia Lafarge de dormir. O arsênico destinava-se a destruí-los.

A defesa, com muita razão, dá grande importância à maneira como aconteceram essas compras. A primeira foi por meio de uma carta da sra. Lafarge; a segunda mediante uma receita do dr. Bardon; a terceira por intermédio de Denis, homem de confiança de Lafarge, a quem a sra. Lafarge teria pedido para trazer "uma ratoeira ou arsênico".

Lavradas as encomendas, feitas à vista e ciência de todo o mundo, uma delas, até, na presença de Lafarge: é assim que procede uma envenenadora?

Deve-se reconhecer, no entanto, que a defesa não explica como o "raticida" apreendido não continha arsênico e como foi encontrado, enterrado no jardim, um pacote de bicarbonato de sódio que se parecia, de confundir, com o pacote de arsênico trazido por Denis, de Uzerche.

O que foi feito do arsênico comprado? O que há, nessa ordem de idéias, contra a sra. Lafarge?

Em primeiro lugar, há o envio de bolos envenenados para Paris.

No que diz respeito a esse primeiro ponto, acaso não é verossímil e lógico supor que, se a sra. Lafarge quisesse envenenar o marido, teria ido com ele para a capital, onde lhe seria fácil, uma vez cometido o crime, se não desaparecer, pelo menos utilizar, para afastar as suspeitas, um grupo de pessoas que lá podia encontrar, um grupo favorável e respeitado? Também havia uma carta (aquela mulher devia ter, realmente, a mania de "assinar seu crime"), uma carta em que recomendava a Lafarge que dividisse os bolos com a cunhada. Com que então ela tinha a intenção de envenenar também a própria irmã?

(Julgo inútil estender-me sobre a substituição criminosa de pastéis de nata, preparados pela sra. Lafarge mãe, por um bolo envenenado, bem como sobre o testemunho do garçom do hotel que assistiu à abertura da caixa.)

Nada prova que Lafarge tenha sentido em Paris um início de envenenamento, uma vez que ele não consultou nenhum médico e que nunca o tal bolo foi analisado.

É de surpreender a importância assumida nos debates por certos detalhes, tão inconsistentes quanto desprovidos de interesse.

O que pareceria haver de mais grave contra a sra. Lafarge seria o testemunho de pessoas que a teriam *visto* colocar, no Glandier, arsênico nos alimentos ou nas bebidas do marido.

Na verdade, só houve uma testemunha desse tipo, a srta. Brun.

Paillet a chamava, em seu arrazoado, de "testemunha com espasmos e ataques de nervos...". Veremos que ela era um estorvo para a defesa.

A srta. Brun tinha vinte e cinco anos e chegara ao Glandier nos primeiros dias de novembro, chamada pela sra. Lafarge, para fazer seu retrato.

Em seus depoimentos, ela declara formalmente: 1º Que viu, no mata-borrão da acusada, o pacote de arsênico trazido de Uzerche por Denis, em 10 de janeiro. 2º Que no dia 11 de janeiro viu a sra. Lafarge colocar um pó branco numa gemada e na água com açúcar, destinadas a seu marido.

A sra. Lafarge limita-se a responder que a testemunha está enganada, que o pó branco era goma.

A meu ver, esse é o único indício verdadeiramente sério contra a sra. Lafarge. Mas é preciso admitir que se trata de um indício singularmente perturbador, a despeito das contradições de detalhe que se possam identificar nos testemunhos da srta. Brun.

No terreno dos móbeis, em compensação, a defesa, mais uma vez, é muito forte.

A acusação vê dois móbeis: o ódio e a cupidez. Que Marie Cappelle, órfã, possuidora de alguma fortuna, foi mal casada, por pais apressados em vê-la estabelecida e, por outro lado, indignamente enganados por Lafarge quanto à sua situação material, isso na verdade não se pode contestar.

Nunca marido algum esteve mais distante do ideal de uma jovem instruída, inteligente, romântica. Nunca morada alguma foi mais austera do que o Glandier. Nunca ambiente algum foi mais hostil, desde alguns criados que não falavam e não entendiam uma palavra de francês até a sogra autoritária, ciumenta e capaz de abrir um testamento, a ela confiado.

Mas, embora Lafarge não tivesse educação nem escrúpulos nos negócios (fabricara notas falsas com Denis), parece ter sido, a seu modo, apaixonado pela mulher, e ela se comovia com isso.

Ainda que o Glandier estivesse longe de se assemelhar à residência encantada cuja imagem mentirosa lhe fora mostrada, ela era muito inteligente para não tentar aproveitá-lo tal como era. Enfim, se algumas hostilidades se manifestavam ao seu redor, quanta dedicação também lhe ofereciam, desde a criada Clémentine, que a acompanharia à prisão, até a jovem Emma Pontier, prima de seu marido mas que permaneceria fiel a ela!

Por outro lado, de que meios disporíamos para conhecer de fato seus sentimentos pelo marido?

Os testemunhos? – Não encontrei um único que na verdade confirmasse esse ódio.

As cartas? – Oh, elas são numerosas! Tão numerosas que, ainda hoje, todo o mundo... ou quase, as tem inéditas. Ela escrevia muitíssimo, e de maneira encantadora; no entanto a acusação não nos fornece, nessa ordem de idéias, um único documento convincente. Quantas páginas, ao contrário, lidas pelo bastonário em seu arrazoado, mostram evidentemente que ela se resignou tanto à região da Corrèze como ao marido, tanto às coisas como às pessoas!

É deliciosa sua correspondência com Lafarge, durante a ausência deste último. Que poder de dissimulação ela deveria ter, se não estivesse sendo sincera! Que persistência, sobretudo, e que espírito de continuidade na mentira!

Acaso a acusação afirmou, por outro lado, que a sra. Lafarge tinha, mesmo que apenas no coração, um grande amor culpado, que a levou ao desejo de recuperar a liberdade?

Nem mesmo tentou afirmá-lo, e a tal carta do dia 15 de agosto, escrita, por assim dizer, no dia seguinte ao casamento, é um argumento que nenhum espírito imparcial pode levar a sério.

Não, não. O ódio, aqui, não poderia explicar o crime, e entendo que a própria acusação considera esse móbil apenas "como acessório". – O interesse, então?

Mas, examinando-o detidamente, vê-se que o argumento talvez seja a base mais sólida da defesa.

Se a cupidez se manifesta, é por parte de Lafarge, de quem o advogado geral dizia, em seu requisitório, "que ele não tinha que defender sua posição financeira, nem as letras de câmbio que a necessidade o levava a fazer...".

É por parte da sra. Lafarge mãe, que violou o segredo do testamento da nora, o fez desaparecer, mandou substituir o que Lafarge escrevera em favor de sua mulher por um outro que ela lhe ditou. Foi a sra. Lafarge mãe que, no dia 15 de janeiro, quando seu filho acabara de morrer, fez a viúva sair do quarto, mandou entrar o chaveiro para arrombar a escrivaninha e levou todos os documentos.

É por parte de Denis, que estava em Paris com o sr. Lafarge quando se acreditava que estivesse em Guéret; Denis, encoberto por um nome falso – pois na realidade ele se chama Barbier –; Denis, cuja animosidade contra a acusada é atestada por várias testemunhas; Denis, que assina contra-escrituras com Lafarge e negocia suas notas falsas.

Onde encontrar cupidez por parte da sra. Lafarge, que se despojou completamente para salvar a memória do marido (depoimentos Marcotte, Roque, etc.); que em seis meses viu-se arruinada pelo marido; que não parou de assumir os compromissos por ele; que, mesmo depois de sua morte, contraiu, com sr. Roque, banqueiro de Brive, um compromisso de trinta mil francos?

Esse sacrifício que ela fez não é, pelo menos, um indício perturbador em favor de sua inocência?

E, decididamente, é na inocência que eu acredito.

Com efeito, a sra. Lafarge não tinha nenhum interesse em matar o marido.

A barreira que a educação colocava entre eles, barreira exagerada, além do mais, por uma imaginação ardente, caíra por si mesma, sob a pressão, gradual e cotidiana, da vida em comum.

Uma mulher que mata por ódio tem, geralmente, um grande amor no coração, e a sra. Lafarge não foi adúltera.

Uma mulher que mata por cupidez não se despoja de tudo para salvar a memória do marido.

A morte de Lafarge a privava do único sustentáculo moral que ela teve em sua existência e a deixava completamente arruinada.

Para refazer uma vida, é preciso ter pelo menos com o que comer: ela dera tudo por ele.

Resumindo:

Um envenenamento que os dados mais recentes da ciência permitem afirmar, pelo menos, muito problemático – um sistema de acusação que não consegue encontrar o móbil de um atentado tão horrível e que só se apóia, em suma, no testemunho de uma jovem de vinte e cinco anos, não pode ser suficiente para afirmar que a sra. Lafarge era culpada.

Se, no entanto, o júri da Corrèze a condenou, foi por razões que eu qualificaria como exteriores ao próprio processo.

Foi, antes de tudo, porque um julgamento do tribunal de Brive (que não era definitivo no momento do processo criminal) a condenara a dois anos de prisão pelo roubo de uma jóia de diamantes, roubo cometido em 1836, no castelo de Busagny, em prejuízo da sra. de Léotaud, nascida Nicolaï.

Foi também, foi talvez principalmente, pelas razões que meu confrade e amigo Pierre de Chauveron elucidou de maneira notável em seu discurso na conferência de estágio.

Quando o advogado geral Decoux dizia aos jurados: "Quereis que acreditemos que o júri é frouxo e covarde quando se trata de uma mulher de posição elevada, e que levanta a cabeça quando se trata de um réu ignóbil?", ele desenvolvia o argumento, se não mais jurídico, pelo menos mais prejudicial para a sra. Lafarge.

Depois de dezessete audiências, realizadas em meio ao nervosismo de uma opinião pública ansiosa e exasperada, na verdade, a doze cidadãos designados por sorteio, pede-se menos uma decisão baseada em provas do que a tradução de uma impressão.

Ora, essa impressão, apesar de todos os esforços de seus defensores de fora, apesar de toda a convicção de seus advogados (que se chamavam Paillet, Bac e Lachaud), era eminentemente desfavorável à acusada.

Além das lendas absurdas que corriam a respeito de sua crueldade e que foram conservadas pela tradição oral (de camponeses afogados na Picardia, de passarinhos degolados), havia a carta à sra. Garat, que Paillet não teve receio de ler ao fazer seu arrazoado. Escutai-a:

"Imagina uma viagem horrível, caminhos transformados em rios e uma chegada no meio da noite a uma casa limusina, o que em francês se traduz por suja, deserta, terrivelmente fria, sem móveis, nem portas, nem janelas que se fechem." Isso quanto ao lugar.

Quanto aos habitantes, numa carta à sra. de Montbreton ela os julga desta maneira lapidar: "Em matéria de vizinhos, tenho muito poucos, e todos se fazem ver o mais raramente possível."

Tanto os vizinhos como o lugar vingaram-se cruelmente!

Seis meses de casamento com Lafarge despojaram-na completamente de seu pequeno dote e levaram-na à prisão de Montpellier, de onde a faria sair, muito pouco tempo antes de sua morte, a graça do Príncipe Presidente... Em vão Paillet, Bac e Lachaud afirmaram sua inocência.

Em vão, em seu leito de morte, em mil oitocentos e cinqüenta e dois (conta-nos Félix Decori), ela jurou não ser culpada ao abade Bournel, que recebeu sua confissão.

Em vão homens eminentes empenham-se hoje em encontrar, em meio à poeira dos dossiês, a centelha de verdade que ilumine os mais incrédulos.

Na aldeia vizinha de Ussat, onde ela dorme seu sono derradeiro, a sra. Lafarge ouvirá para sempre soprar o vento dos ódios limusinos que o tempo não aplacou.

Maria Antonieta
O calvário de uma rainha

Maria Antonieta
(Esboço executado na "Conciergerie" por J. L. Prieur. Museu Carnavalet)

Maria Antonieta
O calvário de uma rainha

A poderosa figura de Catarina II mostra-nos a imperatriz criminosa e triunfante, usurpando o poder através de um assassínio e terminando um reinado glorioso numa apoteose.

A emocionante evocação de Maria Antonieta faz reviver a rainha inocente e leviana, a quem a Fortuna por muito tempo reservara seus sorrisos, destronada bruscamente em pleno sonho de felicidade, e subindo, como mártir, o doloroso calvário do castigo supremo.

Sem querer forçar o paralelo até além dos limites da verdade histórica, seremos levados a constatar que essas duas grandes figuras de mulher se opuseram quanto aos traços essenciais de seus caracteres. A imperatriz se alça e se mantém pela força, audácia, artimanha e crueldade: é a alemã.

A rainha tem como únicas armas a graça, o encanto, a bondade, a fraqueza e a frivolidade: é a austríaca.

Ambas foram chamadas, por um casamento diplomático com um príncipe que desconheciam, a exilar-se ainda crianças de sua terra natal, para reinarem sobre uma nação estrangeira.

Mas como comparar o destino da obscura princesinha alemã, Sophie d'Anhalt, atravessando incógnita e de certa forma clandestinamente aquele imenso país gelado, ainda meio bárbaro, que era a Rússia, com a viagem triunfal da arquiduquesa Maria Antonieta da Áustria, filha favorita da imperatriz Maria Teresa, que deixava Viena, sua capital efervescente, em meio a festas esplêndidas, para ir ocupar, por seu casamento com o delfim da França, o trono mais cobiçado da Europa, na corte de Versalhes, no seio da nação mais fulgurante de glória e civilização!

Uma, a futura Catarina, parecia o joguete de um destino caprichoso que a lançava, inesperadamente, numa aventura inquietante e prodigiosa, para a qual nada a preparava.

A outra, Maria Antonieta, que por nascimento era predestinada a um trono, via, por esse casamento, todos os seus votos cumpridos, a acreditar na bela resposta que ela teria dado à imperatriz, sua mãe, que lhe perguntava "sobre qual povo desejaria reinar":

– Sobre os franceses – ela dissera, sem hesitar –, foi sobre eles que reinaram Henrique IV e Luís XIV: a bondade e a grandeza.

Esse voto de uma menina iria ao encontro da diplomacia de Luís XV e de Choiseul, que buscava a aliança da Áustria à França contra a Prússia.

O marquês de Durfort, consultado sobre esse projeto de casamento, enviara as melhores informações sobre a arquiduquesa.

"É uma princesa consumada", escrevia ele, "tanto pelas qualidades de sua bela alma quanto pelos encantos de sua aparência.

"Tem um discernimento infinito, bondade de caráter, alegria de espírito; gosta de agradar, diz coisas amáveis a todos e possui em grau supremo todas as qualidades que podem garantir a felicidade de um esposo."

A esse retrato moral tão lisonjeiro, o pintor do rei Luís XV, Ducreux, enviado a Viena especialmente, logo juntou um retrato físico igualmente sedutor.

O noivado se oficializou.

A jovem princesa partiu para a França.

No dia 7 de maio, sua carruagem chegava às margens do Reno, fronteira natural entre a França e a Alemanha.

Lá, a etiqueta da corte exigia que, antes de pisar o solo de sua nova pátria, a princesa se despojasse de tudo o que ainda pudesse ligá-la à antiga.

Segundo a tradição, portanto, deveria tirar seus trajes nacionais para vestir o traje francês que fora preparado para ela. Essa cerimônia simbólica e muito emocionante consagraria aos olhos de todos a mudança de nacionalidade da futura soberana.

Numa pequena ilha neutra do Reno, localizada em frente de Estrasburgo, Maria Antonieta passou por essa metamorfose, num luxuoso pavilhão erigido especialmente para a ocasião.

"Quando a porta do salão se abriu, ela ressurgiu", escreve a baronesa de Oberkirch, "mil vezes mais encantadora com aquela moda francesa."

Seu espírito também se identificou tanto com o novo papel, que em Estrasburgo, quando o sr. d'Antigny, chefe da cidade, lhe dirigiu em alemão uma saudação de boas-vindas, ela o interrompeu já às primeiras palavras e exclamou:

– Não falai alemão, senhor; a partir de hoje, não entendo outra língua que não seja o francês.

Festas esplêndidas tinham sido organizadas em sua honra no palácio episcopal, onde ela passou sua primeira noite na França.

No dia seguinte, 8 de maio, no limiar da admirável catedral de Estrasburgo, cujas portas, escancaradas, deixavam escapar em ondas sonoras a música dos grandes órgãos misturada às aclamações da multidão incontável, entre o cintilar dos vitrais, o aroma do incenso, a púrpura das tapeçarias, o esplendor dos uniformes, o coadjutor de Luís de Rohan, em sua longa túnica episcopal roxa, recebia e abençoava a pequena delfina, atordoada de felicidade e emoção.

"Sereis entre nós, senhora", dizia ele, "a imagem viva da imperatriz querida, há tanto tempo admirada pela Europa, tal como o será pela posteridade. É a alma de Maria Teresa que se unirá à alma dos Bourbon."

Quem poderia então suspeitar que um dia um antagonismo mortal levantaria um contra o outro o elegante prelado e a amável princesa, ambos vítimas das tenebrosas maquinações do Caso do Colar*?

Estavam todos entregues à alegria, à benevolência, à simpatia. A própria primavera, mais radiosa do que nunca, parecia vibrar em uníssono na luz matinal daquele claro início de maio.

De Estrasburgo até Compiègne, onde a corte a esperava, a viagem da delfina ocorreu como um sonho encantador.

Em seu caminho, tudo estava enfeitado. Ela avançava sobre um verdadeiro tapete de flores e atravessava as cidades sob arcos de triunfo de rosas e lírios, em meio a aplausos, aclamações entusiasmadas e vivas de todo um povo em regozijo.

Nas proximidades de Compiègne, subitamente ela viu avançarem a seu encontro, com toda a solenidade e acompanhados de um grande cortejo, entre um desfile de uniformes e toques de trompa, o rei Luís XV e o delfim, admiravelmente enquadrados pelas árvores altas e majestosas da velha floresta.

A jovem princesa lançou-se aos pés do rei, que a ergueu na mesma hora e a fez sentar-se a seu lado em sua carruagem, em que também tomaram lugar o delfim e a condessa de Noailles.

No castelo de Compiègne esperavam os irmãos do delfim, os condes da Provence e de Artois; lá estavam também todos os parentes próximos do rei, os duques de Orléans, de Chartres, de Bourbon, o príncipe de Condé, o conde da Marche, o duque de Penthièvre e sua nora, a deliciosa princesa de Lamballe.

---

* Caso descrito anteriormente. (N. da T.)

Maria Antonieta, que ainda não tinha quinze anos e a quem os títulos de arquiduquesa da Áustria e de delfina da França não impediam de se intimidar no meio de todas aquelas figuras ilustres e, para ela, desconhecidas, sentiu-se imediatamente atraída pelos grandes olhos cândidos e azuis e pelo belo rosto de expressão doce e como que infantil daquela jovem viúva de vinte anos. Foi o início da célebre amizade, que um dia seria funesta para ambas.

De Compiègne foram para Versalhes, onde, em 16 de maio, celebrou-se o casamento do delfim com Maria Antonieta.

Quando o jovem casal apareceu, o delfim, um pouco desajeitado com seus trajes de cerimônia, conduzindo Maria Antonieta pela mão até a capela, um murmúrio de admiração elevou-se à passagem da princesinha, graciosa e linda em seu vestido de noiva.

Até o velho rei Luís XV cedeu ao encanto da pequena delfina. Abandonando seu ar habitual de lassidão, parecia feliz e como que rejuvenescido diante da felicidade e do sucesso manifestos da futura rainha.

Durante todo o dia ela recebeu as homenagens dos embaixadores e dos grandes da corte, com uma amabilidade que lhe angariava todas as simpatias.

As festas se prolongaram pelos dias seguintes: grande gala na Ópera, esplêndidos fogos de artifício lançados sobre a piscina de Apolo, grande baile na corte, que o delfim e a delfina abririam com um minueto.

Aquela dança tão graciosa, em seu ritmo antiquado, realçava a leveza dos movimentos e a harmonia das atitudes de Maria Antonieta.

Só o compasso, ao que parece, poderia queixar-se de nem sempre ter sido muito respeitado. Mas, como dizia galantemente um contemporâneo seduzido:

– É o compasso que está errado!

Para expressar essa impressão tão favorável causada em Versalhes pela estréia de Maria Antonieta, não poderia haver nada mais belo do que estas palavras de um admirador lírico:

– A delfina surgiu na corte *como a rosa no meio do canteiro*.

Nesse concerto de elogios, só uma nota dissonante. É verdade que essa nota é dada pela Du Barry, que, enciumada pelo sucesso de Maria Antonieta, chama-a desdenhosamente de "a ruivinha"! Vindo da Du Barry, não será esse desdém um florão a mais na coroa da delfina?

Não foi só na corte, porém, que ela suscitou a admiração e conquistou a simpatia de todos.

Lembrai-vos também de sua entrada em Paris, em 8 de junho de 1773, em meio a um entusiasmo indescritível, e do velho duque de Brissac dizendo-lhe galantemente, ao lhe mostrar a multidão imensa que a aclamava:

– Senhora, tendes aí duzentos mil namorados!

Lembrai-vos da carta transbordante de alegria que ela escreveu à mãe:

"Não posso vos dizer, querida mamãe, os arroubos de alegria, de afeição que nos foram testemunhados. Antes de nos retirar, saudamos o povo com a mão, o que deu grande prazer. Como estamos felizes, em nossa condição, de ganhar a amizade de um povo por preço tão baixo! No entanto, não há nada tão precioso. Eu o senti e nunca o esquecerei."

Daquela amizade de todo um povo, daquela admiração e simpatia de toda a corte que lhe bastou aparecer para conquistar, ela não tardaria, infelizmente, em conhecer a inconstância e a fragilidade!

À adulação logo sucederia a calúnia. Primeiro, cançõezinhas leves, cuja maldade era dissimulada pela música e pelo espírito. Depois historietas saborosas que as pessoas contavam sobretudo para parecer bem informadas e conseguir sucesso fácil satisfazendo as curiosidades. Pouco a pouco, a calúnia tornava-se mais venenosa, mais tenaz, mais odiosa, inflava, se desenfreava, abandonava o tom de brincadeira ou de troça que lhe dera a corte para assumir o tom dos subúrbios e a vulgaridade da rua, e, haurindo em sua própria grosseria uma nova força, jorrava, enlameando em sua passagem todos em torno da rainha, finalmente investindo contra ela, invencível, impiedosa, ignóbil e mortal!

Mas por que se desencadeou tanto ódio contra Maria Antonieta?

É preciso dizer, pois é essa a ironia de sua sorte, que foi pelas próprias qualidades que lhe valeram de início todas as simpatias.

No entanto, um traço de caráter, um chiste um pouco zombeteiro, uma atitude espontânea e sem cerimônia, um gesto um pouco livre que poderiam ser julgados adoráveis, num primeiro momento, por parte da delfina de quinze anos, logo se tornaram pretextos de escândalos por parte da rainha da França.

Criança privilegiada pelo destino e para quem tudo fora fácil demais, ela não admitia ser contrariada e não conhecia outra lei que não os seus caprichos. Não compreendia que aquilo que encantara de início pudesse, depois, escandalizar.

A etiqueta é a salvaguarda dos soberanos, que, para serem respeitados, devem conservar a dignidade e manter uma atitude, como o ídolo na distância do templo...

Educada na corte de Maria Teresa, num meio de costumes honestos mas em que não havia muito lugar para a etiqueta, ela se vira deslocada, com quinze anos, acabando de sair de uma infância cândida, ao chegar à corte de Luís XV, em que a etiqueta fazia as vezes de moral e só as aparências pareciam ter importância.

Segura e orgulhosa de sua honestidade, no meio de uma corte dissoluta, ela não julgara útil respeitar aquelas aparências vãs, considerando-as no máximo uma boa salvaguarda para aqueles cuja conduta pudesse dar margem a escândalo. Imaginara que poderia assumir atitudes mais livres e que bastaria não fazer mal para não a julgarem mal.

Então vemos a delfina comportar-se com uma inconseqüência perigosa.

É uma criança desmiolada, que acredita tudo lhe ser permitido e que, em sua alegria de viver, pouco se preocupa com o que os outros dirão. Até se diverte em escandalizar por brincadeira os formalistas da etiqueta, em subverter todas as tradições.

Assim, obtém permissão, do rei Luís XV, para montar a burro. E acontecem corridas desvairadas, como as faria uma garotinha em férias, em que a delfina é derrubada por sua montaria de maneira um pouco mais violenta do que recomendariam o bom comportamento e a preservação de sua dignidade.

Ela ri às gargalhadas, sentada na relva, com o vestido desalinhado; enquanto o burro se afasta a galope e peidorreando, ela grita, batendo palmas:

– Depressa, vai buscar a sra. de Noailles para ela me dizer o que exige a etiqueta quando uma futura rainha da França cai do burro!

Ela se compraz, assim, em ridicularizar todas as questões de formalidade, com mais espírito do que lucidez.

A sra. de Noailles, que aceitou a difícil tarefa de educar a delfina nesse aspecto, recebe dela o apelido brincalhão de "senhora Etiqueta".

O conde Mercy-Argenteau, especialmente encarregado pela imperatriz Maria Teresa de cuidar de Maria Antonieta, de orientá-la e de apontar-lhe os defeitos, em vão une seus esforços e suas instâncias aos da sra. de Noailles. Tampouco ele consegue se fazer ouvir.

Por ser uma aluna real a delfina não deixa de ser indisciplinada, desrespeitosa e travessa.

Nas recepções da corte, ela dá gargalhadas na cara das veneráveis matronas que vêm cumprimentá-la.

O efeito é deplorável. A imperatriz Maria Teresa, que fica sabendo disso por meio de seu fiel Mercy-Argenteau, não pode deixar de repreender a filha veementemente!

"Dizem", ela lhe escreve, "que estás começando a ter a atitude ridícula de cair na gargalhada na cara das pessoas. Isso irá trazer-te um prejuízo infinito e fará duvidar até mesmo da bondade de teu coração. Numa princesa, querida filha, esse defeito é grave."

Luís XV, por sua vez, também considera que a pequena delfina não tem compostura. Ela é seguida por toda uma corte de jovens empenhados em lhe agradar, cuja assiduidade faz espalharem-se murmúrios de que o delfim ainda não é seu marido, a não ser pelo nome.

De fato, assim como Pedro III da Rússia, Luís XVI levou muito tempo para resolver testemunhar sua ternura à delfina.

– Não é um homem como os outros! – suspira tristemente o velho Luís XV, surpreso por constatar tanta reserva por parte de seus descendentes.

Maria Antonieta, por sua vez, talvez suspire baixinho; mas, em público, ela se inebria numa louca e despreocupada alegria e se diverte mais do que recomenda o bom comportamento.

Ela vai ao baile, à Ópera, à Comédia, passa noites inteiras jogando faraó, acompanha as caçadas e caçoa de tudo. É acompanhada por toda parte pelos mesmos animadores, que têm à frente o conde d'Artois, irmão do delfim, conhecido por sua vida desregrada e por suas ruidosas aventuras.

Maria Antonieta, sem receio de se prestar à maledicência, justamente por ter a consciência tranqüila, a todos se mostra prestativa, familiar, cheia de naturalidade e alegria. Nas caçadas, distribui prodigamente aos jovens que a cercam uma parte das provisões que levou para seu almoço. E esse simples gesto, ao qual ninguém está habituado por parte de uma delfina, presta-se a mil comentários maldosos.

No entanto, se na corte a reputação de Maria Antonieta começa a se turvar, entre o povo seu crédito é maior do que nunca.

Dela são citados traços belos e comovedores, atos de benevolência, generosidade, de extrema bondade, que atestam seu bom coração.

Ela adotou um pequeno camponês cuja mãe morrera, educa-o a seu lado, na corte, e cuida dele pessoalmente.

Certo dia, numa caçada, um batedor foi ferido por um veado e ela lhe fez um curativo com as próprias mãos, deu-lhe todo o conteúdo de sua bolsa e mandou que o levassem em seu carro para que pudesse receber o mais depressa possível os cuidados necessários. Enquanto isso, ela esperou pacientemente a volta da carruagem, em plena floresta, por mais de uma hora.

Socorreu pessoalmente um mensageiro ferido, empenhando-se em obter socorro para ele o mais depressa possível, chamando-o com intimidade de "meu amigo", só consentindo em prosseguir seu caminho depois de ter certeza de que não lhe faltava nada.

Sua popularidade é imensa, ela é aclamada sempre que aparece e todos repetem entusiasmados que "Henrique IV reconheceria nela sua digna herdeira".

Ela possui em mais alto grau aquela bondade natural, inteiramente espontânea, que se dispensa já no primeiro momento, que confunde os que são objeto dela, mas que esquece tão depressa quanto se deu e acaba por recolher apenas ingratidão, desencantando a esperança que aqueles a quem foi concedida de início depositaram nela.

Em 30 de abril de 1774, bruscamente espalha-se a notícia de que o rei Luís XV está com varicela e sua vida corre perigo. Durante doze dias, ele luta contra a morte.

A corte espera em silêncio e recolhimento o resultado dessa luta trágica.

Todas as festas, todas as recepções são suspensas. A delfina permanece enclausurada, não vê mais ninguém.

Sua atitude nessa circunstância é perfeita e lhe vale a aprovação de todos.

O povo, reunido diante do palácio, observa, ansioso, a vela que vacila à janela do quarto do rei.

De repente, da multidão eleva-se um ruído: a vela acabou de se apagar! É o sinal! Luís XV deu o último suspiro. Então, ecoa o velho grito: "O rei morreu. Viva o rei!" E a multidão se precipita em ondas tumultuosas para saudar a aurora do reinado de Luís XVI. Maria Antonieta, emocionada com as aclamações, murmura, com lágrimas nos olhos, abraçando o marido, estas palavras cheias de profética melancolia:

– Somos jovens demais para reinar!

Ela ainda não tem vinte anos e só conheceu até então os sorrisos da vida.

Com espírito naturalmente dominador, não tem nem os conhecimentos gerais sólidos, nem a vontade firme e lúcida que justificam o exercício do poder! Tem o gosto pelo comando, mas não tem a experiência dele. Com uma inteligência pessoal muito viva, não tem nenhum senso social e político. Seus impulsos são tão fortes quanto passageiros; e suas ordens, cujas conseqüências ela não pesa nem prevê, assemelham-se singularmente a caprichos imperiosos, mas efêmeros, de mulher bonita.

O poder é para ela, antes de tudo, uma satisfação de amor-próprio de que ela pretende ter grande parcela. Agrada-lhe ser poderosa para favorecer os amigos e prejudicar os inimigos. Mas sua política não enxerga nada além dos impulsos de seu coração.

Toda resistência a suas fantasias a irrita, aferra-a mais ainda à sua idéia e a faz perder o senso da justa medida, levando-a a lançar mão de tudo para obter uma coisa que, de início, não aparentava desejar tão intensamente, e que está fadada a lhe causar o pior mal, sem que ela pareça nem mesmo suspeitar.

Infelizmente, Luís XVI, cujo papel de marido seria fornecer à mulher a ponderação que lhe falta, moderar os excessos de seus caprichos, adquirir sobre ela, enfim, uma influência benéfica e salutar, não é de modo algum um homem capaz disso.

Seria desejo de fazer esquecer seu início pouco brilhante na vida conjugal? Seria apatia, indiferença e fraqueza naturais? O fato é que ele não sabia resistir aos desejos que ela expressava, por menos razoáveis e por mais impolíticos que fossem.

No entanto, ele não deixava de ter qualidades sólidas, uma instrução extensa, uma inteligência esmerada e uma visão bastante clara da situação política e social.

Mas todas essas qualidades tornaram-se inoperantes por uma falta absoluta de decisão pessoal e pela cega submissão à vontade de sua mulher.

Tratava-se, em suma, de um bom burguês, estudioso, honesto e pacífico, que gostava da paz e de sua tranqüilidade, disposto a sacrificar pela harmonia conjugal as idéias justas que pudesse ter.

Para sua infelicidade, essa alma de burguês desviara-se para a pele de um rei, num dos períodos críticos da monarquia.

Enquanto ele se comprazia, na solidão de sua oficina de amador, em seus inocentes trabalhos de serralheria ou de alvenaria, sua mulher governava em seu lugar, distribuía favores escandalosos, gastava no jogo um dinheiro incontável, fazia intrigas, transferia ou nomeava ministros, destituía ou recompensava embaixadores e, acima de tudo, só pensava no prazer. Divertir-se tornara-se a grande ocupação da corte.

Todo o mundo percebia a incapacidade de Luís XVI para ter vontade própria e sua sujeição à mulher. Mercy-Argenteau escrevera a Maria Teresa:

"O sr. delfim, com senso de justiça e boas qualidades de caráter, provavelmente nunca terá a força nem a vontade para reinar por si mesmo."

Em outra ocasião, ele fizera este comentário terrível sobre Luís XVI:

– Sua complacência assemelha-se a submissão.

Maria Teresa respondera com uma lucidez de mãe alarmada:

"Confesso-vos francamente que não desejo que minha filha conquiste uma influência decisiva sobre os negócios. Conheço sua juventude e sua leviandade, acrescentadas a seu pouco gosto pela aplicação e ao fato de que não sabe nada, o que me faria temer ainda mais pelo resultado no governo de uma monarquia tão deteriorada como a da França. E, se a situação dessa monarquia viesse a piorar cada vez mais, eu preferiria que fosse acusado algum ministro a que o fosse minha filha, e que alguém outro tivesse a culpa."

No entanto, até então o poder parecia ter dado certo para Maria Antonieta. Seu crédito e sua popularidade eram imensos.

"É a posição mais elevada em que jamais se encontrou uma rainha da França", escreveu ainda Mercy, em 1775.

"Esses progressos de minha filha ultrapassam minha expectativa", respondeu Maria Teresa.

Na Ópera, quando aparece em seu camarote, a rainha é longamente aclamada.

Quando apresentam a *Ifigênia*, de Gluck, o artista se volta para ela para cantar a ária "Cantemos, celebremos nossa rainha", enquanto toda a sala, em pé, aplaude vigorosamente e grita com entusiasmo: "Viva a rainha!"

O rei lhe dera havia pouco tempo o Petit-Trianon. Bastara que ela exprimisse o desejo de ter uma residência só para si, onde lhe fosse permitido fugir aos esplendores opressivos de Versalhes e deixar de ser rainha da França. Diz-se que Luís XVI lhe respondera galantemente:

– Trianon sempre foi dado às favoritas dos reis da França: ele te cabe por direito!

Construído para a sra. de Pompadour, o Trianon, com efeito, fora depois habitado pela Du Barry.

Mas foi Maria Antonieta, a sedutora, que realmente o animou com a vida frívola e encantadora que a celebrizou e cuja nostalgia ainda se encerra nestas sílabas, graciosas como o próprio quadro que evocam: "O Trianon de Maria Antonieta."

Ali, com um leve vestido de cambraia, na amável intimidade de uma vida ao mesmo tempo refinada e campestre, em meio a um jardim de flores raras, rodeada por suas amigas bonitas: a princesa de Lamballe ou a duquesa de Polignac, em companhia da duquesa de Guiche e da viscondessa de Polastron, Maria Antonieta se comprazia em dizer alegremente:

– Aqui já não sou rainha; eu sou eu.

Sua cunhada, madame* Elisabeth, também ia encontrá-la ali, e o principal prazer delas era descansar, num cenário encantador, numa vida de sonho, longe das obrigações da corte.

Ela escreve à mãe:

"Vim me instalar por oito ou dez dias no Trianon, para de manhã fazer passeios a pé que são essenciais à minha saúde; em Versalhes isso é impossível. O rei parece gostar muito; todos os dias ele vem jantar e, de manhã, vem me ver, como em meus aposentos em Versalhes. Escolhi este momento para minha estada aqui porque é o mês em que o rei vai caçar quase todos os dias e menos precisa de mim. Minha saúde e a de minha filha estão ótimas."

Na verdade, o que há de mais honesto e, eu até diria, de mais burguês do que a vida assim descrita?

É que, na realidade, o Trianon foi, tal como Maria Antonieta, objeto de muitas lendas caluniosas.

Sem dúvida, a rainha mandara fazer várias reformas, gastando quantias relativamente consideráveis. Mas

---

* *Madame* era um título dado às mulheres da casa real, especialmente à filha do rei, às irmãs do rei e à mulher do irmão mais velho do rei, o *Monsieur*. (N. da T.)

estavam longe de ser verdade as coisas maldosas que se contavam. No entanto, eram os exageros mais loucos que recebiam maior crédito por parte do povo.

O Trianon fora apelidado de "a pequena Viena". Falava-se misteriosamente das orgias que lá aconteciam e dos milhões que se gastavam. Ora, o que lá havia era simplesmente um cenário montado, em que a rainha e suas amigas, vestidas de camponesas, com chapéu de palha e avental, sem séquito, nem pajens, nem ninguém, brincavam de pastoras de Watteau. Havia também, de fato, uma bela sala de teatro em que, sob a direção de atores famosos, e sob o olhar benevolente de Luís XVI, Maria Antonieta e suas amigas representavam pastorais inocentes como *Le devin du village, La gageure imprévue* ou *Rose et Colas*.

Mas, de tanto se divertir assim, ininterruptamente, esquecendo-se de que era rainha, Maria Antonieta acabava se fazendo esquecer pelos outros.

Seu abandono encantador, sua amável simplicidade, sua liberdade de comportamento, sua graciosa jovialidade, em que se manifestava a serenidade de uma alma honesta e autoconfiante, por outro lado davam a seus inimigos um pretexto, com aparência de verdade, para incriminar sua virtude.

Por ela se preocupar menos em impor do que em agradar, por buscar menos o respeito do que os aplausos, as pessoas sentiam-se autorizadas a suspeitar da pureza de seus costumes, e a calúnia logo lhe atribuiu alma de cortesã.

Contava-se com olhares escandalizados que ela inventara, certa noite, de sair num grupo alegre, com o duque de Chartres e os irmãos do rei, para assistir ao levantar do sol no alto do bosque de Marly.

Jean-Jacques Rousseau, no entanto, introduzira a moda do amor à natureza, e a rainha, prestando-lhe culto, certamente contava com as graças de seus discípulos.

Mas estava dito que suas mais simples idéias seriam desnaturadas ao sabor da imaginação, e uma canção venenosa, *Le lever de l'aurore* [O levantar da aurora], logo circulou para contar à sua maneira a inocente excursão.

Assim, pouco a pouco, a calúnia caminhava, tomava tudo como pretexto, para macular a reputação da rainha.

Um acidente de carruagem a caminho da Ópera com a duquesa de Luynes, uma aventura banal no terraço de Versalhes, um sarau musical em que Maria Antonieta, misturada à multidão, foi abordada por um galante alto funcionário que de início não a reconheceu e trocou com ela algumas frases insignificantes, o menor incidente, o mais minúsculo detalhe, avidamente captado, logo é explorado, aumentado, deformado, tornando-se ponto de partida das mais odiosas calúnias.

Além disso, seja qual for o partido que a rainha tome, imediatamente acha-se um meio de reprová-la. Foi assim que, de início, reprovaram-lhe, não sem alguma razão, o luxo, as despesas com roupas e o gosto pelas jóias.

Maria Teresa até escrevera à filha a esse respeito, fazendo-lhe sérias admoestações.

A sra. de Polignac, cuja beleza apreciava a simplicidade e que nunca usava jóias, acabara tendo, quanto a esse aspecto, uma influência favorável sobre a rainha, sua amiga.

A seu exemplo, Maria Antonieta adotou vestidos de tecidos leves, de uma elegância simples e despojada.

Assim, ela mandou a sra. Vigée-Lebrun pintá-la de vestido branco, liso, num belo retrato que foi exposto no Salão do Louvre em 1783. Pensais que agradou a seus detratores? Pois então não os conheceis!

Ora, imediatamente os protestos se levantaram.

Com que então a rainha queria arruinar as indústrias de luxo? Como se permitia vestir-se daquela maneira, de "camisola"? Era de fato muita falta de compostura. E era também sacrificar os interesses da cidade de Lyon, com seus vestidos e sedas, em proveito da Bélgica, e isso, decerto, para favorecer seu irmão Maximiliano.

Em suma, as críticas foram tão violentas que foi preciso retirar o quadro.

As soberanas têm uma sorte pouco invejável. Se favorecem o luxo, é um escândalo; se buscam a simplicidade, é a ruína do comércio. Para os maledicentes, e eles são muitos, suas amizades femininas são suspeitas e suas amizades masculinas, comprometedoras.

Desse modo, a calúnia estava por toda parte e se apoderava de tudo.

"Escutai", escreveram os Goncourt, "escutai o sussurro e o murmúrio de um povo que sobe e desce, desce e sobe, dos Halles* a Versalhes e de Versalhes aos Halles. Escutai a populaça, escutai os carregadores de cadeirinhas, escutai os cortesãos levando a calúnia de Marly, levando-a dos bailes da rainha, levando-a, por correio, a Paris. Escutai os marqueses no camarim das atrizes, junto das Sophie Arnould e das Desmare, das cortesãs e das cantoras. Interrogai a rua, a ante-sala, os salões, a corte, a própria família real: a calúnia está por toda parte e até ao lado da rainha!"

Convenhamos, todavia, que pela liberdade de seus modos a rainha prestava-se singularmente à calúnia. Sem dúvida, uma rainha tem direito a ter amizades. Mas deve levar em conta toda a inveja e o ciúme que essas amizades suscitam e empregar nelas algum comedimento e alguma discrição.

Ora, Maria Antonieta ostentava suas inúmeras amigas sem se preocupar com a impressão causada e impunha até mesmo ao tesouro a responsabilidade de mantê-las, distribuindo-lhes, com louca prodigalidade, todos os favores, as pensões e os cargos de que sua qualidade de rainha e a fraqueza do rei lhe permitiam dispor.

---

* *Les Halles*, o mercado de Paris. (N. da T.)

Assim, mandara reinstituir, para a princesa de Lamballe, o cargo de superintendente de sua casa, com um honorário anual de 150.000 francos.

Assim também todo o séquito da sra. de Polignac, a qual tivera a delicadeza de nada solicitar para si mesma, viu-se cumulado, como que por um maná celeste, dos favores mais inesperados e menos justificados.

Os favoritos, aquela coorte de jovens que a rainha arrastava por toda parte atrás de si e a quem chamava por gracejo de "meus encantadores homens maus", Bézenval, Luxembourg, d'Esterhazy, Guines, Coigny, Lauzun, Dillon, tampouco eram esquecidos na distribuição das provisões reais, e é de imaginar que alimentassem as calúnias ainda mais do que as amizades femininas.

O mais visado de todos era, talvez, o conde de Artois, inseparável da rainha, animador de todas as diversões.

Se iam às corridas, era o conde de Artois que apresentava à rainha os jóqueis vencedores. Se jantavam no Bagatelle, ou ceavam no la Muette, o conde de Artois era quem organizava o jantar ou a ceia.

Lá estava ele também no baile da Ópera, onde às vezes a rainha dançava até as seis da manhã.

Caçadas, passeios de trenó na neve, partidas de faraó, em que se jogava dinheiro alto, durante toda a noite, em Compiègne ou em Fontainebleau, em casa da princesa Guéménée, em todas as ocasiões, em todos os lugares, o conde de Artois sempre estava presente.

– Era o irmão do rei! – direis.

Decerto. Mas era visto com a rainha com muito maior freqüência do que o rei.

Luís XVI, que gostava de dormir cedo, raramente acompanhava Maria Antonieta em suas diversões, ao passo que o conde de Artois não perdia nenhuma.

Seria preciso mais para que as línguas se soltassem e os comentários maldosos se desencadeassem?

A rubéola da rainha também deu margem a um belo escândalo. Os médicos haviam prevenido Luís XVI contra um eventual contágio e lhe desaconselharam entrar no quarto da doente.

Luís XVI, por insistência de sua própria mulher, deixou de ir a seus aposentos.

Mas a rubéola era benigna e, para a doente, o tempo custava a passar. Seus habituais animadores, Esterhazy, Coigny, Guines, Bézenval ofereceram-se para desafiar a rubéola e vir distraí-la. A rainha teve a inconcebível leviandade de aceitar, e Luís XVI, a insigne fraqueza de permitir. A partir daí, os quatro cavalheiros não abandonaram a cabeceira da régia doente, em que até então a princesa de Lamballe fora a única a vir sentar-se.

E o rei vagueva como uma alma penada, detendo-se na porta pelo medo um pouco ridículo de se contagiar. Limitava-se a escrever todos os dias a sua mulher e a vislumbrá-la em seu balcão.

Como é de imaginar, essa situação paradoxal estimulou as zombarias fáceis. Perguntava-se, caçoando, quais seriam "as quatro damas escolhidas para cuidar do rei" se ele também ficasse doente.

Não se poupavam críticas à inconseqüência da rainha, que só se igualavam às que se faziam à complacência do rei para com os caprichos de sua mulher.

Ninguém mais duvidava de que Maria Antonieta tivesse fraquezas pecaminosas por aqueles a quem assim acolhia na intimidade de sua cabeceira, desafiando a opinião pública. Até então tinham sido chamados de seus favoritos, e já nessa qualidade eram muito impopulares. Passaram a sê-lo muito mais a partir do momento em que foram considerados seus amantes.

Não é preciso dizer que não o eram e que aquela conduta imprudente era justamente a prova de que a rainha os considerava insignificantes e incapazes de comprometê-la. Nem por isso a inconveniência da situação deixava de ser real e chocante.

A atitude de Maria Antonieta foi completamente diferente para com o belo Fersen. E por isso, sem dúvida, por uma conseqüência estranha, embora lógica, foi dele que menos se falou, ao passo que era justamente com quem mais haveria por que se preocupar.

O conde Axel de Fersen foi, de fato, o único que soube fazer bater o coração da rainha.

Esse esboço de romance, todo feito de silêncios, é de uma rara qualidade.

Filho do marechal-de-campo Frederico Axel de Fersen, de uma nobre família sueca, o conde Axel de Fersen tinha apenas dezoito anos quando chegou à corte francesa, calorosamente recomendado pelo rei da Suécia, Gustavo III.

O excelente historiador Lenotre nos contou (*Le drame de Varennes*), de maneira muito espirituosa, as provas por que deveria passar um jovem fidalgo ao chegar à França.

Era indispensável, primeiro, ser apresentado por seu embaixador à sra. Du Barry, amante do rei; em seguida, ir a Ferney para visitar e fazer a corte ao Patriarca, cercado por sua sobrinha, trinta relojoeiros e um Padre Jesuíta; finalmente, ir ao baile da Ópera.

Lenotre acrescenta que, depois desse bacharelado de tipo especial, o debutante, após passar por essa série de exames preliminares, podia pensar em aparecer na Corte.

Foi no baile da Ópera que o conde de Fersen viu a delfina pela primeira vez. Falou-lhe sem saber quem ela era, e, quando Maria Antonieta tirou a máscara para ser reconhecida, o jovem sueco ficou embevecido. Já nessa primeira noite tomou-se de amor pela futura rainha da França e lhe entregou seu coração para sempre.

O conde de Fersen era alto, bem feito, tinha um belo rosto, um pouco frio, com um harmonioso perfil de medalha, falava pouco mas só dizia coisas justas e bem pensadas. Segundo as palavras do duque de Lévis, ele era "circunspecto com os homens e reservado com as mulheres".

Como aquele homem nórdico, de aparência tão fria, jeito tão sério, de caráter e temperamento, ao que parecia, tão oposto ao de Maria Antonieta, pôde causar-lhe tão viva impressão logo à primeira vista?

Talvez fosse justamente porque tudo nele contrastava nitidamente com o grupo de animadores desmiolados, cansativos, a longo prazo, por seu entusiasmo artificial e sua insignificância, dos quais a rainha costumava cercar-se.

Talvez fosse também porque, observando-o mais atentamente, sentia-se em Fersen, segundo as palavras de uma contemporânea, "uma alma ardente sob um invólucro de gelo".

Ou, finalmente, dever-se-á acreditar que, como se diz com tanta freqüência, os opostos se atraem?

O fato é que a rainha distinguiu o conde de Fersen quase imediatamente e o tratou com acentuada amabilidade.

Fersen, por sua vez muito entusiasmado, escreveu ao pai: "A rainha, que é a princesa mais bela e mais amável que já conheci, teve a bondade de se informar com freqüência a meu respeito. Perguntou a Creutz por que eu não aparecia em suas recepções e, ao saber que eu fora um dia em que ela não recebera, mandou pedir-me desculpas."

Esse estranho romance se desenrola quase sem palavras. Reservado, correto e respeitoso, de uma rara delicadeza de sentimentos, o conde de Fersen sabe que não se fazem declarações de amor à rainha da França, e Maria Antonieta, apesar de sua leviandade, é por demais fiel a seu dever para não respeitar o silêncio que salvaguarda sua dignidade.

Só os olhares trocados os fizeram sentir o que seus lábios se recusavam a dizer.

Conta-se que certa noite, ao piano, ao cantar as coplas apaixonadas de Dido:

> Oh! Que je fus bien inspirée
> Quand je vous reçus à ma cour.*

---

* Tradução livre: "Oh! Que bela inspiração eu tive / Quando vos recebi em minha corte." (N. da T.)

a rainha voltou os olhos para Fersen intencionalmente e não conseguiu dissimular inteiramente sua perturbação diante da confissão indireta, mas muito eloqüente, trocada por seus olhares que, por alguns instantes, se confundiram.

Mas Fersen não seria o cavalheiro gentil e delicado que era e que pretendia continuar sendo aos olhos da rainha se tivesse se prestado a prolongar por mais tempo uma intriga que já começava a não ser mistério para alguns e que, por mais que se mantivesse ideal, corria o risco de fornecer um pretexto a mais para caluniar o objeto de seu amor.

Aproveitou então o pretexto da guerra pela independência da América e se engajou como voluntário de La Fayette.

O embaixador da Suécia não se deixou enganar quanto à razão daquela partida e a anunciou a Gustavo III nestes termos:

"Devo confiar a Vossa Majestade que o conde de Fersen passou a ser tão bem visto pela rainha que fez sombra a várias pessoas.

"Confesso que não consigo me impedir de acreditar que ela tinha um pendor por ele. Vi indícios muito certos para ter dúvidas. Nessa ocasião, o jovem de Fersen teve uma conduta admirável por sua modéstia e reserva, e sobretudo pela decisão que tomou de partir para a América.

"Afastando-se, era preciso, evidentemente, ter uma firmeza que estava acima de sua idade para superar essa sedução. Nos últimos dias a rainha não tirava os olhos dele; e, ao olhá-lo, eles se enchiam de lágrimas.

"Suplico a Vossa Majestade que guarde segredo para Ela e para o senador Fersen. Quando souberam da partida, todos os favoritos ficaram encantados.

"A duquesa de Fitz-James lhe disse:

"– Ora, senhor, abandonais assim vossa conquista?

"– Se tivesse feito alguma conquista, eu não a abandonaria – ele respondeu. – Parto livre e, infelizmente, sem deixar saudade.

"Vossa Majestade há de reconhecer que essa resposta foi de uma sensatez e de uma prudência acima de sua idade."

Fersen partiu, mas não foi esquecido.

Ao voltar, encontrará a mesma acolhida e a mesma afável atenção. E continuará mostrando-se digno dela.

Voltaremos a encontrá-lo, nos dias mais sombrios da Revolução, sempre fiel àquela a quem dedicou sua vida e que então o destino cruel abate. Arriscando a vida, ele tentará o impossível para salvá-la. A isso irá consagrar todas as suas forças, toda a sua inteligência e uma grande parte de sua fortuna.

Depois, quando a morte vier arrancar-lhe a suprema esperança, ele sentirá profundamente seu doloroso efeito.

Em 20 de junho de 1810, em Estocolmo, também ele terminará tragicamente, assassinado, durante uma rebelião, realizando até o fim, em seu destino estranho e miserável, as palavras proféticas que um dia a rainha lhe dissera:

– Trago infelicidade àqueles que amo.

Foi nessa atmosfera conturbada, maldosa e cada vez mais hostil à rainha, por todos os ciúmes que despertavam os favores em que ela era pródiga, que eclodiu de repente, em 1785, a tormenta do Caso do Colar[1].

Veja-se como a calúnia encontrou campo fértil e correu solta.

Até então, os ataques tinham sido esparsos e, de certo modo, esporádicos. Anedotas mais escandalosas ou menos, mais autênticas ou menos, haviam fornecido o pretexto para eles. Mas faltava-lhes coesão. Era uma guer-

---

1. Em outro estudo, expus detalhadamente esse caso apaixonante – *Les grands procès de l'histoire*, tomo II. [Nesta edição, p. 173.]

ra de escaramuças, de emboscadas, uma guerrilha. Não era uma ofensiva de conjunto que permitisse reunir e colher, num mesmo esforço, todas as forças hostis à rainha.

O Caso do Colar iria permitir que se desencadeasse essa ofensiva de grande envergadura, que se tornara mais temível pela tensão dos espíritos prevenidos. A opinião pública, preparada como estava, lançou-se avidamente sobre essa intriga obscura e de início não duvidou da culpa da rainha.

Os detratores da nobreza, os adversários da religião, os inimigos da rainha e da monarquia, todos aqueles em quem começava a soprar o vento da Revolução que se aproximava, empenharam-se de corpo e alma e fizeram coro para aumentar e envenenar à vontade um caso tão propício que, segundo as palavras típicas do conselheiro de Saint-Just, "jogava lama no cajado e no cetro".

A repercussão foi enorme. Os partidários da rainha e os de Rohan, cujo interesse seria unirem-se na busca da verdade e da defesa da ordem, não o compreenderam e se enfrentaram desastradamente numa luta mortal para ambos os lados.

Maria Antonieta quis enxergar nesse caso uma simples questão de amor-próprio ferido e só pensava em sua vingança, mulher orgulhosa e dominadora que era.

Mas, finalmente, no estrondoso processo que ela imprudentemente levou o rei a empreender, acabou encontrando a primeira grande humilhação de sua vida. Ouviu o primeiro dobrar dos sinos anunciando o fim da monarquia.

Os partidários de Rohan só pensavam em defender energicamente um dos seus e, para melhor fazê-lo, atacavam a rainha que desejava derrubá-lo.

No entanto, nesse conflito entre pessoas, no ardor da luta, ninguém entre os combatentes percebia que a questão era maior e mais grave, que o verdadeiro drama era o que ainda não se via mas que aquele prólogo já parecia anunciar.

Ninguém percebia que aquela agitação malsã que levantava uma contra a outra as duas forças que até então eram as mais respeitadas, o Trono e o Altar, nas pessoas da rainha e do esmoleiro-mor, fazia exatamente o jogo de todos os elementos escusos, de todos os utopistas, de todos os promotores de desordem, de todos aqueles que, conquistados pelas idéias libertárias dos enciclopedistas, estavam à espreita do que pudesse diminuir o poder e só esperavam uma ocasião para atacar a velha monarquia secular que fizera a França.

O Caso do Colar era a ocasião sonhada, uma vez que opunha e colocava em confronto justamente as duas forças que, até então unidas, e por causa de sua própria união, puderam constituir a armadura invencível da ordem hereditária.

Para seus inimigos, quase bastava observá-los atacando um ao outro, marcar os golpes que se desferiam mutuamente em sua fúria cega e suicida e colher, para voltar a utilizá-las depois de torná-las mais venenosas e mortíferas, as inúmeras calúnias que esse caso apaixonante fizera surgir.

Assim, encontraremos oito anos depois, no processo da rainha, as acusações lançadas pela sra. de La Motte no Caso do Colar.

Os libelos difamatórios que ela escreveu em Londres depois de se evadir contribuirão para levar a rainha ao Tribunal Revolucionário, até sugerindo argumentos a Fouquier-Tinville.

Por essa razão Mirabeau chegou a dizer:

– O processo do Colar foi o prelúdio da Revolução.

Também por isso Napoleão dizia, referindo-se ao Caso do Colar:

– Talvez a morte da rainha date dessa ocasião.

Cagliostro, estranho aventureiro, estreitamente envolvido nesse caso perturbador e cujo papel inexplicável permanece intrigante e misterioso, escrevia em 1786, de Londres, onde fora exilado, estas linhas proféticas:

"É digno de vossos Parlamentos trabalhar nessa propícia Revolução. Ela só é difícil para as almas fracas. Sim, eu vos anuncio: reinará sobre vós um príncipe que investirá sua glória na abolição das cartas régias, na convocação de vossos Estados-Gerais. Ele sentirá que o abuso do poder é destrutivo, a longo prazo, para o próprio poder. Não se contentará em ser o primeiro de seus ministros: desejará ser o primeiro dos franceses."

A abolição das cartas régias, a supressão da Bastilha, a convocação dos Estados-Gerais, a diminuição do poder real, traçado com três anos de antecedência, com espantosa precisão, não é todo o programa da "propícia revolução" cujo início seria marcado pelo ano 1789?

Iniciada com o consentimento do próprio rei, que tomara a iniciativa de convocar os Estados-Gerais para estudar com eles as reformas a serem empreendidas, essa "propícia revolução" logo degenerou, como resultado da fermentação dos espíritos e dos apelos à violência que a fraqueza de Luís XVI não soube reprimir em tempo.

Teria sido necessário sentir um poder forte, seguro, sabendo aonde ia e onde queria parar.

Ora, a colaboração de Luís XVI e de Maria Antonieta dava justamente a impressão contrária.

Luís XVI dispunha-se, por natureza, a examinar com espírito conciliador as reformas razoáveis cuja necessidade compreendia, e sua benevolência prestava-se a todas as concessões que lhe eram pedidas.

Mas então a influência de Maria Antonieta intervinha, justo em sentido contrário.

Sem procurar compreender o que podia haver de útil e vantajoso para consolidar a monarquia até mesmo nas concessões em que o rei consentira, ela empregava todo o seu poder para fazê-lo voltar atrás em sua decisão.

Atormentado, oscilando entre a tendência revolucionária representada pelos Estados-Gerais e a tendência reacionária representada por Maria Antonieta e seu círculo, o infortunado Luís XVI flutuava, gastava em lutas estéreis a pouca energia de que era capaz, dava alternadamente um passo para a frente, um passo para trás, e, com seu desnorteio, acabava descontentando todo o mundo, dando a uns a impressão de impotência, a outros a de má-fé. O rei não tinha nenhuma coerência de idéias.

"Para compreenderdes seu caráter", diz o conde de Provence, "imaginai bolas de bilhar azeitadas, que vos esforçaríeis em vão para manter juntas."

Se deixado à sua própria inspiração, talvez ele tivesse conseguido manter a existência de uma monarquia constitucional, o que os revolucionários solicitavam antes que tudo.

Por seu lado, se estivesse sozinha, Maria Antonieta, por uma repressão enérgica e pelo emprego da força desde o início, sem dúvida teria conseguido salvaguardar todas as prerrogativas da monarquia absoluta. Sendo filha de Maria Teresa, teria por quem puxar para ser enérgica!

Mas, opondo-se um ao outro, o rei e a rainha de certa forma neutralizavam a eficácia de suas respectivas tendências e caminhavam juntos para a catástrofe.

Pois Maria Antonieta, ciosa de suas prerrogativas, não queria ouvir falar das concessões necessárias que talvez tivessem acalmado os espíritos.

E Luís XVI, excessivamente escrupuloso, mesmo ao ver sua existência ameaçada recusou-se "a reinar pela violência".

Pode-se dizer, portanto, que Luís XVI e Maria Antonieta se prejudicaram reciprocamente e que tanto um como o outro contribuíram igualmente para levar à catástrofe que acabaria engolindo a ambos: a rainha, por sua impopularidade, que aos poucos fez o rei partilhar, incitando-o constantemente a voltar atrás nas concessões necessárias que de início ele aceitara por sua própria iniciativa; o rei, paralisando, com sua inércia e sua recusa em reprimir, a defesa da segurança do trono que a rainha, se tivesse liberdade de ação, teria garantido com as últimas energias e por todos os meios.

Em suma, as palavras de Mirabeau são verdadeiras: "O rei só tem um homem: sua mulher."

O conde de Provence, egoísta e epicurista, e o conde de Artois, devasso e retrógrado, não podem servir como apoio.

O conde de Provence, além do mais, é incapaz de resolução; Mirabeau recrimina sua *nolonté**. É Maria Antonieta que age e governa.

No momento em que a monarquia está em perigo, em que ainda se pode ter esperança de salvá-la, ela tenta um supremo esforço, esquecendo suas queixas e aversões, para buscar apoio em Mirabeau.

É preciso ler, no belíssimo livro de Louis Barthou, os detalhes do *Contrat à titre onéreux* [Contrato a título oneroso] firmado entre a corte e Mirabeau, por intermédio do sr. de la Marck e do sr. de Fontanges, criatura da rainha, arcebispo de Toulouse.

O rei paga as dívidas do grande tribuno, que recebe, além do mais, seis mil libras por mês a "título de advogado consulente encarregado de defender a realeza".

Lede também o relato impressionante que Louis Barthou faz do encontro do rei e da rainha com Mirabeau, realizado em 3 de julho de 1790, no castelo de Saint-Cloud. A rainha, de início altiva e reservada, logo é conquistada por Mirabeau, que se mostra eloqüente, sedutor, hábil e convincente. Ele envolve o rei e a rainha com toda a volúpia de sua voz admirável. Antes de se retirar, o tribuno beija a mão da rainha e exclama:

– Senhora, a monarquia está salva!

Generosa ilusão! Mirabeau morreu em tempo para não ser renegado por seus partidários e desacreditado pela corte...

Agora só nos resta relembrar as etapas conhecidas do drama emocionante que, em alguns meses, levou as régias vítimas do trono ao cadafalso.

---

* Literalmente, "não-vontade". (N. do T.)

A tomada da Bastilha, que ainda hoje comemoramos, não teve por si mesma, em 14 de julho de 1789, a repercussão que se poderia imaginar. Incrivelmente, no caderno em que Luís XVI anotava, dia por dia, os acontecimentos importantes, entre os quais suas caçadas e deslocamentos, ele nem mesmo lhe faz menção.

É que, na realidade, mesmo na corte, a Bastilha estava condenada. Desde 1787, o ministro Breteuil inscrevera seu desaparecimento no programa de suas reformas. Ninguém se levantara para defendê-la. O que importava, portanto, que a fúria popular tivesse antecipado os projetos do poder! No entanto importava muito, pois a tomada da Bastilha foi a primeira ofensiva da violência jacobina para a usurpação do poder. E, nesse sentido, era um sintoma que não devia ter sido negligenciado. Pois a impunidade forçosamente iria incentivar as manifestações da audácia revolucionária e assegurar sua recidiva.

O rei imaginara que acalmaria os espíritos indo para Paris no dia 17 de julho.

Então, com lamentável fraqueza, ele ostentou a insígnia tricolor e subscreveu tudo o que lhe fora pedido. Era capitular diante da rebelião e, de certo modo, reconhecer oficialmente direitos que ela havia usurpado.

O verão passou sem novos distúrbios. O rei, deixando-se enganar por essa aparência favorável, já voltava a considerar as coisas com mais otimismo.

Fersen, no entanto, julgava claramente a gravidade da situação. Em 25 de agosto, escreveu a seu pai:

"Compartilho vosso apego à França e não posso assistir à sua ruína sem a mais viva dor... Todas as amarras estão rompidas, a autoridade do rei é nula; a própria Assembléia Nacional treme diante de Paris, e Paris treme diante de quarenta ou cinqüenta mil bandidos... Há agentes secretos que distribuem dinheiro, são conhecidos por quase toda parte; mas, seja por fraqueza, seja por temor, seja por cumplicidade, nada se faz contra eles..."

Em 30 de setembro, realizou-se o banquete dos soldados da guarda real. O rei e a rainha compareceram. Maria Antonieta, levando nos braços o pequeno delfim, conversou com um a um, em meio a um entusiasmo indescritível. Diz-se que a insígnia branca foi ostentada junto com a preta, austríaca, e o cocar tricolor pisoteado.

Todos prestaram voto de fidelidade à rainha e juraram morrer, se preciso, pela salvaguarda de sua coroa.

O relato desse banquete percorreu Paris inteira.

Os revolucionários, exasperados, quiseram dar a revanche. Na manhã do dia 5 de outubro, os líderes, explorando a escassez que pesava sobre Paris em conseqüência dos motins e das pilhagens, conseguiram convencer a multidão crédula de que a culpa era de Maria Antonieta, que se apoderara de todo o trigo para que o povo passasse fome.

Imediatamente a rebelião retumbou; os sinos repicaram, o tambor bateu e hordas enfurecidas, lançando brados de morte e reclamando "as entranhas da rainha", despencaram na direção de Versalhes.

A rainha, avisada do perigo que se aproximava, aconselhada a fugir, respondeu com nobre firmeza:

– Não! Se os parisienses vierem até aqui para me assassinar, eu o serei aos pés do rei, mas não fugirei!

Luís XVI, que voltava de uma caçada, esperou o choque com pé firme e não quis que se repelissem os insurretos a tiros de canhão, conforme o sr. de Narbonne lhe suplicava que o deixasse fazer.

De madrugada, os portões do castelo foram forçados e a maré humana desfraldou para os aposentos reais.

– Salvai a rainha! – gritaram para as damas de companhia os srs. de Beaurepaire, du Repaire e de Sainte-Marie, gravemente feridos ao defenderem a entrada.

A rainha fugiu para os aposentos do rei, pelo corredor secreto que ligava os apartamentos reais.

Depois, obstinadamente, ela apareceu no balcão e, por sua atitude altiva, conseguiu arrancar aplausos da multidão.

Mas os insurretos exigiram a transferência da família real para Paris.

O trajeto durou sete horas, e, na carruagem que a levava, rodeada pela malta que gritava "Viva a Nação!" e escarnecia seu infortúnio, Maria Antonieta, com os olhos cheios de lágrimas reprimidas a duras penas, segurava no colo o pequeno delfim, que chorava e repetia:

– Estou com fome!

A chegada às Tulherias, desabitadas havia um século, causou a todos uma impressão terrível.

– É tudo muito feio, mamãe! – exclamou o pequeno delfim.

– Luís XIV gostava daqui – respondeu a rainha, tristemente –, não devemos ser mais difíceis do que ele.

Fersen, que acompanhara as peripécias daqueles dias trágicos, escreveu ao pai, ainda sob o efeito da emoção:

"Deus me preserve de algum dia assistir a um espetáculo tão aflitivo como o desses dois dias!"

Infelizmente, depois ele assistiria a muitos outros, e mais aflitivos ainda!

A repercussão daquele 6 de outubro foi enorme na Europa.

Todos os tronos sentiram-lhe o contragolpe. No estrangeiro, julgou-se com severidade a fraqueza demonstrada por Luís XVI ao não se defender.

"É inconcebível", escreveu Leopoldo, grão-duque da Toscana, "que, no momento do ataque a Versalhes, o rei não tenha preferido deixar-se matar a ceder. É preciso ter sangue de água clara, nervos de estopa e alma de algodão para se comportar dessa maneira. Estou indignado e só lamento pela rainha, pois tenho um pressentimento de que acabará sendo presa..."

E lembrai-vos também desta bela página de Burke:

"Ficará gravado na história que, na manhã do dia 6 de outubro de 1789, o rei e a rainha da França, depois de um dia de confusão, alarme e assassínios, sob a garantia de uma segurança que lhes fora prometida, retiraram-se de seus aposentos para conceder à natureza algumas horas de repouso e à sua profunda dor uma trégua de alguns instantes; que a voz do sentinela que estava à porta da rainha interrompeu seu sono em sobressalto; que lhe gritou que fugisse; que era a última prova de fidelidade que ele pôde lhe dar; que estavam chegando a ele, que ele iria morrer e que na hora ele foi massacrado; que um bando de celerados e de assassinos, cobertos com seu sangue, precipitaram-se para dentro do quarto da rainha e, não mais encontrando a ilustre infeliz que acabava de escapar a seus golpes, fugindo por atalhos que lhe eram desconhecidos para buscar asilo junto de um esposo e de um rei cuja vida não estava em maior segurança, perfuraram seu leito com cem golpes de punhal; que esse rei, para nada mais dizer dele, que essa rainha, que seus filhos pequenos (que, ao mesmo tempo, podiam tornar-se a glória e a esperança de um povo numeroso e generoso) foram obrigados a abandonar o santuário que os retinha no palácio mais esplêndido do mundo e a fugir de um lugar encharcado de sangue, conspurcado por assassínios e juncado com os membros de todos os corpos que se haviam mutilado; que de lá foram conduzidos à capital de seu reino; que, no massacre confuso e sem motivos dos gentis-homens que compunham a guarda do rei, foram escolhidos dois para serem decapitados no meio do pátio do palácio, com toda a pompa de uma execução jurídica; que suas cabeças, levadas em piques, serviram de guias, abrindo e dirigindo a marcha; que o rei e sua família a encerravam como cativos; que suas Majestades foram arrastadas lentamente, em meio a clamores horríveis, gritos dilacerantes, danças frenéticas, frases infames e todos os horrores inexprimíveis das fúrias do inferno, sob a forma das mais vis mulheres; que, depois de serem obrigados a saborear assim, gota por gota, um amargor mais cruel que a morte, a suportar um tal suplício durante um trajeto de doze milhas que durou mais de seis horas, suas régias pessoas reais foram confiadas à guarda dos mesmos soldados que as haviam levado em meio a um tal triunfo e confinado numa das antigas casas reais de Paris, que hoje foi transformada em Bastilha para os reis."

O rei, com efeito, já não podia ter ilusões. Em seu palácio das Tulherias, na verdade ele já era prisioneiro da Comuna.

Sua transferência para Paris tivera o único objetivo de levá-lo a lugar seguro e de mantê-lo, de certo modo, à mercê da revolta, privado de qualquer socorro.

A rainha não podia sair para passear sem ser escoltada por uma guarda nacional, que lá estava muito mais para vigiá-la do que para honrá-la...

Maria Antonieta não se deixa enganar:

– Como minha mãe ficaria admirada – ela diz à sra. de Tourzel – se visse sua filha – mulher, filha e mãe de rei, ou pelo menos destinada a sê-lo – cercada por uma tal guarda.

Ao mesmo tempo, ela tem uma sensação de muita insegurança. Não há um dia em que não receba uma grande quantidade de cartas anônimas, cheias de ameaças à sua vida.

O simulacro de julgamento, pelo Châtelet, das desordens dos dias de outubro esclarecia definitivamente o estado de espírito do público a respeito dela.

Interrogada sobre o que sabia, ela dera uma resposta bela e magnânima, para não acusar ninguém:

– Jamais serei a delatora de meus súditos: vi tudo, soube tudo, esqueci tudo!

O relator Chabroud concluíra:

"Os atentados de outubro não são mais que uma lição para os reis!"

E passou-se a esponja!

Em compensação, pensava-se em ressuscitar o Caso do Colar. O panfleto infame intitulado *Vie de Jeanne de Saint-Rémy de Valois*, que a condessa de La Motte acabava de mandar editar em Londres, servia de pretexto para solicitar a revisão do processo. Hébert e Marat o reivindicavam todos os dias, aos brados. Mirabeau discerniu claramente a verdadeira razão desse projeto.

"A revisão do processo da sra. de La Motte já não seria provocada para simplesmente divertir a malignidade pública", escreve ele. "Nesse projeto, a rainha, de quem eles conhecem o caráter, a retidão e a firmeza, seria o primeiro objeto de seu ataque como a primeira e mais forte barreira do trono, como a sentinela que vela mais de perto pela segurança do monarca."

E ele bradava, com intensa indignação:

"Arrancarei essa infeliz rainha a seus carrascos, ou morrerei..."

Para ter idéia da situação precária da família real nas Tulherias, em meio às ameaças cotidianas, aos insultos de toda uma imprensa sanguinária, amotinada contra ela, aos gritos de morte da multidão, pedindo a cabeça de Maria Antonieta assim que ela aparecia em alguma janela, basta ler algumas de suas cartas que foram conservadas.

"As coisas que se podem escrever são tão desagradáveis que, infelizmente, não é freqüente que se tenha vontade de fazê-lo!", escreve o rei à sra. de Polignac, em 3 de janeiro de 1791. "Foi um ano bem triste, e só Deus sabe o que acontecerá neste. O horizonte não clareou... É preciso estar alerta tanto contra os conselhos e as vontades dos que se dizem amigos quanto contra as manobras dos inimigos... Não estamos ofendidos, mas preocupados, contristados por sermos contestados em tudo e muitas vezes julgados erroneamente..."

A rainha escreve à sra. de Fitz-James, falando de Luís XVI, que os emigrados* acusavam de descaso:

"Dizei, em conversas, que ele está tão infeliz quanto é possível, pois essa é a verdade."

E, numa outra carta, ela acrescenta:

---

* *Émigrés*, pessoas que se refugiaram fora da França na época da Revolução. (N. da T.)

"Não vos dou notícias deste país. Cada dia, cada hora desmente o que se acaba de ficar sabendo; a única coisa constante, contínua e real é a nossa profunda infelicidade e a de todas as pessoas de bem."

Até então o rei se recusara a partir, apesar das instâncias de todos os emigrados e da insistência de Maria Antonieta. Ele achava que seu dever era ficar enquanto subsistisse uma esperança de poder acalmar os ânimos.

Colocar-se à frente dos emigrados para retomar o poder à força seria, de fato, desencadear uma guerra civil, da qual a simples idéia horrorizava Luís XVI, profundamente humano.

– Deus não queira que um só homem pereça por minha querela – ele dizia.

Mas os meses passavam e a situação só piorava. Finalmente o rei tomou, tarde demais, a decisão que deveria ou ter tomado de início, ou não ter tomado.

Não é preciso repetir todos os detalhes tão conhecidos da famosa viagem de Varennes: o rei e a rainha deixando as Tulherias clandestinamente, dentro de uma pesada berlina arranjada pela dedicação do conde de Fersen e conduzida por ele mesmo, disfarçado de cocheiro.

Sabemos que os fugitivos, reconhecidos ao passarem por Sainte-Menehould, foram presos em Varennes-en-Argonne no momento em que chegavam a seu objetivo: Montmédy; que foram levados prisioneiros por Pétion e Barnave, despachados para encontrá-los em Épernay, pela Assembléia Constituinte; que os cabelos da rainha embranqueceram em uma noite, por causa das emoções que viveu, a acreditar na sra. Campan; que, enfim, chegando morta de cansaço às Tulherias, submetida a uma vigilância rigorosa, ela ainda teve a delicadeza e a energia de fazer chegar um bilhete a Fersen, para dizer:

"Não se preocupe conosco, estamos vivos!"

Estavam vivos, de fato, e pode-se dizer que, de todas as prerrogativas que tivera a realeza, foi a última a lhes ser concedida... por muito pouco tempo!

SUAS PRISÕES, SEUS DEFENSORES, SUA MORTE

Em 20 de junho de 1792, começou o ataque às Tulherias. Conhecemos essa cena, reprodução agravada dos dias de outubro. O rei, a rainha e o delfim, obrigados à força a envergar o barrete vermelho, ameaçados, insultados, escarnecidos durante um dia inteiro pela populaça desenfreada, embriagada de fúria, os aposentos saqueados, pilhados, a onda humana só se retirando após a intervenção de Pétion.

Ao longo daquelas horas trágicas, dez vezes, cem vezes, um pique ou um punhal ameaçaram o peito da rainha, impassível, rodeada pelos filhos. Um punho levantado com raiva na sua direção fizera menção de atingi-la, mas seu admirável sangue-frio impusera à multidão que berrava pelo menos o respeito à sua vida. E, mesmo quando ela disse: "O que vos fiz? Eu era feliz quando me amáveis...", uma emoção, piedade, passara pelo povo, que por um instante vacilou em seu ódio selvagem.

A calma voltara, enfim.

Mas esse abrandamento não melhorava a situação. A rainha percebia que o perigo aumentava a cada dia.

Suas cartas dessa época lembram os apelos desesperados de um navio em pane.

Em 3 de julho, ela escreve a Fersen:

"Nossa posição é terrível."

Ela escreve a Mercy-Argenteau, embaixador da Áustria:

"Está mais do que na hora de os poderes falarem alto. Tudo estará perdido se esses facciosos não forem detidos."

Em 21 de julho, novamente para Fersen:

"A tropa dos assassinos não pára de aumentar. Os dias do rei e da rainha correm o maior perigo. No prazo de um dia podem-se produzir as mais incalculáveis desgraças."

Em 1º de agosto, apelo supremo a Fersen:

"Os assassinos rondam continuamente em torno do castelo. A resistência que se pode opor limita-se a algumas pessoas decididas a formarem uma muralha com seus corpos para a família real e ao regimento de guardas suíços.

"Há muito tempo os facciosos já não se dão ao trabalho de esconder o projeto de aniquilar a família real. Se ninguém chegar, só a Providência poderá salvar o rei e sua família."

Enfim, no dia 10 de agosto de 1792, foi o ataque final à monarquia.

Na noite de 9 para 10 de agosto, toda a Paris estava febril, como que à espera de grandes acontecimentos.

Nas Tulherias, a família real passou a noite toda acordada, interrogando ansiosamente os que chegavam de fora sobre o rumo dos acontecimentos. Ora a tempestade parecia se dissipar, ora, ao contrário, a ameaça se aproximava.

Em torno do rei, cada um pegou uma arma para se defender: punhal, espada, pistola. "Nossas armas tinham aparência bem grotesca", anota o conde de La Rochefoucauld.

Por volta das três da manhã, os sinos soaram. Os defensores do rei estavam dispostos a resistir pelo maior tempo possível ao ataque e a vender caro suas vidas.

Maria Antonieta ia de um em um, fortalecendo todos os corações com sua energia inquebrantável.

Já de manhã, o procurador geral-síndico Roederer veio aconselhar a família real a se colocar sob a proteção da Assembléia Legislativa:

– Neste momento, é a única coisa que o povo respeita – disse ele.

De início a rainha recusou, indignada:

– Ora, senhor, estais nos propondo buscar refúgio junto de nossos mais cruéis perseguidores! Nunca! Nunca! Que me preguem nessas muralhas antes que eu consinta em deixá-las!

— Senhora — replicou Roederer —, repito, é impossível resistir. Quereis que o rei e vossos filhos sejam massacrados? Mais um minuto, um segundo talvez, e já não responderei pelos dias do rei, pelos vossos, pelos de vossos filhos!

— De meus filhos! — murmurou a rainha, abalada. — Não, não os entregarei ao massacre!

E ela decidiu acompanhar Roederer.

O rei caminhava na frente, ereto e com ar seguro. A rainha, em lágrimas, vinha em seguida, apoiada ao braço do conde de La Rochefoucauld. Um granadeiro carregava o delfim nos ombros. Seguiam-se a sra. de Lamballe e madame Elisabeth.

Eram oito e meia da manhã. A multidão reunida no terraço dos *Feuillants**, cantava aos brados *La Carmagnole*:

> Madam' Veto avait promis
> De faire égorger tout Paris.
> Mais son coup a manqué,
> Grâce à nos canonniers.
> Dansons la Carmagnole
> Vive le son du canon!*

O surgimento da família real foi acolhido por uma saraivada de injúrias, ameaças e vociferações.

Os mais encolerizados talvez fossem massacrar o rei, tal como já tinham massacrado, aquela manhã, o jornalista Suleau et Vigier.

Mas Roederer parlamentou e acabou conseguindo que os deixassem passar.

O rei, como que indiferente ao perigo e com uma impassibilidade admirável ou desconcertante, dizia, olhan-

---

* Antigo convento dos feuillants, próximo das Tulherias. Ver nota da tradutora à p. 110. (N. da T.)

* *La Carmagnole* era uma ronda popular dos revolucionários. Tradução livre: "A sra. Veto havia prometido / Mandar degolar Paris inteira. / Mas seu golpe não deu certo, / Graças a nossos canhoneiros. / Vamos dançar a Carmagnole / Viva o som do canhão." (N. da T.)

do pensativamente os castanheiros das Tulherias, já amarelados e ralos:
— Como as folhas estão caindo cedo este ano!
A Assembléia Legislativa colocou a família real "sob a salvaguarda da lei" e a relegou à tribuna do logógrafo (assim se chamava, na época, o estenógrafo).
Era um cubículo exíguo. Nele não se conseguia ficar em pé, e o calor era sufocante. Lá os soberanos depostos foram obrigados a permanecer durante dezessete horas.
Entretanto, a Assembléia Legislativa continuava em sessão, em meio a uma desordem e uma anarquia indescritíveis, entremeadas por incidentes trágicos.
Foi assim que, por volta das dez horas, escreve o sr. de La Rochefoucauld, um bando considerável de bandidos, em manga de camisa, cobertos de suor e de sangue, irrompeu na sala. Vinham trazer à Assembléia "a oferenda de suas pilhagens".
"Por volta das sete horas da noite", ele prossegue, "aproximei-me da tribuna do rei. Só a guardavam alguns miseráveis, que estavam embriagados. Vi o triste espetáculo do rei com uma fisionomia abatida e cansada. Perto dele estava a rainha, com o xale e o lenço inteiramente molhados de lágrimas e suor.
"Em seu colo estava o sr. delfim, que dormia, e ela repousava a cabeça nos joelhos da sra. de Tourzel. Madame Elisabeth, a princesa de Lamballe e Madame, filha do rei, estavam no fundo da tribuna."
Que quadro!
"Fora, as ruas estavam iluminadas, cheias de mortos, moribundos e pessoas embriagadas dormindo umas perto das outras.
"No pátio real, uma fogueira considerável consumia os móveis do castelo e os corpos. Alguns apreciadores de sangue humano ainda corriam sob as grandes árvores das Tulherias, com fuzis, à procura de suíços e aristocratas."
Entretanto, ao deixar as Tulherias, na manhã do dia 10 de agosto, o rei tinha esperança de voltar, uma vez que a revolta fosse apaziguada.

Essa esperança foi frustrada.

As Tulherias eram uma prisão por demais suntuosa que Luís XVI não iria rever.

Suas Majestades foram levadas ao convento dos Feuillants para passar a noite de 10 para 11 de agosto, enquanto esperavam que se deliberasse sobre a sua sorte. Noite terrível em que, várias vezes, o portão quase foi arrombado pelos insurretos embriagados de massacre e sangue, que queriam acrescentar a cabeça do rei e a da rainha às que já levavam na ponta de seus piques.

Com exceção do delfim, ninguém conseguiu dormir. Até as três horas da manhã, ouvia-se distintamente a barulheira da Assembléia, sempre em sessão: os gritos, os aplausos, as batidas das tribunas.

Desde a véspera, a família real não tinha comido nada, ninguém se ocupava dela: o momento presente era terrível..., mas o que estava por vir era mais angustiante ainda.

A detenção provisória nos Feuillants durou quatro dias, de 10 a 13 de agosto.

A Assembléia hesitava quanto ao lugar para onde seria transferido o rei. Falou-se sucessivamente do palácio do Luxembourg, depois da arquidiocese, depois do palacete do ministro da Justiça, na praça Vendôme.

No entanto a Comuna interferiu e se opôs. Ao rei não deveria caber um palácio, mas uma prisão.

Escolheu-se o Templo.

Danjon fez dele a seguinte descrição:

"O lugar denominado Templo, onde Capeto e sua família foram encerrados em 16 de outubro de 1792, é um palacete sem fachada, situado em Paris, na rua, e perto do bulevar, de mesmo nome.

"No meio do jardim fica uma torre muito alta, muito sólida e flanqueada por quatro torrinhas. As paredes da imensa torre têm sete pés de espessura, o que faz os vãos das janelas parecerem gabinetes.

"A luz só entrava pelo alto, e era impossível enxergar o que se chama de céu."

As portas de carvalho maciço, munidas de fortes fechaduras e enormes ferrolhos aumentavam ainda mais a impressão de prisão que dava a torre.

Essa fortaleza de aspecto severo, rebarbativo, a qual por uma espécie de pressentimento Maria Antonieta sempre abominara e ordenara que fosse destruída, era muito antiga e fora construída pela ordem dos templários.

Foi na grande torre central que os prisioneiros ficaram detidos, sob a guarda permanente de comissários da Comuna e da municipalidade. Essa vigilância permanente era a sujeição mais insuportável. "A rainha é espionada até em seu sono", escreve uma testemunha.

Vendo-a passar, os marselheses de guarda cantavam, para zombar dela, sem piedade por seu infortúnio:

> Madame à sa tour monte
> Ne sait quand descendra.*

Em 3 de setembro, o bando dos massacradores foi para debaixo das janelas da torre, aos gritos, reclamar Maria Antonieta.

Eram os degoladores enfurecidos que, naquele dia, visitando as prisões, assassinaram tantas mulheres, padres e nobres. Acabavam de matar, com uma selvageria nunca vista, a infeliz princesa de Lamballe. Literalmente a despedaçaram e a estriparam. Em seus piques, traziam espetados seu coração e sua cabeça, e arrastavam atrás de si seu cadáver mutilado.

Tinham a infernal intenção de fazer a rainha beijar a cabeça ensangüentada de sua infeliz amiga, espetada na ponta de um pique.

A duras penas, Danjon, que estava de guarda, conseguiu conter um grande número deles. Mas a rainha ou-

---

* Tradução livre: "A senhora sobe à sua torre / Não sabe quando descerá. (N. da T.)

viu, aproximou-se da janela e, por uma espécie de dolorosa intuição, compreendeu. Entreviu, adivinhou a cabeça mutilada da amiga querida balançando diante de sua janela, na ponta de um pique. Não disse uma palavra, não emitiu um grito, mas, atingida em pleno coração, ficou parada, muda de horror, os olhos fixos, arregalados de espanto e dor.

Passados esses alarmes, a existência no Templo era melancólica e sem incidentes.

O rei e a rainha não podiam ler nenhum jornal, nem escrever uma única linha. Só ficavam sabendo das notícias pelos guardas que tivessem a boa vontade de contá-las ou pelos gritos dos jornaleiros que as anunciavam sob a torre.

O rei lia muito. Deixou, especialmente, um Tácito anotado por seu próprio punho, em que sublinhou todas as passagens que pudessem aplicar-se a seu caso.

A rainha fazia bordados e tapeçaria. Mas logo foi proibida até mesmo de bordar, sob a alegação de que seus trabalhos poderiam ocultar alguma correspondência hieroglífica.

Duas vezes por dia, os prisioneiros tinham autorização para passear, sob a guarda dos municipais, no jardim que rodeava o Templo.

No dia 11 de dezembro, Luís XVI foi levado para submeter-se a seu primeiro interrogatório.

Ao voltar, foi proibido de encontrar sua mulher. Maria Antonieta, aterrada com mais essa provação, passou a noite acordada, numa dor tão intensa que a filha e a cunhada não a quiseram deixar sozinha.

Luís XVI tomara Malesherbes e Tronchet como defensores; mas os eminentes advogados não conseguiam fazer o real cliente interessar-se por sua sorte. Ele mostrava uma indiferença incompreensível e desconcertante por tudo o que lhe dizia respeito. Parecia já ter renunciado à vida e não dava importância a se defender.

"Terminei com os homens; é para o céu que se voltam meus olhares", ele escreveu a seu confessor.

Os debates duraram seis semanas.

Em 20 de janeiro, Garet, ministro da Justiça, veio comunicar a Luís XVI sua condenação à morte.

O rei teve autorização para ver a mulher e os filhos pela última vez. Esse encontro supremo foi particularmente emocionante e uma lembrança inesquecível para os que assistiram a ele.

Quando foram levados para junto do rei, a rainha e seus filhos lançaram-se a seus pés, sem dizer uma palavra, e de início só se percebiam os longos soluços de toda a família estreitamente abraçada.

Depois, Luís XVI falou com a resignação cristã que constituía a base de seu caráter; disse que era preciso aceitar sua sorte sem revolta, perdoar seus carrascos, nunca procurar vingar sua morte. Depois, fez o delfim prestar juramento sublime de abnegação e de perdão. E o menino, docilmente, repetiu após o pai as admiráveis palavras de esquecimento e misericórdia.

A rainha passou essa véspera de cadafalso vestida, na cama, tremendo de dor e frio. No dia seguinte não viu mais o marido, contrariando sua esperança. Esperava-o ainda quando, pelos clamores da multidão e pelos ruídos da rua que lhe chegavam, compreendeu que "o filho de são Luís subira ao céu".

Pediu imediatamente roupas pretas, que lhe foram trazidas, e ficou por longo tempo mergulhada em sua dor.

Entretanto, amigos devotados trabalhavam preparando sua fuga. No melancólico desespero em que sua vida se transformara, o mês de março de 1793 acendeu um instante de esperança.

Toulon e o cavaleiro de Jarjayes, com a cumplicidade do guarda municipal Lepitre, tramavam um plano que permitiria apanhar a rainha, vestida de homem, e levá-la com seus filhos e madame Elisabeth até o ponto mais próximo da costa normanda, de onde embarcaria para a Inglaterra.

Tudo estava previsto e calculado. Quando a fuga fosse notada, os fugitivos teriam uma vantagem de pelo menos cinco horas sobre os que se lançassem em seu encalço. Numa época que não conhecia nem telégrafo, nem telefone, nem avião e em que o meio de locomoção mais rápido era o cavalo, era mais do que o necessário para se ter certeza de não ser alcançado.

Infelizmente, no momento em que passariam à execução do belo plano, uma regulamentação mais severa se impôs à emissão de passaportes.

Lepitre, encarregado de consegui-los, teve medo e não os obteve a tempo. Parte do plano veio à tona, e os que iriam colaborar nele tornaram-se objeto de uma vigilância mais estreita.

A manobra fracassou. Maria Antonieta ainda poderia ter fugido, mas sob a condição de partir sozinha, abandonando o filho. Ela não quis. Escreveu ao cavaleiro de Jarjayes:

"Tivemos um belo sonho, foi só isso. Mas sou guiada apenas pelo interesse de meu filho, e, por maior que fosse minha felicidade em me ver longe daqui, não posso consentir em me separar dele. Não poderia desfrutar de nada se deixasse meus filhos, e essa idéia não permite nem mesmo que eu me lamente."

A Maria Antonieta restava um último sacrifício a ser consumado, uma última provação antes de se preparar, também ela, para o castigo supremo.

Esse último sacrifício e essa última provação são, na verdade, os mais cruéis para o coração de uma mãe que já não tem no mundo outro consolo.

Em 3 de julho de 1793, guardas municipais apresentaram-se para comunicar a Maria Antonieta o decreto que o Comitê de Salvação Pública acabava de emitir:

"O Comitê decreta que o filho Capeto será separado da mãe."

– Matem-me antes! – bradou ela, num ímpeto de todo o seu ser em revolta.

E, durante mais de uma hora, fazendo de seu corpo uma muralha, diante da cama em que o delfim dormia, ela lutou como uma leoa defendendo os filhotes, com a energia do desespero.

Mas no final teve de ceder à força, e o pequeno delfim foi arrancado à sua ternura para ser confiado à guarda aviltante do sapateiro Simon.

Ela conhecera o calvário da rainha, o calvário da amiga, o calvário da esposa, suportara tudo! No entanto foi o calvário da mãe, o mais atroz, o mais desumano de todos, que acabou por abatê-la!

Sabe-se que o infeliz delfim, atormentado pelo infame Hébert, martirizado, embrutecido pelo álcool e pelo vício, ameaçado com a guilhotina se não obedecesse, aterrorizado a ponto de às vezes desmaiar de medo, submetido pelas palavras ignóbeis de seus carcereiros à pior degradação moral, acabou por renegar os seus e repetiu docilmente diante de seus carrascos, transformados em juízes de sua mãe, as acusações revoltantes que se teve a ignomínia de lhe inculcar.

Essa atrocidade, cuja infâmia pareceria por demais incrível se os documentos mais confiáveis não a atestassem, dá a medida dos meios empregados pelos revolucionários para abater Maria Antonieta.

Todo esse período marcou o desencadeamento contra ela do mais inaudito dos ódios infames, o mais louco acúmulo de injúrias imundas de que jamais, em tempo algum, nenhuma mulher, nenhuma mãe foi objeto.

Era o jornal do covarde Hébert, o ignóbil *Le Père Duchêne*, que se destacava entre todos por sua violência e suas famosas "grandes cóleras".

Em todos os seus números, *Le Père Duchêne* invectivava contra "Madame Veto".

Ele a presenteava com os mais variados epítetos. Era a "Loba austríaca", era a "Tigresa sedenta de sangue", a "Megera sanguinária", a "Ninhada de corujas do Templo", a "Fera selvagem", a "Viúva Capeto", a "Vagabunda".

Atribui-lhe, no decorrer de diálogos imaginários que teria tido com ela, as mais insolentes afirmações a respeito do povo, as mais criminosas intenções contra a França, os mais revoltantes projetos de massacre contra os patriotas.

"Ele supera Marat, não em ferocidade, mas em baixeza", escreveu o sr. Chaix d'Est-Ange.

E toda essa calúnia grosseira se transmite à multidão. *Le Père Duchêne* e suas grandes cóleras são disputados à força; saboreia-se a linguagem cheia de ódio, a exaltação ignóbil contra os infelizes prisioneiros do Templo, transformados em únicos responsáveis por todas as desgraças da época. A influência de *Le Père Duchêne* sobre a opinião pública é onipotente. Basta dizer que sua tiragem chega a mais de 600.000 exemplares!

Imaginai, coisa difícil de acreditar, que *Le Père Duchêne* é o jornal oficial, subvencionado pelo governo.

Ele é mantido pelo fundo secreto de propaganda revolucionária e é incentivado por assinaturas ministeriais.

O ministério do Interior consagra mais de 250.000 libras a subvenções a essa imprensa de provocação ao assassínio e à insurreição, de que *Le Père Duchêne* é o modelo.

O ministro da Guerra, Bouchotte, faz uma assinatura de 12.000 exemplares de *Le Père Duchêne*, para as forças armadas da República.

Hébert, transformado num personagem considerável, um pilar do regime, ele que se iniciara na vida com uma condenação por abuso de confiança e difamação, Hébert, substituto do procurador geral Chaumette, Hébert, novo-rico e poderoso do dia, graças a seu jornal de incitação, Hébert, satisfeito com sua sorte e contente com sua habilidade, escreve descaradamente à irmã:

"Eu soube criar para mim uma condição agradável e lucrativa."

Entretanto, Maria Antonieta agoniza no Templo... Já não é mais do que a sombra de si mesma. Durante horas, ela espreita a fim de, talvez, entrever de longe, por alguns breves segundos, a passagem do delfim subindo a seu quarto sob a guarda de seu carcereiro. Acompanha com angústia e dor, no rosto do filho querido, o avanço dos estigmas dos vícios que lhe são inculcados.

E, na rua, os panfletos, as canções, as gravuras, os jornais, os discursos continuam instigando contra ela a opinião pública desvairada.

É a "Pantera austríaca" entregue à execração da nação em sua mais remota posteridade.

É seu retrato, exposto com esta legenda:

"A Médicis do século XVIII, a horrível Messalina cuja boca fétida e infecta esconde uma língua cruel que se diz, para sempre, ávida do sangue francês."

Na tribuna da Convenção, é Robespierre que se surpreende e se indigna com que a viúva Capeto ainda esteja à espera de seu castigo.

"A impunidade foi conferida suficientemente e por tempo longo demais aos grandes culpados. Será a punição de um tirano a única imagem que rendemos à liberdade e à igualdade?

"Acaso toleraremos que um ser não menos culpado, não menos execrado pela nação espere tranqüilamente o fruto de seus crimes?"

E ele concluía que a República esperava impaciente essa morte que deveria reanimar uma sagrada antipatia pela realeza e dar nova força ao espírito público.

"Ponhamos o Terror na ordem do dia", brada por sua vez Barère. Os monarquistas querem sangue... Eles terão o de Maria Antonieta.

"A árvore da liberdade só cresce quando regada com o sangue dos tiranos!"

E Billaud-Varenne também reclama a cabeça da austríaca.

"A Convenção", diz ele, "acaba de dar um grande exemplo de severidade aos traidores. Mas resta-lhe emitir um decreto importante.

"Uma mulher, vergonha da humanidade e de seu sexo, a viúva Capeto, deve finalmente expiar seus crimes no cadafalso."

E conclui:

"É por meio de medidas rigorosas que se consegue dar solidez a um novo governo."

– Mas o que é isso? – dirão. – Tudo bem quanto a Robespierre, Barère e Billaud-Varenne, que sempre se faziam notar por sua crueldade impiedosa. Porém, e os outros? Nenhuma voz se elevou na numerosa assembléia em favor da rainha deposta, da viúva infeliz, da mãe martirizada? Lá então só havia miseráveis?

Certamente não, até mesmo na Convenção havia muitas pessoas de bem, mas aniquiladas pelo medo, que se submetiam, sem nada ousar dizer, à lei de uma minoria, a *Montagne**, cuja audácia era sem igual. A ameaça, a guilhotina e a rebelião eram os meios de impor sua vontade.

Todos os deputados da *Plaine***, aterrorizados, davam seu voto a todas as propostas da *Montagne*.

"Eu me aferrava a nada fazer", diz um deles, "a nada dizer que atraísse para mim a atenção da Assembléia e das tribunas: eu sumia, assistia às sessões sem que ninguém percebesse."

Acaso não é uma confissão que deve fazer refletir os que confiam demais no governo dos numerosos? Ora, em todos os tempos, a lei das assembléias numerosas foi deixar-se dirigir por minorias turbulentas.

No dia 1º de agosto, Maria Antonieta foi transferida do Templo para a Conciergerie. Era a última etapa antes do cadafalso. A maioria dos que lá entravam deveriam perder todas as esperanças.

Mas isso pouco importava para aquele coração crucificado em todas as suas mais caras afeições e para quem a esperança já não era desse mundo!

Uma frase dela bem mostra seu estado de alma naquele momento. Era uma hora da manhã quando foram acordá-la para levá-la à Conciergerie.

---

* Montanha. Ver nota da tradutora à p. 234. (N. da T.)
** *Plaine* [planície] era o termo que designava o Terceiro Partido, que na Convenção se colocava entre os girondinos e os *montagnards*. (N. da T.)

Docilmente, ela se vestiu e acompanhou seu guarda. Mas, ao sair do Templo, bateu violentamente a cabeça na porta, baixa demais.

Como ela cambaleasse sob o efeito do golpe, perguntaram-lhe se havia se machucado.

– Oh, não! – ela respondeu, com infinita lassidão. – Agora nada mais pode me machucar.

Na Conciergerie, viu-se completamente despojada. No Templo, haviam lhe recusado um cobertor e um lençol que pedira. Lá, não tinha nem sequer uma troca de roupa-branca. Restavam-lhe, ao todo, dois vestidos, um branco e um preto, ambos mofados de umidade e aos farrapos.

Também lá, em sua cela escura e exígua, permanecem constantemente dois gendarmes que fumam cachimbo, jogam cartas e mantêm conversas grosseiras.

A zeladora, a sra. Bault, e seu marido são almas que se compadecem da infelicidade e se esforçam corajosamente para atenuar a aflição da rainha.

Ela se tornou irreconhecível; cabelos brancos, pálida, descarnada, não é mais que a sombra de si mesma.

Sua magreza dá pena a todos os que se aproximam dela. Seu infortúnio ainda suscita devoções, às vezes anônimas, que por isso mesmo são ainda mais comovedoras.

Comerciantes dos Halles trazem ao zelador da prisão "pêssegos e um melão para sua boa rainha". Assim, o povo, de alma inconstante e móbil, decerto lamenta na infelicidade da época aquela que ele maldizia na época de sua felicidade.

Também na Conciergerie, tal como no Templo, amigos corajosos, arriscando a vida, preparam uma nova tentativa de fuga, conhecida sob o nome de "Conspiração do Cravo". Mas seria preciso assassinar dois gendarmes, e Maria Antonieta não consente.

A liberdade ao preço de um crime e sem seus filhos custaria muito caro.

A rainha passou mais de dois meses na Conciergerie. Fouquier-Tinville, impaciente, reclamava as peças do dossiê.

Os debates do processo foram marcados para 15 de outubro. O Tribunal Revolucionário, presidido por Herman, compatriota e amigo pessoal de Robespierre, tendo Fouquier-Tinville como acusador público e jurados escolhidos, quase todos, entre os jacobinos, dava todas as garantias de zelo e pureza desejáveis.

Robespierre acabava justamente de lembrar a Herman, a propósito do processo de Custine, que a seu ver se arrastava demais, que o Tribunal fora instalado "para fazer a Revolução avançar e não para fazê-la andar para trás por sua lentidão criminal"; que a situação, além do mais, era simples, uma vez que havia "um único tipo de delito: o de alta traição, e uma só pena: a morte".

A rainha, ao ficar sabendo que aqueles singulares magistrados pretendiam julgá-la, exclamara, num belo gesto de desdém:

– Eles podem ser meus carrascos, mas jamais serão meus juízes.

Interrogatórios preliminares haviam sido realizados, voltados especialmente para as horríveis acusações do delfim contra sua mãe e sua tia.

Suas sustentações verbais haviam sido elaboradas por Pache, o fanático prefeito de Paris; Chaumette, procurador geral; seu substituto Hébert, e outros ainda.

"O jovem príncipe (ele tinha então apenas oito anos)", escreve Danjon, que cumpria a função de escrivão, "estava sentado numa poltrona; ele balançava as perninhas, pois seus pés não alcançavam o chão.

"Quanto a mim", ele acrescenta em suas lembranças, "não fui capaz de ver a resposta do menino como vinda dele mesmo; eu a vi, tal como tudo o anunciava em sua expressão inquieta e sua postura, como lhe tendo sido sugerida e como resultado do medo de castigos ou maus-tratos de que possivelmente fora ameaçado se não a desse."

Chaumette, levando a infâmia ao cúmulo, ousou interrogar a irmã do delfim, Maria Teresa, com quinze anos de idade, sobre o que o irmão mais novo acabara de dizer contra a mãe e a tia.

"Fui tomada por tal horror", ela exclama, "e fiquei tão indignada que, apesar de todo o medo que sentia, não pude deixar de dizer que aquilo era uma infâmia. Apesar de minhas lágrimas, eles insistiram muito. Houve coisas que não compreendi; mas o que eu compreendia era tão terrível que eu chorava de indignação."

Só na véspera da audiência o presidente Herman designou oficialmente dois advogados para defenderem a rainha: Chauveau-Lagarde e Tronçon-Ducoudray.

"Eu estava no campo no dia 14 de outubro", escreve Chauveau-Lagarde, nas anotações que dedicou à lembrança desse processo, "quando vieram me avisar que fora nomeado com o sr. Tronçon-Ducoudray para defender a rainha no Tribunal Revolucionário e que os debates começariam já no dia seguinte, às oito horas da manhã."

Ele foi imediatamente para a Conciergerie para conversar com sua real cliente e estudar o dossiê. Mas este compunha-se de um enorme amontoado de peças, que seria materialmente impossível até mesmo apenas folhear em tão pouco tempo.

Chauveau-Lagarde, de acordo com seu confrade, aconselhou então a rainha a pedir o adiamento do processo por alguns dias, para que eles pudessem elaborar sua defesa com conhecimento de causa.

A rainha cedeu à insistência deles, mas seu pedido foi rejeitado.

Os advogados chegaram à audiência sem nada saberem do caso.

Fouquier-Tinville procedeu à leitura de seu ato de acusação. É uma peça em que o intrincado provedor da guilhotina superou a si mesmo.

Eis alguns trechos, que dão idéia do resto:

"Que do exame de todas as peças transmitidas pelo acusador público resulta:

"Que, a exemplo das Messalina, Brunilda, Fredegunda e Médicis, outrora qualificadas de rainhas da França e cujos nomes, odiosos para sempre, não se apagarão dos faustos da História, Maria Antonieta, viúva de Luís Capeto, desde que chegou à França foi o flagelo e a sanguessuga dos franceses;

"Que, não contente, em comum acordo com os irmãos de Luís Capeto e o infame e execrável Calonne, seu ministro das Finanças, em ter dilapidado de maneira assustadora as finanças da França (fruto dos suores do povo) para satisfazer a prazeres desregrados e pagar os agentes de suas criminosas intrigas... etc., etc. ...;

"Que a viúva Capeto meditou e combinou com seus pérfidos agentes a horrível conspiração que eclodiu no dia 10 de agosto; que para esse fim ela reuniu em seu aposento, nas Tulherias, os suíços, que os manteve em estado de embriaguez..., que, ao mesmo tempo que os estimulava a apressar a confecção dos cartuchos, para excitá-los cada vez mais ela pegou cartuchos e mordeu as balas (faltam expressões para reproduzir um quadro tão atroz);

"Enfim, imoral sob todos os aspectos e nova Agripina, ela é tão perversa e tão habituada a todos os crimes que, esquecendo sua condição de mãe, a viúva Capeto não temeu entregar-se a indecências cuja idéia e cuja menção são suficientes para provocar frêmitos de horror."

Na verdade, quando lemos esse monumento judiciário, perguntamo-nos se de fato se trata da obra de um magistrado, mesmo chamando-se ele Fouquier-Tinville, ou se, antes, essa trama de absurdos ignóbeis e pretensiosos não foi extraída de um número de *Le Père Duchêne*. Afinal, o substituto Hébert talvez tenha mesmo colaborado nela.

Depois dessa leitura, que já mostra a atmosfera do que seria a audiência, começou o interrogatório.

A rainha deu provas de uma espantosa presença de espírito e soube responder a todas as perguntas, sem nunca ceder ao adversário, com a suprema habilidade e a arte de se esquivar das ciladas cujo inesquecível modelo Joana d'Arc nos ofereceu.

P. – Fostes vós – perguntou-lhe o presidente – que ensinastes a Luís Capeto a arte de uma profunda dissimulação com a qual por tanto tempo ele enganou o povo francês?

R. – Sim, o povo foi enganado – replicou ela –, ele o foi cruelmente; mas não foi por meu marido nem por mim.

P. – Por quem então o povo foi enganado?

R. – Pelos que tinham interesse nisso, e o nosso não era enganá-lo.

P. – Quem eram então os que tinham interesse em enganar o povo?

R. – Só conheço o nosso interesse. Era esclarecer o povo, não enganar.

P. – Que interesse tendes nas armas da República?

R. – A felicidade da França é o que desejo acima de tudo.

Sobre a viagem de Varennes

P. – Foi a vosso conselho que Luís Capeto quis fugir da França para se colocar à frente dos fanáticos que queriam dilacerar sua pátria?

R. – Ele jamais quis fugir da França. Se ele quisesse sair de seu país, eu usaria de todos os meios possíveis para dissuadi-lo. Mas não era essa sua intenção.

P. – Qual era então o objetivo da viagem conhecida sob o nome de Varennes?

R. – Oferecer a si mesmo a liberdade que ele não podia ter aqui, aos olhos de ninguém, e, de lá, conciliar todos os partidos pela felicidade e pela tranqüilidade da França.

P. – Nunca deixastes, por um só instante, de querer destruir a liberdade. Queríeis reinar a qualquer preço e voltar ao trono passando sobre o cadáver dos patriotas?

R. – Não tínhamos necessidade de voltar ao trono; estávamos nele. Nunca desejamos nada além da felicidade da França. Se ela for feliz, mas se o for, estaremos sempre satisfeitos.

Essas poucas respostas são suficientes para mostrar sua maneira e a habilidade com que fareja e sabe evitar as armadilhas que lhe são constantemente montadas pelo presidente Herman.

"É preciso ter estado presente", diz Chauveau-Lagarde, "para ter uma idéia exata do belo caráter que a rainha demonstrou."

Ela deixara passar uma primeira vez, sem responder, a pergunta sobre sua atitude para com o filho.

Um jurado, sem dúvida impelido por Hébert, que lá estava, insistiu e perguntou por que a rainha não dera resposta.

Então, fulgurante de indignação, ela lançou um grito de revolta que fez vibrar toda a sala.

"Se não respondi", bradou, "foi porque a natureza se recusa a responder a semelhante acusação feita a uma mãe. Apelo para todas as que possam aqui estar!"

Essa apóstrofe direta, lançada com voz vibrante de emoção, que atingiu em pleno rosto a tropa ignóbil dos acusadores covardes, causou tal impressão ao público (e no entanto que público são os freqüentadores das audiências do Tribunal Revolucionário!) que foi preciso suspender a sessão por alguns momentos.

Mulheres desmaiaram, e foi preciso retirá-las; ouviam-se gritos e aplausos, e o presidente teve de ameaçar mandar esvaziar o recinto.

Entretanto, a rainha, tendo já recuperado o sangue-frio, inclinou-se para Chauveau-Lagarde, para perguntar:

– Terei colocado demasiada dignidade em minha resposta?

E, como o advogado, surpreso, lhe afirmasse o contrário e se admirasse de semelhante idéia, ela explicou:

– É que ouvi uma mulher do povo dizer à que estava a seu lado: "Vê como ela é orgulhosa!"

"Essa observação da rainha", acrescenta Chauveau-Lagarde, "prova que ela ainda tinha esperança e mostra também o quanto estava presente e atenta aos menores incidentes."

À meia-noite, depois de dezesseis horas de audiência, o presidente deu a palavra aos advogados.

Eles só conheciam do dossiê suas impressões da audiência. Isso não impediu que pronunciassem, durante duas horas, uma belíssima, emocionante e corajosa defesa. Corajosa, de fato, pois a palavra não era livre, nem de longe, diante do Tribunal Revolucionário.

Dos defensores do rei, um, Malesherbes, foi guilhotinado; o outro, De Sèze, passou alguns meses na Force*.

Pouco faltou para que o mesmo acontecesse com os defensores da rainha. Ambos foram detidos depois da audiência, e Fouquier-Tinville chegou até mesmo a pedir a cabeça de Chauveau-Lagarde. Portanto, não devemos ser muito severos para com este último se, para salvaguardar-se numa conjuntura tão difícil, ele observou que, afinal, não buscara, mas recebera oficialmente "a honra infeliz de ser defensor da rainha".

Os jurados retiraram-se para deliberar. Logo depois, voltaram à audiência e anunciaram sua resposta. Por unanimidade, a rainha fora declarada culpada e condenada à morte.

Ela ouviu o veredicto com expressão calma e sem dar o menor sinal de medo, revolta ou fraqueza. Desceu sozinha os degraus, atravessou a sala e voltou à Conciergerie.

---

* Prisão localizada no bairro do Marais, em Paris, utilizada durante a Revolução e demolida em 1845. (N. da T.)

Eram quatro e meia da manhã. A audiência começara na véspera, às oito da manhã.
Restavam a Maria Antonieta apenas algumas horas de vida.
Ela começou por elevar sua alma ao céu e implorar a misericórdia divina.
Em seu pequeno livro de orações (que se encontra na biblioteca de Châlons-sur-Marne), escreveu estas linhas singelas:

> *"Este 18 de outubro,*
> *às quatro e meia da manhã.*

"Meu Deus! Tende piedade de mim!
"Meus olhos já não têm lágrimas para chorar por vós, meus pobres filhos!
"Adeus! Adeus!

> Maria Antonieta."

Depois escreveu à cunhada, madame Elisabeth, esta carta suprema, seu testamento espiritual, muito conhecido e citado, mas que não conseguimos reler sem sentir, sempre igualmente intensa, na harmonia dolorosa das palavras, a pungente emoção que as ditou:

> *"Este 18 de outubro,*
> *às quatro e meia da manhã.*

"A vós, minha irmã, escrevo pela última vez.
"Acabo de ser condenada, não a uma morte vergonhosa – ela o é apenas para os criminosos –, mas a ir ao encontro de vosso irmão. Inocente, tal como ele, espero mostrar sua mesma firmeza nos últimos momentos.
"Estou calma como aqueles cuja consciência nada tem a reprovar. Lamento profundamente abandonar meus filhos: sabeis que eu só existia por eles...
"Perdôo a todos os meus inimigos o mal que me fizeram...

"Adeus, minha boa e terna irmã! Possa esta carta vos alcançar!...

"Abraço-vos de todo o meu coração, assim como meus pobres e queridos filhos. Meu Deus, como é triste deixá-los para sempre!

"Adeus! Adeus!

MARIA ANTONIETA."

Madame Elisabeth nunca recebeu essa carta suprema e até ignorou durante muito tempo o fim da cunhada.

Essa página tão comovente foi encontrada mais tarde, por milagroso acaso, entre os papéis de Robespierre, que a recebera das mãos de Fouquier-Tinville.

Por volta de dez horas da manhã o carrasco Samson apresentou-se na prisão, acompanhado por três juízes e pelo escrivão Fabricius.

Voltaram a ler para Maria Antonieta a sentença da noite.

O carrasco amarrou-lhe as mãos e cortou-lhe os cabelos de que ela tanto se orgulhara no tempo radioso de sua juventude e que as tristezas e as provações haviam embranquecido prematuramente. Ela esperou, encostada ao muro sinistro de sua prisão, com os pulsos machucados pela corda que os apertava; lamentável e com o rosto empalidecido pelas vigílias, sulcado pelas lágrimas; esperou, ela, Maria Antonieta, rainha da França, festejada, celebrada, adorada por todo um povo quando surgira em Versalhes "como a rosa no meio do canteiro" – ela esperou, à luz opaca daquela manhã de outubro, a miserável carroça de lavrador que a conduziria ao cadafalso e na qual o abade Girard, padre juramentado, ajudou-a a subir penosamente.

– Por que uma carroça? – disse ela. – O rei foi levado ao cadafalso numa carruagem.

No trajeto da Conciergerie até a praça da Revolução havia nas ruas uma imponente exibição de forças armadas.

Até mesmo canhões estavam colocados nas extremidades das pontes, nas praças e grandes cruzamentos.

Circulavam inúmeras patrulhas. Um destacamento da gendarmeria a cavalo escoltava a carroça.

Maria Antonieta olhava com indiferença a coluna dupla de soldados, perfilada de ambos os lados das ruas em que ela passava.

Gritos de "Viva a República! Abaixo a tirania!" soavam de vez em quando.

Chegando à praça da Revolução – hoje praça da Concórdia –, onde se aglomeravam 300.000 espectadores, os olhos da rainha se fixaram por um instante no jardim das Tulherias e ela pareceu sentir uma intensa emoção.

Sem dúvida, aquele lugar que testemunhara seu primeiro cativeiro despertava nela muitas lembranças emocionantes para deixá-la insensível.

Mas um esforço de vontade logo a fez recuperar a impassibilidade. Ela subiu os três degraus do cadafalso. Um ajudante do carrasco quis tirar-lhe o xale. Ela recuou e esbarrou em Samson.

– Desculpe, foi sem querer – disse ela.

Foram suas últimas palavras. Ao meio-dia e quinze sua cabeça caía, ao pé da estátua da Liberdade, que ouviu a última apóstrofe da sra. Roland.

Com exceção da Du Barry, as vítimas da Revolução sabiam morrer bem!

No dia seguinte, *Le Père Duchêne*, que não respeitava nem a morte, descrevia como "sua maior alegria ter visto a cabeça do Veto fêmea separada de seu pescoço de puta".

Qualquer comentário tiraria a força de uma tal citação.

"Assim morreu", bradou Lamartine em sua *Histoire des Girondins* [História dos girondinos], "essa rainha leviana na prosperidade, sublime no infortúnio, intrépida no cadafalso: *ídolo de corte mutilada pelo povo*.

"A História, seja qual for a opinião a que pertença, verterá lágrimas eternas sobre aquele cadafalso.

"Sozinha contra todos, inocente por seu sexo, sagrada por seu título de mãe, uma mulher, a partir de então inofensiva, é imolada numa terra estrangeira, por um povo que nada sabe perdoar à juventude, à beleza, à vertigem da adoração. Chamada por esse povo a ocupar um trono, esse povo não lhe dá nem mesmo um túmulo."

No cemitério da Madeleine, de fato, para onde foi transportado misturado a outros cadáveres, o corpo decapitado de Maria Antonieta ficou de 16 de outubro até o início de novembro esquecido sobre a grama.

Depois, um coveiro resolveu enterrá-lo, em cova rasa, num canto ignorado do cemitério.

Esse foi o fim horrível e lamentável daquela que, na aurora de seu reinado, fora o ídolo de todo um povo, que não desmerecera seu amor e que, no entanto, a calúnia transformara, para aquele povo em erro, em objeto de ódio e execração.

Ela foi, em parte, vítima das circunstâncias, e teve o destino marcado por aquela espécie de fatalidade inelutável de que os poetas gregos faziam o móvel de suas tragédias.

No entanto, é preciso dizer também, ela contribuíra para preparar com as próprias mãos imprudentes a catástrofe que a abateu. Pois, se a calúnia pôde ligar-se a ela com tanta força para não a abandonar nem mesmo depois da morte, foi porque ela tivera, de início, a temeridade de lhe dar ensejo.

Decerto ela não ofendera a moral! Mas parecera fazê-lo!

Ela havia ignorado a eterna e temível verdade destas palavras: "Ai daquele que der origem ao escândalo!"

Com uma despreocupação pela qual pagou muito caro, durante muito tempo só pensou no prazer. Muitas vezes repetira para Marcy-Argenteau, que lhe fazia tímidas admoestações sobre a dissipação de sua vida:

– Sim; mas antes de tudo precisamos nos divertir!

E divertir-se não é crime, sem dúvida. Mesmo assim,

é preciso adquirir o direito a isso, justificando-o pelo trabalho e pelos serviços prestados.

Ora, Maria Antonieta parecia viver apenas pelo prazer.

Quando o povo que penava e sofria, para quem o pão se tornara caro por causa dos anos de seca que comprometeram as colheitas, para quem os impostos se tornaram pesados para cobrir o déficit das finanças causado pela guerra da Independência dos Estados Unidos, para quem a vida era dura e o prazer raro ou desconhecido, via passar num grupo alegre, despreocupado e louco, em suntuosos trenós, ou em carruagens puxadas a trote veloz por sua soberba equipagem, a rainha, rodeada por seus favoritos, que ia à Ópera, ao baile, às corridas, à caça, ao jogo ou à comédia, ao pensar que era o fruto de seu trabalho duro que se ia assim, gasto em dissipações cotidianas, não se levantaria em seu coração como que um fermento de ódio e revolta? Como poderia deixar de maldizer aqueles que pareciam assim insultar seu infortúnio?

Como poderia deixar de lhes atribuir sentimentos egoístas, uma alma impiedosa para com os infelizes, e de dar crédito a todas as invenções da calúnia?

Se ainda a rainha não resolvesse interferir no governo! Mas dizia-se que sua influência era preponderante. E, longe de se defender ou de desmenti-lo, não lhe desagradava nem um pouco que o dissessem.

"Deixo que o público acredite", escrevia ela a seu irmão, "que tenho mais crédito do que tenho na verdade, pois, se não acreditassem em mim, eu teria ainda menos."

Ela pagou caro por essa ilusão que lisonjeava seu amor-próprio. Pois, sendo assim, o público atribuía a sua influência tudo o que de ruim pudesse ocorrer.

A demissão de um ministro popular ou a nomeação de um ministro impopular eram, imediatamente, atribuídas às intrigas da rainha.

Era sobre ela, portanto, que aos poucos se acumulavam todos os ressentimentos, todas as insatisfações, todos os rancores, todos os ódios. O povo lhe perdoava tanto menos que continuasse sua vida de prazeres quanto mais julgava nefastas suas intervenções no governo.

Ela, orgulhosa por ter sua parcela de poder, só se deu conta tarde demais do mal que fazia a si mesma.

Certo dia, quando saía dos aposentos do rei, com amigos íntimos, ouviu um músico da capela dizer, em voz bastante alta para que ela não perdesse uma palavra ao passar:

– Uma rainha da França que cumpre seu dever fica em seus aposentos fazendo renda.

Essas palavras a impressionaram intensamente.

– Já não há felicidade para mim depois que me transformaram em intrigante – ela disse à sra. Campan. – As rainhas da França só são felizes quando não fazem nada.

Maria Antonieta fizera coisas demais, dispensara demasiados favores, prestara-se de bom grado e sem querer a demasiadas intrigas, servira, por complacência ou por amizade, a demasiadas ambições, muitas vezes injustificadas, para que o peso de seus erros ou de suas imprudências um dia não recaísse sobre ela. Mas, por cruel ironia da sorte, foi justamente no momento em que já não a merecia que a impopularidade se aferrou contra ela.

Assim, conhecera a popularidade mais surpreendente na época em que nada ainda a justificava. E fora atingida por um desfavor imerecido quando se tornara digna de todo o respeito.

Foi porque houve, na verdade, duas Maria Antonieta sucessivas. Ela mesma o reconheceu, ao escrever à mãe, depois de ter o primeiro filho:

"Se em outros tempos cometi erros, foi por infantilidade ou leviandade. Mas agora minha cabeça está bem mais no lugar e sinto todos os meus deveres. Aliás, devo-o ao rei, por sua ternura e, ouso dizer, por sua confiança em mim."

Infelizmente, já era tarde demais para apagar os efeitos do escândalo, para deter a calúnia lançada, para reencontrar a consideração perdida.

Mais ainda: a própria influência que imprudentemente ela deixara que lhe atribuíssem nos conselhos do governo a destinava a ser a primeira a receber os golpes dos adversários da monarquia.

Tornando-se mais vulnerável por suas imprudências passadas, visava-se a abater nela, segundo as palavras de Mirabeau, "a mais forte barreira do trono, a sentinela que vela de mais perto pela segurança do monarca".

Seria preciso ter, para resistir, para se manter e para vencer, o gênio político de uma Catarina II, amadurecida pelo trabalho na solidão e na adversidade. Seria preciso ter sua vontade poderosa curtida pela infelicidade e pelo perigo. Teria sido preciso, também, não se tema dizer, sua ausência de escrúpulos, que não se atrapalhava na escolha dos meios para derrubar todos os obstáculos e abater os adversários.

Maria Antonieta, no entanto, não conhecera a rude escola da dor.

Suas qualidades de graça, encanto, inteligência, leveza, indulgência, honestidade, que se desenvolveram na felicidade de uma vida fácil demais e cumulada de todas as alegrias que pudera desejar, não a preparavam para enfrentar a luta sangrenta da Revolução.

Entre ela e seus adversários, era uma questão de força.

Mas nada de sua vida passada nem de seu caráter a predispunham a usar da força, e os escrúpulos do rei até a proibiam disso. A luta, então, era por demais desigual para que houvesse dúvida quanto ao resultado: a rainha estava vencida por antecedência.

Podemos, com o poeta, "verter lágrimas eternas" por esse destino espantoso e trágico.

Podemos nos indignar generosamente com o castigo desmerecido que atingiu, em plena felicidade, esse ser de encanto e graça.

Os historiadores, do ponto de vista da moral que ela não ofendera, encontrarão todas as desculpas para suas imprudências e suas leviandades.

Mas é preciso compreender também que as leis da política não são as da moral, que é possível ter sido mulher honesta e rainha mal inspirada.

O exercício do poder não se improvisa entre um baile na Ópera, uma partida de faraó e uma ceia no Bagatelle. Ele exige preparo, aplicação e um trabalho assíduo que a boa vontade não pode suprir; e, ao se lançar, como às vezes ela o fez, através da política de Luís XVI e de seus ministros, com todo o ímpeto de uma bela mulher habituada a ver tudo ceder a seus caprichos, Maria Antonieta assumiu, sem nem sequer perceber, uma pesada responsabilidade.

Seus partidários, é verdade, objetam em sua defesa que Luís XVI era notoriamente incapaz de reinar por si mesmo e que a rainha só foi obrigada a se meter a governar porque o rei não governava.

Mas Luís XIII também não tivera vontade. Luís XIII também fora um rei hesitante, indeciso, influenciável e excessivamente escrupuloso, e Luís XIII, no entanto, fora capaz de encontrar e conservar Richelieu, um dos melhores artífices da grandiosidade francesa.

O Richelieu de Luís XVI talvez pudesse chamar-se Turgot ou Malesherbes. Esses ministros não agradavam a Maria Antonieta, e essa foi em grande parte a causa de seu desfavorecimento.

"A Verdade", escreveu o marquês de Ségur em seu livro *Le couchant de la monarchie* [O crepúsculo da monarquia], "tem direitos tal como a Piedade."

Rendamos homenagem à Verdade reconhecendo os erros de Maria Antonieta.

Deixemos falar a Piedade, inclinando-nos diante dos infortúnios dessa augusta vítima das loucuras sanguinárias da Revolução.

Imprudente e inábil, leviana e inconseqüente, ela não foi má nem cruel. Não mandara matar milhões de seres humanos, não merecia a morte.

Maria Antonieta sofreu, ela chorou... Pagou com a vida seus erros e suas conseqüências.

Respeitemos a mulher e lamentemos a soberana.

Maria Antonieta, rainha da França, tem direito à indulgência da História.

O Máscara de Ferro

Entrada do prisioneiro cognominado "O Máscara de Ferro" na Bastilha (18 de setembro de 1698). (Extraído dum registro dos Arquivos da Bastilha – Biblioteca do Arsenal.)

Ata da inumação do prisioneiro mascarado no cemitério de Saint-Paul, em Paris (20 de novembro de 1703).

O Máscara de Ferro

"Sois filho do rei Luís XIII! Sois irmão do rei Luís XIV! Sois o herdeiro natural e legítimo do trono da França!... Tínheis portanto o direito de reinar, pois este vos é contestado; tínheis portanto o direito de ser declarado, pois este vos é seqüestrado; sois portanto de sangue divino, pois não ousaram verter vosso sangue, assim como o de vossos servidores! Deus vos deu a compleição, a estatura, a idade e a voz de vosso irmão, e todas essas causas de vossa perseguição tornar-se-ão as causas de vossa ressurreição triunfal!

"Amanhã, sombra viva de Luís XIV, ireis sentar-vos ao trono do qual a vontade de Deus o terá precipitado sem retorno!"

Estas são as palavras solenes e um tanto grandiloqüentes que o monsenhor d'Herblay, bispo de Vannes, superior da ordem dos jesuítas, dirige a Filipe de França, "o Máscara de Ferro", até então detido na Bastilha, sob o nome falso de Marchiali, e que por um hábil subterfúgio ele acaba de fazer sair de sua prisão sombria.

Recordais também a seqüência dessa história apaixonante: Luís XIV, que dormia no castelo de Vaux, residência do superintendente Fouquet, tirado à noite de sua cama a qual um mecanismo secreto fez descer a um subterrâneo, substituído no leito real por seu irmão Filipe de França, que volta à luz, enquanto ele, por sua vez, é levado numa carruagem por Aramis e Portos e encarcerado como demente na Bastilha, sob o nome de Marchiali.

A semelhança entre os dois é tal que ninguém perceberia a substituição, ninguém jamais suspeitaria de nada, se o monsenhor d'Herblay não se julgasse no dever de confiar o temível segredo a Fouquet.

Mas a honestidade deste último se revolta diante da idéia de que esse crime foi cometido sob seu teto, contrariando as leis sagradas da hospitalidade. Em vão monsenhor d'Herblay tenta convencê-lo.

– Era meu hóspede – repete apenas Fouquet –, era meu rei!

– Estarei lidando com um insano? – pergunta Aramis.

– Estais lidando com um homem honesto! – replica nobremente Fouquet.

E ele corre à Bastilha para libertar Luís XIV, o suposto demente cujas furiosas vociferações ninguém escuta e que, já meio louco de cólera impotente, faz sangrar as unhas inutilmente contra a porta maciça de seu cárcere, solidamente trancada.

A sorte está lançada!

Filipe não reinará. Seu triste destino se cumprirá. Preso, em nome do rei Luís XIV, pelo fiel d'Artagnan, o efêmero rei Filipe retomará imediatamente o caminho da fortaleza. Com o rosto oculto para sempre sob uma máscara de ferro, tornará a ser o obscuro Marchiali e permanecerá trancado até seu último dia, afastado dos olhares, por trás das grossas muralhas e dos fossos profundos da Bastilha.

Por certo já reconhecestes que se trata de um dos mais emocionantes episódios do *Visconde de Bragelonne*, a interessante ficção histórica do grande escritor Alexandre Dumas.

Mas, ao lado da lenda, há a História, que a maioria ignora por ser menos revestida do maravilhoso e do mistério que agradam ao espírito das multidões, seduzem a alma popular e permanecem na lembrança. A História! Com freqüência ela não é mais que o fruto seco de buscas minuciosas e pacientes em um amontoado de velhos arquivos empoeirados! Atém-se a descobrir a verdade, sem se preocupar com o pitoresco, sem se importar em agradar.

A verdade histórica, é preciso admitir, às vezes é tão descorada em comparação com a lenda dourada nascida da imaginação apaixonada das sucessivas gerações, que desconcerta os que antes se empenhavam em perseguir a miragem enganadora da ficção popular.

Recusam-se a acreditar nela porque ela frustra sua expectativa. É honesta demais para ser verdadeiramente atraente. E a lenda, mais bela, conserva, a despeito dos historiadores escrupulosos, o favor do público, justamente porque ela sabe ocultar a realidade sob uma maquiagem sedutora.

Sob o risco de vos surpreender e até de vos decepcionar, direi no entanto que devemos hoje renunciar à lenda. Pois a verdade histórica certa, atualmente podemos dizer, é que o famoso Máscara de Ferro nunca existiu.

Com sua mandíbula articulada, suas molas de aço e todo o seu mistério estranho e perturbador, ele saiu integralmente do cérebro engenhoso e fecundo do grande enciclopedista Voltaire.

Sim! Sim, é preciso dizer, pois essa é a verdade indiscutível: foi Voltaire, e só Voltaire, que inventou "o Máscara de Ferro". Sem dúvida, hesitou-se em acreditar numa tão imensa mistificação histórica por parte do ilustre historiógrafo do rei.

No entanto, é preciso render-se à evidência: se houve, não apenas um, mas *vários* "máscaras de veludo", em contrapartida nunca houve "máscara de ferro" a não ser produzido pela pena de Voltaire.

E a maneira pela qual nasceu essa lenda indestrutível não é, decerto, o que há de menos curioso nessa tão curiosa história. Qual é, portanto, o ponto de partida exato da lenda? É uma menção, ou melhor, duas menções do diário feito pelo sr. du Junca, lugar-tenente do rei na Bastilha.

Em 18 de setembro de 1698, du Junca anota em seu diário:

"Às 3 horas da tarde, o sr. de Saint-Mars, governador do castelo da Bastilha, chegou pela primeira vez, vindo de seu governo das ilhas Sainte-Marguerite-Honorat, trazendo com ele um antigo prisioneiro de Pignerol, que fez manter sempre mascarado, cujo nome não se diz; e, mandando colocá-lo no primeiro quarto da torre da Bassinière, esperando chegar a noite, para colocá-lo e me levar, às 9 horas da noite, com o sr. de Rosarges, um dos sargentos que o governador trouxe, ao terceiro quarto da torre da Bretaudière que eu mandara mobiliar com todas as coisas alguns dias antes de sua chegada, segundo as ordens do sr. de Saint-Mars; o prisioneiro será servido e cuidado pelo sr. de Rosarges, a quem o governador alimentará."

Estas linhas, para se tornarem totalmente claras, exigem algumas explicações complementares.

Naquele momento, o sr. de Saint-Mars acabava de ser nomeado governador da Bastilha; antes era governador das ilhas Sainte-Marguerite (hoje as ilhas de Lérins) e, mais antigamente, fora governador de Pignerol.

Ele chegava pois das ilhas Sainte-Marguerite, em 18 de setembro de 1698, para tomar posse de suas novas funções na Bastilha, e trazia vários sargentos, entre os quais o sr. de Rosarges, e em sua liteira um antigo prisioneiro mascarado que havia muito tempo tinha sob sua guarda nas ilhas Sainte-Marguerite e em Pignerol.

Este é, então, o famoso personagem de máscara de ferro, que na verdade tinha apenas uma máscara de veludo preto, chegando à Bastilha. Lembrai que ele estivera detido, antes, nas ilhas Sainte-Marguerite e em Pignerol.

O sr. de Saint-Mars mandara ordens, alguns dias antes de sua chegada, para que se mobiliasse um quarto destinado a esse prisioneiro. Essa medida provaria que se tratava de alguma personalidade eminente, de alta categoria?
De modo nenhum.
A Bastilha, com efeito, prisão de Estado, onde se entrava mediante carta régia, era reservada sobretudo aos nobres e às pessoas de qualidade, e não era mobiliada. Cada prisioneiro, em princípio, por ocasião de seu encarceramento mandava levar para lá seu próprio mobiliário e se instalava, com freqüência luxuosamente, segundo seu gosto e seu estilo doméstico. Só nos casos excepcionais, em que o prisioneiro era estrangeiro ou não tinha recursos, ordenava-se que um quarto fosse mobiliado especialmente para recebê-lo.

Esse era exatamente o caso do prisioneiro mascarado, levado aquele dia pelo sr. de Saint-Mars, novo governador da Bastilha. O sr. du Junca manda mobiliar o terceiro quarto da torre Bertaudière, ou Bretaudière.

Havia oito torres na Bastilha e, em cada uma delas, quatro ou cinco andares de quartos sobrepostos. O de cima, sob o telhado, chamava-se "calota". Era em mansarda, muito quente no verão, frio no inverno. O de baixo, úmido, malsão, mal iluminado, em que nunca entrava um raio de sol, chamava-se "calabouço". Lá se colocavam os prisioneiros apenas a título de sanção, por medida disciplinar e muito temporariamente. Os quartos intermediários – entre os quais o terceiro, em questão – eram recintos octogonais bem bonitos, salubres e limpos, de paredes caiadas, bem iluminados por uma janela grande, aquecidos no inverno por um fogão ou uma lareira.

O prisioneiro mascarado foi instalado nele. Devia ser servido e cuidado especialmente pelo sargento, o sr. de Rosarges, e alimentado pelo governador.

Este, de fato, recebia uma verba diária para a alimentação de cada prisioneiro que não desejasse – como pediam alguns nobres – alimentar-se à própria custa e vontade. Essa verba variava conforme a categoria social do prisioneiro, mas era sempre amplamente suficiente para permitir fornecer aos detentos refeições muito substanciosas e, às vezes, até mesmo suculentas.

O sr. Funck-Brentano, em sua obra notável, tão bem documentada, *Légendes et archives de la Bastille* [Lendas e arquivos da Bastilha], enumera alguns cardápios de prisioneiros, cuja simples leitura bastaria para abrir o apetite dos mais sóbrios convivas.

Assim, Renneville, que esteve na Bastilha na mesma época que o homem de máscara, comeu em sua primeira refeição:

"Uma sopa de ervilhas verdes, guarnecida de alface bem cozida e de boa aparência, e por cima um quarto de ave; num prato, havia uma fatia de carne de boi suculenta, com caldo e uma coroa de salsa; em outro, um quarto de pastel bem guarnecido de timo de vitela, cristas de galo, aspargos, cogumelos, trufas; e, em um outro, língua de carneiro ensopada – tudo isso bem temperado – e, de sobremesa, um biscoito e duas maçãs-*reinette*. O carcereiro me serviu vinho; era um ótimo vinho da Borgonha, e o pão era excelente."

Todavia, Renneville preocupa-se um pouco diante da idéia de que sem dúvida terá de pagar a conta.

"Perguntei-lhe", ele escreve, "se pagaria minha alimentação ou se era por conta do rei. Ele me disse que, naturalmente, eu podia pedir o que me agradasse, que tratariam de me satisfazer, e que Sua Majestade estava pagando tudo."

No entanto, esse cardápio tão saboroso não era excepcional.

Sabemos que Marmontel comeu, por engano, a refeição que fora levada antes para seu camareiro, e que se disse muito satisfeito quando lhe levaram o cardápio muito mais primoroso que lhe era destinado.

O marquês de Sade, sem nenhum desprazer, viu servirem-lhe uma galinha recheada, castanhas, patê de presunto e pudim de chocolate.

A contabilidade da Bastilha mostra, de resto, que esses banquetes pantagruélicos eram de regra, e que freqüentemente compravam-se para os prisioneiros frango, coelho, codornas, perus, peixes de todos os tipos, melões, aguardente, moscatel, e chá para os doentes. Não era tempo de carestia!...

Fazia-se sexta-feira magra. Entretanto, não era obrigatória. Testemunha-o Dumouriez, que sob Luís XIV protestou e pediu frango.

– Frango? – disse o major. – Mas bem sabeis que hoje é sexta-feira!

– Sois encarregado de minha guarda e não de minha consciência – replicou Dumouriez –, quero frango; estou doente: a Bastilha é uma doença.

Uma hora depois, o frango solicitado lhe foi servido.

Melhor ainda! Naquela época, pelo menos, devolvia-se ao prisioneiro, por ocasião de sua saída, o excedente da verba que não fora gasta.

Assim, alguns detidos juntavam, durante sua estada na Bastilha, pecúlios significativos. Explica-se que Renneville tenha escrito:

"Pessoas faziam-se prender para comer bem e ganhar dinheiro; muitas saíam muito tristes por ir embora."

Madame de Staël também admite que seus anos de Bastilha foram dos mais felizes que viveu, e confessa ingenuamente: "No fundo do meu coração, eu estava longe de desejar minha liberdade." É verdade que lá ela se envolvera, com um detento encantador, em uma romântica intriga amorosa.

Outros escreviam suas Memórias; outros jogavam baralho, gamão ou xadrez; um pintor decorava, com grandes afrescos, as paredes brancas de seu quarto..., e o governador, complacentemente, fazia-o passar de um quarto para outro, à medida que ele ia terminando o trabalho. Na verdade, a Bastilha era uma prisão bastante caluniada! O sr. Funck-Brentano acrescenta que, atualmente, seria vão procurar uma prisão que rivalizasse com ela em prazeres e conforto.

Mas voltemos a nosso prisioneiro mascarado.

O diário de Du Junca não menciona apenas as circunstâncias de seu ingresso na Bastilha. Também nos informa sobre seu fim.

Com data de 19 de novembro de 1703, lemos o seguinte:

"O prisioneiro desconhecido, sempre com uma máscara de veludo preto, que o sr. de Saint-Mars, governador, trouxe consigo das ilhas de Sainte-Marguerite e mantinha havia muito tempo, o qual sentindo-se um pouco mal ao sair da missa, morreu hoje pelas dez horas da noite sem ter tido grande doença. O sr. Giraut, nosso capelão, o confessou, surpreso com sua morte. Ele não recebeu os sacramentos, e nosso capelão exortou-o um pouco antes que morresse; e esse prisioneiro desconhecido foi enterrado na terça-feira 20 de novembro, às quatro horas da tarde, no cemitério Saint-Paul de nossa paróquia. No registro da morte, deu-se um nome também desconhecido. O sr. de Rosarges, major, e Arreil, médico, assinaram esse registro."

Na margem, Du Junca acrescenta, alguns dias depois:

"Fiquei sabendo depois que o denominaram no registro sr. de Marchiel; que foram pagas quarenta libras pelo enterro."

Consultando-se o registro da igreja de Saint-Paul, lá se encontra, de fato, com data de 19 de novembro de 1698, a ata de falecimento e inumação não de Marchiel, conforme escreve Du Junca, mas de *Marchioly*, com a presença de Rosage (*sic*) major e de Reglhe (*sic*) médico da Bastilha, que assinaram *Rosarges* e *Reilhe*.

Por conseguinte, os dois nomes conhecidos estão inscritos incorretamente; donde se pode deduzir que não se deve tomar ao pé da letra a ortografia do terceiro nome, Marchioly, mas que apenas seu som pode fornecer uma indicação.

Estes são os únicos documentos autênticos provenientes diretamente de testemunhas, sérias e dignas de fé, desses fatos. Por certo é pouco. No entanto é suficiente para permitir que se chegue à verdade.

Na época, por outro lado, é preciso dizer, ninguém parece ter se preocupado muito em conhecer a identidade do prisioneiro de máscara de veludo. É que, na verdade, seu caso não era o único. Só em 1711, oito anos após sua morte, pela primeira vez a Palatina, a terrível cunhada de Luís XIV, lhe faz uma rápida alusão em sua correspondência com a Eleitora de Hannover.

"Um homem", ela escreve, "permaneceu longos anos na Bastilha e lá morreu mascarado. Aliás, foi muito bem tratado. Era muito devoto e lia constantemente. Nunca foi possível saber quem ele era."

Doze anos depois, ela voltou ao assunto. Tem, ou acredita ter, a chave do enigma:

"Acabo de saber quem era o homem mascarado que morreu na Bastilha. Se levava máscara, não era por barbárie. Era um milorde inglês que estivera envolvido no caso do duque de Berwyck contra o rei Guilherme. Morreu assim para que o rei jamais pudesse saber o que fora feito dele."

Essa versão, se não exata, pelo menos plausível, prestava-se pouco a suscitar paixões. Não se falou mais nisso. E, novamente, os anos se passaram, sepultando pouco a pouco os últimos contemporâneos do desconhecido de máscara de veludo...

Só em meados do século XVIII, num momento em que parecia já não haver nenhuma razão para que alguém se preocupasse com ele, o mistério do homem mascarado subitamente voltou à tona.

Com efeito, em 1745 foi publicado um folheto, sob forma de *roman à clé**, intitulado *Mémoires secrets pour servir à l'Histoire de la Perse* [Memórias secretas para servir à História da Pérsia].

Essa publicação, editada em Amsterdam, sem nome de autor, narrava, à maneira dos contos orientais então em voga, alguns episódios mais ou menos maldosos sobre a corte de Luís XIV. Este era bem reconhecível sob o pseudônimo de cunho oriental Cha-Abas, e essas *Memórias secretas* relatavam, entre outras, a história do filho natural de Cha-Abas, apelidado Giafer, que teria se desentendido com o filho legítimo, o delfim, denominado Séphi-Mirza, descontrolando-se a ponto de lhe dar um tapa. Cha-Abas, não querendo tomar a decisão de condenar à morte seu filho natural Giafer, mas forçado a puni-lo por causa do escândalo, teria imaginado fazê-lo passar por morto e trancafiá-lo, mascarado, na Bastilha.

Esse episódio transparente despertou uma certa curiosidade, e começou-se a dizer que a máscara misteriosa bem poderia ter escondido o conde de Vermandois, filho natural de Luís XIV e da encantadora La Vallière.

Oficialmente, sabia-se que o conde de Vermandois morrera em 1683, quinze anos antes da entrada do homem de máscara na Bastilha.

Mas esse obstáculo, aparentemente intransponível, não atrapalhava em nada os que mesmo assim queriam acreditar na história.

Bastava-lhes supor que a morte oficial fora simulada para que tudo se tornasse simples e fácil.

Discutia-se então seriamente essa hipótese, e não era menos intrigante a personalidade desconhecida do autor daquelas *Mémoires*.

Quem seria? O segredo estava bem guardado! Cada um sugeria um nome diferente. E ninguém imaginava

---

* Romance que fornece indicações para que se reconheçam personagens e episódios da realidade (N. da T.)

que pudesse ser o autor de *Candide*, que trabalhava então em *Le siècle de Louis XIV* [O século de Luís XIV] e que era bem capaz de ter instigado habilmente a opinião pública pelo duplo mistério daquele enigma, para ter o prazer de fazê-la chegar depois mais facilmente aonde decerto já se propunha a levá-la.

Voltaire, na verdade, fingia tratar com desprezo as *Memórias secretas*, que qualificava como "panfleto obscuro e ridículo". Acrescentava porém que, ao lado das coisas absurdas, surpreendia-se por encontrar nelas algumas verdades pouco conhecidas.

Seja como for, lia-se, pouco depois, na primeira edição de *Le siècle de Louis XIV*:

"Alguns meses depois da morte de Mazarin, aconteceu algo sem precedentes e, o que não é menos estranho, que todos os historiadores ignoravam. Foi enviado ao castelo da ilha Sainte-Marguerite, no maior segredo, um prisioneiro desconhecido, de estatura maior do que a comum, jovem e da mais bela e nobre fisionomia. Esse prisioneiro levava uma máscara cuja mandíbula tinha molas de aço que lhe davam a liberdade de comer com a máscara no rosto. Havia ordens para matá-lo caso se descobrisse. O marquês de Louvois foi vê-lo na ilha e lhe falou em pé, com uma consideração que se assemelhava a respeito.

"Aquele desconhecido foi levado à Bastilha, onde foi alojado da melhor maneira possível. Nada lhe era recusado. Seu maior gosto era pela roupa branca extraordinariamente fina e pelas rendas. Ele tocava violão.

"O governador raramente se sentava diante dele. Um velho médico da Bastilha, que muitas vezes tratara daquele homem singular em suas doenças, dizia que nunca vira seu rosto. Era admiravelmente bem apessoado. Sua pele era um pouco morena. Ele cativava pelo simples som de sua voz, nunca se queixava de sua condição e não deixava entrever quem poderia ser. O desconhecido morreu em 1703, e foi enterrado, à noite, na paróquia de Saint-Paul."

Voltaire não acrescentava nenhum comentário, não formulava nenhuma hipótese, não indicava nenhum nome. Muito habilmente, limitava-se a sugerir tudo, esboçando esse quadro aparentemente imparcial, mas em que tudo era deliberadamente conduzido ao romanesco e ao misterioso, como que para melhor ativar as imaginações. Tudo isso era cuidadosamente calculado, habilmente premeditado, para criar a atmosfera de curiosidade e de credulidade que Voltaire desejava encontrar, antes de desferir o golpe final, o que contribuiria para abalar o respeito, até então inatingível, inspirado pelo trono hereditário.

O padre Griffet, Fréron e outros mais, lançados nessa pista, empenharam-se então na solução do enigma, sugeriram versões diversas, contribuindo para manter a atenção desperta e aguçar a curiosidade. Houve detalhes burlescos. Assim, um certo abade Lenglet-Dufresnoy escreveu, em 1754, a respeito do prisioneiro mascarado, sobre o qual fez uma pesquisa em Sainte-Marguerite:

"Como única recreação, quando estava sozinho, ele podia se divertir arrancando o pêlo da barba com pinças de aço muito reluzentes e polidas."

E acrescentava, com saborosa ingenuidade, que lhe tinham mostrado essas pinças, o que o levara à sua convicção.

Voltaire deixava que falassem. Mas, quando julgou que a opinião chegara ao ponto adequado, voltou à carga por duas vezes, em suas *Questions sur l'Encyclopédie* [Questões sobre a Enciclopédia].

Insinuou de início que, se tinham colocado uma máscara no prisioneiro, só podia ser para dissimular de todos os olhares uma *semelhança demasiado comprometedora*. Depois, voltando ao cativeiro do Máscara de Ferro em Sainte-Marguerite, contou esta história fantástica:

"O próprio governador colocava os pratos sobre a mesa e em seguida se retirava, depois de trancá-lo.

"Um dia, o prisioneiro escreveu com a faca em um prato de prata e o jogou pela janela na direção de um barco que estava à margem, quase ao pé da torre; o pescador a quem pertencia o barco pegou o prato e o levou ao governador.

"Este, espantado, perguntou ao pescador:
"– Leste o que está escrito no prato e alguém o viu em tuas mãos?
"– Não sei ler – respondeu o pescador –, acabo de encontrá-lo e ninguém o viu.
"– Vai – disse-lhe o governador –, sorte tua não saberes ler!

"Este que está escrevendo", acrescentava Voltaire, "talvez saiba mais do que o padre Griffet e não dirá mais nada!"

Não! Não dirá mais nada sob seu nome, mas o que não queria dizer pessoalmente logo ele fazia dizer seu editor, que se apressava em explicar, em nota, que o silêncio do sr. Voltaire lhe era imposto por seus escrúpulos de francês, e acrescentava, com uma maneira de escrever que se assemelha singularmente à de Voltaire:

"O Máscara de Ferro era sem dúvida um irmão, e um irmão mais velho, de Luís XIV, cuja mãe tinha o gosto pela roupa branca fina, enfatizado pelo sr. Voltaire. [A filiação estabelecida pelo gosto pela roupa branca fina é, de fato, um belo achado.] Lendo as Memórias daquela época, que relatam esse fato sobre a rainha, foi que, lembrando-me desse mesmo gosto do Máscara de Ferro, já não tive dúvida de que ele fosse seu filho...

"Por ocasião da morte de Mazarin, Luís XIV, ao saber que ele tinha um irmão, e um irmão mais velho que sua mãe não podia renegar, que além do mais talvez tivesse traços marcados que anunciavam sua origem, Luís XIV terá julgado não poder usar de um meio mais sensato e mais justo do que o empregado por ele para garantir sua própria tranqüilidade e o sossego do Estado, meio que o dispensava de cometer uma crueldade que a política consideraria necessária a um monarca menos consciencioso e menos magnânimo do que Luís XIV.

Assim, sob os elogios fingidos e as flores envenenadas com que cobre Luís XIV por sua sensatez, justiça e magnanimidade, o sr. Voltaire, ou seu editor – dá no mesmo – não deixa de fazer, habilmente, esta acusação fantástica: Luís XIV foi um usurpador; suprimiu, para reinar em seu lugar, um irmão mais velho que teria direito ao trono; seqüestrou-o arbitrariamente até sua morte; sepultou até a personalidade do infeliz sob uma máscara de ferro.

Eis o grande segredo, o temível segredo cujos efeitos perduravam, uma vez que ele minava, em seu próprio princípio, a legitimidade da família reinante.

Ah, por parte dos enciclopedistas era um golpe singularmente hábil para perturbar, inquietar, desorientar a opinião. E os inimigos da realeza não estão enganados. Imediatamente, precipitam-se, seguindo Voltaire, sobre a hipótese que nada sustenta, mas que deve ser verdadeira uma vez que é infamante para a memória do Grande Rei.

O barão de Gleichen esclarece e acentua o alcance da tese.

"Segredo", brada ele, "que deveria inquietar para sempre a dinastia dos Bourbon: a rainha, grávida de Mazarin, fazendo reinar o filho adúltero sob o nome de Luís XIV enquanto o filho legítimo suprimido torna-se o Máscara de Ferro, pois sua semelhança seria uma confissão."

Em vão, autores preocupados apenas com a verdade histórica demonstram a Voltaire a absoluta inanidade de sua hipótese. Não o fazem renunciar a ela.

Nada o faz. A idéia do irmão de Luís XIV está lançada; avança e já não se deterá. Não se discute nem mesmo sua verossimilhança. Admite-se imediatamente sua veracidade, uma vez que serve às tendências do momento.

Ela faz parte, de fato, da corrente revolucionária que levará à tomada da Bastilha.

Logo aparecem, para apoiá-la, pretensas *Memórias de Richelieu*, além do mais manifestamente e incontestavelmente apócrifas. Não importa! Seja como for, é um alimento para a calúnia que continua a se propagar. "Caluniai", dizia Beaumarchais, que entendia disso, "alguma coisa sempre resta." A onda de curiosidade envolvendo o Máscara de Ferro vem se quebrar, por assim dizer, nos degraus do trono.

Choiseul quer saber a opinião de Luís XV a respeito. Mas o rei limita-se a responder evasivamente:

– Se soubésseis quem é, veríeis que é bem pouco interessante.

Choiseul, insatisfeito com essa meia-resposta, tenta nova abordagem através da sra. de Pompadour.

Ninguém resiste a uma bela mulher.

O apático Luís XV, dessa vez, digna-se a responder:

– Era um ministro de um príncipe italiano.

Maria Antonieta, por sua vez, quer saber a resposta do enigma, e, como Luís XVI de início não pode satisfazer sua curiosidade, ela o insta a pesquisar nos documentos secretos.

– Era um homem do duque de Mântua, perigoso por seu espírito de intriga.

Essa resposta está registrada nas *Memórias* da sra. de Campan, primeira camareira da rainha.

Mas a tese sensacional de Voltaire não deixa de manter-se em voga: é ela que triunfa em 14 de julho, na rebelião que toma a Bastilha, fortaleza simbólica da arbitrariedade real.

E a populaça que espera encontrar trancados em calabouços escuros, "horríveis tocas de sapos, lagartixas, ratos monstruosos e aranhas", escreve Louis Blanc, detentos infelizes e inocentes, vítimas do despotismo, torturados contrariando toda justiça, a populaça fica surpresa, e talvez um pouco decepcionada, ao libertar apenas quatro falsários notórios, dois loucos e um filho de família criminoso, encarcerado por solicitação dos seus.

Mas a lenda do Máscara de Ferro sobrevive a essa decepção.

Todavia, ela se transforma curiosamente sob o Primeiro Império, atendendo às necessidades da causa napoleônica.

Não é que um engenhoso bajulador do poder resolve querer legitimar o Imperador, revelando-o descendente direto do Máscara de Ferro?

Sim! Segundo ele, o Máscara de Ferro teria tido um filho, nas ilhas Sainte-Marguerite, da filha de um de seus guardas que ele teria conseguido seduzir – ninguém diz se foi com ou sem a máscara de ferro com molas de aço –, e essa criança teria sido levada para a Córsega, educada por uma pessoa de confiança e devota a quem a teriam confiado, dizendo-lhe que vinha "de boa parte", que, em italiano, se diz "Buona parte"!

Ora, ficou-lhe o nome, e esse Buonaparte teria sido simplesmente o próprio pai do primeiro cônsul... donde o direito evidente deste último a reinar sobre a França!

Como é simples!

Essa tese, de tão engenhosa fantasia, nos dá no entanto a dimensão das loucas concepções às quais pode chegar a imaginação, desde que lhe deixemos livre curso no domínio das suposições. O próprio Voltaire, por certo, não teria feito melhor, e, se do outro mundo ele acompanhou essa transformação inesperada de seu Máscara de Ferro, deve ter ficado com um pouco de inveja e um tanto desconcertado.

Entretanto, os historiadores do século XIX logo voltaram a concepções mais sólidas e mais dignas da História.

Mas o enigma do Máscara de Ferro tentou, na verdade, muitos Édipos.

Com efeito, há mais de cinqüenta obras ou ensaios sobre a questão, e não há menos de vinte e duas soluções, cada uma por sua vez proposta, defendida e destruída.

A de Voltaire foi abandonada quase por unanimidade.

Ao lado de Alexandre Dumas, que não tinha a pretensão de fazer história e que tem o mérito de nos divertir, só Michelet pareceu dar-lhe algum crédito. Mas não terá sido apenas para ter a satisfação de jogar uma pedra no jardim do Grande Rei?

"Se Luís XVI disse a Maria Antonieta que não sabia de nada", escreve bravamente Michelet, "foi porque, conhecendo-a bem, não tinha muita vontade de enviar o segredo a Viena. Muito provavelmente, a criança foi um filho mais velho de Luís XIV, e seu nascimento obscurecia a questão, capital para eles, de saber se Luís XIV, seu autor, reinara legitimamente."

Inúmeras obras, e principalmente a de Marius Topin, demonstraram, da maneira mais indiscutível, a inanidade de tal tese e a impossibilidade em que se encontravam seus autores de produzir, para apoiá-la, uma sombra que fosse de argumento sério.

As suposições em que eles se fundamentam esbarram em impossibilidades materiais intransponíveis, e o pouco que se sabe da realidade não dá nem mesmo um lugar hipotético à lenda.

É preciso portanto renunciar a ela, a despeito da prodigiosa popularidade que Voltaire lhe conferiu. É preciso procurar outra coisa. Pois a procuraram e a encontraram. Encontraram-se até soluções muito numerosas. Eu vos disse que foram propostas vinte e duas. Se uma delas é correta, as outras vinte e uma são necessariamente falsas! É um pouco preocupante para o crédito que convém atribuir à História.

Não passaremos em revista todas as hipóteses examinadas.

Bastará lembrar brevemente as mais conhecidas.

No prisioneiro mascarado – com exceção do conde de Vermandois – uns pretenderam ver o duque de Beaufort, desaparecido no cerco de Cândia, em 1669; outros, o duque de Monmouth, decapitado na Inglaterra; outros, o superintendente Fouquet, morto de apoplexia em Pignerol; outros, um filho hipotético de Ana da Áustria e de

Buckingham; outros, um filho de Mazarin; outros, um hipotético irmão gêmeo de Luís XIV; outros, o patriarca armênio Avedick, vítima dos jesuítas, morto apenas em 1711; outros, um jovem encarcerado por ter feito, aos treze anos, dizia-se, dois poemas satíricos contra os jesuítas – também esta é uma suposição inteiramente gratuita; outros, enfim, pretenderam ver nele o próprio Molière, preso por vingança dos jesuítas contra o *Tartufo*. Tudo isso é pura fantasia.

O general Iung, por sua vez, desenvolveu uma tese mais séria. Acreditou descobrir no Máscara de Ferro um certo Luís de Oldendorff, preso em 1673, perto de Péronne, participando de um bando de envenenadores que conspiravam contra o rei e a segurança do Estado.

Infelizmente, apesar de toda a sua ciência e de seus esforços valorosos, o general Iung não chegou a estabelecer como seu prisioneiro de Péronne teria sido enviado para Pignerol e Sainte-Marguerite, e parece certo, ao contrário, que ele nunca ficou preso nessas duas fortalezas, condição *sine qua non*, no entanto, que deve ser preenchida pelo prisioneiro mascarado do diário de Du Junca.

O sr. Lair, erudito historiador de Fouquet, vê no Máscara de Ferro um certo Eustache Danger, detido em Pignerol na mesma época que Fouquet, a quem serviu como camareiro, e transferido em seguida para Exiles e para as ilhas Sainte-Marguerite. Pouco se sabe sobre a personalidade e o crime de Eustache Danger.

Louvois escreve a Saint-Mars, a seu respeito:

"É um trapaceiro insigne que, em assunto muito grave, abusou de pessoas consideráveis. Fazei com que haja bastantes portas e janelas, fechadas umas sobre as outras, para que vossas sentinelas nada possam ouvir. Levai *pessoalmente* víveres a esse miserável. Não escuteis nunca, sob nenhum pretexto, o que ele queira vos dizer!"

São, evidentemente, muitas precauções. No entanto, mais tarde Louvois autorizou Saint-Mars a dar Eustache

Danger a Fouquet, como camareiro, o que parece provar que ele era de condição bastante baixa e que já não se temia a divulgação de seu segredo, uma vez que Fouquet deveria – quando a morte veio surpreendê-lo – ser libertado proximamente. Eustache Danger não parece, pois, ter envergadura para desempenhar com nobreza o papel do Máscara de Ferro!

Os srs. Burgaud e Bazeries, dois autores ilustrados, conseguindo descobrir a chave do código utilizado por Luís XIV em seus despachos secretos, puderam assim decifrar inúmeros documentos, até então ilegíveis, e pensaram com isso ter conseguido finalmente pôr as mãos sobre o verdadeiro Máscara de Ferro. Era, segundo eles, o general de Bulonde, culpado, aos olhos de Luís XIV, por ter levantado o cerco a Cuneo com uma precipitação lamentável, apesar das ordens de Catinat, que o instava a esperar reforços.

Eis o texto do despacho *cifrado* em que fundamentavam o que diziam.

É dirigido por Louvois a Catinat, em 3 de julho de 1691:

"Não é necessário que vos explique o desprazer de Sua Majestade ao ser informada da desordem em que, contrariando vossas ordens e sem necessidade, o sr. de Bulonde suspendeu o cerco a Cuneo.

"Sua Majestade deseja que mandeis prender o sr. de Bulonde e conduzi-lo à cidadela de Pignerol, onde Sua Majestade quer que ele permaneça trancado durante a noite e, durante o dia, tenha liberdade de passear sobre as muralhas *com uma máscara.*"

Com uma máscara!, exclamam triunfantes os autores da descoberta. Ouvistes bem?... Com uma máscara.

Eis, enfim, pela primeira vez um documento oficial, indiscutível, que prescreve formalmente que se coloque uma máscara em um prisioneiro. Em todas as hipóteses emitidas até então, quem pudera apresentar uma prova semelhante?

E, se notardes além do mais que se trata de um prisioneiro de Pignerol e de um general a quem se deve alguma consideração, nenhuma dúvida mais será permitida: é mesmo o Máscara de Ferro!

Infelizmente, essa tese, aparentemente tão sólida, não resiste entretanto a duas objeções. A primeira é que, em 1691, data do despacho de Louvois, Saint-Mars já não estava em Pignerol havia anos. Portanto, não poderia ter o general de Bulonde sob sua guarda em Pignerol.

A segunda objeção, porém, é muito mais decisiva ainda. O Máscara de Ferro morreu na Bastilha em 1703.

Ora, foi encontrada uma fatura assinada pelo general de Bulonde, datada de 1705, dois anos após a morte do Máscara de Ferro; e acredita-se que o sr. de Bulonde só morreu em 1708.

Essa foi mais uma hipótese à qual, embora fosse bastante satisfatória à primeira vista, foi preciso renunciar.

E chegamos então à solução que temos todas as razões para considerar a única exata. Não é nova, pois foi exposta pela primeira vez por um contraditor de Voltaire. Desde então, no entanto, inúmeros historiadores a retomaram e lhe trouxeram novos esclarecimentos. Cada vez que ressurgiu, adquiriu maior força.

Já não duvidareis de sua autenticidade quando eu vos lembrar que o último defensor a quebrar lanças a favor dessa tese foi o eminente historiador Funck-Brentano. Coube a ele, na verdade, a honra de ter dado uma demonstração, de certo modo matemática, do que chamou "o eterno enigma".

O prisioneiro mascarado – não com máscara de ferro de mandíbula articulada e molas de aço, impossível de ser encontrada a não ser como fruto da pena de Voltaire, mas com uma simples máscara macia de veludo preto que cobria a parte superior do rosto à moda veneziana e que é comumente denominada *loup* –, aquele prisioneiro ao qual o diário de Du Junca faz alusão duas vezes, que foi enterrado no cemitério de Saint-Paul em 19 de novembro de

1703, não à noite, como escrevia Voltaire, mas às quatro horas da tarde, sob o nome de Marchioly, aquele prisioneiro foi, simplesmente, o conde Ercole Antonio Matthioli, nascido em Bolonha em 1º de dezembro de 1640, secretário de estado de Carlos IV, duque de Mântua.

    Carlos IV era um pequeno príncipe italiano, incapaz, devasso, que estava sempre precisando de dinheiro e sofria uma influência profunda de Luís XIV. Este, que desejava intensamente tomar posse da cidadela de Casal, pertencente a Carlos IV, para apoiar e reforçar nossa posição avançada de Pignerol, mandou nosso embaixador em Veneza, o abade d'Estrades, sondar o duque de Mântua a esse respeito.

    O abade d'Estrades encontrou-se com o secretário de Estado, o conde Matthioli, fez ofertas para a compra pelo rei da praça de Casal, e, como as propostas de Luís XIV não pareciam desagradar, ficou decidido que o conde Matthioli iria a Versalhes para concluir definitivamente o negócio com a corte.

    Em 14 de outurbo de 1678, Matthioli recebe plenos poderes de Carlos IV para tratar da venda de Casal. No mesmo dia, o duque lhe entrega suas credenciais e lhe dá a missão de ir "muito secretamente e com toda a diligência" a Paris.

    Em 5 de dezembro, em Versalhes, Luís XIV dá a Pomponne um poder referendado por Louvois para "combinar, tratar e assinar com Matthioli determinados artigos que ele ponderará por particular aliança com o duque de Mântua". Em 8 de dezembro, o tratado é assinado por Matthioli e Pomponne. No mesmo dia, Luís XIV escrevia pessoalmente ao duque de Mântua para agradecer. Louvois entrega a Matthioli instruções secretas e detalhadas para a ocupação de Casal pelas tropas francesas de Pignerol. Em 12 de dezembro, concluído o acordo, Luís XIV escreve novamente a Carlos IV para expressar-lhe sua satisfação. À noite, ele recebe em Versalhes, em seus aposentos privados, o conde Matthioli, que vem se despedir, e lhe entrega como lembrança um belo diamante e uma quantia de quatrocentos dobrões de ouro. Fica entendido que depois da execução do tratado ele receberá quatrocentos mil dobrões e que seu filho será pajem do rei.

Mas, de volta à Itália, no início de 1679, Matthioli logo trai os segredos que lhe foram confiados. Comunica o texto do tratado secreto à Corte de Turim; revela sua existência a Veneza; informa sobre ele o governador espanhol de Milão e faz tudo para que o projeto fracasse. Recebe duas mil libras da regente em Turim, como prêmio por sua traição.

O primeiro resultado disso é que o barão de Asfeld, coronel de dragões, que ia de Veneza para Pignerol para executar as instruções de Louvois, é detido e levado preso para Milão. Todo o negócio combinado falha, e o abade d'Estrades logo se certifica da traição de Matthioli.

Luís XIV fica furioso e despeitado por ter sido trapaceado por aquele ministrozinho italiano. Sua cólera recai de início sobre o infeliz Pomponne, que negociara o acordo e cuja desgraça, por certo, não tem outra causa. Matthioli parece invulnerável, em território estrangeiro. No entanto, o abade d'Estrades propõe ao rei um plano audacioso.

Diz ser capaz de atrair Matthioli, sem que este desconfie, para uma emboscada perto da fronteira, de mandar raptá-lo secretamente e encarcerá-lo em Pignerol, sem que ninguém suspeite. Por certo é uma empreitada ousada e uma violação flagrante do direito internacional. Mas a vingança é uma iguaria dos deuses. Luís XIV aceita e autoriza o abade d'Estrades a executar seu plano, "desde que julgueis poder fazê-lo sem que a coisa tenha repercussão", diz ele. "*É preciso que ninguém saiba o que foi feito desse homem.*"

A operação delicada é realizada com inteiro sucesso. Matthioli, convidado para ir à caça, vê-se subitamente, em um bosque deserto, cercado por uma dúzia de cavaleiros. É agarrado, raptado, disfarçado, mascarado em um instante, e já se encontra em Pignerol antes mesmo de compreender o que está acontecendo.

Catinat escreve a Louvois:

"Isso aconteceu sem nenhuma violência e ninguém sabe o nome desse trapaceiro, nem mesmo os oficiais que ajudaram a prendê-lo."

Em Pignerol, de início ele é registrado como l'Estang. Depois, pouco a pouco, o nome Matthioli reaparece na correspondência de Louvois e de Saint-Mars, e acaba se deformando para *Marthiolo*, pois a ortografia não era o forte das letras da época.

Por essa correspondência muito detalhada, podemos acompanhar quase constantemente a existência misteriosa do desafortunado Matthioli ou Marthioli.

Quando, em 1681, Saint-Mars é nomeado governador de Exiles, um despacho de Louvois, datado de 9 de junho, lhe dá instruções precisas sobre o que deve fazer com seus prisioneiros. "Levareis convosco", prescreve, "os dois prisioneiros da torre de baixo." E acrescenta que, para os três prisioneiros que irão permanecer, "a alimentação será paga pelo senhor de Chanoy".

Nessa ocasião, portanto, há dois mais três, ou seja, apenas *cinco prisioneiros* sob as ordens de Saint-Mars em Pignerol.

Matthioli estará entre os *dois* da torre de baixo levados por Saint-Mars, ou entre os três que ficam?

A resposta exata a essa pergunta importante está, com toda a clareza, numa carta de Saint-Mars ao abade d'Estrades, de 25 de junho de 1681:

"Recebi ontem minhas provisões de governador de Exiles. Terei a guarda de dois melros que tenho aqui, que têm por nomes apenas "senhores da torre de baixo". *Matthioli ficará aqui, com dois outros prisioneiros.*"

O Máscara de Ferro, portanto, é necessariamente um desses cinco prisioneiros. Ora, conhecemos todos por documentos seguros. Os dois melros, ou "senhores da torre de baixo", foram ambos camareiros de Fouquet em Pignerol. Com a morte de Fouquet, Saint-Mars recebeu ordens de alojá-los na torre de baixo, para que Lauzun, que seria libertado, não pudesse saber o que fora feito deles. Seus nomes são Eustache Danger, de que já falamos, e La Rivière. La Rivière, aliás, está doente, hidrópico, e morre dessa hidropisia em 1686. Portanto, não pode ser ele.

Os dois outros prisioneiros que permanecem em Pignerol com Matthioli são, um deles, um jocobino louco, que morre em 1693, o outro, um certo Debreuil, que morre na ilha Sainte-Marguerite, em 1697. Para ser o Máscara de Ferro só restam, pois, em 1698, dois prisioneiros possíveis: Eustache Danger ou Matthioli. Dissemos há pouco por que seria de duvidar que fosse Eustache Danger. Portanto, é necessariamente Matthioli.

Matthioli, com efeito, reúne-se alguns anos depois a Saint-Mars, na ilha Sainte-Marguerite. Terá portanto estado com ele em Pignerol e em Sainte-Marguerite, condições necessárias para ser o Máscara de Ferro.

Nas ilhas Sainte-Marguerite teria lugar a visita respeitosa de Louvois e o episódio romanesco do prato de prata, contado de maneira tão divertida por Voltaire.

Infelizmente para Voltaire, é certo que Louvois não esteve nas ilhas Sainte-Marguerite, e, quanto ao prato de prata, a realidade, mais uma vez, é menos bela e menos poética do que a lenda. Pois o incidente é relatado por Saint-Mars em uma de suas cartas, e não se trata de um prato de prata, mas de um prato de estanho; e não foi o Máscara de Ferro que nele gravou seu segredo, mas um ministro protestante que nele... protestava contra sua prisão! Enfim, se o governador "servia pessoalmente o Máscara de Ferro e raramente se sentava diante dele", como escreve Voltaire, temos a explicação muito simples disso numa carta de Saint-Mars.

Ele explica ao sucessor de Louvois, que lhe perguntava como se fazia o serviço a seus prisioneiros, que geralmente é ele que leva as refeições dos detentos, começando por seu "antigo prisioneiro", expressão que muito provavelmente designava Matthioli. Ele só faz entrar e sair, ao mesmo tempo levando todos os pratos da refeição e trazendo de volta os da refeição anterior, empilhados um sobre o outro pelo prisioneiro. Quando Saint-Mars não pode fazê-lo, dois de seus lugar-tenentes o substituem. Tudo o que entra no quarto dos prisioneiros ou sai dele é cuidadosamente revistado. Todas essas precauções não eram especiais a Matthioli.

O transporte de Eustache Danger, principalmente, se fez em doze dias, de Exiles a Sainte-Marguerite, "numa cadeira coberta de lona, sem que ninguém pudesse vê-lo nem falar com ele no trajeto, nem mesmo os soldados". A tal ponto que ele dizia, acrescenta Saint-Mars, "não ter tanto ar quanto desejaria". O infeliz se sufocava debaixo da lona.

"Posso garantir-vos", conclui Saint-Mars, "que ninguém no mundo o viu, e que a maneira pela qual o vigiei e conduzi durante todo o meu trajeto faz com que todos tentem adivinhar quem pode ser meu prisioneiro."

Muitas hipóteses são levantadas, e Saint-Mars relata algumas:

"Diz-se que meu prisioneiro é o sr. de Beaufort, outros dizem que é o filho de Cromwell. Sou obrigado a lhes contar histórias amarelas* para zombar deles."

Hoje diríamos histórias azuis**.

Mas, seja qual for sua cor, observai que essas histórias – origem, talvez, de muitas das lendas – aplicam-se

---

* Tradução literal de *contes jaunes*, que designa histórias fabulosas, fantasiosas. (N. da T.)

** Tradução literal de *contes bleus*, que designa também histórias fabulosas, por referência à coleção da *bibliothèque bleue* (biblioteca azul), composta por adaptações de romances de cavalaria. (N. da T.)

aqui, assim como todas essas precauções, ao camareiro Eustache Danger, o obscuro trapaceiro que teve a função de criado doméstico de Fouquet e que, na verdade, não parece estar à altura do famoso Máscara de Ferro. É de concluir que a imaginação popular está sempre pronta a se inflamar e a explorar o terreno desde que pareça haver algum mistério, por menor que seja.

Esse mistério, no entanto, era quase de regra naquele tempo, quando se transferia um prisioneiro de uma fortaleza para outra.

"Falais demais...; *o segredo e o mistério é um de vossos primeiros deveres; peço que vos lembreis disso!*", escreve Pontchartrain, em 1710, ao governador da Bastilha.

O que caracterizava o prisioneiro de Estado era ser encarcerado por ordem do rei, sem processo – seja porque o processo fosse julgado perigoso pelo escândalo que provocaria, seja por não se tratar de um crime de direito comum. Nessas condições, era muito natural que se quisesse manter segredo em torno dessas prisões e que, para isso, fossem tomadas medidas que hoje nos parecem absolutamente extraordinárias.

Assim, a marquesa de Créquy, falando em suas *Recordações* do uso da máscara de veludo preto, escreve:

"Era, naquele tempo, *uma coisa de costume* com relação aos prisioneiros de Estado que viajavam a cavalo."

Pois não temos, aliás, além de Matthioli, outros exemplos comprovados? Citei-vos o do general de Bulonde, em quem Louvois ordena expressamente que se coloque uma máscara, em Pignerol. A *Gazeta da Holanda*, de 21 de março de 1695, relata outro exemplo disso:

"Um lugar-tenente de galera, acompanhado de vinte cavaleiros, conduziu à Bastilha um prisioneiro *mascarado* trazido da Provença de liteira, o que leva a crer que fosse alguém importante, tanto mais que se esconde seu nome."

Ora, sabemos que se tratava simplesmente do filho de um banqueiro de Lyon, condenado por malversações, e que estava sendo enviado discretamente para passar uma pequena temporada na Bastilha. Chamava-se Gédéon Philbert, e encontramos a menção de seu ingresso no diário de Du Junca, com data de 15 de março de 1695, três anos antes da chegada do já famoso Máscara de Ferro.

Para voltar a este último, em 19 de julho de 1698 o secretário de Estado escreve a Saint-Mars:
"O rei julga conveniente partirdes das ilhas Saint-Marguerite, para virdes à Bastilha, com *vosso antigo prisioneiro.*"

A expressão antigo prisioneiro designa Matthioli, preso havia cerca de vinte anos. Já não poderemos ter dúvida se compararmos a todas essas suposições convergentes a ata de falecimento que leva o nome de Marchioly e a afirmação feita por Luís XIV a Madame de Pompadour: "Era um ministro de um príncipe italiano", afirmação esta reforçada pela resposta de Maurepas a Luís XVI: "Era um homem do duque de Mântua, perigoso por seu espírito de intriga."

Luís XIV, ordenando sua detenção tão audaciosa em território estrangeiro, lançara esta sentença implacável:
"É preciso que ninguém saiba o que foi feito desse homem."

A instrução foi bem observada! O Grande Rei sabia fazer-se obedecer. Quantas pesquisas tiveram de ser feitas para levantar, pouco a pouco, o véu desse mistério. Hoje, a dúvida só existe para os espíritos que preferem continuar duvidando. Mas estes talvez sejam os verdadeiros sábios, que preferem não saber. Eles têm razão, por certo, de preferir o encantamento misterioso de sua crença errônea à realidade desencantadora.

Eu detestaria ter, guiado pelo sr. Funck-Brentano, quebrado a imagem de que eles gostavam, destruído com mão brutal a trama romanesca e frágil de suas ilusões, se não soubesse que freqüentemente a lenda é mais forte que a História e que o erro às vezes – infelizmente! – obtém vitória sobre a verdade.

Respeitemos as crenças dos fiéis impenitentes de uma falsa religião e deixemo-los, sem remorso, entregues às doçuras sedutoras de seus sonhos, que lhes parecem preferíveis às exatidões um pouco frias da verdade histórica.

A defesa de lady Macbeth

Lady Macbeth
"Oh! Homem fraco! Dá-me o punhal!"

A defesa de lady Macbeth[1]

Pesam sobre lady Macbeth trezentos anos de genial difamação, e o difamador foi o grande dramaturgo que se chama William Shakespeare.

Singularmente, o procurador geral Shakespeare, se me permitem chamá-lo assim, erigindo em seu drama imortal seu ato de acusação, consagrou para sempre a popularidade de lady Macbeth, popularidade malsã, na verdade, popularidade do crime, mas que tornou essa mulher célebre; e, uma vez que atualmente se discutem, se não a existência, pelo menos a personalidade e as obras de Shakespeare, o autor poderia ver, se ainda vivesse, algo singular: ao passo que ele é discutido, sua heroína não o é. Sua heroína é uma mulher célebre.

* * *

No drama de Shakespeare, lady Macbeth é a instigadora do assassínio. É uma ambiciosa insensata, uma megera mal domada, por assim dizer. Ela faz parte, como

---

1. Minha cara e admirável amiga, Madame Brisson, tivera a idéia de fazer reviver na Université des Annales o processo de lady Macbeth. Meu muito saudoso confrade, Jean Richepin, era o acusador.
Eu apresentei a defesa. Aqui está essa pseudodefesa. Ela contém erros, repetições – defeitos inerentes à improvisação.

dizia o romântico Paul de Saint-Victor num eloqüente prefácio, de um casal titanesco que nasceu para o mal e que concebeu e executou o mais covarde dos crimes.

Conheceis a acusação. Antes de apresentar a defesa, talvez seja útil lembrá-la em poucas palavras. Lady Macbeth é acusada de ter instigado um crime assustador: teria feito seu marido, Macbeth, matar o rei Duncan, que era ao mesmo tempo seu senhor, anfitrião e parente. Ela teria impelido o marido ao crime, teria sido a instigadora, teria concebido esse assassínio abominável, e teria dirigido o braço do marido para fazê-lo cometer um crime que ela mesma não ousava cometer.

Essa é a lenda, essa é, em algumas palavras, a acusação. Acrescentemos a isso que, em toda a peça, irá reinar uma atmosfera de horror indizível. Assassinado o rei Duncan, dois de seus camareiros, dois de seus guardas, dois de seus oficiais de ordenança que descansavam junto dele também foram mortos. E, como a sede de sangue torna Macbeth sanguinário, depois do assassínio de Duncan, depois da morte dos dois camareiros, Banquo será morto por sua vez, porque pode ser um rival ou uma testemunha perigosa; e os filhos de uns ou de outros escaparam com muita dificuldade ao assassínio que os ameaçava e tiveram de fugir para se subtrair ao punhal dos assassinos. Essa é a acusação.

Imagina-se – os que conhecem superficialmente o drama de Shakespeare – que lady Macbeth (basta seu nome para evocar o horror e o trágico) seja uma espécie de megera mal domada, uma virago com aparência de homem, com traços fortes e poderosos. Nada disso! É uma inglesa, uma saxã de traços leves e graciosos; tem uma admirável cabeleira loira, belos olhos azuis, e ela é frágil, é delicada. Ei-la sob a mais real aparência, tal como pode nos aparecer lady Macbeth. Vamos vê-la em ação e, para bem julgá-la, não devemos pensar que estamos, atualmente, em 1930; para apreciar seu crime, devemos situá-la no meio em que viveu.

Quereis ver em que época se passam os fatos? Estamos em 1037 ou em 1039 (não temos informações exatas sobre a data). Com um ligeiro esforço de memória, imaginai o que essa data pode evidenciar a nossos olhos. O mundo acaba de escapar ao terror obsessivo do ano 1000. Vós sabeis – estamos aqui numa Universidade, não estamos numa reunião mundana; conseqüentemente, sem que sejamos pedantes, podemos fazer um pouco de história –, sabeis que o mundo acaba de escapar ao terror obsessivo do fim do mundo. No ano 1000, estavam todos persuadidos, superstição que ganhara os palácios e choupanas, de que o mundo iria acabar, e vivia-se com medo. Não se deve zombar das pessoas de antigamente: os parisienses que temeram o 1º de maio e enfurnaram víveres em seus porões, ou encheram seus reservatórios temendo falta de água, estavam tão amedrontados quanto os senhores do ano 1000, que acreditavam no fim do mundo porque a superstição difundira esse rumor.

Estamos em 1037, tempos de barbárie, e vereis, por um rápido resumo da história dessa época, que o sangue, que o massacre está por toda parte. Por toda parte a guerra, por toda parte a carnificina seguida de horríveis flagelos. Os que a mão do homem não basta para destruir – e dir-se-ia estarmos escrevendo a história das últimas guerras –, os que não são mortos pelas armas dos combatentes sucumbem seja à peste, seja a outras doenças. A natureza se encarrega de matar os que a barbárie dos homens poupou. E por toda parte é a lei do mais forte: o fraco é oprimido, e o velho que faz o coro antigo no drama de Shakespeare pode dizer, no 2º ato, cena IV:

"Acabo de viver setenta anos durante os quais vi coisas estranhas e vivi também horas terríveis."

* * *

Quereis que vos cite alguns fatos – pois, essa mulher, não se deve julgá-la com a severidade de um espectador contemporâneo que foi polido e apurado por séculos de educação refinada! Nem um pouco que seja. Deve-se julgá-la segundo os costumes da época. O que ocorre então por volta do ano 1037?

Na França, o rei Henrique I se revolta contra o pai, Roberto o Piedoso, para obter o poder, e, assim que o obtém, seus dois irmãos, Roberto e Eudes, entram em guerra contra ele. Henrique I – quem diria! –, para consolidar sua situação, pensa em apelar para a aliança russa – já! – e se casa com Ana da Rússia. Na Normandia, Roberto o Diabo envenena o irmão, Ricardo II, num banquete em Falaise, e, graças a esse crime, torna-se duque da Normandia. Na Inglaterra, Edmundo, filho de Ethelred, é assassinado pelo cunhado, Edric, e sua viúva, para retomar o poder, não hesita em se casar com Canuto, que vencera e destronara seu marido. Na Dinamarca, o conde Ulf, cunhado de Canuto, aproveita sua ausência para suscitar uma revolta de seus súditos; Canuto volta, aplaca a revolta e, como meio radical e certo, manda assassinar o cunhado numa igreja. Na Rússia, enfim, luta fratricida do grão-duque Jaroslav e de seus dois irmãos para conquistar o poder. E, na Grécia, Romano II envenena o pai para sucedê-lo mais depressa; por sua vez, ele é envenenado pela mulher, e Romano III é assassinado no banho por ordem da imperatriz Zoê, sua esposa. Aí está o balanço.

Crimes por toda parte, assassínios por toda parte. Guerra por toda parte! Guerra de rapinas, guerra incessante entre vizinhos, a ponto de ter sido forçoso instituir a "Trégua de Deus".

Guerra na França entre senhores feudais; guerra na Inglaterra e na Escócia, com os países escandinavos; guerra dos países escandinavos entre si; guerra na Alemanha contra a Itália; guerra na Bulgária contra a Grécia; guerra contra os turcos – já! –, guerra, enfim, contra os mouros e os árabes na Espanha...

Veremos então, como diz o velho, "coisas estranhas", e ficaremos muito menos surpresos e, conseqüentemente, seremos mais indulgentes para com lady Macbeth se levarmos em conta o meio, a atmosfera do ambiente e as circunstâncias em que o drama ocorre.

Fizemos – tanto quanto nos foi possível fazer – rapidamente um retrato físico de lady Macbeth. Ela não é a megera que se acreditava. Como é então sua vida?

Aqui, para bem a descrever e nos localizar em pleno drama, será preciso apelar para o homem que, a meu ver, melhor soube descrever a Escócia daquela época, o bom velho Walter Scott. E é Walter Scott, em *A balada do último menestrel*, Walter Scott, em *A dama do lago*, ou em *Marmion*, que irá, por assim dizer, adaptar a descrição da paisagem aos fatos em que se desenrolará o drama de lady Macbeth. Eis o que ele escreve:

"Se desejais ver Melrose, ide ao pálido luar (substituireis Melrose por Inverness, pois o drama se passa em Inverness, e tereis exatamente a mesma descrição), ide ao pálido luar, pois os alegres raios da luz do dia brilham apenas para escarnecer as ruínas cinzentas. Vêem-se arcos angulares na noite escura, e as ogivas delgadas resplandecem quando a luz incerta e fria da lua escorre sobre o campanário em ruína. Os arcobotantes parecem feitos de ébano e marfim contornados de prata. Ouve-se ao longe o Tweed murmurar, e sobre as tumbas a coruja ulular."

Admita-se que a paisagem é pouco sedutora, mas a descrição é rigorosa e fiel.

E Walter Scott continua:

"Ó Caledônia triste e selvagem, terra de bruma sombria e bosques eriçados, terríveis tempestades dessas landes desertas. No ar escuro, brilha um relâmpago, tão imenso, de um fulgor tão vermelho, que o castelo parece em fogo. Cada viga do salão resplandece, cada escudo da parede resplandece também. Os troféus, as pedras esculpidas aparecem por um instante e voltam a desaparecer."

* * *

É nesse meio, nesse ar sinistro, nessa Caledônia triste e selvagem, terra de bruma sombria e de bosques eriçados, que vai viver lady Macbeth.

Como é, pois, sua vida, como é sua existência? Vamos vivê-la em algumas frases antes de entrar, com Shakespeare, em pleno drama.

É Walter Scott, mais uma vez, que nos diz de sua vida.

"É uma vida monótona a das castelãs, uma vida sem distrações. Entre duas expedições à fronteira do sul, o marido vem visitar sua mulher..."

E é bem essa a história do general Macbeth, sempre partindo para a batalha, e de sua mulher, deixada sozinha no castelo feudal e triste de Inverness.

"... O marido se banqueteia no salão e se embriaga com os companheiros. Eles bebem, cada um por sua vez, de uma grande taça de prata, vinho com especiarias. Depois o esposo adormece profundamente. De manhã, assiste a uma missa apressada e, novamente montando a cavalo, parte para a caça. Durante todo o dia ouvir-se-ão soar os olifantes."

E a mulher fica sozinha. Espera o marido, que só faz uma aparição entre duas guerras. O marido adormeceu depois do festim, depois de beber vinho com especiarias numa taça de prata. E lá vem ele de volta. Escutai o que vai acontecer:

"Os homens, ao voltar da caça ou de expedições guerreiras" – é ainda Walter Scott quem fala –, "ficam vestidos de aço, com o gládio na cintura, as esporas nos saltos, e não tiram seu reluzente equipamento nem de dia, nem de noite (o que, na certa, não facilita as efusões conjugais!). Deitam-se amarrados no corselete, usando como travesseiro o escudo frio e duro. Às refeições, cortam com as mãos enluvadas de ferro e bebem vinho tinto através do elmo gradeado."

O quadro é sinistro! E é, creio eu, profundamente fiel.

Macbeth apareceu entre duas guerras, banqueteou-se com os companheiros; bebeu, na taça, o vinho com especiarias, ficou com a luva de ferro, o elmo abaixado que ele só levanta para beber, e adormeceu, cansado da caça e da guerra. E ei-lo que parte depois de uma curta aparição, incapaz de trazer ao coração e à alma da provinciana que se entedia, da castelã que está só – tédio e solidão, duas razões para conceber um crime –, nenhum apaziguamento e nenhuma alegria.

"A senhora", diz Walter Scott, "depois que o marido se foi, recolheu-se a seu gabinete secreto para algum trabalho no tear ou alguma leitura edificante. As mesas tinham sido retiradas. Todos estavam no ócio: cavaleiros, pajens e domésticos vagueavam pelo salão imponente ou estavam reunidos em torno da grande lareira. Os cães galgos, cansados da caçada, tinham se deitado no chão coberto de juncos, e retomavam em sonho a correria pela floresta."

Podemos agora falar de lady Macbeth. Sabemos quem ela é, sabemos em que meio viveu. Mas, antes de vê-la em ação, relembremos o que aconteceu anteriormente.

* * *

O general Macbeth, vinte vezes vitorioso – prestou ao rei Duncan serviços inestimáveis, pelos quais este o recompensou, aliás (o que é profundamente humano), com a mais obscura ingratidão –, o general Macbeth passeia com um outro general, Banquo. Está na lande deserta. É hora do entardecer. A luta terminou, a vitória sorriu para suas armas, ele está todo contente. De repente, no ar leve, aparecem e desaparecem feiticeiras. Ele tem o defeito, o enorme defeito, de ser supersticioso e acreditar em feiticeiras.

As feiticeiras o cumprimentam e dizem:
– Serás *thane* de Cawdor...

Ou seja, conde ou governador, com uma imensa possessão territorial, representante do rei num determinado clã.

Acontece que a profecia se realiza imediatamente. O *thane* de Cawdor tem morte violenta, por ordem de Duncan, que tem uma única preocupação: desvencilhar-se de qualquer inimigo que o incomode. O *thane* de Cawdor é morto. Imediatamente, Macbeth, que viu as feiticeiras, fica sozinho e, antes mesmo de ter qualquer possibilidade de conversar com sua mulher, rumina em seu cérebro preparado para o crime todas as profecias que acabam de ser ditas pelas feiticeiras. Escutai sua linguagem, e, uma vez que ainda estamos dentro da lenda, tomemos Shakespeare antes de interrogar a história.

Macbeth. – Duas verdades foram ditas, feliz prólogo do grande drama cujo termo é leal. Obrigado, meus senhores...

(Ele fica sozinho).

– Essa solicitação sobrenatural não pode ser má e não pode ser boa!...

(Vede como está perturbado e como seu cérebro se agita.)

– Se é má, por que me deu uma promessa de sucesso começando por uma verdade? Sou *thane* de Cawdor. Se é boa, por que ceder a uma sugestão, cuja imagem assustadora arrepia-me os cabelos e faz meu coração tão firme golpear-me as costelas opondo-se às leis da natureza? Os temores que se vêem são menos temíveis que horrores imaginários. Meu pensamento, em que o assassínio ainda é apenas um sonho, tanto abala o pobre reino de minha alma que toda a faculdade de agir é abafada por conjecturas e só é o que não é. (Primeiro ato, cena III.)

A feiticeira o saudou com o título de *thane* de Cawdor, depois outra feiticeira acrescentou:

– Salve, tu que serás rei!...

Imediatamente, em seu cérebro, opera-se a trama: antes de reencontrar sua mulher, antes que, com uma palavra ou um gesto, ela possa incitá-lo ao crime, ele terá uma preocupação, e essa preocupação se traduzirá numa carta. Escutai-a! E, quando vos disserem que lady Macbeth foi o gênio mau do general Macbeth, seu marido, que ela o empurrou ao crime e foi sua instigadora, quando Jean Richepin afirmava, com todo o seu talento e ardor: "Olhai esse infeliz: sem a mulher fatal, não teria cometido o crime!", vede se não tenho em mãos o documento libertador, a peça capital, e lembrai, no próprio drama de Shakespeare, como aparece lady Macbeth.

* * *

As profecias foram feitas pelas feiticeiras, caíram num cérebro fraco, bem preparado para conceber o crime. Mal as feiticeiras se esvaneceram, Macbeth pensou no crime. Ele é *thane* de Cawdor, não está satisfeito! A ambição cresce em seu coração, quer ser rei. Já pensa nisso antes que sua mulher o tenha encontrado.

E eis que, de fato, sozinha em seu castelo de Inverness, levando a existência que agora conhecemos, pouco vendo o marido a quem ama e que desposou em circunstâncias trágicas, as quais em breve conhecereis, entregue a si mesma, tendo como únicos recursos a prece ou o trabalho que faz com suas damas de companhia, enquanto se entedia, enquanto vive à espera de um acontecimento que venha modificar sua vida monótona, enquanto olha pelas janelas estreitas do castelo e, pela longa alameda de árvores, diz a si mesma: "Virá alguém que irá mudar minha existência" – como, ela não sabe; ela espera, está ansiosa, pressente um acontecimento qualquer –, chega um guerreiro à rédea solta que está, também ele, coberto de ferro. A ponte levadiça é baixada. Ela olhou, ela viu o guerreiro chegar, está ansiosa: é uma mensagem. E a mensagem é uma carta do marido. Escutai-a e dizei-me se não é o documento libertador que pode mostrar que ela não foi nem a instigadora, nem a má conselheira, e que todo o mal virá do general Macbeth! Eis a carta (ele escreve à sua mulher):

"Elas me encontraram no dia da vitória e eu soube, pelo mais seguro testemunho, que elas têm em si uma ciência mais que humana. Quando eu ardia por perguntar-lhes mais, tornaram-se o próprio ar no qual se esvaneceram.

"Fiquei ali, tomado de estupor, e então surgiram os mensageiros do rei, que me proclamaram *thane* de Cawdor, título com que me haviam saudado as irmãs fatídicas, acrescentando para o futuro:

"– Salve, tu que serás rei.

"Tive por bem avisar-te, companheira querida de minha grandeza, a fim de que, ignorando a glória que te é prometida, não percas a parte de felicidade que te é devida. Guarda isso em teu coração, e adeus."

Ela não concebeu o crime; mas, enquanto estava sozinha no castelo, sobreveio o acontecimento providencial que viria salvá-la, tirá-la de seu meio de tédio e solidão, distraí-la: era a carta de Macbeth, o documento libertador. E, quando Macbeth chegar, ambos terão uma única preocupação, uma idéia, um desejo, que é o de executar o assassínio.

E, notai ainda, pequeno detalhe que não é sem importância, o rei Duncan irá chegar, pois tudo se encadeia, e é ao mesmo tempo lenda e história. Por que razão vem o rei Duncan? Ora, porque o doce, o fraco, o excelente general Macbeth o convidou, e já com a preocupação e a segunda intenção de matá-lo.

Aqui, poderíamos dizer a nós mesmos, frementes de certo horror:

Pois sim, matar o rei, vereis que é muito pouco grave! Na época, é uma ocorrência comum! Matar o anfitrião, no entanto, é algo muito mais grave. Matar o rei é uma ocorrência absolutamente comum, num tempo antigo em que não se concebia o horror do regicídio. O primeiro que foi rei foi um soldado feliz, ou seja, traduzo e irei prová-lo, um soldado que matou seu predecessor que o incomodava. O rei (não preconizo esse sistema para a presidência da República), o rei com freqüência só chega ao poder supremo pelo assassínio.

* * *

Peço que me permitis esta digressão que vos fará deixar, por um momento, a terra brumosa da Escócia, da Caledônia, para irdes ao ar puro sob o belo céu da Itália. Lede, quando tiverdes um instante, o admirável drama filosófico de Renan, que se chama *Le prêtre de Némi* [O sacerdote de Nemi]. O sacerdote de Nemi é o do templo de Diana, às margens do lago de Nemi, cujo sacerdote, para ser legítimo, deveria matar seu predecessor com as próprias mãos. Quereis que situemos também o lugar e o personagem? O lago de Nemi! Primeiro Chateaubriand, em seguida Paul Bourget, falaram da campanha romana e do lago de Nemi com amorosa ternura. Um dizia, cantando a terra romana "composta pela poeira dos mortos e pelos despojos dos impérios":
"Nada é comparável, em beleza, às linhas do horizonte romano, ao doce declive das encostas, aos contornos suaves e fugazes das montanhas que o terminam. Um vapor particular, que se difunde pelas lonjuras, arredonda os objetos e dissimula o que poderia haver de rígido e abrupto nas formas."
O outro escrevia:
"Bem ao fundo desse círculo de colinas, quase no cume de uma delas, encontra-se o lago de Nemi, com sua água tranqüila em sua taça de rochedos, cingida pela adorável cabeleira de árvores tão antigas quanto o mundo. Parece um espelho imóvel em que só o céu se reflete. Suas águas sombrias são atraentes como o abismo sem fundo cujo mistério elas recobrem."
É bela a paisagem? É bela a descrição? Pois bem! Tomemos como testemunha de defesa, embora não estejamos em pleito, o próprio Renan, e, para justificar o assassínio do rei, lede o que diz Renan em *Le prêtre de Némi* e

no brilhante prefácio que fez para esse drama filosófico. Ele escreve:

"Nos tempos conturbados, o chefe, mantido em perpétuo estado de inquietação, não se amolenta e não abranda nas delícias da vitória. Isso o obrigava, diz Estrabão, a ter sempre a espada na mão e a estar incessantemente alerta, pronto para repelir os ataques que se lhe preparavam."

* * *

Dois personagens usarão a linguagem que, certamente, o general Macbeth usou com sua mulher para fazê-la decidir colaborar com ele na execução do crime. O fanático Dolabella diz:

"O sacerdote que temos não é sério, não matou seu predecessor com as próprias mãos, tal como ordena o costume correto."

A que o chefe dos patrícios, Mécio, responde (escutai essa concepção singular do poder supremo):

"Matar aquele que substituímos, eis algo claro e fácil de constatar, torna impossível qualquer competição. É bom que o ambicioso encontre à sua frente alguma justiça. Essa justiça é que se empregue com ele a medida que lhe serviu para os outros. Afinal, ninguém é obrigado [escutai isso, ambiciosos deste mundo], ninguém é obrigado a disputar candidaturas arriscadas. Quem apela para a violência não encerra a era da violência e é derrubado pela força por meio da qual derrubou os outros.

"Tudo isso é bem conforme à eqüidade singularmente manca que preside aos destinos deste universo."

São exemplos ilustres, e, se estivéssemos em pleito, eis uma testemunha de defesa que lady Macbeth não deixaria de citar na audiência: ela mandaria chamar, ao mesmo tempo, Renan, com seu perfil de eclesiástico, e o sacerdote de Nemi, o sacerdote do templo de Diana que matara seu predecessor com as próprias mãos. E, se Ernest Renan não fosse suficiente, minha real cliente apelaria para Victor Hugo, que leria para os jurados uma passagem de *La légende des siècles* [A lenda dos séculos]:

LE PARRICIDE

Un jour, Kanut, à l'heure où l'assoupissement
Ferme partout les yeux sous l'obscure firmament,
Ayant pour seul témoin la Nuit, l'aveugle immense,
Vit son père Swéno, vieillard presque en démence,
Qui dormait, sans un garde à ses pieds, sans un chien;
Il le tua, disant: "Lui-même n'en sait rien."
Puis, il fut un grand roi. Toujours vainqueur, sa vie
Par la prospérité fidèle fut suivie;
Il fut plus triomphant que la gerbe des blés...*

Não, matar o rei é um fato comum, matar o rei é um fato banal. Matar o anfitrião é mais grave, e sobretudo na Escócia.

É incontestável que lady Macbeth não concebeu o crime. É certo que não o executou. Mas quereis que, em poucas palavras, lembremos tudo o que acontece no drama de Shakespeare?

É um drama sangrento! Quantos crimes acrescentados ao do rei! Parece-nos ler as crônicas dos jornais de hoje. Sangue por toda parte, assassínio por toda parte, carnificina por toda parte.

* * *

---

* Tradução livre: "Um dia, Canuto, na hora em que a sonolência / Fecha em toda parte os olhos sob o escuro firmamento, / tendo por única testemunha a Noite, cega imensa, / Viu seu pai Sweno, velho quase em demência, / Que dormia, sem um guarda a seus pés, sem um cão; / Matou-o, dizendo: "Ele mesmo nada sabe." / *Depois, foi um grande rei.* Sempre vencedor, sua vida / Pela prosperidade fiel foi seguida; / Ele foi mais triunfante do que o feixe dos trigos...". (N. da T.)

Quais são, então, as vítimas no drama de Shakespeare?

É morto um rei, Duncan. Lady Macbeth é cúmplice, ela não executa o crime. Pensou em matar, sim, mas soltou aquele grito de piedade verdadeiramente feminina, dizendo:

– Não, não, não posso! Contemplei-o em seu sono, assemelhava-se demais a meu pai adormecido!

E Macbeth é que irá matar, com suas mãos, o rei adormecido que é seu anfitrião.

E ainda, ao lado do rei, há dois guardas. Por que são mortos os guardas, por quê? Mas foi Macbeth que teve essa idéia! Nunca ocorreu, no drama, a lady Macbeth, matar os dois guardas ao lado do rei. Ela tivera uma idéia bem feminina, como artimanha; ela dissera:

– É preciso embriagá-los, depois acreditar-se-á que foram eles que mataram o rei.

Macbeth foi mais enérgico e mais decisivo: achou que os guardas atrapalhavam e pura e simplesmente os suprimiu. Portanto, é Macbeth que mata o rei, ela não participa do crime; é Macbeth que, sem ela, a despeito dela e sem que ela participe de maneira nenhuma, mata os dois guardas.

E, ainda, há um general que se torna um estorvo, que é um concorrente possível, o general Banquo. Macbeth tem medo de Banquo, teme alguma coisa, e diz (repasso uma parte da cena que é admirável), ele diz a sua mulher:

"Podem acontecer aqui coisas estranhas..."

E acrescenta:

"Antes que o morcego tenha completado a ronda do claustro, antes que a mando da sombria Hecate o escaravelho de asas escamosas tenha, com seu zumbido surdo, soado o toque sonolento da noite, será executado aqui um ato horrendo e memorável."

Lady Macbeth é curiosa, como todas as mulheres. Se é de fato cúmplice, ele a tomará como confidente. O criminoso, ao preparar o crime, ou depois do crime, gosta de falar sobre ele com alguém, de se desabafar; ninguém gosta de guardar segredos terríveis dentro de si mesmo, e lady Macbeth, curiosa como todas as mulheres, ouvindo o marido que acaba de lhe dizer: "Será executado aqui um ato horrendo e memorável", lhe faz uma pergunta muito natural:

– Mas o que será feito?

A que Macbeth responde:

– Que tua inocência o ignore, meu bem, até o momento de aplaudi-lo...

"Vem, noite que fecha as pálpebras, venda os ternos olhos do dia deplorável, e com tua mão sangrenta e invisível anula e despedaça esse grande pacto que me faz empalidecer. A luz se adensa, o corvo alcança voando o bosque escuro, as boas coisas do dia se inclinam e se extinguem, enquanto os negros agentes da noite se lançam contra sua presa.

"Tu te espantas com minhas palavras? Está tranqüila! O que começa com o mal se encerra com o mal. Vem, peço-te, vem comigo!"

Portanto, diante dela, fazendo-lhe meias confidências, chamando-lhe ora "companheira querida de minha grandeza", ora "companheira amada", ora, nome mais doce, mais terno, mais familiar, "meu bem", quando ela faz a pergunta bem clara: "Mas que ato horrendo, que feito memorável será executado?", Macbeth tanto não a considera uma cúmplice decidida a percorrer até o fim o caminho do crime que lhe responde pura e simplesmente:

– Não, nada quero te dizer, que tua inocência o ignore.

E Macbeth mata sozinho o rei Duncan, Macbeth manda matar Banquo, mata os dois guardas, manda matar a mulher e os filhos de lord Macduff, que também pode ser um concorrente perigoso.

Não é só isso.

Uma vez que se começa a derramar sangue, não se pode parar...

Macbeth mata com frenesi, não precisa ser arrastado pela mulher, ele sabe muito bem o que faz. E Macbeth, sem lady Macbeth, sem sua mulher, sem sua intervenção, comete todos os crimes que conheceis. Não é só isso. Quer matar os dois filhos do rei Duncan. Quanto a estes, eu estaria quase tentado a vos deixá-los. São poltrões. Um se chama Donalbain, o outro, Malcolm. Ficam sabendo que o pai acaba de ser assassinado e não pedem nem mesmo para prestar homenagem a seu cadáver. Só têm uma preocupação: partir!

– O lugar é ruim – eles dizem, quando ficam sozinhos, numa sintonia impressionante.

E o mais velho acrescenta:

– Não parece bom ficar aqui, vou partir para a Inglaterra.

A que o mais novo responde imediatamente:

– Vamos fugir para a Irlanda!

E eles desaparecem sem homenagear os restos do pai, sem se preocupar em vingá-lo. São, na verdade, personagens pouco interessantes. Macbeth quer matá-los, eles escapam ao assassínio pela fuga, mas de qualquer modo é Macbeth quem quer matar os dois filhos do rei. Também é Macbeth quem quer matar Fleance, filho de Banquo; foi ele, repito, quem teve a idéia de matar os dois camareiros, pois lady Macbeth, não querendo matá-los, dissera que bastaria embriagá-los e que, assim, poder-se-ia suspeitar que fossem culpados. Escutai a fala de lady Macbeth:

"Quando Duncan estiver bem adormecido, e a dura viagem de hoje logo o fará mergulhar em sono profundo, aniquilarei com vinho e orgia seus dois camareiros de tal modo que sua memória, essa guardiã do cérebro, não será mais que fumaça, e o receptáculo de sua razão um simples alambique. Quando, mortos de embriaguez, ambos estiverem mergulhados num sono de porco, o que não poderemos fazer, vós e eu, com o rei indefeso, o que não poderemos imputar a esses oficiais cheios como esponjas e que carregarão o crime desse grande assassínio!"

Eis na lenda, eis na peça do imortal Shakespeare, eis nesse requisitório impressionante, com trezentos anos de idade, o que se refere a um crime prescrito há novecentos anos, eis toda a parte da lenda. Quereis, antes de concluir, que vejamos juntos qual é a parte da história?

Eis a história, tal como irá resultar das crônicas da época que folheei, a crônica de Boécio, a crônica de Holinshed; e vê-se que, diante de qualquer júri, haveria – tenho certeza – alguma indulgência para com lady Macbeth.

Ela deixou que o rei Duncan, seu anfitrião, fosse morto, ela cometeu um crime, não o executou, mas participou dele. Acaso não tinha razões para se vingar?

* * *

Façamos aqui um pouco de história e vejamos o que aconteceu em torno de lady Macbeth e em sua família, e que parcela de responsabilidade pode caber ao bom rei Duncan, que logo vos apresentarei num retrato de corpo inteiro, tão rápido quanto fiel.

Em 1026, Sinel ou Finel, o príncipe ou *maormor* de Ross, que é o pai de lady Macbeth, foi morto, assassinado, por quem? Pelo avô do rei Duncan, por Malcolm II.

Em 1003, o avô do rei Duncan destronou e assassinou o avô de lady Macbeth, Kenneth III. Quanto a lady Macbeth, que responde por um primeiro nome que ninguém pode se vangloriar de ter (chama-se Gruoch, lady Gruoch), conhecei sua história, que Shakespeare se omitiu de nos contar, porque teria atrapalhado a narração de seu drama. Lady Gruoch é a viúva de Gilcourgain, príncipe de Moray. O príncipe de Moray, marido, primeiro marido de lady Macbeth, foi morto em seu castelo por Malcolm II, avô de Duncan, com cinqüenta de seus partidários. Ela própria só escapou da morte pela fuga mais rápida, a fuga vergonhosa. Partiu com seu filho – Lulach –, o filho que ela adora, de quem fala a Macbeth, dizendo: "Eu o aleitei e sei a doçura de sentir o filho mamando em mim", e seu filho, doente, naquela fuga apressada, ainda novinho, morreu, e ela sentiu uma dor atroz. Um ano depois, seu único irmão também foi assassinado pelo avô de Duncan, o rei Malcolm II, muito idoso, cujo último feito foi esse. E então lá está Gruoch, a viúva do príncipe de Moray – e esta é a história –, que se refugiou, pobre infeliz proscrita, no condado de Ross, e ocorre (é ao mesmo tempo romance e história) que o governador do condado de Ross é o general Macbeth. O que quereis! Ela é jovem, é bonita, é loura, é encantadora. Vimos seu retrato. Ela tem aquele atrativo especial das mulheres de luto, seus longos véus de crepe a tornam mais sedutora ainda, e Macbeth, que não é casado, toma-se de amor pela bela viúva e se casa com lady Gruoch, viúva do príncipe assassinado pelo avô de Duncan.

Assim, seu marido, seu pai, seu avô, seu irmão foram mortos pelos parentes de Duncan. Há sangue entre eles. Essa Colomba escocesa nos parecerá um pouco menos odiável, ela tem uma espécie de *vendetta* a cumprir. E irá se casar com um homem, o general Macbeth, que tem contra Duncan as queixas mais certas, as mais sérias, que definiremos em poucas palavras.

* * *

Quem é então o rei Duncan? Os cronistas da época o representam sob uma luz muito pouco favorável. Era, ao que parece, um homem mais feito para o claustro do que para o trono, um homem que tinha cóleras efêmeras, fraquezas duradouras e crueldades sangrentas. Duncan só tem uma preocupação, que é desvencilhar-se dos inimigos que o atrapalham ou que lhe podem fazer sombra. É assim, cruel e fraco, e sanguinário, espécie de Luís XI daquele tempo, que ele manda assassinar, por ter pretendido contrariar-lhe a vontade, o *thane* de Cawdor, e sua úni-

ca preocupação, no início do drama de Shakespeare, é perguntar a todos os oficiais que chegam:
— Cawdor foi executado? Os encarregados da execução já estão de volta?
Ao saber que Cawdor está morto, fica encantado. Ei-lo que chega a Inverness; é informado da morte de um de seus generais, que ele mandou seus emissários matarem, e a única reflexão de que é capaz, o bom rei Duncan, é a seguinte:
— A localização deste castelo é encantadora; o ar suave, leve, por sua simples presença deleita todos os nossos sentidos.
Dizem-lhe:
— Mas o *thane* de Cawdor morreu!
— Ah!
Está a ponto de dizer:
— Tanto melhor!
Ouve, extasiado, a dissertação que Banquo lhe faz sobre o gavião freqüentador dos templos que instala seu ninho nas saliências dos frisos e dos arcobotantes dos castelos situados naquela região, em que o ar, repito, é completamente delicioso.
Aí está o personagem.
Vivemos numa época feudal em que se considera que a força vale mais do que a fraqueza, que ele é um triste sire, e seus súditos o batizaram com o apelido que lhe ficará, chamaram-no "Santa Sopa de Leite".
Veremos, além disso, que Macbeth prestou inestimáveis serviços ao fraco rei Duncan e foi pago com a mais vil ingratidão.
A coroa da Escócia, na época, não é obrigatoriamente hereditária. Se o rei morre antes que seus filhos legítimos atinjam a maioridade, estes não devem ser investidos com o título de príncipe de Cumberland, o que é sinal de hereditariedade, e é o parente mais próximo do rei que deve sucedê-lo. Qual é o parente mais próximo de Duncan? É Macbeth. E aí se urde o drama. Ao chegar ao

castelo feudal de Inverness, Duncan fez a Macbeth, cujas proezas ireis conhecer, a ofensa mais considerável que um rei poderia fazer a um súdito: nomeou seu filho Donalbain, antes da idade, príncipe de Cumberland, assim suprimindo para o general Macbeth a possibilidade de acesso ao trono caso o rei Duncan morresse antes da maioridade do menino.

No entanto, em poucas palavras, vede os favores prestados pelo general Macbeth, e como esses favores irão desculpar, atenuar, o assassínio cometido, e que não foi cometido propriamente por lady Macbeth. Em três ocasiões diferentes, o general Macbeth salvou seu país e seu rei.

Com o advento de Duncan, seus súditos se revoltam, recusam-se a pagar impostos. Um *thane* rebelde, Mac Donald, marcha contra ele. O general Banquo é derrotado, o príncipe Malcolm também é derrotado. O rei, apavorado, quer refugiar-se num convento, mais monge do que rei. Mas chega o invencível, o vitorioso, o general Macbeth, que tem o comando do terceiro exército. Ele dispersa os rebeldes, força Mac Donald a fugir para um de seus castelos, e o chefe temível se mata para evitar a captura. Primeira ocasião em que Macbeth salvou o rei. Eis a segunda.

Macbeth salva a coroa de Duncan da cobiça escandinava. Piratas escandinavos irão desembarcar conduzidos pelo rei Suenon. Por uma vez, Duncan quer entrar diretamente na luta, quer combater pessoalmente. Mas é mal-sucedido, é vergonhosamente derrotado. Ele se refugia em Perth. É cercado, vai ser preso. Macbeth corre em seu socorro, surpreende os noruegueses no sono, massacra-os e obriga Suenon a embarcar de volta às pressas, com dez soldados. E finalmente Canuto, o próprio Canuto, o grande escandinavo que desembarcou na Inglaterra para tomar a coroa real, Canuto quer vingar a derrota de seu irmão Suenon, a derrota norueguesa. Ele freta uma expedição, desembarca no condado de Fife. Trava-se a luta. Só há um homem que pode salvar a Escócia e seu rei, também em perigo, e esse homem é Macbeth. Soa o alarme nas montanhas, reúnem-se todos os clãs ao som da fanfarra guerreira. O embate é terrível. Macbeth vence, a invasão é repelida. Macbeth venceu os vencedores dos saxões, e Canuto lhe compra a permissão de enterrar seus mortos, para depois desaparecer para sempre da Escócia.

Eis os serviços, serviços inestimáveis prestados pelo general Macbeth. E, se ele tinha alguma hesitação em matar o rei, bastar-lhe-ia invocar um ilustre precedente, de apenas setenta anos. Vede como é terrível o contágio do exemplo! Na época não havia jornais, porém de cidade em cidade, de castelo em castelo, de cabana em cabana, de boca em boca, nas veladas, nas assembléias, repetia-se que em 965, depois de ser ofendido pelo rei Duff, o *thane* Dunwald o convidara para ir a seu castelo. O rei Duff chegou à casa do *thane* Dunwald, tal como Duncan, setenta anos depois, chegou a Inverness, o castelo de lord e lady Macbeth. O rei Duff embriagou-se, embriagou-se regiamente, caiu, vencido pela bebida e pelo sono, e o *thane* Dunwald mandou seus filhos executarem o rei; mandou assassinar também os dois guardas, de modo que se pode dizer que o contágio do exemplo deu frutos; é exatamente um crime copiado de outro crime cometido em circunstâncias idênticas.

* * *

Esse é o meio, esse é o ambiente, esses são os favores prestados. Para terminar, confrontemos esses dois heróis titânicos, como dizia Paul de Saint-Victor: ele, o general Macbeth, e ela, lady Macbeth. Qual, agora, parece o mais interessante dos dois, qual parece mais digno de indulgência e de piedade, qual, em suma, cumpriu a parte menor em todos os malefícios que se censuram ao casal titânico?

Façamos seu retrato. Ele e Ela. Ela, brava, indomável, com aquela bravura das mulheres que só as mulheres possuem e que as torna tão superiores até mesmo aos homens mais bravos. Quanto a ele, é fraco, é cruel; é frouxo, é hesitante. É um coitado, um mísero sire. Se é verdade, como contam as antigas escrituras, que Nosso Senhor e os Apóstolos expulsaram apenas um demônio do corpo do homem, mas que tiveram de expulsar até sete demônios do corpo da mulher, lady Macbeth está em condição de inferioridade: ele é um homem de guerra que, uma vez fora do campo de batalha, tem medo da ação. Só tem bravura, segundo um célebre dizer que julgo admirável, só tem bravura na vitória. Que sobrevenha um obstáculo, uma dificuldade na vida civil, e Macbeth desmoronará imediatamente. De modo que, se a mulher aparentemente é fraca e o homem é forte, pode-se dizer sem paradoxo: essa força é uma fraqueza, e essa fraqueza é uma força.

* * *

Provemo-lo. Tomemos por exemplo, para voltar ao drama de Shakespeare, a cena do banquete, e vejamos como Macbeth é poltrão! Ele tem medos pueris.
– Parai com essas simulações – dirá sua mulher, baixinho.
Diante de todos os senhores reunidos, eis que ele vê surgir o espectro de Banquo; ele treme, e ela, por sua vez, é admirável! Depois, então, a fraqueza retorna. Quando a situação se tornar demasiado grave, ela adotará o recurso supremo das mulheres em apuros: o desmaio. E chegaremos assim, depois do desmaio passageiro, à cena capital do drama, a cena do sonambulismo.
Ela olha suas mãos e nelas vê sangue. E chegaremos a concluir muito facilmente. A cena do sonambulismo é a salvação para lady Macbeth! Se fosse julgada agora, far-se-ia com que um médico a examinasse, e o médico alie-

nista concluiria, incontestavelmente, por uma responsabilidade atenuada! Não se poderia ser muito severo para com essa mulher.

* * *

É preciso reconhecer, aliás, que a lei escocesa não era muito severa. Segundo essa velha lei, que castigo poderia atingir a sombria lady Macbeth.

"Todas as leis", diz a lei escocesa da época, lembrada nas velhas crônicas, "são as leis de Deus ou as leis dos homens. Para as leis de Deus, uma cabeça por uma cabeça, uma mão por uma mão, um olho por um olho, um pé por um pé. Mas, para as leis do homem, a vida do homem é estimada em cento e cinqüenta vacas."

Não riamos! São as leis dos bretões e dos escoceses extraídas das mais antigas obras.

Um pé vale um marco, uma mão vale o mesmo; um olho, meio marco, e, cada golpe do ferimento, doze *pence*; um ferimento no rosto, uma imagem de ouro.

E a escala das multas – cito textualmente – encontrada entre os fragmentos das leis da época chamadas leis dos bretões e dos escoceses contém as multas pagas para compensar crimes.

A escala das multas era calculada de acordo com a condição social da vítima e com a natureza do crime cometido. A multa (é o nosso caso) a ser paga pelo massacre de um rei da Escócia é de 1.000 vacas ou 3.000 *shillings*. Pelo filho do rei, apenas 150 vacas, ou 450 *shillings*. Por um conde da Escócia, a multa era a mesma que por um filho de rei. Por um filho de conde, 100 vacas. E a multa por matar um *thane* não é cara, bastam 100 vacas; por matar seu filho, 66 vacas, e seu sobrinho, 44 vacas e 21 *pence*. Enfim, quanto aos servos, homens cuja vida não tem valor, a multa pode ser de 16 vacas, e mesmo assim é facultativa. Quanto às mulheres, as não casadas são estimadas pelo mesmo valor que seus irmãos, mas uma mulher casada vale um terço a menos do que o marido.

Essa é a lei. Eis a que lady Macbeth podia ser condenada. E isso é o que decerto eu teria dito se devesse fazer sua defesa.

Se lady Macbeth tivesse sido uma rainha benfeitora e generosa, seu nome teria permanecido ignorado por todos os homens. Grande papel principal no elenco criminoso dos assassinos coroados, ela desfruta de uma notoriedade que o tempo ainda não conseguiu fazer esquecer.

Levantamos por um instante a pedra de seu túmulo, lacrada há novecentos anos. Desculpemo-nos de ter, por indiscreta curiosidade, perturbado seu sono eterno. Deixemos, com mão respeitosa, voltar a cair a lápide sepulcral.

Com o recuo do tempo, levando em conta o ambiente sanguinário, a época conturbada e o meio feudal, lady Macbeth, rainha da Escócia, nos apareceu como digna de alguma indulgência!

Podemos fazê-la beneficiar de uma absolvição póstuma!

Anexo

Os sinos do Palácio

É natural interrogar as velhas pedras. Como as pessoas velhas, elas demoram a se emocionar, mas guardaram a lembrança dos tempos passados e gostam de contar histórias de antigamente.

O Palácio é certamente modesto, mas seu Pátio do Maio* viu coisas dignas de serem contadas, e sua pedras, que datam de são Luís, merecem vossa emoção. É a residência dos reis e a casa dos juízes nos tempos antigos.

Eis a grande Sala dos Passos Perdidos**, "a mais bela da cristandade", em que reis, até Francisco I, davam festas por ocasião dos casamentos de suas filhas. Incendiada pela primeira vez sob Luís XIII, depois sob a Comuna, ela continha a grande mesa de mármore negro atrás da qual se sentavam o condestável e os marechais para julgar as questões de honra entre cavalheiros, em que se representavam também as sátiras da Basoche***. Eis, na mesma sala, as bancas dos livreiros e os pilares

---

* *Cour du mai*, que deve seu nome a árvore que era plantada todos os anos, no dia 1º de maio, pelos membros da Basoche (ver nota adiante), os quais tinham o direito de cortá-la das florestas reais. (N. da T.)

** *Salle des Pas-Perdus*, literalmente "sala dos passos perdidos", é o nome que se dá, nos palácios, à ante-sala, ou sala de espera, em que as pessoas andam de um lado para o outro. (N. da T.)

*** Corporação que agrupava membros ligados às cortes de justiça. (N. da T.)

em que os advogados de outros tempos davam consultas gratuitas aos indigentes... A galeria comercial com suas bancas de roupeiras e de armarinhos... A câmara da Tournelle e as salas de tortura da torre Bombec que ouviram os soluços de um regicida, Ravaillac, de um conspirador, Cinq-Mars, de um ladrão, Cartouche, e do agressor de Luís XV, Damiens...

Eis a Grande Câmara – seu teto maravilhoso e sua admirável tapeçaria azul-real com um escudo das armas da França –, que sediava o Parlamento de Paris, onde se realizavam os *lits de justice** e onde o tribunal revolucionário fez rolar tantas cabeças inocentes!...

Eis enfim o guichê da Conciergerie, transformado, por uma deplorável profanação, na porta do bar do palácio, e o Pátio do Maio, onde esperava a carroça de Sanson**...

Escutai os ecos que saem das profundezas do Palácio da Justiça! Já não são, como na catedral, os hosanas de vitória e os cantos de júbilo que se elevam ao Deus dos exércitos... São vozes solitárias, estertores, gritos de apelo do condenado inocente que maldiz seus juízes, remorsos tardios do criminoso que vai expiar sua culpa, um ruído confuso de raiva impotente e de orgulho humilhado...

É uma rainha que, desfalecente sob os insultos da populaça em delírio, passou dos esplendores de Versalhes aos solavancos da carroça fatal. São os girondinos que morrem com os olhos fixos na posteridade; é Charlotte acorrentada e triunfante; é a terna Lucile correndo para reencontrar Camille na morte; é Darboy, o arcebispo mártir; é Bonjean, o justo, imolado no furor da guerra civil.

---

* Literalmente, "leitos de justiça", sessões solenes do parlamento, com a presença do rei. (N. da T.)

** Sanson era uma célebre família de carrascos parisienses. Charles Sanson foi quem guilhotinou Luís XVI, em 1793. (N. da T.)

Há mais sinceridade pungente e humanidade verdadeira nessas agonias silenciosas à beira da eternidade do que na púrpura gélida dos cortejos oficiais: Ney, vivendo sua última hora na escuridão de uma masmorra, é mais emocionante ainda do que na exasperação heróica da Haie-Sainte.

Os menores barulhos de nossas moradas e os da praça pública repercutem no Palácio, que é como o centro de convergência em que se encontram todos os apetites e todos os ódios. Tudo desemboca nele: os dramas de família, as tragédias domésticas, as comédias sociais, os desastres materiais. Lá se produziram dia a dia os documentos que servirão para estabelecer os grandes balanços sociais.

Depois das catástrofes (guerra, rebelião ou revolução), os processos que se pleiteiam nas audiências febris do tribunal criminal fornecem aos historiadores do futuro materiais preciosos para escrever o relato fiel dos tempos trágicos ou das horas heróicas e gloriosas.

Todas as paixões chegam por sua vez "à Justiça".

Uma trazendo sua máscara, outra sua faca.[1]

Aquele assassino, não o reconheceis? Ele está em Ésquilo, ou em Shakespeare... É Orestes e seu trágico furor, é Otelo enlouquecido que imola Desdêmona inocente, é a perfídia de Iago, é a miséria de Fedra, "pérfida, incestuosa, a despeito de si mesma"...

São todas as audácias, todas as baixezas – às vezes também todas as nobrezas, todas as legítimas revoltas, todos os desafios à opressão –, e sempre, no fundo do drama, um coração que sofre e palpita...

Assoprai "o pó do arquivo"... Vede! Fantasmas se levantam... São as vítimas de todos os erros, os márti-

---

1. Victor Hugo, *Tristesse d'Olympia*.

res de todos os tempos, os precursores denunciados pela multidão cega... Sócrates bebendo a cicuta dos Trinta, Galileu levantando-se contra os poderosos da época, Calas e Sirven... é o humilde huguenote enfrentando Luís XIV e escrevendo nas lajes de sua masmorra, com um prego arrancado da parede, a palavra sublime: "Resiste!"

O Palácio! É um laboratório à altura de Shakespeare e de Balzac. Tudo está ali. Só falta a centelha do animador genial, a intuição do psicólogo bastante atento para discernir o ruído que faz a queda de uma alma...

Os advogados, testemunhas preciosas

Aquelas paredes abrigaram testemunhas preciosas: os advogados. Não vos chocará ler seu elogio feito por um advogado, pois, vendo-os desfilar, reconhecereis franceses de todos os séculos. Todos os meios estão representados na barra do tribunal. Chega-se a ela com a maior facilidade, contanto que se tenha um diploma e honestidade, dupla garantia de quem vai à justiça. Não se poderiam invocar testemunhas mais autorizadas do que essas. Desde que a Revolução rompeu as corporações, os advogados são os únicos a viver num quadro histórico, sob regras tradicionais, com hábitos seculares. Com eles, podemos acompanhar nosso país através das vicissitudes de sua longa história.

A da barra do tribunal pode ser resumida em uma palavra: luta; e sua qualidade predominante numa outra: coragem, virtude bem francesa. A luta e a coragem pela deusa no altar tão freqüentemente abandonada: a Liberdade! Contra os regimes de opressão, contra os rigores e os excessos da magistratura de outros tempos, contra a arbitrariedade dos poderosos da época, a honra dos advogados foi levantarem-se sem descanso. Sua arma é a palavra, tão temível quando se torna ironia, tão fatal quando se torna sarcasmo.

Nesse claro país de França, em que Rabelais, fazendo Gargântua chacoalhar-se de tanto rir, em que Voltaire e Montesquieu, pelas ingenuidades de Cândido ou pelas admirações de Usbeck, fizeram tremer e inquietaram o poder, nesse país que combate e derruba os tronos com canções, a palavra – instrumento alado – às vezes tinha de se tornar uma clava.

No momento em que a tribuna silenciava, a barra tornou-se o asilo inviolável dos que recusavam calar-se quando havia uma injustiça a ser denunciada, um direito ferido a ser afirmado. A história do Palácio confunde-se com a conquista e a defesa das liberdades públicas. Os nomes de Berryer, de Jules Favre, de Gambetta – para falar apenas do último século – soam como desafios ou como palavras de ordem.

Tendo de falar de uma instituição tão antiga, carregada de lembranças, a dificuldade é apenas se comedir e, querendo mostrar-vos a coragem e a independência dos advogados, tenho orgulho em poder dizer que a braçada é por demais abundante. Não julgueis que eu esteja cedendo, conferindo os elogios "ao amor da casa em que nossa raça nasceu".

Seria tentador contar-vos as antigas lendas do tempo de são Ivo, *advocatus et non latro*, do bastão de são Nicolau, da vida pitoresca dos advogados do tempo da Fronda, que fizeram dobrar-se Mazarin, culpado por ter exilado o demasiado independente Omer Talon; dos advogados do século XVII, tão verborrágicos e tão intrincados, mas tão ricos em bela linguagem, como Antoine Lemaistre que fazia esvaziar as igrejas quando pleiteava, como Patru, que foi acadêmico e grande advogado!

Deixemos com nostalgia todo esse passado poeirento. Temos vida bem perto de nós. Tomo-vos pela mão e vos levo – não temeis – para junto de Fouquier-Tinville, ao tribunal revolucionário que, como sabeis, era sediado na antiga Grande Câmara, hoje a primeira sala do tribunal.

Durante a Revolução

Nunca os sinos do Palácio soaram badaladas mais heróicas do que no trágico silêncio do Terror.

Não se imagina a dificuldade que podia haver em falar de justiça e misericórdia no tempo em que dominava o pequeno advogado de Arras que se chamava M. de Robespierre. Os defensores eram suspeitos. Eram obrigados a comparecer, eram interrogados, vistos com olhos desconfiados, queria-se conhecer seus sentimentos para com a República "una e indivisível" ou, antes, para com as facções que tão diversamente a encarnaram. Tinham de justificar que haviam pagado contribuições patrióticas, que faziam parte da guarda nacional e que não haviam defendido um número demasiado grande de aristocratas, como se não fosse então mais comum defender "*ci-devant*"* do que "patriotas"!

"Não basta que eles não tenham seguido os caminhos da aristocracia, é preciso também que tenham marchado com passo firme na estrada do patriotismo", dizia um membro do Conselho Geral (que devia ter feito sua carreira no serviço de vias públicas).

Seus atos, suas relações, suas palavras eram ciosamente controlados. As impressões que seus discursos produziam sobre a multidão eram relatadas dia por dia ao Comitê de Segurança geral. Triste época que sucedia a que conhecera "a doçura de viver" e em que um movimento oratório podia ser considerado ato de incivismo.

Os advogados que renunciavam a exercer sua profissão, para evitar aborrecimentos e não terem de solicitar certificado de civismo a seu carregador de água da véspera, não tinham maior tranqüilidade. "Eles mesmos duvidam de seu civismo, não se apresentam, porque têm consciência de seus crimes!" Eis a fórmula mais exata que já se ofereceu da famosa lei dos suspeitos: se a pala-

---
* Ver nota da tradutora, p. 110.

vra é crime, o silêncio é indício de sentimentos anti-republicanos!
As mortes eram rápidas. Um dia era suficiente para instruir o caso mais complicado: prendia-se já ao amanhecer, instruía-se de manhã, julgava-se à tarde, executava-se ao anoitecer. Oh! Não era então que se lamentava a lentidão necessária da justiça... Mas, se ela não era coxa, nunca fora tão cega!
Um advogado, Lavaux – que não teve sorte, pois seu nome permaneceu obscuro apesar de sua coragem –, conta em suas memórias que lhe traziam os atos de acusação às cinco horas da manhã para pleitear no mesmo dia às dez horas. Acrescenta que não podia deixar de tremer a cada toque de campainha matinal, sempre se perguntando se era o oficial lhe trazendo os atos ou – se ouso dizer – o gendarme que vinha buscá-lo... para que respondesse pelos seus...
Havia apenas um simulacro de liberdade de palavra. Os presidentes do tribunal, Montané ou Dumas, o acusador público – e que acusador! –, Fouquier-Tinville, interrompiam os defensores a todo instante. A Revolução era lógica: cortavam-se os arrazoados antes de guilhotinar as pessoas.
Chauveau-Lagarde, defendendo a doce Elisabeth, dizia: "A acusada era dedicada à rainha, amava-a. Foi-lhe fiel em seus percalços como sempre se é na fortuna. A amizade, a fidelidade, a coragem serão faltas dignas da morte?" Diante dessas palavras, o presidente Dumas o interrompe com uma descompostura e o acusa de corromper os costumes públicos.
As absolvições eram raras. Lavaux declara que, de 150 acusados, ele conseguiu salvar 30. E ainda assim com ajuda de um subterfúgio: "Eu instava, eu forçava Fouquier-Tinville a me conceder prorrogações do julgamento sob pretexto de que eu esperava peças justificativas... Eu sempre tinha a esperança de que aquele regime atroz se desgastasse por seus próprios furores ou de que uma

revolução o derrubasse. O 9 Termidor devolveu a liberdade aos clientes que eu fizera colocar na reserva... Doce lembrança! Meus cabelos embranqueceram desde esse tempo e ele ainda faz palpitar meu coração!"[2]

O processo era rápido, no entanto Robespierre ainda o achava muito lento. Ele disse aos jacobinos: "É preciso que o tribunal seja tão ativo quanto o crime e termine qualquer processo em vinte e quatro horas." Alguns dias depois era votada a famosa lei de Prairial, que suprimia os defensores. Os acusados eram enviados para o cadafalso sem poderem se explicar: assim, Lavoisier, Chénier foram executados sem defensor.

E, o que era mais grave ainda, a instrução na audiência também foi suprimida. Bastava o tribunal declarar-se suficientemente esclarecido para que os debates se encerrassem. "A lei", dizia um puro, "dá como defensores aos patriotas caluniados jurados patriotas. Ela não os confere aos conspiradores." Em seis semanas, houve mais de 1.400 condenações: os Deuses tinham sede...

Alguns dias antes do julgamento do rei, seus advogados, resolvidos a não deixar que ele fosse condenado sem tentar um esforço supremo, reuniram-se na casa de um deles, Tronson Ducoudray.

"Ficou deliberado e combinado", diz Nicolas Berryer, "que formaríamos uma liga de defesa e que, se a escolha do monarca recaísse sobre um de nós, todos os outros lhe assistiriam em conselho. Ficou estabelecido até mesmo que todo o sistema de defesa projetado seria fortemente traçado pelas primeiras palavras do exórdio, devendo o orador dizer substancialmente: 'Trago à Convenção a verdade e minha cabeça. Ela poderá dispor de uma depois de ouvir a outra.' "[3]

Essas poucas linhas resumem a história dos advogados sob o Terror e poderiam servir de epígrafe a todos os arrazoados da época. Não eram palavras vãs. Dos três

---

2. Lavaux, *Les campagnes d'un avocat.*
3. Pierre-Nicolas Berryer, *Souvenirs.*

advogados que defenderam Luís XVI, Tronchet teve de fugir, de Sèze foi salvo pela reação termidoriana e o venerável Malesherbes "pagou com a cabeça a honra de ter defendido seu rei". "Trago à Convenção a verdade e minha cabeça" não era uma simples fórmula. Mas a justiça de gorro vermelho aceitava mais facilmente as cabeças do que a verdade.

Chauveau-Lagarde

O indomável Chauveau-Lagarde é o modelo da coragem dos advogados durante aquela época terrível. Ele merece que se façam soar por um instante em sua memória os sinos do Palácio. Foi ele que "aconselhou" Manon-Roland, pois a herdeira de Plutarco não quis ser defendida. Pelo menos ela reconheceu sua dedicação legando-lhe sua aliança de casamento, que ele usou por toda a vida. Defendeu a Du Barry, pobre farrapo trêmulo que, tendo sido de má vida, não aprendera a bem morrer e que, decerto acreditando num resto de sedução, pedia, de mãos juntas, um instante ao "sr. Carrasco". Defendeu Houchard, glorioso veterano que, chamado de covarde por um canalha, rasgou as roupas para mostrar seus trinta e cinco ferimentos; Bailly, prefeito de Paris, que tremia de frio e não de medo; Danton, cuja voz dominadora foi abafada por um artifício de procedimento; os hebertistas, tão covardes quanto foram cruéis; Charlotte Corday, duas vezes corneliana, de sangue e de caráter... Encantadora e sedutora com seu gorrinho e seus olhos cândidos, ela teve a idéia infantil e comovedora de deixar ao homem que arriscara a vida para tentar salvar a dela o encargo de pagar as trinta e seis libras que ela devia ao zelador da Abadia.

Porém não está nisso a glória de Chauveau-Lagarde. Para a posteridade, ele continuará sendo o defensor da rainha. Quando a viu pela primeira vez, abatida em seu pobre traje de luto, os olhos como que já velados, os cabelos prematuramente grisalhos, não pôde conter o choro, e foi ela que o consolou. Durante duas horas ele falou em sua defesa, lutou frente a frente com a morte e pôs tal alma em seu apelo à misericórdia que, quando terminou, um gendarme o prendeu. É o risco profissional. Que advogado, digno desse nome, não o invejaria por ter arriscado a vida para cumprir seu dever?

Denunciado por Marat, que, depois de uma absolvição que julgava escandalosa, determinou-lhe que "fosse enterrar sua vergonha num deserto e que fosse o bode Azazel dos advogados", preso duas vezes, escapou à guilhotina por milagre. Fouquier-Tinville, que jurara "que as cabeças iriam cair como telhas de ardósia em tempo de tempestade", não podia suportar a presença do "defensor da infame Antonieta". Encerrado com dois prisioneiros que foram ambos guilhotinados, ele foi salvo, como tantos outros, pelo 9 Termidor.

Depois de poder passear por uma rua que leva seu nome, ele morreria muito velho, doce filósofo um pouco desiludido, o que se compreende por parte de um homem que viu cair tantos regimes e tantas cabeças. Napoleão, na noite da apresentação nas Tulherias, quis fazer um gracejo: "Senhor Chauveau-Lagarde", disse-lhe, "vamos ter de quebrar lanças. O senhor defendeu Antonieta." "Sire", ele respondeu, "defendi a rainha da França."

Essa réplica pareceu suficiente para aquele que se fizera proclamar imperador dos franceses.

O primeiro Império e a Restauração

Napoleão não gostava de advogados. Dizia que era preciso cortar-lhes a língua. É verdade que acrescentava: dos advogados que a utilizam contra o governo.

A França entregara-se a um grande soldado que a violentara um pouco. A glória impedia de perceber as manchas do sol.

Apenas três advogados em cada duzentos votaram pelo restabelecimento do Império em 1804.

Mal caíra o imperador, começaram os excessos do Terror branco. Chauveau-Lagarde levantou-se contra o novo Terror como se levantara contra o outro. Não lhe perdoaram. Chegou-se a dizer que defendera a rainha com indulgência, apontavam-lhe o cadafalso em que subira Malesherbes... Era o que Bourdaloue chamaria "o zelo da perfeição dos outros".

Dessa época conturbada desejo reter apenas um processo.

Conheceis decerto o nome de Trestaillon, que foi chamado "o herói do Terror branco" e que, à frente de partidários violentos e audaciosos exerceu em toda a região de Nîmes uma verdadeira ditadura contra as pessoas e contra os bens. Um dia, teve a audácia de acusar de difamação uma de suas vítimas... É dada a palavra ao advogado do réu.

Era um jovem desconhecido: baixinho, cabelos crespos, pálpebras caídas, nariz chato, boca torta, era como aquele outro de quem se diz que abusa do direito de ser feio. Ele fala! E ei-lo transfigurado... Aquele baixinho que mal chegava à altura da barra, agora domina, estarrece o auditório e os juízes. Com uma temeridade que parece insensata, mesmo por parte de um jovem, ele invectiva, insulta, fulmina Trestaillon, que ontem fazia tremer todo o mundo e que, agora, empalidece e vacila ao serem lembrados seus crimes: "Quanto a Trestaillon", brada o advogado, "deve-se fechar a ele o acesso ao tribunal, a menos que venha arrastado entre dois gendarmes para vir prestar contas por seus crimes."

O pequeno advogado, que por um golpe de audácia alcançava a celebridade, era aquele que foi chamado o grande Crémieux, futuro membro do governo de 1848 e de 4 de setembro, e que se destacaria pela abolição da escravatura em nossas colônias e da pena de morte em matéria política.

As garantias políticas, os direitos da imprensa, da crítica histórica, tudo é questionado. Lamennais, Paul-Louis Courier, Béranger, Bertin o velho, o *Constitutionnel*, o *Courrier français*, o *Journal des Débats*, o *Globe*, o *National* irão conhecer o rigor dos tribunais.

Às desordens da Revolução, ao pesado silêncio do Império, sucede um regime de agitações e pequenas perseguições.

A tradição imemorial dos advogados é opor à força os direitos imprescritíveis do indivíduo. O choque era fatal. Não haverá, por assim dizer, nenhum grande processo em que os advogados, para retomar a expressão imperial, "não utilizem sua língua contra o governo".

Já não é de coragem que se precisa agora, mas de independência.

A eloqüência de então é empolada, inflada. As divindades mitológicas, as lembranças clássicas surgem às vezes de maneira bem inesperada nos arrazoados que se ouvem por volta de 1820. Sorriamos da língua, mas admiremos os oradores, pensando que metáforas hoje envelhecidas e um pouco ridículas contribuíram às vezes para salvar inocentes.

É preciso lutar contra governos mesquinhos e hesitantes que não toleram a independência da palavra nem a liberdade do pensamento.

As acusações mais bizarras chegavam às audiências.

Luís XVIII dissera um dia: "Sinto que sou amado por meu povo." Um antigo prefeito do governo, sr. Fievée, comentou: "Os reis se crêem amados quando se lhes diz que o são, e às vezes o repetem com rara bonomia." Nada de muito nocivo! O sr. Fievée, no entanto, foi acusado... Hennequin, que pleiteava, não se absteve de fazer firulas sobre uma prevenção inexistente. Fez de Luís XVIII "um príncipe célebre na Europa pela variedade de seus conhecimentos, pelos tesouros de sua memória, pelo refinamento de suas observações, pela propriedade de seus comentários e que teria obtido o prêmio do bom humor se o gracejo fosse permitido aos reis". Como se surpreender, se tudo era verdade, se o príncipe era amado pelo povo? O resultado foi três meses de prisão e 500 francos de multa. Perseguido por críticas... condenado por elogios... diz-se que o antigo prefeito não julgou pagar caro demais o direito de escarnecer um monarca presunçoso.

A imprensa liberal não ficava atrás. Uma palavra brusca demais podia levar à prisão: assim, foi o reino da perífrase; a polêmica ganhava em refinamento o que perdia em força.

Dois indivíduos eram acusados de ter dado um tiro de pistola no duque de Wellington na hora em que ele voltava para seu palacete da avenida dos Champs-Elysées. Os debates do processo estabeleceram quase com certeza que a pistola não estava carregada. Um jornal relatou a audiência sob o seguinte título: "Tiro de pistola com bala... ou sem bala... na... ou perto da... carruagem do duque de Wellington."

Os defensores eram atingidos junto com os clientes. Um advogado – Jay – recebeu um ano de suspensão. Motivo? A propósito da morte de Luís XVI, ele havia "relatado o crime mais atroz e mais funesto da Revolução num tom de frieza e insensibilidade que nada deixa transparecer do profundo horror que penetrou todos os franceses". Assim, trinta anos antes, censuravam-se os mesmos homens por não se mostrarem bastante "patriotas"[4]...

---

4.   ... La forme d'une ville
Change plus vite, hélas! Que le coeur des mortels. (Baudelaire)
[... A forma de uma cidade / Muda mais depressa, ai! Do que o coração dos mortais. (N. da T.)]

O processo de Ney

Depois dos Cem Dias, as condenações à morte foram freqüentes.

Ney, o bravo dos bravos, aquele cuja coragem não fraquejou nem no gelo de Berezina nem na embriaguez guerreira do monte Saint-Jean; Ney que, em vão buscando a morte à frente dos cavaleiros de Kellermann, pedira como um favor para morrer nas fileiras da velha guarda; Ney foi jogado na prisão...

Depois da partida para a ilha de Elba, ele se ligara aos Bourbon e fora nomeado para o comando da 6ª divisão militar, em Besançon.

De repente, uma notícia abala a Europa. Napoleão desembarcou em Cannes e está marchando sobre Paris... As chancelarias se agitam: Metternich e Pozzo di Borgo vêem sua obra comprometida... Qual pode ser o supremo esforço de um soldado que, tendo perdido a coroa, conservou a espada? A Corte se desarvora... Luís XVIII parte para Gand...

A marcha de Napoleão é fulminante. Ele reconquista suas cidades como tomava em outros tempos as capitais estrangeiras: Grenoble, Mâcon, Châlons, Autun abrem-lhe suas portas. Ele chega com 15.000 homens... É uma marcha triunfal...

O que fará Ney, que tem apenas 4.000 homens? Ocorrem evasões! "Como poderia deter o mar com as mãos?", dirá ele mais tarde. Oficiais disfarçados trazem-lhe a famosa proclamação em que Napoleão dizia que "a águia ia voar, de campanário em campanário, até as torres da Notre-Dame". O imperador a quem ele tudo deve continua exercendo sua magia sobre Ney... Ele já não hesita: reúne suas tropas em Lons-le-Saunier e lê a proclamação que lhe haviam preparado: "Soldados! Muitas vezes os levei à vitória. Agora quero levá-los para a falange imortal que o imperador Napoleão está conduzindo a Paris!" Os shakos* voam na ponta dos fuzis, os soldados se abraçam... Está feito: Ney traiu a causa dos Bourbon!

Depois de Waterloo, ele é preso, encarcerado na Abadia, no momento mesmo em que La Bédoyère tombava sob balas francesas na planície de Grenelle. Alguns dias depois, comparecia diante de um conselho de guerra em que estavam seus antigos companheiros de armas, Auguereau, Mortier, Masséna... Aquele dia, havia exatamente nove anos que, depois da vitória de Iéna, ele entrara em Magdeburgo...

As paixões estavam tão exasperadas que, por um momento, era de temer que ele não encontrasse defensor. Ora! O quê? A Restauração faria fugir os que não tinham desertado diante do Terror?... Um advogado se apresentou. Tendo passado a vida nos trabalhos do Parlamento, fora um daqueles que levaram à Convenção "a verdade e sua cabeça". Era Nicolas Berryer, cujo nome iria conhecer entre os advogados, juntamente com seu filho, uma glória à qual nenhuma outra pode ser comparada. Ele aceitou defender o marechal, apesar das ameaças da imprensa, que se empenhava em misturar na mesma reprovação os defensores e os que ela chamava "cúmplices de Bonaparte, os sustentáculos do usurpador", a despeito de seus amigos, de seus confrades, mais homens de partido do que advogados, um dos quais lhe escrevia:

"... Que você esteja disposto a defender o marechal do crime de alta traição pelo qual ele mesmo é obrigado a se acusar, é o que ninguém quer acreditar; é o que lhe proíbo fazer, caro Berryer, em nome da honra, em nome de sua família, em nome de nossa ordem que nosso adorado monarca acaba de cumular quase desmedidamente com seus favores e benefícios... Interrogue sua consciência e sua reputação, e ambas lhe dirão que você deixaria

---

* Chapéu militar, de forma cilíndrica e com viseira, com um penacho ou uma borla no topo. (N. da T.)

a seus filhos uma memória conspurcada e à sua ordem uma terrível lembrança se, por um pronto retorno à verdadeira virtude, você não escapasse, enquanto ainda é tempo, ao perigo que o ameaça de ver seu nome, até agora glorioso, inscrever-se de modo indelével junto com o de um guerreiro feroz e sem fé que seus contemporâneos denominam traidor regicida e que a posteridade colocará, sem dúvida, ao lado de Ravaillac e de Damiens."
(CHARLES DE LACOMBE, *Les premières années de Berryer.*)

Martignac, pleiteando diante do tribunal criminal de Bordeaux, dizia:

"O advogado que se encarrega voluntariamente de defender um guerreiro traidor e rebelde a seu rei... que, cercando-se de vergonhosos atalhos, de desprezíveis subterfúgios, de ignóbeis entraves, extrai assim do réu, se ainda a tem, sua última honra, a da coragem, esse advogado a nossos olhos perdeu seu título, separo-me dele para sempre." (VIEL-CASTEL, *Histoire de la Restauration*, t. 4, p. 341.)

Evidentemente, era menos grave do que os perigos que ameaçavam Chauveau-Lagarde ou Tronson-Ducoudray. Berryer, ardoroso realista, aceitou a defesa do general Ney com a mesma tranqüila resolução que o fizera levantar-se contra Napoleão para defender o general Dupont.

Desconfiando de seus irmãos de armas, o marechal declinou a competência do conselho de guerra, e seus juízes, desejosos de se desvencilhar desse fardo – Masséna quisera recusar alegando uma briga que tivera com o acusado em Portugal –, remeteram-no para a Câmara dos pares.

Ney estava radiante. "Ah, senhor Berryer, que favor me fez! Sabe, aquela gente me teria mandado matar como um coelho!" E acrescentou estas palavras, que, sem dúvida, são a mais brilhante homenagem que um soldado poderia prestar a um orador: "Que pena o senhor não ter sido militar! Teria uma bela voz de comando!"

O resto já se sabe. Condenado à morte, Ney foi fuzilado pouco depois, na praça do Observatório, no lugar em que hoje se ergue a bela estátua de Rude. Antes de morrer, ele lançou o grito de todos os proscritos, de todas as vítimas da arbitrariedade: "Submeto-me ao julgamento da posteridade!"[5]

O governo guardou rancor contra Berryer por essa defesa corajosa e afastou-o do Conselho da Ordem até 1822.

Seu filho, o grande Berryer, que defenderia Cambronne algum tempo depois, teve a felicidade de fazer com que o herói do último batalhão fosse absolvido, bradando num magnífico arroubo de oratória: "Não convém que um rei vá recolher os feridos no campo de batalha para levá-los ao cadafalso!"

Também ele pusera em suas palavras um ardor tão apaixonado que teve a honra de ser denunciado pelo procurador geral a seu conselho disciplinar.

O processo dos ministros

Alguns anos depois, já não eram os soldados do Império, mas sim os ministros do rei que iam para a prisão.

Em 9 de agosto de 1829, o sr. de Martignac, ministro liberal, caía do poder, o sr. de Polignac era nomeado

---

[5]. Pode-se ter uma idéia da dificuldade da defesa por este breve diálogo: exausto, Berryer pede o adiamento da audiência para o dia seguinte.

O procurador geral Bellart: – O que acaba de ser solicitado é sem precedentes.

Berryer: – Reduzo minha solicitação a uma simples questão de humanidade.

O duque de Uzès: – Senhor presidente, querei chamar o advogado à ordem.

E pretendeu-se proibir ao advogado pleitear com a cabeça coberta, o que, segundo nossos antigos costumes, é o símbolo da liberdade de expressão.

por Carlos X ministro dos assuntos estrangeiros. Royer-Collard previu os movimentos populares a que levaria essa mudança de política e disse no tom peremptório que lhe era habitual: "Carlos X continua sendo o conde de Artois de 1789."

O gabinete Polignac faria uma carreira breve. Ainda não fazia um ano que fora constituído quando eclodiu a revolução de 1830, seguindo-se aos decretos de julho que dissolviam a Câmara, suspendiam a liberdade de imprensa e atentavam contra a liberdade eleitoral.

O Palácio da Justiça foi invadido. Sobre a porta da biblioteca dos advogados estava escrito: Defesa por ofício[6]. E a multidão silenciosa se afastou, respeitando aquele lugar de asilo.

Quatro dos ministros que haviam assinado os tais decretos foram convocados pelo Tribunal dos pares: o príncipe de Polignac, os senhores de Peyronnet, de Chantelauze e de Guernon-Ranville. A hostilidade que haviam provocado era muito intensa. Os advogados iriam dar mais uma vez a medida de sua independência.

O brilhante Martignac, que se tornara célebre entre os advogados de Bordeaux, ele que havia sido derrubado do poder pelo príncipe de Polignac, foi solicitado a defender este último. Ele aceitou, mas rejeitou a oferta de 100.000 francos e de uma placa de diamantes, dizendo com nobre simplicidade: "É por sua honra e pela minha que defenderei o príncipe de Polignac."

Havia na barra Hannequin, Sauzet, já conhecido em Lyon, e Crémieux, cuja toga cobria mal o uniforme da guarda nacional. Martignac, envergando o cordão da Legião de Honra, pronunciou um arrazoado muito bonito, que suscitou aplausos, reprimidos com grande dificuldade pelo barão Pasquier, quando ele exclamou: "O golpe que daríeis abriria um abismo e quatro cabeças não o

---

6. Ver o livro notável de meu confrade Jules Fabre, *Histoire du Barreau de Paris*.

preencheriam!" Crémieux, por sua vez, começou com as palavras que a tradição do Palácio transmite de boca a boca: "Ouço ainda e é preciso que eu fale. Minha alma ainda está emocionada com as impressões que partilhastes, e devo tentar provocar outras mais."

Três acusados foram condenados à prisão perpétua e o príncipe de Polignac foi condenado à morte civil. Ernest Daudet conta que o nobre par, assustado com essa expressão cujo sentido ignorava, só ficou tranqüilo quando lhe explicaram que a morte civil não era o cadafalso, em contraposição ao fuzilamento, que ele acreditava ser a morte militar.

O processo de Luís Napoleão

O magnífico exemplo de tolerância dado por Martignac e Crémieux, aceitando a defesa de acusados dos quais tudo os separava, não é de modo algum o único nos anais da advocacia, em que o hábito da contradição impõe o respeito a todas as opiniões sinceras.

Um outro testemunho disso foi dado por Berryer, quando aceitou defender o futuro Napoleão III. Berryer era um dos chefes do partido legitimista. Mas os advogados permanecem fiéis à infelicidade, sejam quais forem o lado da barricada e a cor da bandeira.

Em 28 de setembro de 1840, dezenove acusados, entre os quais Luís Napoleão Bonaparte, o conde de Montholon e Fialin de Persigny, compareciam diante do Tribunal dos pares por terem tentado um levante em Boulogne. O procurador geral Franck Carré sustentava a acusação. Na barra, viam-se todos os ilustres que o Palácio contava então: Berryer, Marie, Jules Favre, etc.

O procurador geral, que sem dúvida não previa o restabelecimento do Império, fora severo: "A espada de Austerlitz", dissera, dirigindo-se ao sobrinho do grande imperador, "é pesada demais para suas mãos débeis.

Essa espada é a espada da França! Infeliz daquele que a tentasse roubar dele. Quem sois, para vos apresentar como um representante do Império, época de glória e de gênio, vós que espalhais tanta miséria em vossas empreitadas e que por vossos atos tanto renegais o bom senso?"

Berryer produziu uma obra-prima.

– Realista – disse ele –, defendi os homens que se mantiveram fiéis ao imperador. Para salvar sua vida, fiz um exame dos acontecimentos... e os juízes do rei absolveram Cambronne. Hoje, o acusado que dá à minha independência e à minha boa-fé a honra de vir me procurar para defendê-lo não me verá falhar para com sua confiança.

E depois esta audaciosa apóstrofe aos pares:

– Antes de julgar, dizeis, com a mão na consciência: "Diante de Deus e diante de meu país, se esse direito tivesse prevalecido, se ele tivesse triunfado, eu o teria negado: teria recusado toda participação nesse poder." Quanto a mim, aceito essa arbitragem suprema, e quem, diante de Deus e diante do país, me disser: "Se ele tivesse prevalecido, eu o teria negado", eu o aceitarei como juiz.[7]

Para apreciar a temeridade dessa linguagem, lembrai-vos de que Berryer falava a homens que haviam servido... com a mesma fidelidade... a três ou quatro governos sucessivos.

Luís Napoleão foi condenado à prisão perpétua. "Quanto tempo dura a perpetuidade na França?", perguntou ele, com a calma fatalista de um carbonaro.

Ele escreveu uma bela carta para Berryer:

"Ignoro o que a sorte me reserva, ignoro se algum dia terei condições de lhe provar meu reconhecimento, ignoro se desejareis aceitar as provas dele, mas confesso que, se meu julgamento não tivesse outro resultado que não o de atrair para mim vossa amizade, ainda assim eu

---

7. Lembremos as palavras do general Malet a seus juízes: "Quem eram vossos cúmplices? – Vós todos, se eu tivesse triunfado!"

acreditaria ter ganho imensamente e não me queixaria da sorte."

Infelizmente, o rei da França com muita freqüência esqueceu as promessas do duque de Orléans! Onze anos depois – na noite do golpe de Estado, em 2 de dezembro de 1851 – Berryer recebeu a recompensa prometida... sob a forma de um comissário de polícia que lhe ofereceu, com alguns outros, a hospitalidade do Mont-Valérien*.

O segundo Império – O processo Baudin

Os advogados foram hostis ao Império. Com exceção de Lachaud, que era um dos íntimos das Tulherias e de Compiègne, os demais permaneceram insensíveis às tentativas de aproximação de Napoleão III. Não falo, é claro, dos que abandonaram a barra do tribunal para se tornarem funcionários.

Em 1868, um processo político tornaria célebre um jovem advogado que até então só era conhecido nos bares do Quartier Latin e nas rodas de discussões políticas: Léon Gambetta.

Joseph Reinach descobriu seu primeiro arrazoado. Gambetta o tinha decorado, precaução comovedora para um improvisador como ele. Esse primeiro texto é curioso, pois encontramos nele um Gambetta completamente diferente daquele que a história registrou. Educado por uma mãe e uma tia piedosas, o jovem advogado cita nele, a cada linha, Bossuet, são João e os Padres da Igreja: "Toda alma", ele diz, "é um livro... Há alguém que possa ler o livro de Deus?" E, levando a embriaguez oratória um pouco longe demais, não temia comparar indiretamente seu cliente ao próprio Jesus.

Repelindo a idéia de uma condenação, exclamava: "Oh, não, isso não aconteceria num país em que se adora

---

* Forte a oeste de Paris, que funcionava como prisão. (N. da T.)

como Deus um homem que os delatores pregaram na cruz!... Ó magistrados! O que pensais de Pôncio Pilatos?"
Pergunta indiscreta, à qual não houve resposta.

No concurso da Conferência dos advogados, ele conquistara um triunfo que ficou lendário no Palácio. Essas conferências são contraditórias. Decrais, futuro embaixador, terminara seu discurso com uma alusão ao encanto oratório de Gambetta: "Desconfiai do canto das sereias!" Gambetta se levantou, jogou para trás sua juba de leão, estendeu o braço num gesto brusco na direção de Decrais e bradou impetuosamente: "A sereia! Ei-la!" Diante dessas únicas palavras, a audiência levantou-se entusiasmada, o próprio bastonário deu o sinal para os aplausos, e esse bastonário era Jules Favre!

Gambetta portanto não era um desconhecido, pelo menos no Palácio, quando, em 1868 – aos trinta anos –, foi encarregado por Crémieux de defender Delescluze, acusado de "manobras internas". Em 2 de novembro de 1868, no cemitério de Montmartre, homens políticos tinham se reunido sobre o túmulo de Baudin, representante do povo que fora morto em 3 de dezembro de 1851 numa barricada do subúrbio de Saint-Antoine ensinando aos trocistas "como se morria por vinte e cinco francos". Fora aberta uma subscrição no *Réveil* para erigir uma estátua a Baudin. O diretor do jornal, Delescluze, foi acusado.

Gambetta não deixaria passar essa ocasião única de se confrontar com o governo imperial. Era um lance arriscado. Os magistrados da época não brincavam com os advogados, por demais audaciosos. Diz-se que, ao entrar na audiência, ele jurou que sairia dela "arrebentado ou triunfante"[8].

De Delescluze e do processo pouco falou; no entanto, ampliando gradualmente o debate, chegou até o pró-

---

8. Spuller conta que ele lhe dissera: "Não sou homem se não fizer com que me suspendam por seis meses."

prio imperador, a quem denunciou como aventureiro da política, até o império, que teve a audácia, diante dos magistrados estupefatos, de infamar por sua origem "criminosa". Perguntamo-nos ainda hoje como ele pôde falar sem ser interrompido.

Eis a arenga inflamada:

"Sim, em 2 de dezembro, em torno de um pretendente, agruparam-se homens que até então a França não conhecia, que não tinham talento, nem honra, nem categoria, nem condição, dessas pessoas que, em todas as épocas, são os cúmplices dos golpes de força, dessas pessoas de quem não se pode dizer o que Salústio disse da turba que rodeava Catilina, o que o próprio César disse traçando o retrato de seus cúmplices, eternos rebotalhos das sociedades regulares...

Um monte de homens perdidos de dívidas e de crimes, como traduzia Corneille.

"É com esse pessoal que são atamancadas há séculos as instituições e as leis, e a consciência humana é impotente para reagir, apesar do desfile sublime dos Sócrates, dos Tráseas, dos Cícero e dos Catão, dos pensadores e dos mártires que protestam em nome da religião imolada, da moral ferida, do direito esmagado sob a bota de um soldado!"

O presidente, diante dessa avalanche de ultrajes, esboçou um tímido protesto. Mas o orador tinha disparado. O procurador imperial, não podendo dizer uma palavra, contentou-se em dar de ombros.

Então Gambetta:

"Ah, dais de ombros! Sabei que não temo mais vossos desdéns do que vossas ameaças. Terminando ontem vosso requisitório, dissestes: 'Tomaremos providências!' Como, advogado imperial, magistrado, homem de lei, ousais dizer: 'Tomaremos medidas!' E que medidas? Não estamos então diante de ameaças? Pois bem, ouvi, é minha última palavra: podereis nos golpear, mas jamais nos podereis desonrar nem nos abater!"

Gambetta passou, assim, "do café Procope à ditadura" (H. Barboux). Seu discurso repercutiu como um relâmpago na França inteira. "Na véspera do julgamento, falava-se de Sadowa, do México, do Papa; no dia seguinte só se falou do 2 de dezembro." (H. Brisson)

Lachaud, que adorava Gambetta e detestava suas opiniões, dissera a seu filho, Georges Lachaud, ao sair da audiência: "Ah, esse animal, como ele foi belo!"

Um magistrado – O primeiro presidente Séguier

Durante quase quarenta anos, de 1811 até 1848, o primeiro presidente Séguier estivera à frente do Tribunal de Paris.

No Palácio, era como se estivesse em sua casa. Sob Luís Filipe, era um velhinho seco e vivo. Ouvia os advogados com visível impaciência. O barrete sobre os olhos, como que em emboscada atrás de uma escrivaninha, ele "parecia espreitar os arrazoados" (Rousse). Interrompia os advogados, criticava-os, era rude com eles, refazia sua argumentação, impiedoso com os que se mostravam medíocres ou que pelo menos ele assim julgasse. Também distribuía elogios: "Mestre Paillet pleiteou ontem de maneira perfeita, digo-o em honra de todos os advogados."

Respondera a um ministro de Carlos X, sr. de Peyronnet: "O Tribunal expede sentenças, e não favores."

Certo dia, por ocasião da abertura de uma audiência, ele disse: "Não estou vendo mestre Gicquel. Os advogados continuam os mesmos." "Senhor Presidente", respondeu do fundo da sala o advogado, que chegava ofegante, "eu estava no Tribunal de cassação, ocupado em defender uma de suas sentenças." "É inútil, nossas sentenças se defendem por si mesmas." "O que não impede que a sua acabe de ser cassada!"

Em outra ocasião, um advogado pedia um adiamento porque seu filho acabava de morrer. Séguier, pomposo e erudito, recusa e acrescenta: "No dia em que o Primeiro Presidente se casasse ou perdesse a mulher, nem por isso deixaria de vir à audiência, e, quando um padre perde o pai, não deve deixar de dizer a missa... Ouviremos o advogado que está presente à audiência."

Em conseqüência de alguns incidentes desse tipo, as relações entre a magistratura e os advogados eram bastante tensas.

Em 1833, Marie, grande advogado, de muita consciência, apelidado "o filósofo da advocacia", defendia, no Tribunal criminal, Cabet, acusado de incitação ao ódio contra o governo. Enquanto ele fazia seu arrazoado, um procurador pediu por ele um adiamento ao Tribunal. Séguier recusou secamente e disse ao procurador: "Mestre Marie nos deixou pelo Tribunal criminal. Nosso cliente bem vale Cabet e nós bem valemos o Tribunal criminal. É deplorável que os advogados se ocupem de assuntos políticos." Mesmo assim, ele concedeu o adiamento, mas acrescentou, dirigindo-se ao procurador: "É pelo senhor, pois conhecemos sua maneira franca e leal de pensar e seu apego à ordem pública."

Marie queixou-se ao Conselho da Ordem. O bastonário Pasquier, num discurso, criticou vivamente o Tribunal. Ele foi punido com a pena de advertência. A questão chegou à cassação, no entanto o tempo passou e tudo pareceu se acalmar.

Dez anos depois, os advogados julgaram-se insultados por palavras lamentáveis do Primeiro Presidente. O Palácio se agitou. A imprensa interferiu, o que talvez não fosse o melhor meio de resolver as coisas. O Conselho da Ordem escreveu uma carta ao Primeiro Presidente pedindo-lhe que retirasse suas palavras, sob pena de não ver mais nenhum advogado em sua audiência. O Tribunal replicou punindo com a pena de advertência os membros do Conselho, entre os quais contavam-se Berryer, Paillet, Lupin e Jules Favre.

Então, a primeira câmara do Tribunal esvaziou: foram-se os advogados! O Primeiro Presidente se obstinou e fez os procuradores assumirem as defesas. De início ele pareceu tomar gosto pela brevidade de suas explicações, mas logo sentiu falta dos pleitos. Visivelmente, já não estava na atmosfera em que vivera tanto tempo! O que fora feito dos hábitos que lhe eram tão caros e como interromper procuradores que discursavam em mau estilo e para tirar o Tribunal de situações embaraçosas?

Chegaram as férias. No retorno às atividades, Séguier não hesitou em tentar uma aproximação. A paz foi assinada...

Os advogados e os magistrados

Dois incidentes se tornaram célebres.

Em 1859, um jovem advogado – Émile Ollivier – foi punido por algumas palavras pronunciadas no ardor da improvisação, e em que o ministério pretendeu ver um insulto aos magistrados.

Émile Ollivier fazia a defesa do filósofo Vacherot, cujo livro *La démocratie* era julgado subversivo. Começou assim seu arrazoado: "Não responderei às partes irritantes do requisitório do sr. advogado imperial. Esse apelo às paixões é mau..." Não foi preciso mais! Ele foi interrompido e intimado a se retratar, mas recusou. Foi suspenso por três meses.

Temos um exemplo mais recente de intolerância. Em 1894, um jovem advogado, na aurora de uma carreira brilhante, pleiteando diante do tribunal de Albi, qualificara como "injusta, estranha, arbitrária" a acusação de que seu cliente era objeto. Foi suspenso por um mês[9]... Tornou-se depois o chefe da magistratura francesa e um

---

9. Apesar de eloqüente defesa de nosso venerado decano, o bastonário Cartier.

de nossos mais eminentes homens políticos... É meu amigo René Viviani...

A guerra de 1870 e a Comuna

Em julho de 1870, um de meus predecessores, o bastonário Rousse, dizia a seus confrades, agradecendo por o terem eleito: "Escutai o primeiro apelo que vos dirige um novo bastonário: esquecendo as desavenças que nos dividem, perfilemo-nos e estreitemo-nos em torno da bandeira da França!"

Já era a fórmula da união sagrada.

Em 4 de setembro, o Império é levado ao desastre nacional. O governo provisório é um governo de advogados: Emmanuel Arago, Jules Favre, Jules Ferry, Gambetta, Ernest Picard, Crémieux. Outros advogados: Floquet, Brisson, Clamageran, meu saudoso mestre Durier, aceitam funções ou cargos para serem úteis à pátria em perigo.

A advocacia dá sua colaboração à justiça militar. O Conselho da Ordem é encarregado de escolher os membros do conselho de revisão militar, cujo presidente é Dufaure. Os comissários do governo depois dos conselhos de guerra são todos ou quase todos advogados designados pelo bastonário Rousse.

No teatro da Porte Saint-Martin, advogados fazem conferências patrióticas...

O delegado de polícia é um confrade, que se tornará chefe da Ordem: Cresson.

No salão do tribunal criminal, o Palácio (magistrados, advogados e oficiais ministeriais) criou um ambulatório. A sala dos jurados serve de sala de cirurgias; a sala das testemunhas, como... cozinha.

As audiências civis estavam abandonadas. Só as questões criminais e correcionais ocupavam o rol das audiências.

Meu glorioso antecessor, Demange, defendia no Tribunal criminal um corcundinha, condutor de ônibus, acusado de desvio de menores. O Palácio estava deserto: a notícia de um desastre militar esvaziara a sala de audiências... Já não havia magistrados, nem jurados... O acusado poderia fugir... Continuava tranqüilo em seu banco e acabou por dizer a seu advogado: "Quanto a mim, meu senhor, conheci a revolução de 1848, preciso viver, preciso comer, vou voltar à minha cela." E, sem pressa, voltou sozinho para a Conciergerie.

Sob a Comuna, um condenado à morte que havia arrancado um padre jesuíta dos federados dizia aos que queriam fuzilá-lo: "Vocês não têm esse direito. Tenho direito à guilhotina!"

E um guarda de prisão resumia em uma frase a história da Comuna, dizendo: "Eu estava habituado a encarcerar bandidos trazidos por gente honesta; hoje, os honestos são trazidos pelos bandidos."

Depois das tristezas da guerra estrangeira, ocorreram os horrores da guerra civil. Na história do Palácio, um nome domina aqueles dias sombrios: o do bastonário Rousse.

Era um curioso personagem, que nada conservara da convivência com seu mestre Chaix d'Est-Ange, improvisador arrebatado e fulgurante. Rousse, com seu perfil de medalha, era calmo e delicado, erudito mais do que orador, ponderado mais do que espontâneo, um pouco amargo, pois com sua sutileza sentia melhor o que lhe faltava do que o que tinha. Em 1870, consolava-se lendo as cartas de Cícero. Falando de seu bastonato, chama-o de "seu triste proconsulado". Acredita que a Ordem dos advogados irá desaparecer na tormenta e que ele será – é ele quem fala – "o Rômulo Augústulo dessa antiga dinastia".

Ao chegarem os dias em que é preciso mostrar-se homem, esse erudito se afastará de Ático para, como o próprio Cícero, cumprir corajosamente seu dever. Quando seu confrade Chaudey é preso pela Comuna, o bastonário corre à chancelaria. Introduzido por um "porteiro de braços de fora e avental do avesso", ele encontra no gabinete da praça Vendôme "uma meia dúzia de despenteados em manga de camisa" fumando cachimbo. O chanceler, de paletó puído e botas moles, empalideceu diante de seu bastonário... Era um jovem estagiário chamado Protot; ele tinha vinte e quatro anos.

Protot havia redigido num cabaré dos Halles, "Au Père Tranquille", um decreto sobre o júri que deveria julgar os reféns: uma nova lei de Prairial. Protot dava continuidade a Robespierre, com menos envergadura e mais descompostura. Mas Rousse pode ser comparado a Chauveau-Lagarde: tem a mesma elevação moral.

– Imagino – disse o bastonário, um pouco desdenhoso, ao chanceler, respeitoso a contragosto – que neste decreto haja garantias para a defesa.

– Oh, sim – diz Protot –, deve haver.

De fato, bastava ter culpa provada de "cumplicidade com Versalhes" para ser submetido à sorte dos que em Prairial eram chamados suspeitos.

O processo, sob a Comuna, foi tão rápido quanto sob o Terror. Raoul Rigault, cuja claudicação o tornava raivoso e cujas dezoito condenações anteriores o predispunham, evidentemente, a se tornar naqueles tempos conturbados "delegado da delegacia de polícia", depois procurador da Comuna, dizia com cinismo: "Não estamos fazendo legalidade, mas revolução!"

Rousse visitou monsenhor Darboy, o abade Deguerry, cura da Madeleine, e outros que tinham necessidade de sua palavra e de seu encorajamento. O presidente Bonjean, de modos antigos, a quem se ofereciam meios de fugir, respondeu: "Quando se é presidente do Tribunal de cassação, só se deve sair pela porta principal." Escrúpulo de jurista que o torna honrado e causou sua desgraça.

A Comuna simplificara as formalidades do casamento e criara um divórcio rápido e fácil.

Para se casar, os dois cônjuges assinavam um documento assim formulado:

"O cidadão X... e a cidadã Z... declaram unir-se em casamento. A cidadã Z... se compromete a acompanhar o cidadão X... onde quer que ele vá e o amará para sempre."

É provável que essa última promessa raramente fosse cumprida, pois previra-se o divórcio que era obtido pela assinatura de um ato sumário pelos dois interessados:

"De comum acordo, estamos em total liberdade, como se nunca tivéssemos sido casados. Cada um retoma o que lhe pertence. Saudações!"

De 1870 a 1920

É no Palácio da Justiça que começam e terminam as grandes questões que emocionaram a opinião pública e sacudiram o Parlamento: escândalos políticos, grandes ciclones financeiros que atravessam o mundo da Bolsa, processos emocionantes, escandalosos ou de grande repercussão.

Na barra, mestres já falecidos: Rousse, Bétolaud, Barboux, Allou, Lenté, Durier, Martini, Waldeck-Rousseau, etc., e seus êmulos, seus sucessores, felizmente cheios de vida e de talento: Chenu, Raoul Rousset, Raymond Poincaré, duplamente ilustre, como advogado e como homem político, Alexandre Millerand, que antes de ser presidente da República foi um grande advogado e eminente estadista, Busson-Billault, Viviani, meu glorioso mestre Demange, e tantos outros que não me é possível citar.

À frente da Ordem, um eminente bastonário, mestre Albert Salle, que sucedeu a mestre Mennesson.

No ministério público, um grande talento e um grande caráter, o procurador geral Lescouvé e seu excelente assistente, o procurador da República Scherdlin. À frente da Corte de Paris, um magistrado estimado e respeitado por todos, o primeiro presidente Paul André. O presidente do Tribunal é o sr. Servin, que cumpre muito bem as delicadas funções ilustradas por Belleyme, Aubépin e Ditte.

Em dezembro de 1910, o Palácio está em festa. A Ordem dos advogados comemora o centenário de seu restabelecimento. Na grande Sala dos Passos Perdidos, ofuscante de tanta luz, com as paredes decoradas pelas maravilhosas tapeçarias dos Gobelins, mais de mil convivas, entre os quais os representantes de todas as grandes ordens do mundo – menos da Alemanha – aclamam o chefe do Estado.

Depois de agosto de 1914, e durante cerca de cinco anos, o Palácio só pensou na guerra. Quanta tristeza e luto! Mas também quanta glória!

À entrada de nossa biblioteca, um quadro fúnebre contém os nomes dos advogados que morreram pela pátria: mais de duzentos nomes inscritos!

As paredes estão cobertas pelas menções de honra do exército, do corpo do exército e pelas condecorações da Legião de Honra e medalhas militares: os advogados de Paris cumpriram corajosamente todo o seu dever.

Quisemos honrar nossos heróis que deram suas vidas pela França. Três cerimônias fúnebres foram realizadas durante a guerra por S. E. o cardeal Amette, arcebispo de Paris, na Sainte-Chapelle, devolvida para sempre, espero, ao culto católico; pelo pastor Roberty no templo do Oratoire, e pelo grande rabino Dreyfus no templo da rua de la Victoire.

O presidente da República, nosso confrade Raymond Poincaré, assistia a essas três cerimônias.

Quando chegou à porta da Sainte-Chapelle, cujos vitrais incomparáveis resplandeciam sob os raios de um belo sol de primavera, encontrou para recebê-lo o príncipe da Igreja, vestido com a púrpura romana. O presidente e o cardeal apertaram-se as mãos: acreditamos ver a imagem da França de amanhã, unida e reconciliada...

Em 28 de outubro de 1916, no salão de nossa biblioteca, a Ordem dos advogados queria mais uma vez homenagear seus mortos. Numa comovente idéia de confraternidade, o admirável bastonário de Bruxelas, Léon Théodor, arrancado por S. M. o rei da Espanha, graças à intervenção dos advogados de Paris, aos horrores das prisões alemãs, viera juntar-se a nós.

Também não esquecemos outras vítimas da guerra: os pobres. Nunca o fardo da assistência judiciária foi mais pesado e mais esmagador. Os advogados jovens tinham partido para os exércitos. Foram os velhos que os substituíram na defesa dos deserdados da vida. Mais de duzentas mil consultas gratuitas foram dadas aos parisienses.

Enfim chegou a Vitória...

Em 21 de junho de 1919, no final do mais longo bastonato que a história da nossa Ordem conheceu, na presença do presidente Raymond Poincaré, que conservou por nossa profissão o mais fiel apego, rendemos uma nova homenagem a nossos heróis mortos pela França.

Na sala, onde os jovens do estágio concorrem, com nobre emulação, para conquistar o título cobiçado de secretário da Conferência, diante do baixo-relevo, obra notável de nosso confrade Raymond Persin, estávamos reunidos, altos magistrados e advogados, com as famílias dos advogados que tombaram pela pátria e vínhamos evocar a lembrança dos que tudo deram pela França e saudar os heróis vivos que combateram até a vitória.

Depois dessas horas emocionantes, o Palácio retomou aos poucos sua antiga atividade, e temos o orgulho de reencontrar na barra do tribunal, com a beca estrelada pela Legião de Honra, pela Medalha militar e pela Cruz de guerra, aqueles que, durante mais de quatro anos, cumpriram com tanta valentia o seu dever.